U0906582

图书在版编目（CIP）数据

北京地税年鉴. 2009 / 北京市地方税务局　编.
--北京：中国税务出版社，2014.5
ISBN 978-7-5678-0038-0

Ⅰ.①北…　Ⅱ.①北…　Ⅲ.①地方税收-税收管理-北京市-2009-年鉴
Ⅳ.①F812.714.2-54

中国版本图书馆CIP数据核字（2014）第009429号

书　　名：北京地税年鉴（2009）
作　　者：北京市地方税务局　编
责任编辑：陈金艳
责任校对：于　玲
技术设计：刘冬珂
封面设计：王凌波
出版发行：中国税务出版社
北京市西城区木樨地北里甲 11 号（国宏大厦 B 座）
邮编：100038
http: //www.taxation.cn
E-mail: swcb@taxation.cn
发行中心电话：（010）63908889/90/91
邮购直销电话：（010）63908837　传真：（010）63908835
经　　销：各地新华书店
印　　刷：北京联兴盛业印刷股份有限公司
规　　格：889 × 1194 毫米　1/16
印　　张：27.75　彩插：1.25
字　　数：470000 字
版　　次：2014 年 5 月第 1 版　2014 年 5 月第 1 次印刷
书　　号：ISBN 978-7-5678-0038-0
定　　价：200.00 元

《北京地税年鉴（2009）》编辑委员会

《北京地税年鉴（2009）》通讯员名单

（按姓氏笔画排序）

毛　杰　王　雨　王　静　王　磊　王桂芹
王澜静　邓晓燕　冯翔宇　史迎风　田鸿雁
白建平　白晓凤　石　斌　刘　冉　刘建华
刘晓欣　吕建光　孙丽莉　闫志红　齐　振
何志军　劳世伟　吴　凡　吴　澄　吴冬梅
岑　明　张　卉　张　伟　张　寒　张立芬
张丽莉　张晓芬　张继颖　张智慧　张朝晖
李广生　李春霞　沈文涛　沈雪梅　苏补亮
周非平　周惠平　房　洁　侯燕伶　姜乃琪
胡　然　胡岚峰　赵小军　赵为真　赵凤江
唐乃清　徐　铳　崔　犇　曹　佳　蒋彦光
潘　荣　黎　阳

《北京地税年鉴（2009）》编辑部

2008年12月31日，北京市委副书记、市长郭金龙（左三），北京市委常委、常务副市长吉林（左一）视察北京市地方税务局工作并慰问干部职工

2008年1月9日，北京市委常委、常务副市长吉林在北京市地方税务局2008年工作会议上作指示

2008年1月2日，国家税务总局副局长钱冠林（右四）到北京市地方税务局调研

2008年10月17日，国家税务总局副局长宋兰（左一）参观北京市打击制售假发票专项整治成果展览

2008年11月12日，国家税务总局总经济师董树奎（左三）到朝阳区地方税务局就学习实践科学发展观相关问题进行调研

2008年12月4日，北京市地方税务局局长王晓明在北京市地税系统领导干部会议上讲话

2008年4月17日，北京市地方税务局副局长郝硕博（前左三）出席北京地税系统首个“稽查开放日”活动

2008年1月8日，北京市地方税务局副局长王京华（右二）到开发区分局车船税管理所检查指导工作

2008年1月17日，北京市地方税务局副局长任军（左二）到崇文区地方税务局视察慰问

2008年5月6日，北京市地方税务局总经济师卜祥来（左一）到门头沟区木城涧煤矿调研

2008年1月23日,北京市地方税务局副巡视员王勇生（前左一）到通州区地方税务局西集税务所视察慰问

2008年12月10日，北京市地方税务局副巡视员刘宝忠（左二）到顺义区地方税务局就货物运输业及货物运输代理业税收管理工作进行调研

2008年1月9日，北京市地方税务局召开2008年工作会议

2008年12月22日，北京市地方税务局召开2009年工作务虚会

2008年3月24日，北京市地方税务局举办房地产税收国际研讨会

2008年2月21日，北京市地方税务局召开2008年度营业税业务工作会

2008年4月18日，北京市地方税务局召开2008年度纳税信用A级企业及荣誉纳税人座谈会

2008年10月29日，北京市地方税务局召开全系统企业所得税季度预征暨加强组织收入工作汇报会

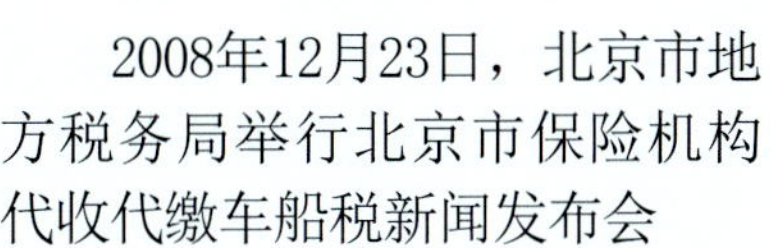

2008年12月23日，北京市地方税务局举行北京市保险机构代收代缴车船税新闻发布会

2008年1月10日，北京市地方税务局派代表参加全国妇联“巾帼建功”活动领导小组第十七次会议

2008年1月31日，北京市地方税务局召开春节联欢会

2008年3月1日，北京市地方税务局组织全系统处级女干部开展纪念“三八”国际妇女节活动

2008年6月30日，北京市地方税务局机关全体党员在纪念建党八十七周年暨“七一”表彰大会上重温入党誓词

2008年11月4日，北京市地方税务局召开学习科学发展观工作情况汇报会

2008年12月26日，北京市委第六检查组到北京市地方税务局对党风廉政建设责任制落实情况进行检查

编 辑 说 明

《北京地税年鉴》是记述北京市地方税收工作的资料性工具书。1996 年创刊，按年编纂，逐年反映上一年度的情况。分篇目、分目、条目三个层次，条目为基本单元和表现形式，反映基本的工作信息。

《北京地税年鉴（2009）》记述北京市地方税务 2008 年的工作情况和税收数据，设综合、领导讲话、税收政策、征收管理、税收法治、纳税服务、纳税评估、税务检查、信息化建设、队伍建设、行政管理、后勤工作、基层工作、社会团体、大事记和统计资料 16 个篇目，篇目下设分目，分别反映各个方面的工作。

本年鉴稿件由北京市地方税务局各处室、直属单位，各区县地方税务局、各地方税务分局提供。编纂工作得到各方面的大力支持，在此表示衷心感谢。

《北京地税年鉴》编辑部

目　录

征收管理

税收法治

纳税服务

纳税评估

税务检查

行政管理

社会团体

大事记

统计资料

综　合

2008 年北京市地方税收工作要点

根据中央精神和北京市委、市政府、国家税务总局的工作要求，结合地税工作实际，市局党组决定2008年为“追求卓越年”。

地方税收工作的总体要求是：高举中国特色社会主义伟大旗帜，在北京市委、市政府和国家税务总局的领导下，认真学习贯彻党的十七大精神，坚持“四个一”治税思想和“五重”创新工作思路，确立完善核心价值观、共同使命、共同愿景和发展策略，全面推进机制体制的改革创新，弘扬地税文化，以卓越的标准打造服务型政府部门，不断推动税收事业、税务组织和税务人员全面协调可持续发展，向与国际接轨的现代化公共服务管理部门迈进，为首都经济社会又好又快发展做出更大的贡献。

工作目标是：提高税收征管的质量和效率，确保税收收入随着经济发展平稳较快增长；落实税制改革措施，税收调节经济和调节分配的作用得到有效发挥；优化服务，确保奥运税收服务万无一失；全面加强能力建设，税务干部的综合素质和工作水平进一步提高，北京地税形象得到进一步提升。

一、学习贯彻十七大精神，把握税收工作的正确方向

（一）紧密联系北京地税工作实际，全面学习贯彻落实十七大精神。把学习、领会、贯彻、落实十七大精神作为全系统首要的政治任务。通过学习，充分认识十七大的历史地位和重要意义，全面把握报告的核心内容，深刻领会十七大报告的科学内涵和精神实质，把思想和行动都统一到党的十七大精神上来，将十七大精神贯彻落实到地税事业发展的各个方面。要按照十七大精神和北京市委、市政府和国家税务总局提出的目标要求，坚定信心，抓住机遇，真抓实干，努力开拓，创造出卓越的工作业绩。

（二）推动局级学习型领导班子建设试点工作深入开展。落实市局党组关于学习型组织建设的指导性意见和工作部署，体现北京地税事业从优秀到卓越跨越式发展的战略目标。充分发扬民主，广泛征集全系统干部职工对地税事业发展的意见建

议。提炼和完善共同愿景、核心价值观、共同使命和发展策略，不断丰富北京地税局治税思想的内涵，力争在全系统达成共识，使共同愿景和核心价值观深入人心，成为北京地税事业发展的核心动力引擎。组织全系统各级领导班子和干部职工围绕北京地税的共同愿景和核心价值观进行大讨论，制订愿景行动计划和激励机制，使共同愿景和核心价值观成为全体税务人员的奋斗目标和职业信条。各级领导深入开展行动学习。围绕北京地税共同愿景和核心价值观，细化各部门的具体考核标准。建立和完善学习型领导班子建设长效机制，形成学习型北京地税建设整体推进的新格局。

二、坚持依法征收，保持税收收入与经济发展的良性协调增长

（一）依法征收，圆满完成收入计划。坚持依法征收，应收尽收，防止过头税，不越权减免税的组收原则。根据《预算法》要求和北京市经济社会发展计划，2008年全系统各项收入计划安排1525亿元，比2007年增收159亿元，增长11.6%。剔除残疾人就业保障金后，计划安排各项税费收入1513亿元，同口径增收159亿元，增长11.7%。预计完成地方级收入1235亿元，同比增收150亿元，增长13.8%。

（二）完善税源管理工作。搭建税源分析平台，从税源规模、成长性、稳定性等多角度对税源进行深入研究。建立健全重点税源动态变化实时监控制度，建立重点经济税源档案，记录、反映重点税源的发展变化，区域税源增减情况。积极涵养培植新的税源，切实拓宽收入分析的信息来源。完善新办企业实地核查与信息比对，从源头上防止税款流失。

（三）构建科学高效的组收机制。继续强化会计、统计、票证管理等方面的制度建设和落实工作，加强对税款缴库工作的日常监督和检查，加强对完税证结报缴销的检查。建立健全财税库行联网后的数据管理制度和应急机制。充分利用系统资源，努力挖掘新的税收增长点。进一步规范税收指标和数据口径，确保各项税收数据真实、准确、及时、完整。密切关注宏观与微观、经济结构、财政政策等对收入的影响，强化考核评价，加强源泉控管，提高组收能力，努力实现税收增长方式的转变。

三、落实税改举措，充分发挥税政职能作用

（一）发挥税政整体合力。高度重视、全面落实国家税务总局关于税制改革的总体部署，确保各项改革措施在我市顺利推行。加强税政综合管理，完善税政联席会议制度，健全与相关政府部门的信息交换与工作协调机制。全面掌握全市税源情况，及时加强管理。

（二）加强各税种管理。落实不动产、建筑业项目营业税管理办法，做好营业税税制改革前期准备和贯彻落实。以高收入行业、重点行业和外籍人员为突破口，强化个人所得税管理，规范个人所得税完税证明管理，扩大开具范围。完成好企业所得税汇算清缴工作。贯彻落实新《企业所得税法》及其实施条例。配合国家税务总局做好物业税实转方案研究工作，结合北京实际，积极开展物业税实转的各项准备工作。继续贯彻《城镇土地使用税暂行条例》，细化和修正城镇土地使用税纳税等级分级范围。继续贯彻《车船税暂行条例》，适时开展保险机构代收代缴个人机动车车船税工作，实现与市保监局系统联网。贯彻落实新修订的《耕地占用税暂行条例》，做好新旧政策的有效衔接。加强土地增值税管理，制定实施土地增值税清算项目核定征收办法。强化房屋、土地、车船税税源管理。做好代征水资源费的前期准备和落实工作。

（三）进一步落实税收优惠政策。将分散的税收优惠政策进行梳理整合和分行业汇总，切实落实到纳税人。重点推进首都新农村建设，鼓励节能减排、循环经济、企业自主创新和文化创意产业发展，支持高新技术产业、现代农业、现代服务业和现代制造业的发展。落实阳光奥运，做好有关奥运捐赠、赞助税收政策的落实。强化涉奥减免税管理，提高涉奥减免税报备的时效性和准确性，明确涉奥企业所得税减免税报备方法。落实好下岗再就业税收政策。

四、深化三项制度，提升征管评查整体效能

（一）全面推进三项基础征管制度的完善与落实。一是纳税申报制度。制定分行业分税种的纳税申报规范手册，加强宣传辅导。实施营业税明细申报，推进个人所得税自行申报、全员全额明细申报和企业所得税明细申报。逐步取消纸质报表，切实提高办税效率，降低成本。二是评估制度。完善纳税评估指标体系，丰富评估报告内容。推广评估告知，逐步实现给每位纳税人一年一份完整的完税通知书。推进纳税评估工作科学化、程序化、规范化和高效化。三是告知制度。探索研究政府信息公开与告知工作的衔接，理顺关系，保证落实。

（二）深化户籍管理。进一步完善“横向协作、垂直监控”的税源管理体系。从登记源头防止税源流失。加强对重点税源动态变化的实时监控。加强分行业税收征管，堵塞重点行业和特殊行业税收漏洞。加强对奥运场馆赛后运营和奥运工程代建制单位的税收征管。推进房地产一体化管理。进一步加强货物运输业和个体税收征管。深化财税库行联网，建立应急机制。整合优化税收评估管理员平台，完善功能，强化应用。完善征管质量考核机制。适当调整税务档案分级分类，强化管理，有效降低基层工作强度。加强欠税管理，开展阻止出境、强制执行试点，及时进行欠税公告。

（三）强化发票和税控管理。加大对自印发票企业的监管力度。加强对奥运专用发票和奥运门票发票开具的管理与服务。进一步推广应用国标税控收款机，加强售后服务监督管理，实现平稳过渡。做好银税一体机推广应用的各项准备。

（四）深入开展纳税评估。分层次开展大户审计评估、行业宏观评估、稽查前置评估和日常微观评估。加强信用等级管理，初步完成信用体系建设。

（五）以整合稽查机构、充实稽查力量、加大办案力度为重点推进稽查工作。修订完善税务稽查案件管理和查办制度体系，加大案件查办督办力度，提高办案效率。全面推广税务稽查案件管理系统，推行“电子账务”稽查模块试点，提高稽查办案的信息化程度。加强举报案件、上级交办督办案件、重大疑难案件的查办工作。加强对偷税案件的定性把关和移送管理，保证重大案件的查办质量。做好税收情报交换、反避税工作。建立科学、规范的协查工作机制。加强税务稽查政务公开，增强税务稽查的威慑力及社会影响力，有效维护税收公平正义。

五、优化纳税服务，打造北京地税服务品牌

（一）全面推进涉奥税收服务工作。以迎接奥运为契机，把纳税服务工作做优，做细，做实，举全局之力为北京成功举办一届有特色、高水平奥运会提供一流的税收服务，展现北京地税良好的精神风貌和整体形象。坚持事中、事前服务，做好奥运服务前置工作。建立应急服务机制，确保奥运涉税问题及时解决。落实涉奥重点纳税人服务制度，提供个性化、贴近式服务。完善奥运税收快速服务通道。发挥双百人才志愿服务队作用，为奥运贡献力量。

（二）认真落实《中华人民共和国政府信息公开条例》。制定配套的制度和工作办法，编制统一、规范、全面、准确及符合保密性要求的政府信息公开目录，并不断补充完善。畅通公开渠道，加大宣传力度，引导公众和纳税人正确查询政府信息和依法申请公开信息。要以高度责任感确保《条例》施行工作落实到位，并以此为契机，推动行政管理和纳税服务水平全面提升。

（三）完善纳税服务制度。建立税收管理员走访服务制度，通过对新办企业、遇有办税困难企业和重点税源户的走访工作，为纳税企业提供个性化服务。细化办税公开的具体内容和工作标准。建立健全纳税人监督制约机制，纳税人信息反馈、侵害救助和参与决策等制度。修订纳税服务工作规范，充实纳税服务承诺内容。

（四）继续创新纳税服务工作。推进区域通办服务，充实和调整通办事项，推动跨区通办试点。依托12366热线，建设非紧急救助服务分中心，完善与纳税人的沟通渠道。规范办税服务厅的建设。进一步打造“网上地税局”，推进行政办税事项网上办理，完善网络培训服务平台。

六、加强资源整合，全面提升信息化应用水平

（一）进一步落实综合服务管理信息系统优化整合项目的相关工作。做强交易系统，解决申报期系统拥堵问题，为纳税人依法完成自行申报提供强有力支持。开发分层次的查询软件，满足多样化的信息查询需求。推进应用系统的完善与整合，努力实现交易和查询分离。加强数据管理及应用，丰富系统功能，提高系统效能。

（二）进一步完善北京地税信息安全管理体系建设。开展信息系统安全风险评估和检查。进一步推动信息安全管理标准和运维规范的应用。实施各项信息系统安全管理措施。不断完善容灾系统功能，建立容灾查询应急中心。

（三）大力开展内网二期建设。突出管理和服务功能，全力完成以一套基础设施、九大应用系统和一个个性化办公系统为主要内容的内网二期建设。

（四）以纳税人需求为导向推进信息化建设。建立信息服务平台，采用以服务为导向的SOA体系架构构建统一的技术支撑环境，扩大信息服务空间，提高数据综合利用水平。巩固信息化建设成果，减轻纳税人负担，并为地税工作不断创新发展创造有利条件。

（五）继续深化科技兴税工程。开发建设车船税保险代收代缴系统、水资源费代征系统、电子签名与缴款书数据管理系统、对自然人服务系统、营业税明细申报系统及项目管理系统。推进房地产一体化管理平台和个人所得税信息管理系统四期建设。

七、规范执法行为，提高税收执法水平

（一）进一步加强税收法制建设。深入贯彻落实国务院依法行政实施纲要，继续做好规范性文件清理工作，出台废止文件目录。落实行政复议监督函制度。做好行政复议、应诉工作、积极受理、公正审理行政复议案件，依法妥善化解涉税争议，促进和谐征纳关系建设。

（二）稳步推行税收执法责任制。巩固前期工作成果，认真组织学习和落实《北京市关于行政执法协调工作的若干规定》等六项行政执法责任制配套制度，更新维护对外公布的执法主体和执法依据。完善税收执法过错责任追究制度。

（三）积极开展执法检查。进一步完善执法检查程序，规范执法检查文书，创新检查方法，努力提高执法检查的针对性和有效性，全面规范税收执法行为。

八、做好宣传工作，提高税法遵从度

（一）拓宽宣传载体。继续利用各大报刊、杂志、电视、广播、网络做好税收宣传工作。特别是充分发挥Tax861网站、《我们的家园》期刊的税收宣传阵地作用。印制发行北京印花税票之四《北京坛庙》和大全册。做好《北京地方税务公告》免费发放和电子版网络发布工作。

（二）丰富宣传内容。以税收宣传月为契机，宣传税收工作，宣传税收法制，宣传税收思想和地税文化。做好新出台税收政策的宣传，年所得达到12万元纳税人自行纳税申报和全员全额扣缴申报的宣传。开展好新修订的《中华人民共和国发票管理办法》的宣传。重点加强对新办企业、零申报企业和申报不规范企业的宣传工作。大力表彰先进纳税人，及时曝光违法纳税人和典型案例。

（三）加大宣传力度。特别是要加大奥运税收宣传工作的力度。通过有效的税收宣传工作，增强税收工作透明度，让全社会和广大纳税人关心理解和支持税收，提高认同度。

九、规范行政管理，打造运转顺畅、廉洁高效的内部运行机制

（一）加强沟通协调。完善综合协调机制，强化北京地税局与其他部门之间、市局与基层之间、机关内部各部门之间的沟通协调。搭建与其他政府职能部门的信息交换平台，完善社会综合协税护税网络，充分利用社会资源，形成整体合力。

（二）规范财务管理。进一步适应公共财政改革，深化部门预算管理，强化核算监督，严格政府采购，加强内部审计，继续做好36个基层税务所的维修改造，充分调动市区两级理财的积极性，研究和推进系统经费的垂直管理。科学理财，努力构建有利于事业发展、有利于税收执法、有利于干部职工切身利益的财务管理体系，为全局工作的开展提供服务和保障。

（三）强化后勤保障。完善后勤监督制约机制，加强对后勤关键部位和重点环节权力行使的监督。有效节约能源，推进物业管理社会化进程。加强安全保卫工作。做好老干部和妇女工作。积极帮助干部职工解决实际困难。加强昌平培训中心和老干部活动中心建设，服务税收中心工作。

（四）深化作风建设。各级领导要积极开展调查研究，深入了解第一手情况，建立应急机制，及时应对突发事件。各级税务人员要遵守各项纪律规定，提高办事效率，在全系统各级机关保持政令畅通，令行禁止，确保各项工作的有效执行，为建设服务型政府作出表率。

十、全面加强队伍建设，推进税务组织和税务人员全面协调可持续发展

（一）推进党团建设。在北京市地方税务局党组、区县委的指导下，推动党团工作迈上新台阶，构建党建和思想政治工作大格局。全面加强党的思想、组织、作风和制度建设，争创北京市委和全国税务系统党建工作先进单位。完善保持共产党员先进性长效机制。充分发挥党组织战斗堡垒作用和党员先锋模范作用。高度重视青年工作，成立系统团建指导小组，以党建带团建，激发全系统青年干部的活力和激情。

（二）加强基层建设。以加强基层税务所全面建设为基础，以建设高素质党员干部队伍为关键，努力抓好系统基层建设。以争先创优为契机，加大各项创建工作力度，全面推动系统精神文明建设。组织系统优秀青年事迹报告会，召开优秀税务所长经验交流会，树立典型，弘扬正气，不断提高基层建设水平。

（三）推动班子建设。组织系统处级领导干部进行十七大精神脱产培训，加强领导干部执政能力建设。优化领导干部的年龄、知识和专业结构，改进各级组织的领导水平和方法。大力培养选拔优秀的年轻干部进入班子队伍，使优秀人才脱颖而出。加大处级领导干部培养锻炼交流、任职期满交流和跨单位、跨地区交流力度。充分发挥巡视作用，促进处级班子领导力的提高和各级领导干部勤政廉政。

（四）优化机构设置，加大机构改革力度。适时成立相关专门机构。调整区县地税局机构设置，增加税务所的数量，缩小税务所的规模，适当设立专业税务所，提高税务所的质量。适应纳税人的需求和区域经济发展的特点，设置以纳税服务为主的专业税务所；按经济区划设置以税源管理为主的地区税务所；为方便纳税人办税，远郊区县的偏远地区和山区，根据实际情况设置具有综合性职能的税务所；按企业规模设置税务所；按纳税人合理需求设置税务所。改革人事管理体制，推进事业单位改革，规范事业单位人员管理。

（五）健全内部管理机制。简化管理层级，科学划分部门和职位职责，合理配置人力资源。对现有人事管理制度进行修订完善，制定相关实施办法。健全完善干部选拔培养机制。完善处、科级非领导职务干部的管理使用办法和处级后备干部管理办法。争取实行全系统市、区县两级公务员科级非领导职务统一管理。

（六）加强能力建设。大力开展教育培训工作。推进全员培训、专业职称、岗位能手、注师培养等教育培训工作，开展奥运形势、奥运知识、文明礼仪培训。组织处级干部脱产培训和赴境外人员培训。广泛开展岗位大练兵，组织《公务员法》实施情况专项检查。

（七）抓好廉政建设。从建立教育、制度、监督并重的“惩防”体系入手，更加注重预防，把党风廉政建设各项工作落到实处。切实加强对领导干部的监督，严肃查处各类违法违纪案件。充分发挥社会特邀监察员作用。提高在服务行业评比中的排名。

（八）推动文化建设。坚持社会主义核心价值体系，培养文明道德风尚。坚持以人为本的思想政治工作思路，发挥工会组织的桥梁纽带作用，加强人文关怀和心理疏导，充分发挥引导和凝聚作用，建立和完善具有时代特征和自身特色的北京地税文化体系。创办北京地税艺术团，办好北京地税论坛。做好税务博物馆开放工作。充分发挥国际税收研究会和地方税务学会的作用。积极开展丰富多彩的文体活动，组织好全系统第七届文艺汇演。使全体干部职工始终保持昂扬的精神状态，建设充满活力的北京地方税务机关。

2008年北京市地方税收工作完成情况和2009年工作安排

一、2008年工作完成情况

2008年，在北京市委、市政府和国家税务总局的正确领导下，在各有关部门的大力支持下，全市地税系统深入学习实践科学发展观，坚决贯彻执行中央和上级机关的重大决策部署，克服困难，团结奋进，较好地完成了全年各项工作任务。

地方税收收入好中有快，为首都经济社会发展提供了坚实的财力保障。2008年全市地税系统共完成各项税费收入1578亿元，比2007年增收211.9亿元，增长15.5%，完成年初计划1525亿元的103.5%。其中，完成地方一般预算收入1206.9亿元，比2007年增收139.7亿元，增长13.1%，均高于同期全市GDP增长速度。收入规模创历史最高水平，稳居全国第五位。

产业税收结构和税种结构更趋合理。产业税收结构更加优化，第三产业实现税收1360亿元，同比增收179.3亿元，增长15.2%，占税收总额的比重为86.2%。税种结构更加优化，营业税实现651.8亿元，同比增收50.7亿元，增长8.4%，占税收总额的比重为41.3%；个人所得税实现409.6亿元，同比增收101.4亿元，增长32.9%，占税收总额的比重为26%。

2008年，主要从六个方面推进了工作：

（一）增强大局意识，积极服务奥运会、残奥会

全力做好奥运税务服务工作。发挥服务奥运“四机制一平台”作用，完善奥运税务服务十项举措和应急服务机制，为全市涉奥纳税人设置专门窗口和快速通道，对奥组委、BOB公司实现奥运期间24小时不间断办理涉税事宜。主动申请和认真落实奥运税收优惠政策，累计减免税收10.6亿元。简便涉奥售付汇凭证开具，审核付汇金额12亿元。确保奥运专用发票和税控装置及时供应，开具奥运门票定额专用发票66.5万张。奥运税收宣传丰富多彩。全市涉奥纳税人满意度达100%，奥税办被评为“北京奥运会、残奥会先进集体”。

全心做好平安奥运和志愿服务。深

入开展平安奥运专项行动，构筑人防、物防、技防相结合的安防体系，落实奥运期间税收征管保障、信息系统安全、媒体应对和安全保卫等应急机制，实施奥运信息系统安全专项整改，坚持全天24小时安全值守，确保平安奥运。大力支持“绿色奥运”，封存停驶千余辆公车。圆满完成奥运服务一线、赛会志愿者、城市志愿者、社会志愿者、奥运拉拉队等各项奥运志愿服务工作。全系统共43个集体和89名个人得到了省部级以上的涉奥表彰。

（二）强化工作措施，全面完成组收任务

坚持“依法征收、应收尽收、坚决不收过头税和越权减免税”的组收原则，克服经济增长趋缓和政策性减收因素影响，采取有力措施，确保了地方税收收入的平稳较快增长。

完善组收工作责任制，增强组收工作紧迫性。调整分解全年收入目标任务，层层建立“一把手”负总责的收入任务目标责任制，加强组收信息沟通反馈，确保领导到位、责任到位，工作到位。

加强税收分析预测，掌握组收工作主动性。着重分析国家宏观经济形势，区域和产业政策，金融、房地产等税收支柱行业发展态势以及税制改革和税收优惠政策对地方税收的影响。健全分析预测制度，开发万户多维分析系统，科学预测全市税收发展趋势，及时提出组收措施和建议。

加大重点税源监控力度，提高组收工作针对性。强化市、区、所三级重点税源户管理，落实重点税源转移通报制度。部分区县局初步形成局长走访重点税源户和所长带户工作新机制，取得显著成效。

全力以赴、通力合作，强化组收工作联动性。各区县局、分局以及计会、征管、评估、稽查、税政等部门共同努力，切实加强组收工作力度，提高征管质量。加强综合协税护税体系建设，积极与财政、国税、统计、发改等部门沟通协调，增强组收工作的外部联动性，确保了全年收入任务的完成。

（三）创新工作方式，着力强化税收征管

征管基础进一步加强。税务登记管理进一步规范，简化税源户迁转流程，依法裁定税收管辖权。截至2008年年底，税源户达77.3万户，比2008年初增加13.3万户，增长20.8%。完善纳税申报管理，修订申报征收管理办法，编印纳税申报分类辅导手册，无税申报管理初显成效。年所得12万元以上个人自行纳税申报人数达34万人，同比增长30.1%，居各省市前列。欠税管理取得成效，共清缴欠税入库14.3亿元。截至2008年年底，欠税余额18.9亿元，同比减少35.3%。加强行业分类管理，进一步规范对个体户、货物运输业、二手房交易的税收管理，稳步推进房地产税收一体化管理。税务档案管理和应用水平提升，纸质档案扫描归档试点工作顺利开展。

发票管理力度进一步加大。大力开展发票打假税收专项整治行动，捣毁38个贩卖假发票窝点和28个特大贩卖假发票团伙，收缴发票115万份，有力地整顿了税收秩序，得到国家税务总局局长肖捷的表扬。继续推广国标税控收款机，积极开展金融税控收款机试点。截至2008年年底，全市纳税人共使用国标税控机10万台，同比增长113%。

纳税评估工作进一步深化。完善评估制度，修订三项评估核实办法。健全分级分类评估体系，强化市、区、所三级评估部门分工协作，提高评估效率。积极开展评估质量体系认证和审计规范试点，提升评估质量。拓展评估职能，为全市34.1万户纳税人发送《企业缴税情况通知书》。大力开展专项评估和日常评估，对12万户纳税人实施评估，共补缴税款9.6亿元。

稽查作用进一步发挥。推广使用税务稽查案件管理系统，全面实施电子稽查，强化数字化支撑作用，提高办案效率。查处上级交办各类重大案件21件，受理群众举报案件7967件。稽查一局、二局“6·07”专案组被市纪委和市监察局授予集体三等功。重点开展对房地产业、建筑安装业、烟草业和3户大型汇缴企业的指令性税收专项检查，深入开展对房地产经纪业、餐饮娱乐业、证券业的指导性专项检查。全年共立案稽查案件3959件，查补入库8.2亿元。

税政管理进一步强化。整合税政资源，充分发挥税政联席会议作用。全面落实新《企业所得税法》，大力开展宣传培训，实现了新旧政策的平稳过渡。落实不动产、建筑业营业税管理办法，规范网络游戏业务等营业税政策。落实工薪所得费用扣除标准提高的新政策，惠及670万纳税人，减轻税负30亿元，其中60万人不需再纳个税。降低出租车司机个人所得税定额标准，惠及9万名出租司机。修订土地增值税清算管理办法。实行保险机构代收代缴个人机动车车船税。对个人拆迁购买住房减免契税实行即时审核，方便纳税人。深化物业税改革试点，服务总局决策。落实新的耕地占用税条例，促进耕地保护。加强残保金代征，共入库12.5亿元，同比增长6.7%，促进了首都残疾人事业的发展。

（四）坚持依法治税，持续优化首都税收环境

加强法制建设。全面落实国务院依法行政实施纲要，推进依法行政，规范执法行为。加强规范性文件审查、备案和清理工作，取消部分税务行政许可事项，强化后续管理。开展日常执法检查396项次，专项检查16项，检查各类执法文书及案卷2万余份，获得全市行政处罚案卷评查并列第一。对56名税务人员进行执法过错责任追究。2008年全系统审理行政复议20起，应诉行政诉讼15起。

认真落实各项税收优惠政策。在抗震救灾中积极宣传和认真落实鼓励捐赠的税收优惠政策。严格落实奥运期间停驶车辆

减征车船税政策。及时落实房地产交易环节税收政策调整。用足用好各项税收优惠政策，促进首都现代农业、高科技产业，文化创意产业和环保产业的发展。大力支持首钢主辅分离改制，使2万名职工重新上岗，维护了社会稳定。

广泛开展税收法制宣传。紧紧围绕“税收·发展·民生”的主题深入开展第17个税收宣传月，举办北京地税开放日等活动，提高了地税工作透明度。共组织大型宣传活动50余项，发表稿件2600余篇、制作税法专题宣传片8部，公益广告3部。成功发行第四套印花税票和大全册。

（五）完善服务体系，全面提升纳税服务水平

充分发挥市、区、所三级纳税服务体系155个服务场所作用，坚持以纳税人需求为导向，以纳税人满意为标准，优化纳税服务。

完善热线和网站服务体系。2008年12366热线处理话务94万件，其中，热线中心接听处理30.9万件，远程坐席接听处理25.4万件。确保热线接通率，制定并严格执行回拨制度，回拨电话5.9万次。出版《12366北京地税热线问答》。及时向有关部门反馈信息，定期会商业务，为政策执行提供保障。2008年共1474万人次访问北京地税网站，月均访问量达120多万人次。加强与纳税人网络互动，结合税收热点，及时组织在线答疑。北京地税网站在全国省级税务机关评比中名列第一，并被评为北京市优秀政务网站。

加强纳税服务制度建设。拓宽与纳税人沟通渠道，建立走访服务制度，定期召开纳税人座谈会。落实“两个减负”工作要求，加强办税服务厅规范化建设，统一办税服务厅标识。组织纳税人满意度调查，完善外部监督机制。

提高信息化技术支持水平。信息化成果惠及更多纳税人，42万户纳税人通过联网方式缴税款1381.2亿元，占全部税款总额的87.7%，占全国联网缴税总额的近一半。系统整合初见成效，成功实施系统整合一期工程，优化信息化基础设施架构，实施交易、查询和统计分析彻底分离，上线运行单点登录系统，提高核心征管系统运行效率。全面建成和启用功能强大的内网系统，为全方位提高行政办公效率奠定坚实的基础。加强信息系统安全运行维护，积极开展风险评估、安全整改和应急演练，安全等级达到保护三级，系统安全性进一步提高。

（六）立足科学发展，大力推进队伍和机关建设

学习实践科学发展观活动取得阶段性成果。在北京市委学习实践活动第七指导组的帮助下，紧紧围绕党员干部受教育、科学发展上水平、人民群众得实惠的总要求，认真组织学习培训，深入调查研究，积极开展解放思想讨论，充分发扬民主，广泛征求意见，提出不适应、不符合科学发展的全局性问题。召开北京市地方税务

局领导班子专题民主生活会，深入查找班子和个人在贯彻落实科学发展观方面存在的突出问题，分析主客观原因，提出今后贯彻落实科学发展观的主要方向、总体思路、工作要求和具体措施。召开分析检查报告评议座谈会，得到与会各界的高度好评。

领导班子建设不断加强。深入开展局级学习型领导班子建设试点工作，加强领导班子政治业务学习和领导能力的培养。组织处级干部学习贯彻十七大精神和学习实践科学发展观培训，班子的思想水平、执政能力和工作作风得到提高。优化处级班子，选拔任用30名处级干部，确定218名处级后备干部。加强巡视工作，深入基层调查研究，掌握班子建设情况。

党风廉政建设和党建工作成效显著。深入开展反腐倡廉宣传教育活动，认真贯彻落实党风廉政建设责任制。加强“两权”监督，探索“科技控权”廉政风险管理新途径。建立税检联席会议制度和税检双方工作协调机制。严肃查处失职、渎职和职务犯罪等各类违法违纪案件。党的组织建设不断加强，2008年全系统发展党员160名。完善党建制度，保持党员先进性长效机制进一步健全。各级党组织和广大党员在抗震救灾和支持奥运中发挥了战斗堡垒和先锋模范作用。全系统向灾区捐款403.5万元，其中特殊党费237.3万元。以党建带团建，青年活动丰富多彩。加大精神文明创建力度，树立北京地税良好形象，2008年全系统新获得68项省部级以上荣誉称号，其中10个国家级先进集体和2个国家级先进个人。

组织机构建设进一步加强。为适应全系统宣传和教育培训的需要，新组建了宣教处。为理顺信息化部门的关系和职责，组建了科技信息处。按照压缩科的设置、增加所的数量、控制所的规模、适当建立专业税务所、提高所的质量的要求，以负责专门税种、特定行业、特殊区域的征收服务为主要职能，新成立了21个税务所。为加强数据采集和运用，提高征管水平，在两个区县局试点成立数据管理科。

干部管理和教育培训力度加大。贯彻落实公务员法，科学定编定岗定责。进一步完善干部评价、选拔、任用、管理、考核、监督，奖惩等各个环节的制度体系。开展绩效考核机制调研。部分区县局、分局因地制宜，在创新绩效考核机制上进行了有益探索。制定建设学习型北京地税指导意见。加强后备干部培养，组织青年干部赴境外培训，定期举办地税论坛。加强岗位技能培训，强化学历教育、注师培训和更新知识培训。2008年全系统共举办各类业务培训班405期，参训2.6万人次，有效提升了干部队伍的整体素质。

机关行政管理水平显著提升。全面落实政府信息公开条例要求，信息公开工作走在全市前列，公开量为市属各部门第一。加强督查督办，认真办理市委、市政府转办件，按时办复人大代表建议和政协委员提案，满意率100%。全系统大兴调查研究之风，共实现成果转化325项。编印《领导决策参考》，为科学决策提供支持。优化财务管理，严格预算执行，规范政府采购，强化内部审计，财务管理信息系统全面升级运行。加大基础设施投入，完成36个税务所的修缮。加强固定资产管理，截至2008年年底，全系统固定资产规模达32亿元。加强后勤管理，完成多项节水节电设备更新改造。强化安全保卫，加强安全教育和监督预防，提高应对突发事件的能力。加强食品卫生、办公场所和车辆安全管理，全系统无重大事故发生。

地税文化建设丰富多彩。通过学习型组织建设，集中了广大干部的智慧，形成了北京地税核心价值观和共同愿景。全系统广泛开展丰富多彩的文体活动，举办“清风颂、地税情”系列廉政文化宣传教育活动，组织全系统歌咏比赛和文艺汇演。发挥工会桥梁纽带作用，关心爱护干部职工。服务老干部，完善待遇保障，体现人文关怀。发挥博物馆传承地税文化的阵地作用。

回顾2008年的工作，我们深刻体会到：深入学习实践科学发展观是我们事业发展的根本前提，上级领导的关心支持是我们事业进步的重要支撑，地税系统全体同志的团结奋斗是我们事业推进的基本保障，改革创新是我们事业开拓的重要动力。

二、2009年主要工作安排

2009年将迎来新中国成立60周年，同时也是北京地方税务局建局15周年。全市地税工作的指导思想和主要任务是：在北京市委、市政府和国家税务总局的领导下，以科学发展观为统领，深入贯彻落实党的十七大、十七届三中全会、中央经济工作会议、中共北京市委十届五次全会和全国税务工作会议精神，紧紧围绕“保增长、扩内需、调结构”和建设“人文北京、科技北京、绿色北京”的要求，以组织收入为中心，创新思路，健全机制，强化管理，转变作风，全面优化地税发展环境，全力服务首都经济社会发展大局，全心服务纳税人，推动全市地税工作科学发展再上新台阶。

总体要求是：以优化地税发展环境为主题，围绕两条主线，构建一个保障，建设五型机关，实现三个满意。要以服务首都经济社会发展大局和服务纳税人为主线，以干部队伍的理想信念和机关建设为保障，建设学习型、服务型、效能型、法治型和廉洁型机关，以最好的精神状态，最高的工作标准，牢固树立五种意识，努力做到上级机关满意、纳税人满意、税务工作者满意。

基于以上指导思想、主要任务和总体要求，市局党组研究决定2009年为北京地税的“优化地税发展环境年”。

主要工作目标是：

——全面开展优化地税发展环境活动。有力保障首都经济社会发展和税收收入平稳较快增长，在依法治税、纳税服务、税政管理、队伍建设、机关建设等方面取得实质性进展。

——确保实现地方税收收入增长10%以上。全系统各项税费收入计划安排1735亿元，比2008年增收157亿元。各项税费收入中，安排地方一般预算收入1330亿元，同比增收123.1亿元，增长10.2%。

——大幅度提升依法治税水平。规范性文件合法性程度提高，税收执法规范化程度增强，税收法制宣传教育强化。文件审查合法率、行政诉讼胜诉率达到90%以上，执法检查有问题率低于20%。

——显著提高纳税服务质量。进一步增强服务意识，初步建立多层次、全方位的纳税服务体系。纳税人综合满意度达到历史最好水平，市纠风办行风评议排名稳中有升，纳税服务投诉下降20%。

——积极完善税政管理体系。以税收要素为核心，以税源管理、制度管理、政策管理、措施管理为主体内容，建立健全规范化、标准化、效能化的税政管理体系。

——切实加强队伍和机关建设。建立起与征管改革和推进信息化要求相适应的行为规范、廉洁高效的干部队伍和运转协调、公正透明的地税机关行政管理机制。实现信息化建设投入稳步增长，行政一般性支出零增长。

（一）以深入学习实践科学发展观活动为动力，扎实开展优化地税发展环境活动

1. 深刻认识开展优化地税发展环境活动的重要性和必要性。第一，优化地税发展环境是贯彻落实科学发展观的根本要求，也是推动全市地税事业实现科学发展的重要组成部分。第二，优化地税发展环境是在新形势下保增长、扩内需、调结构、促发展的基础和前提。第三，北京市委提出了建设“人文北京、科技北京、绿色北京”的要求和“优化首都发展环境”的目标。优化地税发展环境是落实三大理念的客观需要和重要举措，是优化首都发展环境在地税部门的具体体现。第四，优化地税发展环境是进入新的发展阶段，地方税收工作的自我调整和完善，也是应对新形势的挑战，化压力为动力的必然选择。

2. 结合学习实践科学发展观活动，对影响地税发展环境的问题进行全面整改。按照中央和北京市委的统一部署，紧紧围绕服务科学发展、共建和谐税收，进一步解放思想、改革创新，着力转变不适应、不符合科学发展要求的思想观念，着力解决影响和制约地税发展环境的突出问题以及党员干部党性党风党纪方面群众反映强烈的突出问题，着力完善有利于科学发展的地方税收环境。

3. 全面领会优化地税发展环境的原则和内涵。优化地税发展环境的原则是法治公平、文明和谐、规范高效、勤政廉洁。优化地税发展环境的内涵是对依法治税、纳税服务、税政管理、队伍建设、机关作风等领域中所有与地税发展有关的硬环境和软环境实现持续优化改善。坚持法治公平原则，优化地税执法环境。按照法

定权限和程序行使权力，努力学法、坚决守法、正确用法。全面落实税收执法责任制，大力开展执法检查和执法监督，提高执法水平。坚持文明和谐原则，优化地税服务环境。树立大服务观念，尊重纳税人、方便纳税人、提高纳税人税法遵从度，抓好、抓实纳税服务。坚持规范高效原则，优化地税政策环境。完善征管措施，简化办税流程，减轻纳税人负担，用准用足用好税收优惠政策。坚持勤政廉洁原则，优化机关工作环境。加强干部队伍建设和机关建设，实行机关服务承诺制，持续改善干部的精神面貌和机关作风。

4. 扎实推进优化地税发展环境各项活动。各有关部门对与地税发展环境有关的环节、细节和节点进行梳理，查找影响发展环境的难点和疑点，分阶段、分步骤逐一消除和解决。2月底列出优化地税发展环境任务表，形成活动总体方案，进行部署动员。3月份制定具体整改措施，年中评估工作进度，年底检查落实情况。

（二）以依法征收、应收尽收为原则，全面加强组织收入工作

1. 继续强化地税收入任务目标责任制。增强全系统在高基数上实现税收收入平稳较快增长的责任感，进一步完善“一把手”负总责，市、区、所三级收入任务目标责任制，形成任务明确、责任明确、领导到位、保障到位的收入任务管理格局。研究建立收入质量考核指标体系，完善收入质量考核机制。

2. 构建科学高效的组收联动机制。明确征管评查在组织收入工作中的具体职责，切实发挥各部门组织收入的能动性和协调性，充分发挥整体合力，使组织收入更多地依靠税源质量的提高、征管措施的加强、税收政策的完善和主观能动性的发挥。

3. 提高收入预测分析水平。深入研究税收发展规律和经济下行期税收变化趋势。充分发挥万户多维分析系统作用。全面开展税源、税收结构、税收预测预警、税收管理风险和税收政策效应分析,强化重点税源、首都特色行业和重点企业的分析，定期形成报告，为政府当好参谋。

4. 做好征管工作。从强化登记管理入手，进一步加强横向协作，做好国税、地税联合办理税务登记后的制度建设。加强欠税管理，总结欠税管理专职岗位试点经验，适时在全系统逐步推广。稳步推进房地产税收一体化工作。开发运行个人出租房屋管理系统和房地产交易窗口征收系统。加强个体税收管理，开发应用计算机定额系统。探索实践税源户双项分类管理。完善税收管理员工作平台。加大登记率、申报率、入库率、欠税率的考核力度，提高征管质量。

5. 加强发票和档案管理。进一步加强发票管理，遏制发票违法行为。开发网上报送发票明细数据和税控装置授权系统，尽力解决国标税控收款机存在的问题。调整有奖发票布奖方案。加强税务档

案管理，全面实施纸质档案扫描管理模式，将电子文件纳入档案管理。

6. 做好纳税评估工作。加大引入审计工作规范的力度，建立健全有效的内控管理制度。依托日常评估软件，优化纳税评估指标，提高日常评估工作水平。充分利用数学模型，探索行业评估试点。深入开展重点行业和重点税种评估。加大对零申报纳税人的评估。深化以信用A级纳税人管理为抓手的纳税信用体系建设，加强信用记录的部门交换和综合利用。

7. 做好稽查检查工作。以整顿和规范税收秩序为重点，以查处税收违法案件为中心，深入开展重点行业和重点税源企业的税收专项检查。继续严厉打击制售假发票和非法代开发票税收专项整治活动。加强对重大违法案件的查办工作。做好案件协查、税收情报核查和反避税调查。完善税务稽查案件管理系统。

（三）以有效落实税收政策为基础，充分发挥税政职能作用

1. 围绕宏观调控，支持首都经济发展。贯彻结构性减税政策，支持高新技术、节能环保、文化创意、现代服务业等产业发展。运用房地产税收政策，支持和引导房地产市场健康稳定发展。落实“三农”、再就业和奥运税收政策，做好残保金的代征工作。做好税制改革有关税种的新旧政策衔接。开展物业税、资源税、城市维护建设税、环保税调查研究，做好相关准备工作。

2. 围绕组织收入，强化税源分类管理。加强政府部门之间协调配合，创造综合治税社会环境，充分运用社会各方面力量，有效提高征管质量和效率。完善企业所得税、营业税、个人所得税申报系统，深化地方税税源管理平台的推广和应用。探索建立以各税种税收要素为指标，体现行业经营发展状况的税政分析模式，积极适应首都经济发展走势和可能出现的变化，及时采取相关措施。

3. 围绕减负实效，提升政策服务水平。深入探索政策宣传辅导有效方式，提供以纳税人需求为导向的分税种、分行业、分事项的多角度税收政策咨询服务。进一步优化办税程序，实现企业所得税减免税管理从审批向备案过渡。做好12万元以上个人所得税自行申报工作。积极建立内容完整、动态管理的按税收要素分类，分税种、分行业的税收政策查询系统，提升为纳税人和税务干部的政策服务水平。

4. 围绕制度建设，强化税政工作合力。进一步明确税政综合工作职责，建立健全各项税政管理制度，巩固税政联席会议工作成果。探索建立税源管理办法，建立健全税收政策执行效果反馈机制，规范税收政策的宣传、执行、调研、反馈，全面提高政策管理能力。

5. 围绕机制完善，发挥税政职能作用。对内在各税政管理部门建立职责合理、分工明确、流程科学、运转高效的协调配合机制。对外建立客观公正的社会评

价机制，通过各种渠道准确了解和掌握纳税人合理诉求，科学反映政策执行效果，及时加以改进提高，积极构建和谐的税收环境。

（四）以提高纳税服务水平为核心，构建和谐征纳关系

1. 总结推广纳税服务工作成果。深入分析纳税人满意度调查结果，认真查找问题，及时总结经验，适时召开全系统纳税服务经验交流会，推广纳税服务工作成果。

2. 加强纳税服务制度建设。进一步修订纳税服务工作规范、纳税服务承诺。制定办税服务厅考核评价办法，推动办税服务厅规范化建设。推广实施走访服务制度，为解决纳税人实际问题提供快捷通道。应用纳税遵从理论，实施分类服务制度。

3. 创新纳税服务手段。推进“网上地税局”建设，进一步拓展网上办税功能，强化落实网站更新责任制，提高网上政务公开水平，推广网上行政审批，加强网上互动交流。推进12366纳税服务系统建设，完善制度，加强培训，强化管理，提高热线和远程坐席接通率和回复准确率。开展CA用户试点，取消纸质申报，进一步落实“两个减负”。编印《纳税申报分类手册》。

4. 维护纳税人合法权益。加强和规范纳税人法律援助、救济服务，完善纳税人诉求日常办理机制，明确分工，整合流程，强化监督，确保纳税人合理合法诉求的及时落实，形成解决纳税人问题的长效机制。贯彻执行国家税务总局关于《纳税人涉税保密信息管理暂行办法》，完善纳税人涉税信息内部管理和外部查询管理。继续开展满意度调查，强化外部监督。

（五）以信息化建设为手段，全面提高服务水平和征收效率

1. 加强对信息化工作的统一领导和统筹规划。坚持项目立项程序，完善决策机制。明确各部门职责分工，形成归口管理、分工协作、密切配合、高效运行的工作格局。理顺市、区两级信息化建设的职责分工，充分发挥合力。提高各级领导和地税干部对信息化工作的驾驭能力和应用水平。

2. 提高信息化服务水平。编写简明操作手册，多种方式引导纳税人网上办税。规划建设个性化、互动式和多途径的纳税人信息服务平台，优化移动办税平台。改善基层网络环境，开展系统资源和应用功能的整合，减轻基层负担。以技术手段规范操作流程和落实管理制度。做好数据回放服务，优化完善相关报表和查询。进一步做好为北京市领导决策提供信息的服务和政府部门数据交换服务，推动市级数据交换平台应用和相关政府部门动态数据共享。建设北京地税客户服务总线，实现各应用系统间的资源共享和通讯畅通，提高信息系统应用的灵活性和整体效能。完善核心征管系统，升级存储平台和备份平台。进一步加强内网系统的推广应用。

3. 加强信息系统安全保障和运行维

护工作。健全信息系统安全运行维护管理规范，完善信息安全管理体系。开展信息系统安全风险评估和等级保护工作，规避系统风险。完成信息系统安全升级改造项目后续工作。逐步实施内外网系统改造。

（六）以加强队伍建设为保障，全面推进五型机关建设

1. 全面推进学习型机关建设

推进深入学习实践科学发展观活动。以科学发展观统领地税工作，坚定地税部门推动科学发展的决心，制定促进科学发展的政策措施，全心服务纳税人，全面提高征管质量，有效提升干部队伍素质。按照“两手抓、两不误、两促进”的要求，继续深入推进第一批学习实践科学发展观活动，巩固成果。扎实开展第二批学习实践活动的各项工作，确保取得实效。

加强各级领导班子建设。研究制定领导班子和班子成员学习的综合考核评价办法，形成系统学习的长效机制。坚持党组中心组集体学习制度，重点加强领导能力和决策能力的培养。完善党组议事规则和组织决策程序，推进重大事项决策的科学化、民主化、法治化。坚持民主生活会制度，积极开展批评与自我批评。加强巡视工作，全面反映情况，推动班子建设。

创新干部管理体制。完善领导干部选拔制度和后备干部管理制度，按照“四化”标准，把真干事、能干事、干成事的干部用到重要岗位，提高选人用人公信度。研究制定系统处级非领导职务管理办法。健全干部管理全程监督制度和责任追究制度。落实处科级干部管理制度，有计划、有重点地开展干部交流和竞争上岗，优化班子结构，积极推进由职务管理向职责管理的转变。

加强干部教育培训工作。建立健全干部教育考核、监督、检查评估制度，保障干部教育培训权利，每年抽查率不低于20%。探索不同岗位履职必备的知识体系建设，突出能力培养，实施在线学习和学时学分制。推进全员培训，做好基层培训辅导员的选拔、培训、使用工作。广泛开展岗位大练兵活动，强化专业职称、岗位能手、注师培养工作。组织好赴境外人员培训。

2. 全面推进服务型机关建设

发挥税收职能作用，为首都经济社会发展大局服务。地税工作要在服务首都经济社会发展大局中找准定位，积极作为，要探索规律，提高能力，增强服务大局的自觉性、针对性、预见性和实效性，定期向上级党委政府汇报工作，求得支持和帮助。

地税工作措施要惠及纳税人，为纳税人服务。牢固树立为纳税人服务的思想，切实以纳税人为本，将始于纳税人需求、终于纳税人满意作为纳税服务的愿景。改善服务态度，扩大服务范围，优化服务方式和手段，提高服务质量和水平，满足不同纳税人对纳税服务的合理需求。

上级机关要为基层服务，为税务干部服务。干部管理考核向基层倾斜。支持和鼓励北京市地方税务局、区县局、分局机关

没有基层工作经历的干部到一线锻炼。加大对基层的人财物投入，减轻基层工作负担。切实关心干部职工的成长需要和生活困难。

3. 全面推进效能型机关建设

进一步规范业务流程。以规范和优化前台办税服务厅和后台税源管理业务流程为重点，完善税收征管各项业务流程。精简合并涉税审批环节，下放行政审批权限，减少纳税人重复报送的涉税资料，简化办税手续，优化办税流程。

进一步优化组织机构。根据北京市机构改革要求和总局机构改革实践，遵循精简、效能、统一、服务的原则，按照征管评查流程顺畅的要求，在深入调研的基础上，抓好体制机制改革创新，规范处室设置，健全岗责体系和职位管理，研究完善稽查管理体制。统筹考虑首都区域功能定位，按照国家宏观经济调控的需要，按照行业、经营规模、纳税人类别，优化基层税务所设置。

进一步加强制度建设。建立健全跨部门工作沟通协调制度、局级重点工作通报制度、全局性大事要事通报制度、基层与市局的工作沟通反馈制度。研究在当前形势和条件下对地税干部进行考核评价及有效激励的制度。

进一步加强基层建设。研究制定中长期基层建设纲要和税务所建设规范。适时召开全系统思想政治工作会，加强基层党建工作。进一步巩固和扩大首都文明行业创建活动的成果，形成保持首都文明行业的长效机制，加强基层精神文明建设。推进工会、共青团、妇女和老干部工作，搭建经验交流的平台。

进一步加强安全保卫工作。落实安全工作责任制，实行安全工作一票否决，加强对重点要害部位和重点人的安全管理，完善安防硬件设施，夯实工作基础，确保全系统无重特大事故发生。

4. 全面推进法治型机关建设

严格规范税收执法行为。深入贯彻国务院全面推进依法行政实施纲要，严格按照法定权限和程序行使权力、履行职责。进一步规范执法行为，提高执法水平。贯彻落实执法责任制，加强税收执法监督，防范和化解执法风险。

大力开展税收法制宣传教育。以税法宣传和政策宣传为重点，开展针对企业法人代表和新办企业办税人员的百场共万人税法宣讲活动。办好税务公告、电视、广播和内部交流刊物。以优化地税发展环境为主题，开展好第18个税收宣传月活动。发挥税务博物馆宣传阵地作用。

积极营造诚信纳税环境。公正执法，排除各种干扰因素，确保税权的独立行使和税法的公正执行。进一步构建政府间协税护税网络，加强信息互联互通，加大政府信息公开力度。创造一切有利条件，提供一切可能手段，确保纳税人遵从税法，诚信纳税。

5. 全面推进廉洁型机关建设

深刻认识党风廉政建设和反腐败工作

的重要性。把反腐败工作摆在更加突出的位置，实行党风廉政建设与税收中心工作同时计划、同时布置、同时检查、同时考核，落实好一岗双责。全体地税干部要从严要求自己，坚决守住党纪国法的底线，时时自省、自警、自励，一心为民，秉公用权。

积极构建北京地税惩治和预防腐败体系。围绕中央《惩防体系2008—2012年工作规划》和北京市、国家税务总局的实施办法，着力构建教育、制度、监督并重的惩治和预防腐败体系。建设好教育、自律、监督、惩处四道防线。完善教育防范、组织防范、制度防范、权力防范、内外监督五个监督机制。进一步推进科技控权和制度控权，加强两权监督。坚持“一案双查”，强化执法和廉政纪律的监督检查，抓好源头预防职务犯罪工作。

全面加强党风、政风和行风建设。强化党建和思想政治工作，认真落实党组抓党建工作责任制以及党员联系和服务群众、党员党性定期分析等制度。充分发挥各级党组织的战斗堡垒作用和广大党员的先锋模范作用。积极参加地方政府组织的政风行风评议活动，发挥特约监察员的作用，自觉接受社会各界监督。

切实加强机关作风建设。树立过紧日子的思想，完善预算管理评审机制，加强预算执行监督，严格控制一般性支出，确保公务购车用车、会议经费、公务接待经费以及出国经费实现零增长，加强内部审计。做好后勤保障，实施节能减排。弘扬理论联系实际的学风，切实改进会风文风。大兴调查研究之风，领导带头搞调研，把调查研究作为了解实情，联系群众，汲取智慧，推动工作的基本途径。多出精品，促进调研成果转化。继续办好《领导决策参考》，服务科学决策。发挥国际税收研究会和地方税务学会的作用，支持税收中心工作。

2008年北京市地方税收完成情况

一、税收发展总体概况及特点

截至2008年年底，北京市地方税务局税源户规模达到77.3万户，比年初增加13.3万户，增长20.8%。2008年，全市地税系统累计完成各项税费收入1578亿元，比2007年增收211.9亿元，增长15.5%。其中，完成地方一般预算收入1206.9亿元，比上年增收139.7亿元，增长13.1%；占全市财政收入的比重为65.7%。全年收入呈现七个显著特点：

（一）税收呈现明显前高后低走势，增量的九成来自于上半年

2008年上半年，全局完成税收862亿元，同比增收203.9亿元，增长31%；占全年税收的比重和增量比重分别达到54.6%和96.2%。受国际、国内经济形势变化的影响，下半年税收增幅迅速回落，共计完成716亿元，同比增收8亿元，增幅仅为1.1%，其中8月、9月、10月三个月税收分别下降了4.3%、7.2%和10.3%。下半年占全年税收的比重和增量比重分别为45.4%和3.8%，均为近年来的较低水平。

（二）税收规模居全国第五位，增幅与上海、浙江、山东基本持平

2008年，全国地税系统累计完成税收18301.4亿元，比2007年增收3274.6亿元，增长21.8%。北京市地方税务局完成总局口径税收收入1434.7亿元，同比增收201.2亿元，增长16.3%，占全国地税税收的比重为7.8%，居全国第五位。增幅低于全国地税平均增幅5.5个百分点，在收入规模前六位的省市中，与上海（16.6%）、浙江（15.8%）、山东（16.6%）增幅基本持平，低于江苏（21.5%）和广东（24.4%）。

（三）纳税过亿元企业超百户，重点税源质量进一步提高

2008年，全市纳税亿元以上企业达到150户，比2007年增加了25户，共缴纳税收352.9亿元；占北京市地方税务局整体收入的比重达到22.4%，比重比上年提高了2.7个百分点。纳税百万元以上税源户达到14732户，比2007年增加了1738户，比2003年的7043户增长了1.1倍；全年共缴纳税收1276.2亿元，比上年增收199亿元，增长18.5%；占北京市地方税务局整体收入的比重达到80.9%，比重比上年提高了2.1个百分点。

（四）金融业税收跃居第一大增收行业，服务业税收稳定增长，房地产业税收首次负增长

从2005年起，北京市提出并实施建立以金融业、服务业为主导的产业结构，提高北京市经济的抗风险能力，在2008年得到了充分体现，在房地产、建筑两大主体行业发展减缓的情况下，全市税收依然实现较快增长。其中，金融业完成税收211.1亿元，同比增收69亿元，增长48.5%，对整体收入的增收贡献率达到32.6%。信息传输、商务服务、住宿餐饮、文化体育娱乐、居民服务五大服务业税收均实现较快增长，共计完成518.7亿元，同比增收89.1亿元，增长20.7%，增收贡献率达到42%。金融和服务业占整体收入的比重由上年的41.9%提高至46.2%。房地产业税收首次出现年度负增长，全年完成282.3亿元，同比减收34.9亿元，下降11%，占整体收入的比重由上年的23.2%降至17.9%。

（五）三大主体税种增收形势变化明显，个人所得税增收贡献提高

个人所得税全年完成409.6亿元，同比增收101.4亿元，增长32.9%，对整体收入的增收贡献率由上年的21.6%提高至47.8%，纳税人群的增加以及居民收入的持续增长是个人所得税增长的基础，也得益于全员全额申报制度的扎实落实。营业税受房地产业负增长的影响增幅回落较快，全年完成651.8亿元，同比增收50.7亿元，增长8.4%，增幅比上年回落了22个百分点，增收贡献率由上年的38.6%降至23.9%。企业所得税在2007年增长了69.3%的基础上，仍实现了6.9%的增长，全年完成161.1亿元，同比增收10.4亿元。

（六）各功能区税收发展与其定位相符，产业结构决定税收增幅差异

首都功能核心区和城市功能拓展区分别完成税收478亿元和746亿元，分别增长15.5%和16.8%。两大功能区占全市税收的比重和增收比重分别达到77.6%和80.8%。其中两大功能区金融和服务业税收所占比例较高，分别达到58.7%和46.6%，均高于全市平均水平。城市发展新区房地产业税收比重为26%，全年完成税收234.2亿元，同比增长13.7%。而金融和服务业税收比重为26.1%，致使增幅低于全市平均水平。生态涵养区全年完成税收85.9亿元，同比增长6.3%，由于房地产业税收所占比重最高，达到38.9%，对其税收增长影响较大，整体收入增幅在四大功能区中最低。

（七）各类型企业税收均衡发展，国有、股份两大主体地位突出

从税收的企业类型构成看，国有及国有控股企业、股份公司、外资企业和私营企业税收规模居前四，占整体收入的比重分别为29.5%、26.1%、19%和10.8%，税收增幅均达到两位数。其中，2008年国有及国有控股企业完成税收465.8亿元，同比增收52.7亿元，增长12.8%。股份公司（不含国有控股企业）完成税收412.2亿元，同比增收70.2亿元，增长20.5%；两大类型企业税收合计占整体收入比重的55.6%。外资企业（不含国有控股企业）和私营企业税收增长较快，成为全市税收的重要组成部分。其中外资企业（不含国有控股企业）完成税收299.2亿元，同比增收49.7亿元，增长19.9%；私营企业完成税收169.8亿元，同比增收29.6亿元，增长21.1%。

二、主体行业税收完成情况

（一）房地产业首次出现年度负增长，对整体收入影响较大

自2008年年初开始房地产业税收增速放缓，一、二季度增幅分别为21.6%和9.4%，三、四季度开始减收，降幅分别达到37.3%和30.8%。全年，房地产业完成税收282.3亿元，同比减收34.9亿元，下降11%，占整体收入的比重由上年的23.2%降至17.9%。房地产业税收下降对整体收入增幅回落影响达到8个百分点。这主要是由于房地产开发投资和商品房销售两大先行指标均出现下滑。2008年前11个月，

全市房地产开发投资同比下降7.1%，商品现房、期房销售面积分别下降42.3%和50.5%。房地产业主体税种中，营业税完成130.3亿元，同比减收31.8亿元，下降19.6%；企业所得税完成59.8亿元，同比减收11.2亿元，下降15.8%。

（二）金融业成为全市税收增收额和增幅最高的行业

2008年，金融业完成各项税费收入211.1亿元，同比增收69亿元，增长48.5%；占整体收入的比重由上年的10.4%提高至13.4%。同时，受前期国家紧缩性货币政策和国际金融危机等因素的影响，金融业税收呈现高位趋缓的态势，各季度增幅分别为88.7%、64.1%、33.5%和15.6%，全年增幅较上年回落了24.8个百分点。银行、证券、保险占金融业税收的比重分别为64.5%、11.7%和11.8%，增收形势各有不同。其中，银行业全年完成税收136.3亿元，同比增长54.4%，有力地支撑了整体金融业税收的增长。贷款规模持续增加、前期利率提高和中间业务拓展是银行业稳定增长的主要动力。证券业完成税收24.7亿元，增幅由上年的421.6%回落至69.5%，其中三季度增幅仅为4%，四季度同比下降7.9%，这主要是受股市大幅震荡和成交量萎缩的影响。保险业完成税收25亿元，同比下降9%，其减收主要发生在下半年，第三季度下降37.2%，第四季度下降61.1%，主要是由于保险企业股票投资收入减少。

（三）受商品房施工面积下降影响，建筑业税收增速回落

近年来，在北京市优化投资环境、加大城市建设和奥运建设项目全面启动带动下，建筑业税收得到了较快发展，2005—2007年，建筑业税收分别增长了11.8%、22.2%和29.7%。今年，受商品房施工面积下降（1—11月同比下降4.8%）、奥运期间停工等因素影响，建筑业税收增幅有所回落，全年完成税收97.2亿元，同比增长4%，增幅比上年回落25.7个百分点，其中，三季度税收同比下降11.1%，四季度同比下降3.1%。

（四）信息、商务、餐饮等服务业税收增势良好，发挥了重要的增收稳定器的作用

信息传输、商务服务、住宿餐饮、文化体育娱乐、居民服务税收均实现较快增长，增幅分别达到26.9%、27.9%、17.5%、24.2%和12.6%；五大服务业占整体收入的比重由上年的31.4%提高至32.9%。带动服务业税收增长主要有三点因素：一是北京市产业结构优化升级，服务业的规模效应更强，为其稳定发展奠定了重要基础。二是奥运会的召开对住宿餐饮、文化体育娱乐的拉动作用较强，其三季度税收增幅分别达到20.3%和32.5%。三是服务业抵抗国际金融危机风险的能力较强，税收发展未受到明显影响，下半年仍然保持了11.6%的增长。

三、主体税种完成情况

（一）营业税的发展较快地反映出经

济形势的变化

营业税全年完成651.8亿元，同比增收50.7亿元，增长8.4%，增幅比上年回落了22个百分点。营业税主要来源于第三产业，共计完成586.2亿元，增收47亿元，占整体营业税比重和增收比重均超过90%。全年，营业税呈现前增后减的态势，1—7月平均增幅为20.4%，但从8月开始，连续5个月出现减收，平均降幅达到8.3%。

从各行业营业税完成情况看，除房地产业营业税同比下降19.6%之外，其他行业营业税普遍实现增长。其中，金融业、交通运输业、各类服务业营业税分别增长了30%、23.4%和20.7%。

受营业税增幅回落的影响，城市维护建设税和教育费附加增幅也有所降低，分别完成63.9亿元和29.4亿元，分别增收7.3亿元和3.3亿元，增长12.9%和12.7%，比2007年分别降低了12.5个和11.9个百分点。文化事业建设费完成15.6亿元，同比增收3.9亿元，增长33%，增幅比2007年提高了15.4个百分点。

契税完成83亿元，同比增收2.7亿元，增长3.3%。其中，受房地产市场成交减少的影响，房屋交易缴纳契税62.5亿元，同比下降1%，而上年同期为增长23.6%。

（二）企业效益下滑以及新《企业所得税法》实施，致使企业所得税增速放缓

企业所得税累计完成161.1亿元，同比增收10.4亿元，增长6.9%。从各主体行业完成看，建筑业、交通运输、仓储及邮政业、房地产业企业所得税分别下降了22.6%、18.8%和15.8%，而其2007年的企业所得税分别增长了36.7%、31.4%和118.9%。批发和零售业企业所得税同比增长9.4%，增幅比上年回落了27.5个百分点。制造业企业所得税同比增长98.3%，剔除清理首钢股份欠税入库10.9亿元后实际增长23.5%，增幅比上年回落了35.6个百分点。

从税款所属期看，汇算清缴企业所得税入库84.5亿元，同比增长17.3%；预缴企业所得税入库65亿元，同比下降16.9%，新《企业所得税法》实施影响税款减少20亿～22亿元。

（三）个人所得税实现较快增长，规模突破400亿元

2008年，北京市城镇居民收入实现较快增长，1—11月人均可支配收入比上年同期增长12.4%。同时，北京市地方税务局建立和完善个人所得税全员全额明细申报机制，进一步提高了纳税人的自觉申报意识，有力促进了个人所得税快速增长。个人所得税全年完成409.6亿元，同比增收101.4亿元，增长32.9%，对整体收入的增收贡献率由上年的21.6%提高至47.8%。

从分税目个人所得税完成情况看，工资薪金所得、利息股息红利所得、劳务报酬所得、财产转让所得四大税目分别完成351.5亿元、17.7亿元、13.9亿元和11.8亿元，增幅分别达到30.4%、59.5%、23.3%和208.7%，体现出收入来源渠道多元化的趋势。

从分行业个人所得税完成情况看，金融业完成个人所得税70.9亿元，同比增长81.6%，租赁和商务服务业完成62.9亿元，同比增长30.5%，信息传输计算机服务和软件业完成38.3亿元，同比增长30.9%，批发和零售业完成32.8亿元，同比增长57.9%。四大行业占整体个人所得税比重达到50.1%，增收贡献率达到66.7%。

四、全市各区县地税局、分局税收完成情况

从各局的税收规模看，朝阳区、海淀区、西城区、东城区四个局居前四位，分别完成税收336.2亿元、301.9亿元、220.2亿元和156.4亿元，占全市税收的比重分别达到21.3%、19.1%、14%和9.9%。宣武区、顺义区、丰台区三个局税收规模超过60亿元，占全市税收的比重分别为4.5%、4.2%和4.1%。其他各局共计完成税收361.7亿元，占全市税收的比重为22.9%。

从各局的税收增幅看，增幅高于20%的有石景山、涉外、开发区、顺义、门头沟五个局；增幅介于10%～20%的有海淀、西城、大兴、东城、密云、朝阳、崇文、房山八个局；增幅低于10%的有宣武、西站、昌平、怀柔、丰台、通州六个局；平谷、燕山、延庆三个局税收为负增长。

五、2008年重点工作开展情况

2008年，北京市地方税务局主要从六个方面推进了工作：

（一）增强大局意识，积极服务奥运会、残奥会

全力做好奥运税务服务工作。发挥服务奥运“四机制一平台”作用，完善奥运税务服务十项举措和应急服务机制，为全市涉奥纳税人设置专门窗口和快速通道，对奥组委、BOB公司实现24小时不间断办理涉税事宜。主动申请和认真落实奥运税收优惠政策，累计减免税收10.6亿元。确保奥运专用发票和税控装置及时供应，开具奥运门票定额专用发票66.5万张。全市涉奥纳税人满意度达100%。

（二）强化工作措施，全面完成组收任务

坚持“依法征收、应收尽收、坚决不收过头税和越权减免税”的组收原则，调整分解全年收入目标任务，层层建立“一把手”负总责的收入任务目标责任制，确保领导到位、责任到位、工作到位。着重分析国家宏观经济形势、区域和产业政策、金融、房地产等税收支柱行业发展态势以及税制改革和税收优惠政策的影响，及时提出组收措施和建议。加大重点税源监控力度，强化市、区、所三级重点税源户管理。各系统各单位、部门共同努力，切实加强组收工作力度，提高征管质量，确保了全年收入任务的完成。

（三）创新工作方式，着力强化税收征管

征管基础进一步加强。年所得12万元以上个人自行纳税申报人数达34万人，同比增长30.1%。清缴欠税入库14.3亿元，欠

税余额降至18.9亿元，同比减少35.3%。稳步推进房地产税收一体化管理，进一步规范对个体户、货物运输业、二手房交易的税收管理。发票管理力度进一步加大。大力开展发票打假税收专项整治行动，捣毁38个贩卖假发票窝点和28个特大贩卖假发票团伙，收缴发票115万份。继续推广国标税控收款机，截至2008年年底全市纳税人共使用国标税控机10万台，同比增长113%。纳税评估工作进一步深化。修订三项评估核实办法，积极开展评估质量体系认证和审计规范试点。大力开展专项评估和日常评估，对12万户纳税人实施评估，共补税9.6亿元，并为全市34.1万户纳税人发送《企业缴税情况通知书》。稽查作用进一步发挥。深入开展房地产业、建筑安装业等重点行业的专项检查。查处上级交办各类重大案件21件，受理群众举报案件7967件。全年共立案稽查案件3959件，查补入库8.2亿元。税政管理进一步强化。全面落实新《企业所得税法》、工薪所得费用扣除标准提高等政策，实现了新旧政策的平稳过渡。修订土地增值税清算管理办法，实行保险机构代收代缴个人机动车车船税，对个人拆迁购买住房减免契税实行即时审核，进一步发挥税收服务经济的职能。

（四）坚持依法治税，持续优化首都税收环境

加强法制建设。全面落实国务院依法行政实施纲要，推进依法行政，规范执法行为。开展日常执法检查396项次，专项检查16项，检查各类执法文书及案卷2万余份，获得全市行政处罚案卷评查并列第一。认真落实各项税收优惠政策。积极宣传和认真落实鼓励捐赠的税收优惠政策，严格落实奥运期间停驶车辆减征车船税政策以及房地产交易环节税收政策调整，用足用好各项税收优惠政策，促进相关产业的发展。广泛开展税收法制宣传。紧紧围绕“税收·发展·民生”的主题深入开展第17个税收宣传月，共组织大型宣传活动50余项，发表稿件2600余篇，制作税法专题宣传片8部、公益广告3部。

（五）完善服务体系，全面提升纳税服务水平

完善热线和网站服务体系。2008年12366热线处理话务94万件，1474万人次访问北京地税网站，月均访问量120多万人次。北京地税网站在全国省级税务机关评比中名列第一，并被评为北京市优秀政务网站。加强纳税服务制度建设。拓宽与纳税人沟通渠道，建立走访服务制度，定期召开纳税人座谈会。落实“两个减负”工作要求，加强办税服务厅规范化建设，组织纳税人满意度调查，完善外部监督机制。提高信息化技术支持水平。42万户纳税人通过联网方式缴税1381.2亿元，占全部税款总额的87.7%，占全国联网缴税总额的近一半。成功实施系统整合一期工程，优化信息化基础设施架构，实施交易、查询和统计分析彻底分离，上线运行单

点登录系统，提高核心征管系统运行效率。

（六）立足科学发展，大力推进队伍和机关建设

学习实践科学发展观活动取得阶段性成果。认真组织学习培训，深入调查研究，召开北京市地方税务局领导班子专题民主生活会，分析检查报告评议座谈会，积极开展解放思想讨论，广泛征求意见，提出今后贯彻落实科学发展观的主要方向、总体思路、工作要求和具体措施。领导班子建设不断加强。深入开展局级学习型领导班子建设试点工作，加强领导班子政治业务学习和领导能力的培养，班子思想水平、执政能力和工作作风得到提高。党风廉政建设和党建工作成效显著。深入开展反腐倡廉宣传教育活动，认真贯彻落实党风廉政建设责任制。加强“两权”监督，探索“科技控权”廉政风险管理新途径。2008年全系统新获得68项省部级以上荣誉称号，其中10个国家级先进集体和2个国家级先进个人。干部管理和教育培训力度加大。制定建设学习型北京地税指导意见，加强后备干部培养，加强岗位技能培训，强化学历教育、注师培训和更新知识培训，共举办各类业务培训班405期，参训2.6万人次，提升了队伍的整体素质。

2009年将迎来新中国成立60周年，同时也是北京市地方税务局建局15周年，北京地税局将在北京市委、市政府和国家税务总局的正确领导，坚持科学发展观，正视形势和困难，变压力为动力，化挑战为机遇，突出组织收入为中心，全方位提升各项工作水平。全面贯彻落实“优化地税发展环境年”的总体指导思想和工作要求，促进经济发展，坚持科学化、专业化、精细化管理，确保完成地方一般预算收入1330亿元，增长10%的目标。全力服务首都经济社会发展大局，全心服务纳税人，推动全市地税工作科学发展再上新台阶。

领导讲话

在北京市地方税务局
2008年工作会议上的讲话

北京市常务副市长　吉林

（2008年1月9日）

同志们：

这次会议很重要。在市委全会结束以后，我们各个部门按照市委的要求，都在陆续总结去年的工作，部署今年的工作。有的部门开会早一些，各个部门都可以根据实际情况，实事求是地做出安排。但是有一个特点，财政、国资、税务、发改委几个部门开的都比较早。昨天我向郭金龙市长作了汇报，郭金龙市长也提出了要求：有的部门可以晚一些，但是这几个部门要早开，因为全市的盘子，市委全会听取了汇报，已经确定，应该早做部署。今年又是奥运决胜之年，任务比较重，应该早一些加以推进落实，并让我转达他对税务系统干部职工的敬意和问候。

借这个机会，我也代表市委、市政府向大家表示敬意、慰问和感谢。我今天主要谈两个方面的问题，一是向大家介绍一下北京近几年、特别是去年经济社会发展状况；二是就2008年地税工作，给大家提点要求。

一、近五年首都经济社会发展情况和2007年全市经济运行态势

北京市委刚刚召开了十届三次全会。全会之前，召开了务虚会，把这几年北京市经济社会发展的情况进行了总结，特别强调，要找到问题，找准问题，针对这些问题，提出措施，推动北京经济和社会继续又好又快地发展。

北京经济社会发展的情况，我认为可以用一句话来概况，就是又好又快。有的同志讲，又好又快是前年总书记在中央工作会议上提出来的，你们怎么说这么多年来就是又好又快呢？这是可以用数字说话的，一系列的数字能够说明北京这几年

确实在又好又快地发展。当然，我们对过去的评价还是留有余地的，所以北京市市委、市政府有的时候讲，北京市经济社会初步走上又好又快发展的轨道，这也是符合实际的。我们在1997年，十年前，八次党代会上提出了要发展“首都经济”。这是一个非常响亮的概念，一个非常鲜明的指导思想。贾庆林主席在北京考察工作，在最后和市领导座谈的时候，又谈到这一段。“首都经济”的提出解决了一个“北京要不要发展经济的问题，而是要发展什么样经济”的问题。内涵这十年也在不断深化，认识也在不断深化，可以说结出了硕果。2002年我们开的是9次党代会，提出了“新北京、新奥运”的战略。我个人认为，它是北京进入新世纪头十年发展目标和战略的问题。新北京是目标，新奥运是机遇。通过新奥运发展新北京，通过新北京保障新奥运。这是一个过程的两个方面，它们的关系是辩证的。我们在九次党代会上又提出来，要率先基本实现现代化，这是中央对北京和东部地区的要求。5年过去了，北京是否率先基本实现现代化，可以通过数字来总结。九次党代会提出了具体目标，就是要人均GDP要达到6000美元，这个目标已经实现了。当然人均GDP并不能全部说明，但这是一个非常重要的指标。我们这几年在不断地探索总结，在实践着新北京、新奥运的战略构想，实现这个目标指日可待，但是还要付出艰苦的努力。去年5月，我们开了十次党代会，提出来要大力发展现代服务业，会后，又提出要大力发展生产型服务业。这又是北京经济社会发展中的一个重大的指导思想，进一步明确了产业结构调整的方向，进一步明确了我们推进产业结构调整的着力点。十年三次党代会对北京经济社会发展来讲都是非常重要的。我们无论是总结过去，还是谋划将来，都要认真地学习这些精神，深刻地加以领会。

到去年为止，北京经济继续保持平稳较快发展。预计去年总量增长12.5%左右。这是北京市连续九年两位数增长，经济总量预计达到9000亿，这也是非常了不起的数字。人均GDP突破7000美元，这是非常重要的数字。投资、消费和出口平稳增长，物价控制得比较好，全市居民消费价格指数上涨2.5%左右，涨幅相对平稳。产业结构不断优化。服务型经济的主导地位进一步巩固，服务业增加值占地区生产总值的比重超过71%。这在全国是最高的。去年年底可能超过72%。大体上，服务业总量超过经济总量的70%；服务业领域就业的劳动力超过总就业的70%；新增的总量贡献服务业超过70%。服务业结构也是比较好的。过去我们讲现代服务业，现在讲生产型服务业，这种高水平的服务业在服务业的总量中达到50%，可能超过55%。在所有产业中比重最大的是金融产业，占13%，这是前年的数据。还有信息服务业等等。

经过几年的努力，特别是去年，我们又有一些高耗能的产业、企业退出了生产。因此，万元GDP的能耗继续在降低。减排指标继续在实现。所以经济发展的质量和效益都不错。从效益上来讲，全市国地税总收入超过4800亿元，地方财政收入超过1492亿元。全口径税收接近4800亿元，和天津相比，天津前年全口径税收900亿元，河北全口径税收1500亿元。我们这一块增长的幅度也是比较高的。我们抓住去年收入比较高的好的形势，支持首钢搬迁调整，对首钢2006年、2007年上缴的实行了退库。如果不退就超过了1500亿元。从财政收入的角度来讲，我们的经济效益是比较好的。企业的利润大幅度增长。规模以上工业企业利润增长70%以上，服务业企业利润增长1.8倍。市属工业企业利润翻番，突破200亿元，这是这几年效益最好的一年，也实现了节能减排的目标。讲效益，光讲政府的收入和企业的收入不行，还要讲居民的收入。居民收入城乡是有差别的，但是总体上，速度比较快。城镇居民收入增长11%，农民收入增长9%。另外，发展活力进一步增强。

总结近几年北京经济社会发展的情况，首都经济发展的特点就更加清晰。我和郭金龙市长汇报，北京经济，一是服务型经济。服务业占大头。二是首都经济。三是总部经济。四是开放型经济。五是消费、投资、出口相对协调拉动型经济。这些特点又带来了其他特点，比如说，北京的经济发展相对是比较稳定的，没有像其他省市那样大起大落过。总是略有波动，这个特点和北京服务型经济、总部经济和首都经济是紧紧地联系在一起的。了解了这些特点，把握了这些规律，就能够更加清楚地认识到政府推动经济发展的着力点在哪里。在优化发展环境。我们更多的任务是把我们的环境打造好，家有梧桐树，不怕召不来金凤凰。通过经济普查，我们更深刻地认识到中央企业在北京经济社会发展中的重要作用，所以刘琪书记、郭金龙市长都提出来，我们要加强对中央单位、中央企业的服务。因为他们在北京的发展，可以推动整个北京经济社会的发展。资产总量他们占大头，占81%，对经济的拉动也在40%以上。所以，市委、市政府经常强调优化发展环境，道理就在这个地方。

按照科学发展观的要求，又好又快的要求，我们还存在一些问题，主要问题是经济发展的统筹协调性还有许多工作要做。

首先，产业之间的统筹和协调发展问题。从一产、二产、三产这个大的产业结构来讲，我们更突出的要研究，要统一认识，要找准着力点，就是二产要如何发展。去年十次党代会上，我们讲了要大力发展服务业，要提高服务业比重，没有问题。但是工口的同志有意见，说北京的工业还要不要发展，怎么发展？我和这些同志座谈，要不要发展工业，或者制造业，中央对北京的要求是很明确的，市委、市政府的思路也是很清晰的。2005年1月，国务院批复北京市总体规划的时候，就有一句话，适度发展现代制造业。这是定位，首都经济也解决的就是这个问题。不是要不要发展工业的问题，而是要发展什么样的工业的问题。高耗能、高污染、低附加值的我们不要。高技术、新技术、高附加值的现代制造业我们还是要发展的。对于这个问题，市委、市政府组织的务虚会上，各组都提出了这个问题。郭金龙市长在讲话中特别强调了一下，要认真研究。毫无疑问，第三产业，服务业的比重还是要加大，虽然已经突破70%，但是从首都的功能定位和发挥优势的角度出发，我们服务业的增长还有较大空间，但是不意味着要牺牲第二产业。在共同发展的基础上，来实现第三产业总量的继续扩展。特别大家要认真研究生产型服务业。有些学者讲，生产型服务业是2.5产业，发展生产型服务业能够促进二产的发展，也能够促进三产的发展。这是我们产业发展的"牛鼻子"，主要的着力点。三产内部也有结构调整的问题，统筹协调发展的问题。贾庆林主席也提出，要分析产业的结构，要大力发展符合首都定位的，能够发挥首都人才智力优势的这些产业。

第二是区域统筹协调发展的问题。第一个区域统筹协调发展的问题是城乡之间差距的问题。我们的经济主要在城市，农村的产业和城市就没法比了，我们农业才一点几，农村的户籍人口290多万，和全市1209万的户籍人口相比也是小头。但是农村地域辽阔，左右着北京市的现代化程度，应该按照中央的要求统筹城乡，协调城乡的发展。我们在这方面任务还很重。在研究今年工作的时候，遇到一个问题，我们今年要办奥运会，这是各项工作的重中之重。中央刚开完农业工作会议，提出三农问题是重中之重。这两个重中之重怎么摆，最后大家统一思想，要始终把"三农"问题作为各项工作的重中之重，而2008年办奥运会是重中之重。这也说明市委市政府对"三农"问题是非常重视的。

第二个区域协调统筹发展的概念就是"南"和"北"的问题。我们确有一个南城和北城的问题。如果看北京的地图，特别是经济地图的话，看得非常明显。以长安街为线，长安街以北，六大功能区中的五大功能区都在长安街以北。南部有一个是亦庄，但是很难讲是南城，因为它跨过南城，到大兴和通州了，南城一个没有。政治的、经济的、文化的、教育的甚至娱乐的设施绝大部分在北城，南城处于劣势。京沪高速铁路总公司成立了，铁道部提出来，北京用拆迁征地的钱入股京沪高速公司，北京同意了，但是提出来公司要落在北京，铁道部也答应了，落在北京什么地方又复杂了，具体是海淀和丰台在争，最后落在了海淀，而拆迁征地丰台承担了很重的任务，税收落在了海淀。我在和发改委研究工作的时候提出了，发改委要给南城安排一些项目，促进南城发展。

现在又出来一个新的问题，就是“东”和“西”的问题。新版城市总规划，两轴两带多中心这个城市空间布局，大家都了解，两带一个东部发展带，一个西部发展带，东部发展带是大发展大繁荣，特别是亦庄、通州、顺义，西部发展带是大调整，首钢在调整，压产四百万吨，奥运会期间最大限度的压产，2010年就搬走了，石景山怎么办，所以年底退库的时候，铬世雄提了个非常好的建议，如果国家也退、北京市也退，石景山也退，石景山退4亿，那石景山一年的日子就没法过了，所以市里替石景山把这4亿给退出去了。房山也在调整，房山的产业特点是一条白沟、一条黑沟。白沟就是石灰，黑沟就是煤炭。都退出来，它怎么办？门头沟也在退，不让它挖煤了。这样西部发展带，在产业调整过程中，更多的任务是退，退完以后替代产业是什么呢？现在顶不上。全市登记失业率控制在2.5%以下，是比较低的。我们仍然是较充分就业，但是房山、门头沟是4.6%、4.7%，就比较高。这些问题我们要研究。所以我们下一步要使北京经济更好地协调发展，就要加强区域的统筹和协调性。

第三是经济社会的统筹协调。从我们的经济实力来讲，我们有能力进一步增强经济和社会统筹协调的问题，不存在实力不行，统筹不了的问题。更多的是体制和机制的问题。我们现在讲社会、民生。民生主要是教育、医疗、困难群众，这几个问题也在逐渐地解决。北京的教育发展还有很多事可做。高校也要发展，要提高教育质量和自主创新能力。基础教育也在发展。首先基础教育有个均衡性，但是均衡性不是削峰平谷，而是要共同发展。好学校也发展，相对弱的学校更要发展，名校办分校，特别是山区要支持。现在名校办分校在郊区推广的差不多了，只差怀柔和密云。这些我们都有财政投入，改造或者建新校。山区的孩子到平原来上中学，房山基本做完了，这叫教育移民。山区的孩子在中学的时候就不在山里面了，也经济，也可以今后实现在平原就业，也可以吸纳和疏散山区的人口，更好地保护生态环境，这个经验非常好，如果我们把它作为既定的目标来推进的话，是很好的事。

我们还有好多事要做，体制的障碍在哪儿呢？就是资金的使用上，教育事业费和基础设施的建设费，到底怎么摆？教育事业费钱不少，但不能搞基础设施建设，基础设施建设得单安排钱，教育的钱可以买桌椅板凳电脑，但是没有钱搞基础设施建设，没地儿放桌椅板凳和电脑，这是体制和机制的问题。其他的还有。在我们经济发展比较快，财力增长比较快的基础上，要加大经济社会统筹力度。从今年开始，没有保障的老年人，每人每月发200元，这样的人一共有70万人。城市有25人万，农村有45万人。60岁了，每月领200元，非常好。但是我们的导向是先保险后保障，还是要引导到农村养老保险。我就问社保局，农村养老保险一个月是100元，就会出现这种现象，不要保险了。所以研究以后，决定政府拿养老保险的基本数280元，其他根据个人情况自己再拿一些。这样农村养老保险的吸引力就增加了。我们做了这些事，群众得了实惠满意，我们也是高兴的。

保障民生更突出的问题是住房问题。北京房价高是事实，全国大中城市都存在这个问题。但是最近又发生了一些变化，对于这些变化要分析和研究。北京房价高的主要原因是需求旺盛，因为我们的市场是面向全国和全世界的，在北京买房的外地人占总量的35%，而且房价越高这个比例越高，2万元一平方米以上的，有人说到了90%以上，这个我也没做过详细地统计，但总之，需求是旺盛的。房价的高和低，仁者见仁，智者见智。但是对北京来讲，应该加大保障性住房的力度。不光是房价高的问题，还有住房结构的问题。这几年，保障性住房相对来说提供的少，所以今年安排了800万平方米，去年是600万平方米，可能一定程度上缓解压力。但是任务很重，对于这些问题，我们要认真地分析和研究。

2008年我们在经济发展中还要关注物价问题。去年年底，控制在2.5%以下，总体是比较好的。这和我们消费结构有关系，我们能源价格低，公共服务价格低，这几年刺激起来的家用电器、通信工具价格在下降，所以带动整个价格水平下降。居民的消费结构中食品所占比重比较低。但是物价的上涨，特别是食品价格上涨，对低收入家庭影响非常大，所以不能满足于2.5%，要关心他们。在这个问题上，政府一是要加强监测；二是要全力确保市场供应，虽然价格高，但是供应不能断档；三是要关注弱势和困难群体，所以我们去年加大幅度提高了保障水平。低保去年7月1日先涨了20元，涨到了330元，9月又涨了20元。到年底又该测了，我们有一个机制来解决这个问题。今年国家有要求，要略低于上年的水平，北京市想调控在3.5%。

有些价格很难拿捏。中石化打了报告，今年可以给北京市场提供国4标准的汽油，这是我们对奥运的承诺。我们都是提前实行国家标准，提前一年实行国3标准，提前一年实行国4标准。油品提高了，污染物排放降低了，但是油的成本提高了，谁负担？国2油变成了国3油的时候，我们按照国家的标准调价0.15元，现在又提出来了，调不调？每升至少0.19元。这种事情在这种情况下应该怎么很好地拿捏？类似于这样的情况还有。比如说液化气，80多万个平价罐现在还是每罐40元，市场价去年高峰时已经一百多了，所以政府就补贴，补了3亿多元。补是小事，关键是不公平。谁用这些罐呢？有些餐馆都使着，这些罐主要在城区，农民有意见，说我们那么穷，还得在市场上买一百多的罐。所以这个价格调不调也是很难拿捏的。奥运会按照举办过的城市的经验，基本上都是要涨价的，因为人员瞬间密集。

这些是今年经济工作中的突出问题，对于这些问题，我们都要认真分析。我想这些问题，对税务局也很有用，对发改委、财政局都有用，我们大家都应该认真地来分析，在工作中形成合力，特别是税收这个杠杆，税收的服务水平对于优化北京发展环境来讲至关重要。我们的工作做好了，可以总体上促进北京的发展，虽然说税收依赖北京的发展，但是税收可以促进北京发展，也可以促进刚才我讲的这些统筹和协调，增强我们经济社会发展的统筹性和协调性。

二、对做好地方税收工作提几点要求

2008年是非常重要的一年，有三件事。一是全力以赴地办好奥运会，代表中华民族圆百年梦想，这是我们肩上的责任。我们要增强荣誉感和使命感。二是继续推进北京经济社会平稳的又好又快发展。这里有一个怎么摆布的问题。办好奥运会要采取一些措施，要考虑怎样不过多地影响经济社会的发展。比如要停一些工地，确保空气质量。三是要创造祥和的社会氛围。对这些工作，市委市政府做出了安排，税务系统要认真的贯彻落实。基本要求就是：

第一，要深入学习领会党的十七大精神，不断追求卓越，提升税收工作整体水平。

党的十七大对夺取全面建设小康社会新胜利作出了战略部署，也为今后的税收工作指明了方向。

十七大关于加强社会主义经济建设、政治建设、文化建设、社会建设的战略部署，对新时期税收工作具有十分重要的指导意义。十七大提出要实行有利于科学发展的财税制度，深化财税、金融体制改革，强化税收调节，税收工作要落实好国家税收政策和宏观调控措施，进一步发挥好税收筹集收入和调控经济、调节分配的职能作用。十七大提出要着力转变职能、理顺关系、优化结构、提高效能，形成权责一致、分工合理、决策科学、执行顺畅、监督有力的行政管理体制；坚持用制度管权、管事、管人，建立健全决策权、执行权、监督权既相互制约又相互协调的权力结构和运行机制等，这也要求税务部门要进一步加强税务干部队伍建设，打造服务型政府部门。

2003年胡锦涛总书记到北京来视察工作，提出来北京各项工作要走在全国的前列，还强调了一句，“各项工作”。我们要以这种精神来要求我们自己，激励我们自己，以这种精神向社会宣誓来接受大家的监督。而且我认为我们所有的部门都要有这种精神，虽然我们的工作是不错的，但是和科学发展观的要求相比我们有差距，和群众的期望相比，和我们可能达到的更好的标准相比，我们有差距。我们都应该有这种高标准要求自己，鞭策自己的精神。

第二，要依法征收，确保完成今年税收收入任务，为构建和谐社会首善之区提供财力保障。

今年安排的税收和财政增长并不太高，但是也是近几年比较高的。财政收入去年全市增长了33.6%，非常巧合的是区县也增长了33.6%，连续12年财政收入增长超过20%，2003年非典是例外。今年安排的是15%，其中市级是16%。但是我们也相信，我们还会有更大幅度的增长。但是作为计划安排来讲，要留有余地。地税系统安排了1525亿元，比2007年增收159亿元，增长11.6%。肯定能完成。肯定能比较大幅度的超越。但是完成任务的压力也是相当大的。两法合一实际上降低了企业所得税率。我看一些文件，对一些地方还给予了优惠过渡期，包括深圳。最近有一个特别大的证券公司要到北京来提出，在原地方有5年的优惠过渡期，我答应他们会认真研究。个人所得税起征点从1600元到2000元，北京市同意了这个意见。这是好事，标准提高后北京市有60万人不缴税了，但是我们要减收30亿元。还有，北京是总部经济，大城市都有这个问题，其他地方有意见。可能今年，汇缴的方式要做调整，可能要在当地预缴30%。这个对我们的收入也是有影响的。财税部门对这些问题都进行了分析。我们有信心完成任务，但是完成任务有压力，不付出巨大的努力是不行的。

第三，要切实落实国家税收政策，为落实科学发展观与社会和谐服务。

要牢固树立和始终坚持科学发展观，充分发挥地方税收职能作用，切实落实国家税收政策，不断提升科学治税、民主治税和依法治税的能力。

充分发挥税收优化资源配置的职能，促进经济社会又好又快发展。要认真落实好国家支持自主创新、发展循环经济、调整经济结构、转变发展方式等方面的税收激励政策，用好用足国家各项促进科学发展的税收政策，引导生产要素向资源消耗低、环境污染少、附加值高的优势产业集中，向科技含量高、自主创新能力强、经济效益好的优势企业集中，促进优势产业集群化、优势企业集团化发展，加快建设资源节约型和环境友好型社会。

充分发挥税收调节收入分配的职能，促进和谐社会建设。要在税收工作中贯彻落实科学发展观，坚持以人为本，充分发挥税收对收入分配的调节职能，统筹税收与经济社会和谐发展。运用好国家节能减排、生态环境保护等方面的税收政策，促进资源的合理开发利用与环境保护的有机结合，实现人类与自然和谐。充分发挥税收调节收入分配关系，规范收入分配秩序的作用，加大对高收入群体的个人所得税依法征收力度，切实落实好国家解决下岗失业人员再就业、促进残疾人就业等方面的税收优惠政策。

做好涉奥税收工作，确保为奥运会的各项服务万无一失。举办奥运会是全市的一件大事，税务部门是直接面向纳税人的窗口单位，代表了首都政府部门的形象。要以此为契机，大力提升全系统的税收服务水平，展现北京市公务员的优秀职业素养和良好精神风貌，为奥运贡献力量。

第四，要完善纳税人依法诚信和各部门协调配合的综合治税机制。

要进一步完善依法诚信纳税的有效机制。纳税人依法诚信纳税，既是树立和维护自身商业信誉和形象的保证，也是降低征税成本，确保税收收入持续稳定增长的客观基础。一方面，要把教育纳税人依法诚信纳税与惩治偷、逃税行为结合起来，严厉打击涉税违法案件，形成违法者必将付出高昂的经济和信誉代价的社会氛围。另一方面，要大力宣传依法诚信纳税的纳税人，树立良好的示范。要充分尊重纳税人的合法权益，以便利纳税人为出发点，简化办税环节，拓展服务功能，为广大纳税人提供优质、高效、便捷的纳税服务。

要进一步完善各部门协调配合的综合治税机制。税收工作事关经济发展大局。各级政府要把税收工作摆在重要位置，帮助税务机关解决实际问题。要旗帜鲜明地支持税务部门依法行政，改革创新，采取切实有效的措施完善社会协税护税综合网络。要改善税收执法环境和税收工作条件，关心税务干部队伍建设，帮助解决税务干部的困难。税务部门也要充分认识到，做好税收工作离不开各级党委、政府的支持以及有关部门的配合，要立足本职，着眼全局，把税收工作放到经济社会全局中去考虑，主动沟通，热情服务，积极发挥税收职能作用，促进经济社会协调发展。

新的一年，地税工作任务很重。全系统一定要统一思想，提高认识，巩固文明行业的创建成果，推进学习型地税建设，转变工作作风，加强基础工作，做到情况明、数字准、作风正、效率高。要廉政、勤政，努力打造一支高素质的税务干部队伍，推动地税工作再上新台阶。

北京市地方税务局2008年工作会议报告

（2008年1月9日）

北京市地方税务局2008年工作会议的主题是：认真学习贯彻党的十七大、全国税务工作会议和北京市第十次党代会精神，回顾近几年取得的主要成就，分析北京地税事业发展面临的形势和任务，研究部署今年的重点工作。

一、五年以来主要工作回顾

五年来，在北京市委、市政府和国家税务总局的正确领导下，在全体地税干部的共同努力下，全系统以科学发展观为统领，坚持科学、民主、依法治税，以理念创新为先导，推动科技创新和机制体制创新，多项工作走在了全国税务系统和北京市政府部门的前列，连续五年被市政府评为政绩突出单位，为首都经济社会发展做出了重要贡献。经过纳税服务年、有效执行年、能力建设年、科学发展年和和谐发展年的持续努力，北京地税局主要在以下五个方面取得了令人引以为豪的成就：

（一）源于实践，指导实践，治税思想不断丰富，成为地税事业发展强大动力

立足地税工作实践，集全系统广大干部职工的智慧，北京地税局创造性地提出了“六二三”方略、“税收四观”、“四个一”治税思想、“五重、五做、五个能力、三个转变和三项征管基础制度”的创新工作思路。具有北京地税特色的管理思想已经深深扎根于地税事业的发展进程中，扎根于税务组织的改革创新中，扎根于税务干部的工作实践中，凝聚了力量，鼓舞了干劲，成为推动地税事业发展的强大动力。

（二）依法征收，科学管理，税收收入稳定增长，为和谐社会建设提供坚实财力

坚持依法征收，应收尽收，坚决不收过头税，坚决防止越权减免税的组织收入原则，建立健全科学预测、监测和分析体系，完善组收机制，2003—2007年共组织各项税费收入4493亿元，年均增收200亿元，年均增长25%。其中，2007年完成各项税费收入1366.1亿元，比上年增收362.6亿元，增长36.1%，完成年初计划的123.1%，收入规模居全国地税系统第5

位，是2002年480亿元的近3倍。保持了高基数下的高增长，取得了历史性突破，为首都经济发展和社会建设提供了强大的财力保障。

税收收入的持续稳定增长集中反映了首都经济稳步发展、经济结构不断优化和经济发展方式有效转变的成果；也集中反映了北京地税局紧紧把握征管改革发展方向，积极探索征、管、评、查新模式并坚持改革创新的成果。五年来，北京地税局以征管制度建设为基础，以税收评估管理员平台为依托，以“管理到户、责任到人”的户籍式管理为方向，深入开展科学化、精细化管理，规范税务档案管理，为征管质量的显著提升打下了坚实基础。持续推进发票税控改革，五年共带动税收增长近百亿元。建立完善纳税评估体系，通过实施约谈、函告、实地核查，评估补税8.2亿元。实现纳税信用等级国、地税联合评定，营造了和谐诚信的纳税环境。推行阳光稽查和局级执法，加大案件查办力度，五年共查补税款52.9亿元，稽查效能不断提升，切实维护了税收公平正义。全面落实国务院依法行政实施纲要，大力推进执法责任制和政务公开，税收执法透明度进一步提高，依法行政更加规范，切实维护了纳税人的合法权益，北京地税局被评为全国“四五”普法先进单位。

特别是2007年，北京地税局在改革创新征管制度、方法、手段，堵塞税收漏洞等方面，开展了卓有成效的探索。一是建立完善纳税申报、评估和告知三项征管基础制度。推动征管工作更加公正、透明、科学和规范。二是夯实征管基础。进一步健全“横向协作、垂直监控”的税源管理体系。加强税源户登记管理，推进与市技术监督局、交管局、工商局等部门的数据共享，形成了更为广泛的税源监控网络。创新税务档案管理手段，提高了工作效率。2007年年底，北京地税局有税源户64万户，同比增加4.3万户。税务登记率达到99.8%，申报率达到98%。三是重点强化发票管理。完善发票税控三期系统，提高有奖发票中奖机率。推广国标税控收款系统，得到总局充分肯定。截至2007年年底，有2.9万户纳税企业购置使用了3.2万台国标税控收款机。四是着力开展纳税评估和欠税催缴。共评估13.4万户，补缴税款和滞纳金8.2亿元。清理欠税18.2亿元，并有效控制新欠发生。五是有效发挥稽查的震慑作用。重点开展了房地产、金融保险、娱乐和邮电通信等行业的专项检查。加大大要案查办力度。共立案稽查5391件，查补收入11.6亿元。定期向社会公布不诚信的纳税企业，起到了很好的警示和震慑作用。六是出色完成年收入12万元以上个人所得税自行申报工作。申报人数位居全国各大城市之首，受到总局通报表彰。七是积极推进房地产一体化管理。推行私房出租委托代征管理模式，推广存量房交易“一窗式”征收。共征收二手房交易各项税费19.5亿元，同比增长1.5倍。八是依法行政更加规范。全面开展税收规范性文件清理，创新专项执法检查形式，加大执法监督力度。依法开展行政复议和应诉工作，共发生税务行政复议案件6起，诉讼案件12起。

（三）理念先进，架构合理，信息化建设长足发展，展示了电子政务品牌实力

五年来，始终以战略眼光和宏观视角，举全局之力搞好信息化建设，用信息化覆盖、统领、服务、支撑和创新各项工作，成为全国税务系统和市政府部门的典范，取得了巨大成就。率先建成“四网一库加安全防风险”的综合服务管理信息系统，率先全国省级税务部门实现了数据大集中，率先实现财税库行联网，率先实现CA电文全加密，率先建成高端查询展示平台，率先建成容灾备份系统。税收信息化建设理念先进、目标明确、架构合理、基础牢固，为征管改革提供了可靠的技术支撑，为纳税人打造了高效网络平台。荣获中国影响信息化贡献奖、中国IT服务最佳实践奖。

2007年，信息化建设进入了全新发展阶段，着力在强化应用和资源整合上取得突破。一是信息资源整合项目全面启动。致力于提高综合服务信息系统的性能，把申报交易和查询管理分开，整合分散的资源，使信息应用达到更高水平。二是内网建设取得突破性进展。内网办公系统一期成功运行，实现了“一个门户，四个平台”的主要功能，标志着北京地税局在行政办公信息化建设方面进入了一个全新的发展阶段。三是财税库行联网进一步完善。近40万户纳税人通过联网方式缴税总计1178亿元，占全部税款的86.3%，提前完成国家信息化“十一五”规划50%的应用目标。四是税收评估管理员平台建设有力推进。注重数据应用，提高征管效率和质量。全市通过管理员软件共生成缴税异常信息12.5万户次，异常处理率达到82.4%。由日常评估管理软件产生预警14.4万户，累计补税3.5亿元。五是地方税税源监控平台继续完善。通过数据分析比对，提高了地方税源的整体管理水平。六是个人所得税服务管理信息系统进一步优化。简化全员全额明细申报，设计人性化的自行申报界面，实现完税证明批量打印。已经为1400万人建立了档案，每月接受670万纳税人的信息。七是信息系统安全管理得到加强。制定突发事件应急预案和系统运行维护规范，开展信息系统安全评估和检查，完善网络安全监控系统，确保了信息系统安全稳定运行。八是在高端查询平台的基础上，丰富了市领导决策信息服务平台内容。

（四）优化服务，扩大宣传，税收职能作用充分发挥，为首都经济社会和谐发展注入活力

五年来，北京地税局坚持以纳税人为中心，推进制度创新和手段创新，纳税服务水平全面提升。为纳税人提供多元化、个性化服务。现已形成申报大厅、Tax861

网上办税、12366电话咨询等全方位、多功能纳税服务体系，纳税人满意度从2003年的90.3%上升到2007年的91.7%。税法宣传工作开创新局面。以提升税法遵从度，营造和谐税收环境为重点，积极开展形式新颖、内容丰富、影响广泛的税法和税收工作宣传。五年共举办大型宣传活动150项，制作电视专题片18部，公益广告片12部，对外发布宣传稿件3.3万篇，全社会税法遵从度普遍提高。税收政策服务迈上新台阶。实施了一系列优化首都发展环境的重大举措，促进了首都新农村建设、加快了具有首都优势的高新技术、文化创意、现代流通和金融业的发展。积极应对"非典"疫情，研究出台税收政策，落实税收优惠，服务奥运和国企改革，扶助社会弱势群体，取得良好社会效应。"四机制一平台"奥运税收服务特色突出，全面到位，为奥运筹备工作顺利开展做出了贡献。

2007年，全系统继续开拓创新。一是服务品牌逐渐形成。加强呼叫中心建设，推广12366远程坐席，全年共处理话务67万件。推进网上地税局建设，共1480万人次访问了北京地税网站。Tax861在全国税务系统首次网站评比活动中名列第一。继续编印《12366北京地税热线问答》，建立客户信息库，最大限度地满足纳税人的合理需求。积极推进政府信息公开的筹备工作，为实施《政府信息公开条例》奠定了坚实基础。二是宣传活动效果显著。大力表彰纳税"千强"企业、信用A级企业和个人所得税荣誉纳税人，树立了良好的舆论导向。送税法到农村、入社区、进企业，让纳税人进一步知法、懂法、守法。成功发行第三套北京印花税票《北京园林》，税务博物馆作为法制教育基地向社会公众免费开放，很好地宣传了税收文化。三是政策服务扎实到位。落实车船税和城镇土地使用税两个条例。加强对房地产开发企业土地增值税清算和预征管理。落实涉农税收优惠，免收农民专业合作组织税务登记工本费。落实再就业税收政策，积极做好残疾人就业保障金代征管理，维护了社会和谐稳定。

（五）以人为本，追求卓越，队伍建设全面推进，不断提升税务组织改革创新能力

五年来，北京地税局始终坚持以人为本，促进税务干部的全面发展，关心人、爱护人、激励人、塑造人，一支思想新、作风正、业务强的干部队伍逐步形成。加强领导班子建设，切实改进作风，坚持正确的用人导向，领导班子综合能力不断提升，初步形成了广纳群贤、人尽其才、能上能下、充满生机与活力的领导班子团队。着力加强党的建设，先进性教育卓有成效。2007年，全系统基层党组织达375个，党员4338人，是2003年的1.3倍。机关组织机构不断优化。教育培训工作成效显著，综合素质明显增强，本科以上学历由2003年的48.3%上升到2007年的74.1%。廉政建设扎实有效，坚持标本兼治、综合

治理、惩防并举、注重预防的方针，严格执行党风廉政建设责任制，初步形成了惩治与预防相结合的廉政工作制度体系。预算管理、政府采购、国库统一支付等制度得到全面落实。巡视、后勤、工会、共青团、老干部、两个税务学会的工作都取得了丰硕成果。五年来，共荣获国家级先进称号46个和省部级先进称号104个。

2007年，队伍建设进一步加强，税务组织和税务人员依法行政和改革创新能力得到显著提升。一是稳步推进局级学习型领导班子建设试点。各级班子的依法行政能力和科学决策能力进一步提高。二是大力开展人事教育管理制度建设。出色完成公务员登记工作。修改完善了26项人事教育管理制度，选人用人机制更加科学规范。三是全面加强能力建设。组织更新知识、税收管理员和境外培训。大兴调查研究之风，实现成果转化483项。利用地税网院开展网上培训，举办地税论坛，提高了学习思考和改进工作的能力。四是扎实开展廉政建设。认真落实党风廉政建设责任制，不断加强领导干部廉洁自律工作，严肃查处各类违法违纪案件，全面深化廉政教育，加强“两权”监督，对9个区县局进行了巡视，取得了较好效果。五是创新党建工作。落实党组抓党建工作责任制，成立党建指导小组，协助区县委形成齐抓共管党建工作的合力。全系统各级党组织积极开展丰富多彩的主题教育活动，党员先锋模范作用进一步发挥。六是进一步加强基层建设。荣获首都文明行业（地方税务征收管理行业），18个区县局均跨入文明单位行列，全系统新申报国家级青年文明号2个、全国“三八”红旗集体3个和全国“三八”红旗手1名，有8个单位被评为全国巾帼文明岗，2名同志获全国税务系统精神文明建设先进工作者称号。完成了22个税务所的维修设计，改善了基层办税环境。建立地税荣誉室，编印出版了17期《我们的家园》，凝聚了人心。七是全面规范财务和后勤管理。提高理财能力，在全年压缩经费10%的基础上，合理安排预算，保证全局工作的开展。率先全国税务系统完成税务人员换着新式制服工作，展示了良好的精神风貌。后勤管理更加规范，为各项工作开展提供了保障。

2007年，各区县局、分局还因地制宜，在工作机制、服务手段上开展了丰富多彩、卓有成效的创新工作。东城局开展“百千万”系列税企交流并设置“双语服务窗口”，西城局开展不同层次有针对性的大户走访，顺义局开发VIP客户服务系统，宣武局聘用残疾人进行发票兑奖，石景山局开辟再就业“绿色服务通道”支持首钢国企改制，朝阳局推出税法宣传卡通形象“娜娜”，门头沟局捐建“新农村公益网苑”，燕山局向纳税人发出“发票见诚信，和谐传真情”倡议，西站分局“六项措施”拓展纳税服务功能，延庆局开展了“十二项”满意工程服务，房山局、密云局服务新农村的多项举措，都得到了纳税人的广泛称赞。通州局税法宣传动漫片《诚信纳税、和谐家庭》在全国获奖。崇文局开展核心价值观主题教育，昌平局开展“我为地税做什么”的全员大讨论活动，丰台局实行“全员全年30天脱产轮训长效机制”，开发区分局开展以能力建设为核心的岗位大练兵，平谷局提出“零违法违纪、零管理责任事故”的目标，有效提高了干部的责任心和工作能力。大兴局创新“全员监控、全过程管理”的组收机制，促进了税收稳定增长。海淀局开发“海税通”，稽查一局、二局依托信息系统打造数字化稽查模式，怀柔局推出行政审批系统二期，都极大地提高了工作效率，方便了纳税人。

过去的五年，是北京地税不断开拓创新、锐意进取，实现高速发展的五年；是地税工作在首都经济社会建设过程中，发挥越来越重要作用的五年。成绩的取得，是市委、市政府和国家税务总局正确领导的结果；是广大纳税人自觉依法诚信纳税的结果；是各级党委政府和有关部门，特别是财政部门支持配合的结果；更是全体地税干部奋力拼搏的结果。在此，我代表市地税局党组，向关心支持北京地税发展的各级领导和各界朋友，向在座的各区县政府、财政局领导，向为地税事业无私奉献的全体干部职工致以崇高的敬意和衷心的感谢！

经过五年的实践，对税收工作的认识不断深化。总体来讲，有五条基本经验：一是必须在市委、市政府和国家税务总局的领导下，坚持理念创新、科技创新和机制体制创新。使税收工作始终与时俱进，体现时代性，把握规律性，富于创造性。二是必须坚持全心全意为纳税人服务。完善制度，优化手段，大力提高税法遵从度。三是必须树立大局观念。发挥职能作用，为首都经济社会发展创造良好的税收环境。四是必须坚持举全局之力推动信息化建设。谁掌握了信息化的优势，谁就具有了竞争的优势、改革的优势、发展的优势。五是必须坚持以人为本的人才强税战略。努力建设一支高素质的干部队伍。税务干部是税收工作的参与者、奉献者，只有充分考虑广大干部的人生理想、价值取向和在地税事业发展中扮演的重要角色，充分激发他们的潜能，实现个人发展与组织发展的和谐统一，领导他们实现自己的梦想和希望，才能使地税事业不断前进。

在总结成绩和经验的同时，也必须清醒地认识到，工作中还面临着不少困难和问题，突出的有：基础工作不够扎实；共同愿景、战略、战术、目标、考核激励等没有很好地落实；市区县的经费管理、人事管理、稽查机构还存在体制性障碍和矛盾；信息化建设应用和相关配套制度仍然相对滞后；服务水平还不能满足纳税人个性化、多样化的服务需求；少数税务干部服务意识不强，不廉洁的现象依然存在，特别是近年北京地税局在市纠风办组织的服务行业评比中综合排名连续下滑。

对于上述问题，必须高度重视，认真加以解决。

二、形势和任务

党的十七大做出了加强社会主义政治建设、经济建设、文化建设、社会建设和党的建设的战略部署。这既是全面建设小康社会奋斗目标的政治宣言，也是全党和全国各族人民新时期的行动纲领。要以十七大精神为指引，把握税收发展的重要机遇，将税收工作放在首都经济社会发展的大局中考虑，认清形势，迎接挑战，为构建和谐社会首善之区做出更大的贡献。

首先，要充分认识北京经济社会发展对税收工作提出的更高要求。北京发展的目标定位为“国家首都、国际城市、文化名城、宜居城市”，经过多年发展，北京城市规模扩大了3倍，经济总量扩大了3倍，服务型经济的主导地位增强，以金融、信息、商务、交通运输、科技研发等为主体的现代服务业增加值占GDP的比重超过70%。文化体育和现代制造业等高附加值产业呈现良好发展态势，奥运经济、临空经济、楼宇经济等新经济形态快速发展，越来越多的公司总部和研发机构汇聚北京。随着技术、人才、资本的频繁流动，税源流动常态化，并且经济交易数量大，涉及面广，交易方式更加隐蔽，税收管理和纳税服务的难度进一步加大。因此，税收工作必须树立更高的目标，提出更高的标准，着力研究税收增长方式，才能适应首都经济社会发展的需要，有效发挥税收职能，推动税收工作取得卓越的成就。

其次，要充分认识在社会主义市场经济中税收的重要作用。税收既是国家核心经济政策，又体现国家最基本经济利益。在现代法治社会，税收承载着公民与国家之间最直接也是最主要的利害关系，关乎每个公民的自由权、财产权以及生存权等基本权利的保障。税收作为实现社会公平正义的重要政策工具，广泛应用于实现调节贫富差距、推行福利政策、引导产业发展、促进社会就业和保障、消弭市场缺陷等现代政府的公共管理目标。无论是经济、社会、文化发展，都离不开税收支持。税收收入是财政收入最主要的来源，财政转移支付实际主要是税收的转移支付，税收的公共性决定财政公共性，做好财政工作的前提是税收的支持。因此，做好税收工作，责任重大。

第三，要充分认识营造和谐税收环境的关键在于大力提高税法遵从度。衡量税务部门工作好坏的一个主要标准就是能否为纳税人提供良好的税收环境，这是我们的使命所在、责任所在，而衡量税收环境好坏的一个重要指标就是税法遵从度。要建立和谐的税企关系和征纳关系，就必须想方设法为纳税人提供更好的纳税环境，更简便、快捷的缴税方式，让纳税人能够用最低成本、最少时间自觉主动地依法纳税。在这方面，税务部门还需要做出更大的努力。

第四，要充分认识推动税收工作前进的关键在于解决机制体制不适应的问题。近几年，北京市的经济结构和税源结构正在发生重大变化，税源数量持续增长，税源地域分布不均衡，税源类型多元化，更多自然人成为纳税主体。现行分税种的纵向管理模式难以适应纳税人产业性、行业性和多税种的综合性政策需求。进一步完善适应北京城市发展特点的地方税收征管体系迫在眉睫。只有解决好机制体制问题，才能适应形势发展的变化，才能满足纳税人的需求，才能建立诚信、合作、和谐的税收征纳关系，使理念创新和科技创新落到实处。这就更需要得到市委、市政府和各区县、各部门领导的全力支持。

宏观形势的发展，为我们进一步做好税收工作创造了新机遇，也带来了新挑战，地税事业任重而道远。基于以上认识，市局党组决定：2008年为北京地税系统的“追求卓越年”。追求卓越的内涵是：树立卓越的目标，探索卓越的机制，形成卓越的团队，打造卓越的税务机关，成就卓越的业绩，引领地税事业从优秀走向卓越，实现我们共同的希望、期待和梦想。要充分认识，追求卓越既是满怀激情的精神状态，也是永无止境的发展方向，需要全身心投入和长期坚持。

“追求卓越年”的总体思路是：高举中国特色社会主义伟大旗帜，在市委、市政府和国家税务总局的领导下，认真学习贯彻党的十七大精神，坚持“四个一”治税思想和“五重”创新工作思路，确立完善核心价值观、共同使命、共同愿景和发展策略，全面推进机制体制的改革创新，弘扬地税文化，以卓越的标准打造服务型政府部门，不断推动税收事业、税务组织和税务人员全面协调可持续发展，向与国际接轨的现代化公共服务管理部门迈进，为首都经济社会又好又快发展做出更大的贡献。

“追求卓越年”的总体要求是：

——统一思想，把握方向，深入落实科学发展观，使核心价值观和共同愿景深入人心。

——加快改革，创造和谐，全面推进机制体制创新。

——依法征收，科学管理，全面完成市委、市政府和国家税务总局部署的各项工作任务。

——服务大局，迎接奥运，发挥税收职能作用，支持首都经济又好又快发展，构建和谐社会首善之区。

——以人为本，追求卓越，全面打造纳税人高度认可、税务人员充分发展的令人向往的公共服务管理部门。我们正在做的和将要做的一定要比纳税人和上级的期待更好。

三、2008年的重点工作安排

今年是改革开放三十周年，是全面贯彻落实十七大精神的第一年和新一届政府的开局之年，是北京奥运会的举办之年，是实施“十一五”规划承上启下的关键一年，我市改革发展稳定的任务十分繁重。全系统要进一步解放思想，提高认识，增强使命感和紧迫感，努力使各项工作取得新进展。

（一）坚持依法征收，为构建和谐社会首善之区和奥运会的成功举办提供强大财力保障

2008年全系统各项税费收入计划安排1525亿元，比2007年增收159亿元，增长11.6%。剔除残疾人就业保障金后，计划安排各项税费收入1513亿元，同口径增收159亿元，增长11.7%。预计完成地方级收入1235亿元，同比增收150亿元，增长13.8%，占整体收入的比重为81%。

增强组收工作的紧迫意识。今年是奥运年，旅游、餐饮、传媒、航空等行业将赢得良好的发展机遇。同时，今年收入也面临较大压力。为有效抑制结构性通胀向全面通胀转化，国家实施了从紧货币政策等一系列宏观调控措施，两法合并和个人所得税扣除标准提高等政策性减收因素，都将对税收增长产生一定影响。全系统必须坚持依法征收、应收尽收、防止过头税、不越权减免税的组收原则，深入挖掘增收潜力，确保收入任务圆满完成。

完善组收管理体系，构建科学高效的组收机制。建立健全财税库行联网后的数据管理制度和应急机制。深入分析区域税源增减变动、重点行业发展趋势、重点企业经营状况和国家宏观政策调整情况。搭建好税源分析平台，充分利用系统资源，提高微观分析层次，努力挖掘新的税收增长点。切实提高组收能力，强化考核评价，堵塞税收漏洞，保持税收持续稳定增长。

（二）落实税政举措，充分发挥税收职能作用，促进首都经济社会又好又快发展

确保税制改革总体部署的各项措施在我市顺利推行。要完善综合协调机制，形成税政管理合力，健全税政联席会议制度，发挥税政工作在落实税制改革措施、推动经济又好又快发展、服务奥运大局和促进社会和谐等方面的重要作用。积极贯彻落实新《企业所得税法》及其实施条例，增强征管措施的可操作性，加强政策执行情况的统计分析和实施效应的及时反馈。做好营业税税制改革前期准备和贯彻落实。配合国家税务总局做好物业税实转方案研究，结合北京实际，积极开展物业税实转的各项准备工作。继续贯彻城镇土地使用税条例和车船税条例。贯彻落实新修订的耕地占用税条例，做好新旧政策的有效衔接。强化土地增值税管理，制定实施土地增值税清算项目核定征收办法。整合分散的税收优惠政策并落实到纳税人，着力推进首都新农村建设，鼓励节能减排、循环经济、企业自主创新和文化创意产业发展，支持高新技术产业、现代农业、现代服务业和现代制造业的发展。实施阳光奥运，落实奥运税收政策，强化涉奥减免税管理。落实好下岗再就业税收政

策。继续加强残保金代征工作，扎实做好代征水资源费的前期准备。

加强各税种管理。落实不动产、建筑业营业税管理办法。规范个人所得税完税证明管理，扩大开具范围。以高收入行业、重点行业和外籍人员为突破口，强化个人所得税管理。细化和修正城镇土地使用税分级范围。加强车船税代收代缴管理。强化房屋、土地、车船税源管理。

（三）深化三项制度，大力实施科学化、精细化管理，提升征管评查整体效能

完善落实三项征管基础制度。一是纳税申报制度。制定分行业分税种的纳税申报规范手册，加强宣传辅导，使各类企业和个人都知道应该如何申报纳税。实施营业税明细申报，推进个人所得税自行申报、全员全额明细申报和企业所得税明细申报。逐步取消纸质报表，切实提高办税效率，降低成本。二是评估制度。要完善纳税评估指标体系，丰富评估报告内容。推广评估告知，逐步实现给每位纳税人一年一份完整的完税通知书。推进纳税评估工作科学化、程序化、规范化和高效化。三是告知制度。探索研究政府信息公开与告知工作的衔接，理顺关系，保证落实。

深化户籍管理。进一步完善"横向协作、垂直监控"的税源管理体系。从登记源头防止税源流失。做好对重点税源动态变化的实时监控。加强分行业税收征管，堵塞重点行业和特殊行业税收漏洞。强化对奥运场馆赛后运营和奥运工程代建制单位的税收征管。推进房地产一体化管理。进一步加强货物运输业和个体税收征管。深化财税库行联网，建立应急机制。整合优化税收评估管理员平台，完善功能，强化应用。完善征管质量考核机制。适当调整税务档案分级分类，强化管理，有效降低基层工作强度。加强欠税管理，开展阻止出境、强制执行试点，及时进行欠税公告。

强化发票和税控管理。加大对自印发票企业的监管力度。降低有奖发票奖金额度，扩大中奖面。加强对奥运专用发票和奥运门票发票开具的管理与服务。进一步推广应用国标税控收款机，加强售后服务监督，实现平稳过渡。做好银税一体机推广应用的各项准备。

深入开展纳税评估。分层次开展大户审计评估、行业宏观评估、稽查前置评估和日常微观评估。加强信用等级管理，初步完成信用体系建设。

提高稽查效能。完善税务稽查案件管理和查办的制度体系，提高税务稽查信息化程度，加大案件查办督办力度，提高办案效率。加强对偷税案件的定性把关和移送管理，保证重大案件的查办质量。做好税收情报交换、反避税工作。建立科学、规范的协查工作机制。加强税务稽查政务公开，增强税务稽查的威慑力及社会影响。

加强税收法制建设。深入贯彻落实国务院依法行政实施纲要。继续做好规范性文件清理和行政复议、应诉工作，依法妥

善化解涉税争议，促进和谐征纳关系。完善执法过错责任追究制度。积极开展执法检查，完善检查程序，创新检查方法，规范执法行为。

（四）优化纳税服务，用一流的服务迎接奥运，打造北京地税品牌

落实国家税务总局“两个减负”的要求，健全服务制度，创新服务机制，改善服务质量，提高服务效能，切实减轻纳税人的办税负担和基层税务干部的工作负担，以卓越的标准打造北京地税服务品牌。

全面推进涉奥税收服务。举全局之力为成功举办一届有特色、高水平奥运会提供一流的税收服务，展现北京地税良好的精神风貌和整体形象。充分发挥“四机制一平台”的作用，做好奥运服务前置工作。建立应急服务机制，完善快速服务通道。落实涉奥重点纳税人服务制度，提供个性化贴近式服务。发挥双百人才志愿服务队作用，为奥运贡献力量。

认真落实《政府信息公开条例》。制定配套制度和工作办法，编制统一、规范、全面、准确及符合保密性要求的政府信息公开目录，并不断补充完善。要畅通公开渠道，加大宣传力度，引导公众和纳税人正确查询政府信息和依法申请公开信息。

加强纳税服务机制建设。推进区域通办，规范办税服务厅建设，细化办税公开的具体内容和工作标准。建立健全纳税人监督制约、信息反馈、侵害救助和参与决策等制度。建设非紧急救助服务分中心，完善与纳税人的沟通渠道。

做好税收宣传。加大宣传力度，拓宽宣传载体，丰富宣传内容。发行北京印花税票之四《北京坛庙》和大全册，做好地税公告免费发放和网络发布，切实提高纳税人的税法遵从度。增强税收工作透明度，让全社会和广大纳税人关心理解和支持税收，提高认同度。办好《我们的家园》，做好地税文化的宣传，有效凝聚人心，振奋精神。

（五）加强资源整合，实施科技兴税工程，全面提升信息化应用水平

推进应用系统的完善与整合，实现交易和查询分开。做强交易系统，解决申报期系统拥堵问题，为纳税人依法完成自行申报提供强有力支持。开发分层次的查询软件，满足多样化的信息查询需求。开发建设车船税保险代收代缴系统、水资源费代征系统、电子签名与缴款书数据管理系统、对自然人服务系统、营业税明细申报及项目管理系统，推进房地产一体化管理平台和个人所得税信息管理系统四期建设。

做好系统安全保障工作。进一步完善灾备中心，切实提高防风险和应对突发事件的能力，确保税收基础信息和纳税人信息的安全。

大力开展内网二期建设。突出管理和服务功能，全力完成以一套基础设施、九

大应用系统和一个个性化办公系统为主要内容的内网二期建设，实现信息化建设和行政办公管理互相促进，努力建成政府部门一流内部门户网站。

四、保障措施

今年工作目标已经明确，任务非常艰巨，全系统要以昂扬的精神面貌，采取有效措施，确保全年各项工作圆满完成。

（一）认真学习贯彻党的十七大精神，把握税收工作的正确方向

全系统要紧密结合地税工作实际，深入学习贯彻十七大精神。要坚持高举中国特色社会主义伟大旗帜，努力发挥税收的职能作用；坚持深入贯彻落实科学发展观，努力实现地税事业又好又快发展；坚持构建和谐社会首善之区，努力建设和谐税收；坚持发扬改革创新精神，努力开创地税事业发展新局面；坚持推进党的建设新的伟大工程，努力建设高素质的地税干部队伍。要按照十七大精神和北京市委、市政府及国家税务总局提出的目标要求，坚定信心，抓住机遇，真抓实干，努力开拓，创造出卓越的工作业绩。

（二）加快机制体制改革步伐，创建和谐顺畅的行政运行机制

按照十七大对服务型政府改革的总体要求和北京地税不断追求卓越、打造现代化公共服务管理部门的目标，要加快机制体制改革步伐，建立协调制约、相互监督的运行机制，打造让纳税人和上级领导充分信任的“钟”，最大限度地调动基层和税务干部的积极性。

优化市局机构设置，服务好纳税人和基层。为适应宣教大格局、信息技术突飞猛进、首都机场临空经济和金融文化创意产业快速发展、大要案查办任务日益繁重的需要，积极研究相关机构的改革，以提供有针对性和个性化的税收服务与管理。

充实稽查力量，提升稽查整体合力。按照决策权、执行权、监督权既相互制约又相互协调的要求和国家税务总局“征、管、查”分离的意见，适时整合现有的稽查体制。

调整区县地税局机构设置，提高服务水平。增加税务所的数量，缩小所的规模，适当建立专业税务所，提高所的质量。适应纳税人的需求和区域经济发展的特点，一是设置以纳税服务为主的专业税务所；二是按经济区划设置以税源管理为主的地区税务所；三是为方便远郊区县偏远地区和山区的纳税人办税，根据实际情况设置具有综合性职能的税务所；四是按企业规模设置税务所；五是按纳税人合理需求设置税务所。

改革经费管理体制，确保区县局稳定的财力支持。要在基本保持全系统现有经费水平的基础上，积极研究推进对全部经费实行垂直的部门预算管理，充分调动基层积极性，确保税收工作稳步推进。

改革人事管理体制，充分调动基层干部积极性。争取实行全系统市、区县两级公务员科级非领导职务统一管理。

推进事业单位改革。规范事业单位人员管理，确保事业单位工作协调顺畅开展。

（三）深入开展局级学习型领导班子建设试点工作，推进学习型地税建设

建立完善学习型领导班子建设长效机制。要紧密围绕十七大精神，认真学习关于党的建设、领导班子建设和服务型政府建设的有关要求，形成学习型北京地税建设整体推进的新格局。落实市局党组关于学习型组织建设指导性意见和工作部署。切实加强区县局和处级单位学习型领导班子建设，充分发扬民主，广泛征集全系统干部职工对地税事业发展的意见建议。加大宣传推广力度，力争在全系统达成共识，使共同愿景和核心价值观成为全体税务人员的奋斗目标和职业信条，使广大干部职工更新服务观念，改进工作方法，焕发工作激情，将自身价值实现与地税事业发展紧密结合起来，为地税事业的发展贡献力量。

形成学习就是工作、工作就是学习的共识和制度。通过组织学习，培育出有道德、有能力和能够承担责任的组织。通过个人学习，培养出有激情、能力和动力的人，实现激情、能力和动力三环的良性循环。通过学习，凝聚人心，提倡合作、互助和尊重，体现对干部和纳税人的关爱。通过学习，发现并解决问题，干成别人没干成的事。

（四）推进税务组织和税务人员全面协调可持续发展

在队伍建设上要立标从优，规范从严，形成我们的战略、战术，有步骤地培养和提升地税组织训练有素的人员、训练有素的思想和训练有素的行动，并取得实际的成果，使每个成员获得巨大的成就感、荣誉感和新的动力，努力建成北京市政府职能部门中最好的，让各方面最满意和放心的团队和部门。

推进党团和基层建设。在市局党组、区县委的指导下，推动党团工作和基层建设迈上新台阶，构建党建和思想政治工作大格局。全面加强党的思想、组织、作风和制度建设，争创市委和全国税务系统党建工作先进单位。完善保持共产党员先进性长效机制。充分发挥党组织战斗堡垒作用和党员先锋模范作用。青年干部是地税事业的希望和未来，要高度重视青年工作，成立系统团建指导小组，以党建带团建，激发全系统青年干部的活力和激情。进一步加强基层建设，调动基层的积极性。

强化班子建设。要选有激情的人，干别人干不了的事。优化领导干部结构，改进领导水平和方法。健全完善干部选拔培养机制，大力选拔培养年轻干部进入班子队伍，使优秀人才脱颖而出，充分调动基层干部的积极性。加大处级领导干部交流力度。充分发挥巡视作用，促进领导力的提高和各级领导勤政廉政。

加强能力建设。大力开展教育培训，完善教育培训机制，广泛开展岗位大练

兵。完善处级、科级非领导职务干部的管理使用和处级后备干部管理。组织好《公务员法》实施情况专项检查。广泛交流和推广先进经验，实现学有典型、超有标杆、树立平台、打造品牌。

抓好廉政建设。从建立教育、制度、监督并重的“惩防”体系入手，更加注重预防，把党风廉政建设各项工作落到实处。切实加强对领导干部的监督，严肃查处各类违法违纪案件。充分发挥社会特邀监察员作用。提高在服务行业评比中的排名。

推动文化建设。建立和完善具有时代特征和自身特色的北京地税文化体系。坚持社会主义核心价值体系，培养文明道德风尚。做好以人为本的思想政治工作，履行工会的教育、维护、参与、建设的职能，发挥凝聚队伍、活跃机关的作用。加强人文关怀和心理疏导，帮助广大干部缓解工作压力和生活矛盾，更好地调适身心健康。创办北京地税艺术团，办好北京地税论坛和税务博物馆，弘扬地税文化。认真做好老干部和妇女工作。充分发挥国际税收研究会和地方税务学会作用，服务税收中心工作。

（五）进一步规范机关内部管理机制

加强部门协调。完善综合协调机制，强化北京地税局与其他部门之间、市局与基层之间、机关内部各部门之间的协调配合。搭建信息交换平台，完善社会综合协税护税网络，充分利用社会资源，形成整体合力。

加强财务管理。按照公共财政改革要求，深化部门预算管理，强化核算监督，严格政府采购，加强内部审计。维修改造36个税务所。科学理财，努力构建有利于事业发展、有利于税收执法、有利于干部职工切身利益的财务管理体系，为全局工作提供服务和保障。

强化后勤保障。提升后勤管理信息化水平，完善后勤监督制约机制，推进物业管理社会化进程。有效节约能源，打造节约型地税。加强安全管理，做好安全保卫工作。

（六）加强机关建设，积极转变工作作风

全系统要大力加强作风建设，为建设服务型政府做出表率。各级领导要积极开展调查研究，深入了解第一手情况，建立应急机制，及时应对突发事件。税务干部要遵规守纪，提高办事效率，确保政令畅通，令行禁止，有效执行。

最后，希望北京地税人百尺竿头更进一步，努力完成好“追求卓越年”的各项任务，将税收进一步融入到首都的政治建设、经济建设、文化建设、社会建设和党的建设之中，追求卓越，永不止步，为服务首都经济又好又快发展，为构建社会主义和谐社会首善之区，为新北京、新奥运战略构想的实现，做出新的更大的贡献，把北京地税事业带向明天，带向属于北京地税的明天！

北京市地税系统2008年党风廉政建设工作会议报告

（2008年2月20日）

北京市地税系统党风廉政建设工作会议的主要任务是：以邓小平理论和“三个代表”重要思想为指导，全面落实科学发展观，认真学习胡锦涛同志在中央纪委二次全会上的重要讲话，按照党的十七大、中央纪委二次全会、市纪委三次全会和国家税务总局2008年党风廉政建设工作会议精神，总结系统2007年工作，研究部署2008年党风廉政建设和反腐败任务，为实现北京地税从优秀到卓越提供强有力的政治保证。

一、2007年主要工作回顾

2007年，在市委、市政府、市纪委和国家税务总局的领导下，按照中央纪委七次全会和市纪委十次全会的工作部署，结合地税系统的实际，本着围绕中心、服务大局，把反腐倡廉工作融入到税收、思想政治工作和各项行政管理之中，坚持“标本兼治、综合治理、惩防并举、注重预防”和“三个贯穿于”的工作方针，紧紧围绕北京地税“和谐发展年”的各项工作，拓展源头治腐，大力推进地税系统的“惩防”体系建设，各项工作取得了新的进展。

（一）统一领导、各负其责，深入贯彻党风廉政建设责任制

系统各单位以党风廉政建设责任制为抓手，结合实际，采取多种形式，认真组织学习宣传和贯彻落实“惩防”体系的各项制度，层层签订党风廉政建设责任书，进一步细化分工，明确责任，上下联动，齐抓共管，有力促进了各项工作的落实。按照国家税务总局《税务系统惩治和预防腐败体系实施办法和相关法规制度（试用本）》的要求，初步形成了以制度为主体的责任、教育、制度、监督、惩治、预警六个机制，不断完善了惩治和预防腐败体系基本框架。朝阳局开展“双百”考核，对中层以上领导干部建立作风建设手册，加强监督考核；石景山局制定并实施了“双向评价”制度；昌平局实行了处级领导干部贯彻执行党风廉政建设责任制台账

制度，并延伸到中层正职，使党风廉政建设责任制落实到了实处。

（二）严于律己、防微杜渐，领导干部廉洁从政成效明显

大力加强领导干部的作风建设。按照胡锦涛总书记倡导的八个方面良好风气的要求，切实加强领导干部作风建设，认真解决领导干部在思想作风、学风、工作作风、领导作风和生活作风方面存在的突出问题。认真落实领导干部廉洁从政的各项规定，严格执行“四大纪律、八项要求”，强化了对领导班子和领导干部的监督管理。认真抓好领导干部个人有关事项报告、民主生活会、“三谈两述”等制度的落实。各级纪检组负责人同下级党政主要负责人谈话58人次，领导干部任前廉政谈话151人次；对出现苗头性问题的14名处级干部、7名科级干部进行了诫勉谈话；830名处、科级领导干部进行了述职述廉。360名处级干部、93名科级干部将个人生活重大事项按照规定作了报告。2007年共对9个单位进行了巡视，切实解决了领导干部廉洁从政方面存在的突出问题。

各级“一把手”不直接分管人事、财务，班子成员不再同时兼管征管和稽查业务的工作机制，在实际工作中得到很好的落实。各区县局、分局局长将人事、财务工作交给副职分管，这样既有利于“一把手”抓全面工作，也有利于权力在运行中“一把手”与副职的相互监督。

严格落实上级部署各项专项工作。认真贯彻落实《中共中央纪委关于严格禁止利用职务上的便利谋取不正当利益的若干规定》，对党政机关办公楼等楼堂馆所进行了专项清理，认真开展了清理评比达标表彰活动、不正当交易行为自查自纠检查评估工作。

通过以上工作有效地增强了广大干部廉洁自律意识，推进了各级领导干部廉洁从政工作。据不完全统计，全系统共拒收礼品387人次，拒收礼金58460元，拒吃请3125余人次。

（三）源头治理、科技控权，“两权”运行公开透明

按照“规范用权、公开示权、合理分权、科技控权、追究制权”的工作思路，不断推进两权监督深入开展。

坚持推进政务公开。系统通过办税服务大厅、北京地税网站等有效载体，向社会公开了政策法规、执法责任制、税务人员违法违纪投诉等14大项、55小项涉及税收执法权事项，强化了纳税人的外部监督。

强化行政管理权的监督。公开选拔任用干部的标准和程序，实行群众民主推荐、干部公开考录、竞争上岗；公开经费划拨审批标准和使用原则；对基建项目确定、大宗物品采购、服装制作、票证印制、税控机的推广、计算机软件开发和硬件购置等招投标情况在一定范围内公布，公开接受群众和纪检监察部门的监督。

2007年共对政府采购招投标审批工作25个项目进行监督，中标金额8500万元，节约预算资金748万元，节支率达8.8%。

不断强化“科技控权”。充分发挥信息化建设的优势，以“科技控权”为突破口，开发与税收业务工作软件相互衔接的网上监控软件，实现对税收执法权和行政管理权过程监督，减少了执法的随意性，提高了工作效率，为领导科学决策提供了真实的第一手材料。稽查一局、二局依托信息系统打造数字化稽查模式，借助信息系统，纪检监察部门可以随时检查调取任何案件，过问任何案件细节，翻阅案件文书和报告，通过计算机软件的程序控制，强化了纪检监察部门监督职能，实现了与稽查业务的有机结合，拓展了新的工作空间和领域，为廉政工作提供了技术支撑和工作切入点。崇文局深入研究、努力实践建立廉政预警机制的有效途径和方法，积极探索廉政风险防范管理机制，强化对权力运行过程的监督和制约，紧紧抓住廉政风险点的查找这个关键环节，不断地把该项工作推向深入，受到了中央纪委、市委、市纪委领导的高度称赞。大兴局创新“全员监控、全过程管理”的组收机制；海淀局积极开发“海税通”；朝阳局开发使用税企互动平台；怀柔局推出行政审批系统二期；顺义局开设“VIP客户服务系统”；燕山局推出“电子测评系统”；东城、宣武、丰台、房山等局积极探索开展“网上监控”工作。这些措施有力地促进了党风廉政工作向纵深发展。

积极开展执法检查工作。2007年系统完成日常执法检查累计345项次，严格执行税收执法过错责任追究制度，共对44名干部实施了过错责任追究。

（四）畅通渠道、严肃法纪，查办案件力度不断加大

按照“事实清楚、证据确凿、定性准确、处理恰当、程序合法”的办案方针，进一步加强了与司法部门的协调配合，充分发挥了查办案件的治本作用。2007年，市局共受理各类信访举报件88件，其中涉及纪检监察业务范畴的举报62件（总局转4件、市纪委转37件），比去年同期减少了6件，已办结54件，办结率为87%。认真分析信访举报的内在规律，解决矛盾、改进工作，充分发挥了信访工作的参谋和服务作用。开发应用信访举报工作软件，大大提高了工作效率及数据的准确性，为领导决策和业务处室制定政策提供了重要依据。

（五）标本兼治、纠建并举，政风行风建设进一步得到加强

切实纠正不正之风。重点纠正了税务机关和税务人员参与税务代理中介业务、向纳税人强行推广纳税申报方式、乱摊派、推销商品、接受纳税人宴请、外出旅游、经商办企业等不正之风，维护广大纳税人的合法利益。

纳税服务实现多元化、个性化。现已形成申报大厅、Tax861网上办税、12366电

话咨询等全方位、多功能纳税服务体系。12366全年共处理话务67万件。推进网上地税局建设，有1480万人次访问了北京地税网站，Tax861在全国税务系统首次网站评比活动中名列第一。

积极参加地方政府组织的行风、政风评议活动，自觉接受人大代表、政协委员、特约监察员和广大纳税人的评议监督，进一步树立了北京地税的良好形象，纳税人满意度2007年达到91.7%。

（六）紧密配合、齐抓共管，党风廉政教育深入扎实

充分发挥宣教大格局的作用，推进廉政教育深入开展。以“加强作风建设，促进社会和谐”为主题，深入开展了领导干部理想信念、从政道德、党纪国法等教育。认真贯彻《北京地税系统反腐倡廉教育教学大纲（试行）》，把党风廉政教育纳入各级党组理论中心组、领导干部和公务员的教育、管理和培训，有效增强了各级领导干部廉洁从政的自觉性，促进了反腐倡廉各项工作的开展。

采取多种形式，积极开展廉政教育。系统各单位充分发挥教育的基础性作用，采取多种形式，扎实开展理想信念和廉洁从政教育，增强了教育的针对性和实效性。市局机关组织干部参观最高人民检察院在军博举办的“惩治与预防职务犯罪展览”；东城局组织开展了“崇廉尚勤，走向和谐”系列活动；宣武局利用党员电教化系统开展廉政教育；朝阳局全员脱产廉政培训；石景山局开展“廉洁服务每一天”主题教育活动；通州局开展了“强化干部作风建设，构建和谐通州地税”为主题教育活动；西城、门头沟、延庆局等单位举办了预防职务犯罪讲座；密云、平谷局等单位深入开展“亲情助廉”活动；开发区、西站分局开展了“拜访红歌源、唱起红歌声”主题党日活动。这些活动的开展直接推动了党风廉政建设各项工作的顺利进行。

（七）加强学习、完善自我，纪检监察干部队伍素质有了新提高

深化“做党的忠诚卫士、当群众的贴心人”主题实践活动。切实加强纪检监察干部队伍的思想、作风、纪律和能力建设，注重把思想好、作风正、能力强，精通税收业务与相关法律知识的干部充实到纪检监察岗位，纪检监察干部队伍得到进一步优化。

按照“走出去，请进来”的工作方针，不断加大纪检监察业务培训力度。2007 年市局在长沙税务学院举办了纪检监察干部培训班，同时选派有关人员参加中纪委、市纪委和国家税务总局的各类业务培训；安排人员学习其他省市的先进经验，牵头召开了十一省市地税局纪检组长、监察室主任的研讨会，提高了纪检监察干部综合业务水平，为各项工作的有效开展打下了坚实的基础。

2007年做了大量工作，取得了令人欣喜的成绩。这些成绩的取得，是市局党组

高度重视的结果，也是全系统干部职工共同努力的结果。在肯定工作成绩的同时，也要看到工作中还存在不少薄弱环节，市纠风办对与群众生活密切相关的20个政府所属部门的政风行风情况进行的年度民意测评结果显示，北京地税排名有所下滑；各单位“惩防”体系建设发展不够平衡，个别领导对党风廉政建设重视不够，“一岗双责”没有很好地落实；反映个别领导干部和一线执法人员贪污贿赂的问题有所增多，个别干部还存在“吃、拿、卡、要、占、报”的不廉洁现象。我们在今后的工作中必须加以克服和改进。

二、2008年主要工作任务

2008年是全面贯彻党的十七大精神，实现“新北京、新奥运”的战略构想，扎实推进地税系统反腐倡廉建设的重要一年。要围绕税收中心工作，服务大局，继续坚持标本兼治、综合治理、惩防并举、注重预防的方针，加快“惩防”体系建设；深入开展纠风工作，坚持以人为本，积极探索廉政风险防范管理长效机制。坚持和完善反腐败工作的领导体制和工作机制，认真执行党风廉政建设责任制，不断取得党风廉政建设和反腐败工作的新成效，为圆满完成追求卓越年的各项工作任务，提供政治保障。

（一）贯彻落实党的十七大精神，不断推进惩治和预防腐败体系建设

系统各级党组要全面贯彻党的十七大精神。紧紧围绕十七大，市委十届三次全会，市纪委十届三次全会，国家税务总局，市局工作会确定的各项任务，把反腐倡廉建设放在更加突出的位置，旗帜鲜明地反对腐败，在坚决惩治腐败的同时，更加注重治本，更加注重预防，更加注重制度建设，扎实推进惩治和预防腐败体系建设，努力营造经济发展和社会祥和的良好局面，为实现北京地税从优秀走向卓越提供坚强的政治保障。

要以改革精神推进党风廉政建设。在实践中要注意把握和体现改革创新、惩防并举、统筹推进、重在建设的基本要求。要以改革精神推进制度建设，以创新思路寻求治本之道，更加科学有效地防治腐败。要坚持治标和治本、惩治和预防两手抓、两手都要硬，惩治于已然，防患于未然，努力把腐败现象减少到最低程度。着力加强反腐倡廉建设，坚持加强思想道德建设与加强制度建设相结合，坚持严肃查办案件与切实解决损害群众切身利益的问题相结合，坚持廉政建设与勤政建设相结合，坚持加强对干部的监督与发挥干部的主观能动性相结合。要坚持深入贯彻落实科学发展观，努力实现地税事业又好又快发展；坚持构建和谐社会首善之区，努力建设和谐税收；坚持发扬改革创新精神，努力开创地税事业发展新局面；坚持推进党的建设新的伟大工程，努力建设高素质的地税干部队伍。

要认真落实党风廉政建设责任制。各单位、各部门要结合实际，把反腐败工

作任务细化分解，落实到每个领导班子成员和各职能部门，做到职责划分清晰、责任要求明确、工作任务具体、完成时限清楚、保障措施有力。各级领导干部要从自身做起，既要清正廉洁、作好表率，又要敢抓敢管、认真负责，切实抓好职责范围内的反腐败工作，避免出现党风廉政建设责任不落实、考核不认真、追究不严肃的问题。领导干部要勤于思考，认真探索从源头上防止腐败的路子，要用改革的思路、创新的办法去解决诱发腐败的深层次问题，有效预防和减少腐败现象的发生。

要继续完善惩治和预防腐败体系。“惩防”体系建设是一项长期、系统的工程，我们要结合实际，与时俱进，把市局党组关于管理制度创新的理念，引入教育、制度、责任、监督、惩治、预警六个机制的建设之中，抓紧制定和完善配套的规章制度。要把《实施纲要》中对教育、制度、监督的要求，落实到税收各项工作中去，充分体现靠制度管人、按制度办事的管理理念，使税收执法和行政管理行为纳入监控评价之中。

（二）以加强和改进工作作风为切入点，积极推进领导干部廉洁自律工作

以“讲党性、重品行、作表率”为主题，深入开展理想信念、党风党纪、廉洁从政和艰苦奋斗教育，引导党员干部特别是领导干部树立正确的权力观、地位观、利益观，自觉抵制各种不良诱惑，深入挖掘和广泛宣传廉政勤政的典型。重点抓好党的作风建设，特别是突出抓好各级领导干部的作风教育，把胡锦涛同志倡导的八个方面的良好风气落实到党风廉政建设教育中，不断增强各级领导干部廉洁自律意识，促进党风廉政建设深入开展。

按照中纪委提出的要求，重点开展以下五项工作。一是深入治理领导干部违反规定收送现金、有价证券、支付凭证和收受干股，以及以赌博和交易等形式收受财物、利用婚丧嫁娶等事宜收钱敛财等问题；二是严禁党员干部利用职务上的便利获取内幕信息进行股票交易；三是严禁领导干部超标准建房、多占住房、违规购买经济适用房，清理纠正领导干部在住房上以权谋私的问题；四是纠正和查处领导干部放任、纵容配偶、子女和身边工作人员利用其职权和职务影响经商办企业等问题；五是治理领导干部违规插手招标投标、土地出让、产权交易、政府采购等市场交易活动谋取私利的问题。

严肃组织人事工作纪律，坚决反对用人上的不正之风。教育和引导领导干部讲党性、顾大局、守纪律，克服浮躁情绪，正确对待个人职务升迁。严格执行党政领导干部选拔任用工作有关规定，加强对干部选拔任用工作全过程的监督，防止和纠正“带病上岗”“带病提拔”等问题。严肃查处跑官要官、买官卖官等行为，努力营造风清气正的良好环境。

加强对党内各项制度和廉洁自律制度落实情况的监督检查。积极发挥巡视工

作的作用，深入分析问题产生的根源和条件，在深入调研的基础上，提出防治对策和措施。

（三）以解决损害纳税人利益问题为重点，加强政风行风建设

要树立人本政府、服务政府、法治政府、有限政府、透明政府、效能政府、责任政府的先进政府管理理念，继续深化优化纳税服务工作，随着办税条件和设施手段的改善提高，不断提升税收服务的档次和水平。在履行职责和目标追求上，实现管理创新。要认真纠正个别单位、个别岗位在税收征管和服务中存在的工作方法简单、效率低下、不负责任，甚至相互推诿扯皮、刁难纳税人的问题。

要始终保持惩治腐败的强劲势头。重点纠正损害纳税人利益的“吃、拿、卡、要、占、报”等不正之风，防止税务机关和税务人员参与税务代理中介业务、乱摊派、乱收费、报销有关费用、推销商品、压价购买商品等不正之风的发生。对上述问题，发现一件，查处一件，绝不姑息。

要认真做好政务公开工作。围绕中心，服务大局，把人民群众普遍关心、涉及人民群众切身利益的各类事项作为政务公开的重点，规范政务公开的内容和形式，健全政务公开的制度与措施，加强组织领导，落实工作责任，切实推进政务公开工作。要认真开展行政效能监察工作，对行政不作为、慢作为、乱作为进行问责和追究。

积极参加各级政府纠风办组织的民主评议政风行风活动，在强化税务工作职业道德和规范税收执法行为上下功夫，防止片面追求名次的现象。广泛接受人大、政协及新闻媒体的监督，充分发挥特约监察员的作用。

（四）以预防职务犯罪和查办渎职失职行为为突破口，严肃查处违纪违法案件

要认真研究当前领导干部违纪违法案件的新情况、新特点，不断改进办案方式方法。进一步加强与司法机关的协调配合，形成办案合力。重点查办领导干部滥用职权、贪污贿赂、腐化堕落、失职渎职的案件，严肃查办利用人事权、审批权、行政执法权谋取私利的案件，严肃查办以各种手段侵吞国有资产的案件，严肃查办官商勾结、权钱交易的案件。严肃查办因失职渎职给国家造成重大经济损失的案件。认真查办上级纪委交办及司法部门移交的案件。进一步畅通信访举报渠道，妥善处理信访举报反映的突出问题。

积极探索“一案双查”。对涉税重大案件，相关部门要建立联合工作机制，制定操作规程，既要外查纳税人偷骗税的问题，还要内查征管漏洞，追究相关税务人员的责任。坚持“一案两报告”，建立案件调查报告和案件剖析报告制度，针对案件中暴露出来的问题和薄弱环节，完善制度，加强管理。深入分析大案要案的发案原因，认真查找体制机制和管理监督中存在的薄弱环节，及时向党组提出工作建

议，进一步提高办案的综合效应。

（五）以党风廉政教育为基础，进一步推进廉政文化建设

深入开展反腐倡廉教育。紧紧围绕社会主义核心价值体系建设，以领导干部为重点，加强理想信念教育和廉洁从政教育，加强党纪条规和国家法规教育，加强岗位教育和正反典型教育，不断提高各级干部的拒腐防变能力。推进反腐倡廉教育规范化、制度化建设。把思想教育、纪律教育与社会公德、职业道德、家庭美德教育和法制教育结合起来，积极开展丰富多彩的廉政文化创建活动，为反腐倡廉营造良好的文化氛围。

大力开展预防涉税渎职犯罪教育。结合地税实际，深入研究《刑法》规定的涉税渎职罪名的构成和表现，梳理容易造成渎职犯罪的行为。市局今年要建立与市检察院的联席会议制度，各单位要根据实际，采取举办渎职犯罪专题讲座、组织广大干部演讲、测试等形式，在广大干部中进行广泛的宣传教育，提高广大干部的防范意识。

深入推进廉政文化建设。积极构建以思想道德和职业道德为基础，以清正廉洁为基本内涵，以正确行使权力、远离违法犯罪为重点，以建设和谐税收为目标的廉政文化建设新格局。今年市局要开展“清风颂、地税情”等系列廉政文化建设活动，各单位要紧密结合系统“文艺年”的有关要求，针对不同类别、不同层次、不同岗位税务人员，开展主题鲜明、内容丰富、形式多样的廉政文化系列活动。要充分发挥广大干部参与反腐倡廉宣传的积极性、主动性、创造性，形成学廉、崇廉、守廉、倡廉的良好氛围。认真总结系统廉政文化建设的成果，采取有效形式进行交流展示和推广。要注意发现、培养、树立廉政典型，在全系统广泛宣传和弘扬廉政典型事迹，形成以廉为荣、以贪为耻、崇尚廉洁的良好风气。

（六）以“两权”监督为内容，深入开展廉政风险防范管理工作

继续按照“规范用权、公开示权、合理分权、科技控权、追究制权”的工作思路，强化“两权”监督。进一步完善政务公开，对外深入推进税收执法权公开，对内稳步推行行政管理权公开。要围绕税收执法权和行政管理权运行中问题易发多发的部位和环节，重点对减、免、缓、欠税审批，贯彻落实国家有关税收优惠政策、票证管理和税务稽查以及干部选拔任用、人财物管理等方面开展行政执法监察。重点围绕去年市纠风办针对地税系统的测评结果，制定措施，坚决遏制继续下滑的态势，稳步提高名次。对于去年被点名的单位，“一把手”要负总责，班子其他成员要各负其责，确保此类问题不再发生。今年市局要出台相关问责制度，对屡次出现问题的单位，要严肃追究相关人员的责任。

全面推进廉政风险防范管理工作。今

年市委、市政府把廉政风险防范管理工作作为全市党风廉政建设重要内容，市纪委把地税系统作为试点单位。各级党组和领导干部要以高度的政治责任感，举全局之力，坚持党组统一领导，“一把手”负总责，各部门协调配合，把廉政风险防范管理工作放在突出位置，要结合税收中心工作，立即行动起来，宣传到位，形成全方位、立体式的防范廉政风险的工作机制和氛围。

各单位要成立领导小组，制订实施方案，从人力，物力方面给予充分保证。各级党组要召开专门会议予以研究该项工作中遇到的问题，听取有关部门的汇报。班子其他成员要坚决负起“一岗双责”的责任，把该项工作同税收中心工作同部署、同落实、同检查。纪检监察部门要负起综合协调职责，协同党组做好该项工作的部署、督察、考核、总结等工作。要充分发动广大干部，认真梳理廉政风险点，并制定出相应的防范措施，从而逐步形成以人为点、以工作程序为线、以制度为面环环相扣的廉政风险防控机制。

开展廉政风险防范管理工作，要坚持预防职务犯罪关口前移的工作思路，充分利用“数据大集中”管理信息系统，积极探索“科技控权”廉政风险管理新途径，不断推进反腐倡廉工作的深入开展。要深入总结崇文、房山局等单位的工作经验，认真制定地税系统开展廉政风险防范管理工作的方案和配套措施，推进廉政风险防范管理工作在全市地税系统全面深入扎实地开展。

（七）以提高干部素质为目标，全面加强纪检监察干部队伍建设

要深入研究探索系统纪检监察派驻机构新机制。积极推行垂直管理试点工作，条件具备将试行纪检监察干部统一管理使用、统一考核奖惩工作。逐步建立健全纪检监察干部定期交流轮岗、上下挂职锻炼机制，始终保持队伍充满活力。优化纪检监察干部队伍结构，配齐配强纪检监察干部，有条件的单位实行高配。建立健全适合“惩防”体系需要的日常协调配合机制、严格的工作报告机制和快捷的情况通报机制，努力提高有效监督能力和反腐倡廉工作组织协调能力。

各级党组要加强对纪检监察工作的领导。支持纪检监察部门履行职责，帮助他们解决工作中的实际困难，为他们充分发挥作用创造条件，要关心纪检监察干部的成长进步，选拔任用纪检监察领导干部，要优先考虑纪检监察队伍中的优秀人才，同时要注意把优秀的纪检监察干部交流到其他部门的重要岗位上去，进一步调动纪检监察干部的积极性和创造性。

要强化对纪检监察干部基本功的培训。要逐步建立纪检监察人才库，加强重点人才的培养；要改进工作作风，把监督关口前移，工作重心下移，深入实际，深入基层，深入群众，说实话，办实事，求实效。进一步加强思想、作风、能力和组

织建设，努力建设一支“政治坚定、公正清廉、纪律严明、业务精通、作风优良”的纪检监察干部队伍。

纪检监察干部要树立管理创新意识。要解决好事业心、责任感、工作作风和工作效率问题，提高政治鉴别能力、依法行政能力、公共服务能力、调查研究能力、自我学习提高能力、沟通协调能力。要坚持原则，秉公执纪，爱岗敬业，无私奉献，守得住清贫，耐得住寂寞，顶得住压力，挡得住诱惑，切实做到“有为、有位、有威”，树立纪检监察干部“可亲、可信、可敬”的良好形象。

2008年是全面贯彻落实党的十七大精神的第一年，也是打好奥运攻坚战的决胜之年，抓好今年的党风廉政建设和反腐败工作，对于营造良好局面，保证办好奥运会这件大事具有十分重要的现实意义和深远的历史意义。在市委、市政府和国家税务总局的领导下，与时俱进，奋发有为，以更坚决的态度、更有力的措施、更扎实的工作，深入开展党风廉政建设和反腐败工作，为推动北京地税事业的健康和谐发展作出新的贡献。

税收政策

计 会 统 计

【综述】 2008年，计会处紧紧围绕全局年初工作会精神，以党的十七大精神为统领，坚决贯彻落实科学发展观，以追求卓越为主题，确定以提高决策支持能力为目标，坚持以制度建设为基础，强化以收入分析为重点，依托以信息化建设为支撑，构建宏观、微观两大分析体系，全面推进各项工作的开展。2008年，全市地税系统累计完成各项税费收入1578亿元，比2007年增收211.9亿元，增长15.5%。其中，完成地方一般预算收入1206.9亿元，比上年增收139.7亿元，增长13.1%；占全市财政收入的比重为65.7%。税收规模居全国第五位，增幅与上海、浙江、山东基本持平。

（白晓凤）

【组织收入工作】 2008年，完成收入任务的压力大。首先是2007年基数大，增长高；其次2008年减收因素多，包括两个所得税政策的调整影响，奥运会、残奥会举办期间限行、限产的影响。加之下半年世界经济和国内经济出现增幅下滑趋势，地税税收收入在上半年高速增长的基础上，连续出现8月、9月、10月三个月的负增长,收入呈现高开低走的态势。在8月地方税收出现负增长的情况下，计会处按照市局党组的统一布置，积极促进各单位开展组织收入工作。主要采取以下措施：一是重新分解年度任务指标，并督促各局将任务落实到税务所、到管理员、到重点户。二是组织召开9次组织收入工作会，及时传达北京市委市政府、市地税局党组的指示精神，采取各项措施。三是从10月中旬起每周编制《2008年组织收入情况报告》，按周通报收入进度和预计完成情况，共编发10期，同时在北京市地税局内网开通“年底组收工作快讯”的模块，让全局及时了解组织收入进度及相关信息。四是及时走访区县局、分局，了解各局组织收入情况、遇到的问题和难点。五是加大重点税源监控力度，随时跟踪监控重点税源变化情况，落实重点税源转移通报制度，运用SPSS系统预测重点税源户的预期税收，努力达到通过多角度准确把握税收变动趋势。六是加强收入分析、预测工作，及时为各级领导提供决策支持。一方面与北京市地税局各处室沟通，及时掌握税收政策变化情况和征管、评估情况，与各处室形成合力，共同完成组织收入工作；另一方面积极与财政局、国税局、统计局、发改委等单位进行沟通，及时掌握组织收入的外部环境变化及组织收入动态。经过全局上下的共同努力，11月、12月税收终于扭转了负增长的局面。

（白晓凤）

【开展调研工作】 4月21日，计会处向北京市常务副市长吉林提交的《2008年一季度税收增收原因简要分析》中，提出值得关注的四个问题：一是受房地产业增幅较低影响，营业税增幅有所回落。二是金融业营业税增幅有放缓的趋势。三是两大因素影响后期企业所得税的增长。四是从二季度开始个人所得税增幅将逐步趋缓。为掌握税源形势，计会处在主管局长的指导下，有针对性地对全市房地产业、金融业及整体税收发展趋势进行深入的分析和研究，并成立三个课题小组，在区县局、分局的配合下，8月完成三篇调研报告。通过对北京市税源整体布局、房地产业和金融业税收三个方面的调研，达到科学预测近期全市的税收发展趋势的目的，为领导研究经济发展中的问题和今后税收发展重心提供依据。

（白晓凤）

【提高数据质量】 计会处以准确的事实为分析依据，以真实的数据为分析基础，追求求真务实的工作作风，逐步探索及实施数据管理工作，针对核心征管信息系统中上百万项的纳税人登记、申报、缴款、减免、退税等海量数据，监控重点数据，并对发现的问题数据及时调整，同时通过完善核心征管信息系统、规范操作，以科技手段促进数据质量的提高，近年来北京市地税局上报国家税务总局的计会报表均被总局评为优秀，计会部门已经成为北京市地税局对外发布数据、对内提供数据的权威部门。在大量发布各类数据的同时，计会处还通过年度收入分析报告、月度分析报告、专题分析报告、信息专报、收入信息等多种形式，全面、完整、多角度地反映收入动态，使各级领导和部门能够及时、准确地掌握收入情况并及时做出决策，各类收入分析报告得到领导的多次批示和肯定。据不完全统计，2008年1—12月，计会处共完成并发布各类报表1900多张次，完成反映收入形势的分析、信息200余篇。

（白晓凤）

【加强重点税源数据审核】 按照国家税务总局2008年度重点税源监控工作的要求，一是对2008年重点税源月报表进行重新布置和相关辅导。二是对现有的重点税源网上直报平台进行系统升级和任务更新。三是严格重点税源数据的审核工作，使数据质量大幅提高。四是结合税法宣传月认真整理核对审阅2007年纳税千强的名单，提供文字说明，分别在3月31日和4月10日的北京日报上张榜公布；五是积极参与总局组织的年报会审工作，并在总局组织的经验交流会上做经验交流发言。

（白晓凤）

【建立应急预案】 计会部门肩负着反映组织收入工作情况的重要职责，面临突发事件，计会部门应当保持工作的连续性，各区县局、分局数据的缺失将造成全市数据的不完整，将对地税部门的整体工作造成严重影响。因此，针对市地税局核心征管系统、外网、内网（二期）等信息系统在无法正常运转，导致计会部门相关业务异常中断的突发事件下，确保计会工作正常运行，能够及时反映收入情况。特制定了计会部门应急预案，奥运会结束后，应急预案将长期执行下去。

（白晓凤）

【开展业务知识培训】 一方面，走出去到大专院校，请专家教授讲授公务员心理调适能力、税收职务犯罪及预防、新会计制度与税法差异分析、新《企业所得税法》等相关知识；另一方面，开展税收票证管理培训和举办《贯彻实施新企业所得税法》讲座，采取理论讲授加实际操作演示的形式，现场解答日常工作中的疑点和难点问题。通过培训，拓宽了知识面，提高自身的工作素质和在学习中创新，在创新中学习的能力。

（白晓凤）

【制定待缴库税款收缴管理暂行办法】 为执行总局关于待缴库税款收缴管理工作的有关规定，确保待缴库税款及时收缴和足额入库，根据《中国人民银行营业管理部 北京市财政局 北京市国家税务局、北京市地方税务局转发中国人民银行、财政部、国家税务总局待缴库税款收缴管理办法的通知》(银管发〔2006〕232号)和《中国人民银行、财政部、国家税务总局关于进一步加强我市待缴库税款收缴管理工作的通知》（银管发〔2008〕171号）的文件精神，制定《北京市地方税务局待缴库税款收缴管理暂行办法》。本办法共分5章，23条，从待缴库税款的概念、“待缴库税款专户”的设置、变更和撤销，以及办理待缴库税款收缴业务流程、“待缴库税款专户”对账工作等内容作了详细的规定，本办法自2008年7月1日起施行。并以京地税计〔2008〕244号文件进一步明确。

（白晓凤）

【启用《税收转账专用完税证》】 为解决纳税人通过保险机构代收代缴方式缴纳车船税后需要再开具完税凭证的问题，按照《国家税务总局、中国保险监督管理委员会关于做好车船税代收代缴工作的通知》（国税发〔2007〕55号）的要求，决定于2008年11月1日起启用《税收转账专用完税证》《北京市地方税务局关于启用〈税收转账专用完税证〉有关问题的通知》（京地税计〔2008〕253号）进一步明确：（1）对纳税人通过保险机构代收代缴方式缴纳车船税后，需要另外再开具完税凭证的，由税务机关负责开具《税收转账专用完税证》。在办理完税凭证时，地方税务机关应根据纳税人所持注明已收税款信息的保险单，开具《税收转账专用完税证》，并在保险单上注明“完税凭证已开具”字样。（2）《税收转账专用完税证》由税务机关负责开具，不得发给代收代缴单位代开。此凭证仅起完税证明作用，不得用于收取现金。办理结报时需将第一联（存根）和保险单复印件同时交回。（3）在保险机构代收代缴车船税工作试点时期，各局要做好《税收转账专用完税证》用量计划制订和上报工作，避免浪费现象。（4）《税收转账专用完税证》应按照《北京市地方税务局税收票证管理办法》(京地税计〔1998〕311号）要求进行管理使用，对违规开具《税收转账专用完税证》的税务机关及个人，将按照相关规定严肃处理。

（白晓凤）

营业税　资源税　城市维护建设税　教育费附加　文化事业建设费管理

【营业税综述】 2008年全市共组织营业税收入651.77亿元，同比增收50.72亿元，增长8.38%。一是为灾区献爱心。面对南方雪灾、汶川地震，全处干部自发捐款16150元，捐献特殊党费15000元；编织爱心毛衣、捐赠过冬棉被，为灾区人民抗震救灾重建家园献爱心。二是加强税政管理。做好税收政策的上传下达工作，规范“网络游戏业务有关营业税问题”等税收政策；并同时在网站上发布，明确政策，便于基层统一执行，方便纳税人具体操作。三是开展政策调研。针对新兴行业和一些经济现象如网络游戏业务、农村集体土地以及垃圾循环利用等问题展开深入调研，除形成调查报告外，还及时将所涉及的调研成果进行转化。四是解决征管问题。与相关处室协调，共同研究明确农村集体土地拆迁中村集体、单位及个人取得的拆迁补偿费适用政策。此外，针对稽查二局在税务稽查中发现的合作建房问题，下文解决基层征管问题。五是配合国家税务总局税制改革工作。多次参加总局召开的部分省市税制改革政策研究座谈会。结合北京实际为总局提供政策制定、修改、完善的意见建议，并按照新修订的条例细则规定原则，协助总局进行相关部分政策内容的征求意见和文件清理。六是受总局委托开展调研组织工作。组织广东、河南等12省市对“电信业营业税问题”“电子商务网络游戏营业税问题”“集团公司资金池营业税问题”三个课题进行调研。七是加强税源管理和收入分析。全年共减免营业税238652万元，其中技术交易业务免征营业税126260万元，技术开发免征营业税82285万元，技术转让免征营业税43975万元；报批类减免税主要包括十大项减免营业税112392万元，主要集中在个人销售已购住房项目，减免营业税95377万元，占全市报批类减免税总数的84.86%。八是加强税收征管。针对货运发票税控系统上线后，出现的代开票管理与服务问题、经济发展与政策衔接问题，深入基层听取基层税务所和纳税人意见，形成专题调研报告，研究实际税收征管中可操作性措施。此外，全市2007年度税收资料调查工作顺利通过财政部、国家税务总局的全国会审，再次荣获总局表彰。共完成了对10230户被调查企业317万个调查数据的收集、审核工作。九是服务纳税人，营造和谐税收环境。在北京市地方税务局外网针对历年营业税等“三税两费”税收政策进行清理录入工作，及时维护税政信息管理平台和政府信息公开系统。同时，针对奥运涉税问题，协同区局及奥运税收办公室对北京五棵松体育中心有限公司提交的“100KWP太阳能电站代收资金的请示”、北京麦当劳食品有限公司、北京纽曼蒂莱蒙膜建筑技术有限公司、奥运村住宿管理团队劳务派遣涉及营业税问题进行认真研究分析，解决涉税单位税政问题，得到涉税单位的认可及高度赞扬。

（邢志红）

【明确建筑业营业税纳税地点问题】 为稳定现有税源分布格局，维护正常的税收征管秩序，2008年7月，北京市地方税务局下发京地税营〔2008〕177号文件就建筑业营业税纳税地点问题规定如下:①依据《营业税暂行条例实施细则》第三十二条的规定，北京市建筑业营业税固定业户纳税人，在北京市范围内提供建筑业应税劳务，一律在企业税务登记所在地向其主管税务机关申报纳税。②外地进京施工企业应缴纳的营业税及其附加，继续实行统一由北京市建设工程专业发包承包交易中心代征代缴的办法。③关于税务机关可以建设单位和个人作为营业税的扣缴义务人的问题，待北京市地税局另行研究制定相应的具体办法后依照执行。

（苏长山）

【北京市地方税务局2008年税收调查工作】 按照《财政部、国家税务总局关于做好2008年全国税收调查工作的通知》(财税〔2008〕32号)和财政部、国家税务总局2008年2月在安徽省合肥市联合召开的全国税收调查工作会议精神，结合北京市地方税务局实际情况，下发《北京市地方税务局关于做好2008年北京市税收调查工作的通知》（京地税营〔2008〕113号），于4月在全市范围内开展了2008年税收调查工作，经过各级地税部门的共同努力和被调查企业的积极配合，2008年6月顺利完成了10338户企业调查数据的采集、汇总、审核工作，并顺利通过财政部、国家税务总局在辽宁省大连市召开的全国调查数据的汇审，10月底前将工作总结和数据分析报告以《北京市地方税务局关于2008年税收调查工作的报告》（京地税营〔2008〕257号）形式上报财政部、国家税务总局。

（苏长山）

【做好交通运输业、建筑业营业税涉税数据填报工作】 按照《国家税务总局流转税管理司关于要求填报交通运输业、建筑业有关营业税涉税数据的通知》（流便函〔2008〕26号）的要求，为圆满完成数据填报工作，下发《北京市地方税务局关于做好交通运输业、建筑业有关营业税涉税数据填报工作的通知》（京地税营〔2008〕83号），要求各局高度重视，认真做好本辖区数据采集、汇总，按规定填报数据要求和时限，确保数据填报工作顺利完成。

（苏长山）

【2008年度货物运输业营业税自开票纳税人年审工作】 根据《国家税务总局关于加强货物运输业税收征收管理的通知》（国税发〔2003〕121号）、《北京市地方税务局关于印发北京市地方税务局公路、内河货物运输业税收管理操作规程的通知》（京地税营〔2006〕41号）等要求，2008年11月1日—12月31日期间，北京市各级地税局开展2008年度货运业自开票纳税人年审工作。截至2008年12月31日，除当年新认定的自开票纳税人外，应参加年审1828户，实际参加年审1824户，占应参加户数的99.8%；审结合格1403户，年审合格率为76.8%；进入整改315户；通过货运业日常征管审验工作发现并取消资格为110户（包括未参加年审的4户）。

（苏长山）

【开展加强货运税收管理工作调查】 按照分工调整要求，自2005年5月1日起，营业税主管部门负责公路内河货运业税收征管牵头工作。2007年1月1日，全国统一的货运发票税控系统成功上线，平稳运行，并启用新版货运发票，使日常货运税收征管工作进入科学细致的管理阶段。在货运业税收征管中，不断增加自开票纳税人同时也取消了部分自开票纳税人资格，但是相比之下，税务机关的代开票数量却没有相应大量增加。鉴于目前的工作重点基本上仅集中于对现有自开票纳税人的严格管理上，为了能够多渠道、多方位地追根溯源、增加线索、查找漏洞、做细征管，2008年二季度对2005年以来被取消货运业自开票资格的纳税人后续情况进行了详细调查，通过调查发现：①货运企业租车经营情况难以掌握；②少数违法企业骗购货运发票后走逃；③货运发票税控系统有关功能缺失。为加强后续管理和监控，做细货运业税收征管，通过调研提出相关建议和措施：①加强取消自开票资格后续监控力度；②建立区县间信息共享平台；③完善公路内河货运发票税控系统；④监控重点对象，避免企业走逃；⑤加强货运发票管理，减少出问题概率；⑥加强税法宣传和日常监管，规范企业经营。

（苏长山）

【明确互联网广告代理业务营业税问题】 2008年7月，国家税务总局《关于互联网广告代理业务营业税问题的批复》（国税函〔2008〕660号）明确了纳税人从事广告代理业务时，委托广告发布单位制作并发布其承接的广告，无论该广告是通过何种媒体或载体（包括互联网）发布，是否具有工商行政管理部门颁发的《广告经营许可证》，纳税人都应该以其从事广告代理业务实际取得的收入为计税营业额计算缴纳营业税，其向广告发布单位支付的全部广告发布费可以从其从事广告代理业务取得的全部收入中减除。同时，《北京市地方税务局转发国家税务总局关于互联网广告代理业务营业税问题的批复的通知》（京地税营〔2008〕220号）补充明确：①本通知中的广告发布单位系指各类媒体、载体（包括互联网）；②对广告发布单位取得的广告发布费应按“服务业—广告业”税目征收营业税；③纳税人向广告发布单位支付的广告发布费应单独核算；④纳税人取得的广告代理业务收入，在减除向广告发布单位支付的全部广告发布费时，应以取得的注明广告发布费的合法发票为减除凭证。

（马　琳）

【明确网络游戏业务有关营业税问题】 为促进本市网络游戏行业发展，解决网络游戏行业中有关营业税问题，北京市地税局依照《北京市地方税务局关于网络游戏业务有关营业税问题的通知》（京地税营〔2008〕21号）明确：（1）单位和个人将网络游戏软件著作权转让他人的，无论与对方如何结算，均应按照《北京市地方税务局关于计算机软件转让收入认定为技术转让收入暂免征收营业税问题的通知》（京地税营〔2002〕224号）规定执行；（2）对通过搭建支持网络游戏运行的服务器，完成游戏运行的单位和个人取得的游戏消费卡销售收入，应按“娱乐业——其他游艺”税目征收营业税；（3）对单位和个人代售游戏消费卡所取得的代售卡收入，请依照《北京市地方税务局关于对代理业征收营业税问题的补充通知》（京地税营〔2001〕507号）中第二款“代售卡业务”的相关规定执行。

（马　琳）

【明确个人销售已购住房有关营业税问题】 为解决本市个人销售已购住房有关税收问题，《北京市地方税务局关于个人销售已购住房有关税收问题的通知》（京地税营〔2008〕164号）明确：①纳税人由于客观原因未取得原购房发票的，对于个人销售已购住房凡符合现行相关政策实行差额征收营业税的，可以原购房时的契税完税凭证作为差额征收营业税的抵扣凭证。②纳税人由于客观原因未取得原购房发票的，可将原购房时契税完税凭证的计税价格作为扣除项目金额和加计依据，据以计征土地增值税。③根据《中华人民共和国营业税暂行条例》和《中华人民共和国营业税暂行条例实施细则》的相关规定，在婚姻关系存续期间，夫妻之间变更婚姻关系存续期内所得的共有房产以及婚前约定的共有房产产权行为，不属于营业税应税行为。纳税人需提供产权管理部门办理变更所需相关书证资料办理相关涉税事宜。

（马　琳）

【对电信业务有关营业税问题的调查】 近年来电信业高速发展，为深入了解电信业概况及有关业务开展的营业税问题，根据《国家税务总局货物和劳务税司关于组织对部分行业营业税问题进行调研的函》（流便函〔2008〕103号）的要求，对电信业务基本概况及业务开展方式进行了调研，提出建议：①适当提高电信业营业税税率，建议将营业税税目中“邮电通信业”中邮政与电信行业分离，邮政行业仍适用3%营业税税率，电信业将营业税税率调整至5%；②规范差额征税扣除凭证，明确规范差额征税扣除凭证问题，对电信单位未取得合作方开具的合法有效发票的，一律不得依照财税〔2003〕16号文件规定差额征收营业税；③细化增值电信业务的适用税目，按照现行税法规定SP提供的劳务，应视其劳务性质，依照《营业税适用税目》的规定，适用相应税目分别征收营业税；④调整差额征收营业税范围，将财税〔2003〕16号文件第三条第十四款调整为“邮政电信单位与其他单位或个人合作，共同为用户提供邮政电信业务并由邮政电信单位统一收取价款的，以全部收入减去支付给合作方价款后的余额为营业额。”此调研已上报国家税务总局，为税政研究提供了参考资料。

（马　琳）

【对电子商务和网络游戏营业税的调研】 随着电子商务和网络游戏的飞速发展，根据《国家税务总局货物和劳务税司关于组织对部分行业营业税问题进行调研的函》（流便函〔2008〕103号）的要求，开展对电子商务和网络游戏营业税税收政策的调研。通过调查，发现目前电子商务税收征管存在的漏洞及难点：①适用税种、税目难以界定；②纳税主体难以区分；③纳税地点难以确定；④基本财务和征管资料无法获取；⑤个人商务信息难以掌握。针对上述问题，从明确劳务发生地、完善征管办法及完善电子商务法律框架方面提出管理建议；并对关于软件的下载及在线使用的营业税问题，在线观看视频、图片的营业税等诸多方面问题提出相关解决建议。另外，通过对本市网络游戏开发商、网络游戏运营商及网络游戏中介商的经营状况进行调查，对授权费收入适用政策、运营费（游戏消费卡）收入适用政策、代售卡业务适用政策、提供代练服务适用政策、销售虚拟装备适用政策及在线观看和在线打游戏等服务适用政策等方面提出了相关建议。此调研已上报国家税务总局，为税政研究提供了参考资料。

（马　琳）

【对集团公司资金池业务有关营业税政策的调研】 根据《国家税务总局货物和劳务税司关于组织对部分行业营业税问题进行调研的函》（流便函〔2008〕13号）的要求，对资金池业务进行调研。通过对资金池业务的运营模式、集团公司资金池业务的积极意义以及与资金池相关的税收管理问题的研究，对于集团公司将资金池内资金作为存款而从银行取得的利息收入不涉及营业税，对集团公司开展资金池业务取得的贷款利息收入全额征收营业税。但鉴于当前国际国内不利的经济形势，中小企业融资艰难的实际情况，建议对资金池业务发生的利息收入暂免征收营业税。此调研已上报国家税务总局，为税政研究提供了参考资料。

（马　琳）

【新修订的营业税暂行条例、实施细则颁布】 《中华人民共和国营业税暂行条例》（国务院令第540号）经2008年11月5日国务院第34次常务会议修订通过，自2009年1月1日起施行。同时，新修订的《中华人民共和国营业税暂行条例实施细则》（财政部 国家税务总局令第52号）也一并施行。新修订的营业税暂行条例及其实施细则主要是对纳税人和扣缴义务人界定、计税依据中的营业额及差额征税范围、纳税义务发生时间、纳税地点、纳税期限、减免税六个方面作了较大变动，北京市地方税务局于2008年年底及时对全市税政科长及干部进行了营业税新政策辅导，统一思想，明确政策，便于基层地税机关贯彻执行。

（马　琳）

【促进城市垃圾处理走循环经济之路的税收政策研究】 按照“十七大”报告提出的促进国民经济又好又快发展的要求，为了完善有利于节约能源资源和保护生态环境的政策，充分发挥税收推进循环经济发展，2008年深入走访企业，查阅大量资料，通过典型案例的启示，分析了循环经济与垃圾处理的内涵、特征、运行环节等内容，在对北京市垃圾处理业现状及相关税收政策评析的基础上，借鉴美国、欧盟、日本等国外促进循环经济发展的财税政策，提出了改革现有相关税收政策和完善具体配套财税措施等适合北京市促进循环经济发展的有关财税政策建议。此调研报告被北京市地方税务局评选为2008年度优秀调研报告一等奖。

（闫宝艺）

【城市维护建设税综述】 2008年全市共组织入库城市维护建设税639470万元，同比增加73147万元，增长12.9%。北京市地方税务局在城市维护建设税征收管理中主要做了如下工作：①继续做好城市维护建设税统计报表的汇总分析工作；②加强城市维护建设税税源监控，做好税收政策的贯彻落实工作；③在全市的共同努力下，圆满地完成了城市维护建设税各项工作任务；④配合国家税务总局财产行为税司的地方税制改革工作，测算相关数据；⑤研究城市维护建设税利用“增值说、消费税”回放数据信息，完善城市维护建设税的比对评估工作，并得到国家税务总局“工作开展较早、基础较好，比对差异较小、成果显著”的肯定。

（刘琼华）

【2007年增值税和消费税信息接收和利用工作】 为贯彻落实国家税务总局关于做好增值税和消费税信息接收和利用工作的要求，北京市地方税务局营业税管理处、评估处、科技处及信息中心等部门做了大量周密细致的工作，于2008年4月，向国家税务总局报送了《北京市地方税务局关于2007年增值税和消费税信息接收和利用工作情况的报告》（京地税营〔2008〕106号）。反映了北京地税此项工作的开展情况：①完善制订实施方案，明确各有关部门职责；②2007年城市建设维护税、教育费附加总体收入情况；③纳税评估工作开展情况，2007年本市共接收国税系统增值税、消费税信息274179户次，比对率为100%；比对信息无误的有225776户，比对信息正确率为82.3%；生成疑点户40401户，比对异常率为17.7%，已经核实处理的有20254户，占应处理户数的50%。2007年共查补税款354万元，其中城市维护建设税213万元，教育费附加141万元。另外通过核实，总结出八条产生少缴城市维护建设税和教育费附加预警信息的原因；④数据使用中发现的比对指标和数据质量存在的五个问题反馈给总局，并提出下一步工作计划及有关建议。

（闫宝艺）

【教育费附加综述】 2008年教育费附加共组织入库293762万元，同比增加33208万元，增长12.7%。2008年度北京市地方税务局在教育费附加征收管理中主要做了如下工作：①继续做好教育费附加统计报表的汇总工作；②加强教育费附加税源监控，做好税收收入分析和预测；③配合国家税务总局财产行为税司的地方税制改革工作，研究教育费附加扩围有关政策，测算相关数据；④利用总局“增值说、消费税”回放数据信息，完善教育费附加的比对评估工作。

（刘琼华）

【文化事业建设费综述】 2008年度，在全市地税干部的共同努力下，全年共组织文化事业建设费156291万元，同比增收38763万元，增长32.98%。其中,中央级收入76316万元，占全市文化事业建设费入库额的48.83%，同比增收20358万元，增长36.4%；地方级收入79975万元，占全市文化事业建设费入库额的51.17%，同比增收18404万元，增长29.89%。

（邢志红）

【资源税综述】 2008年全市共征收资源税3624万元，同比增收478万元，增长15.19%。北京市地域面积较小，矿产资源贫乏。资源税在本市收入数额不大，主要集中在煤炭、铁矿石、石灰石，兼有极少量的大理石、白云石、红砂岩等矿产品。2008年铁矿石入库资源税2979万元，占全市资源税收入的82.2%，同比增收657万元，增长28.29%；石灰石入库资源税376万元，占全市资源税收入的10.38%,同比减收139万元，减少26.99%；煤炭入库资源税269万元，占全市资源税收入的7.42%，同比减收34万元，减少11.22%。从区县收入分布情况看，资源税主要分布在密云、门头沟和房山，三个区县分别组织入库2927万元、256万元和219万元，分别占全市资源税收入的80.77%、7.06%和6.04%，合计占全市资源税收入的93.87%。另外，还积极配合国家税务总局财产行为税司的地方税制改革工作，研究地热、矿泉水开征资源税有关政策，开展相关调研，为国家税务总局提供税收政策研究的参考依据。

（邢志红）

企业所得税管理

【综述】 2008年北京市地税系统共组织企业所得税收入161.1亿元，同比增长6.9%，完成年度计划107.3%。企业所得税处完成的重点工作如下：一是采取得力措施、大力组织收入。一方面通过对2007年汇算清缴工作进行政策辅导、工作动员和部署以及督促检查，加强对收入预测和增减变化情况的分析，确保旧法及相关政策最后一年的执行到位，在2007 年四季度预征和年度汇算清缴中共组织收入85亿元；另一方面通过贯彻落实新《企业所得税法》，开发新的季度申报系统，加强计算机录入管理，及时制定季度预征的各项措施，掌握执行新法后税源变动的基本情况，确保纳税人季度预缴工作的有序开展。在2008年前三季度预征中，共组织收入65亿元，确保了全年任务的完成。二是全力以赴，做好新《企业所得税法》的贯彻和落实。北京市地方税务局成立新法贯彻落实领导小组，系统各区县局也成相应的组织保障机制，同时制定宣传、培训工作实施方案以及跟踪问效、考核管理等制度。全年共收集政策、征管、系统操作等方面的问题约60个，有近40个征管操作方面的问题及时得到解决，并向国家税务总局反馈政策性问题约20个。建立新税法的政策法规库，与北京市国税局共同发布新税法贯彻实施的通告并印制新税法、实施条例和季度申报两种宣传材料各15万份，通过税务所免费发放纳税人，利用税收宣传月向纳税人开展政策宣传。按照分层次、分重点、分阶段开展培训的工作思路，共组织11次涉及面广、重点突出的系统干部培训，直接参训的基层干部达1500人次，通过视频间接培训干部近8000人次。与纳税人进行面对面政策辅导，相关干部深入企业主管部门和总公司进行政策讲座约20次，约有7000余人参加培训。对计算机系统进行开发、修改和完善，为新法贯彻落实提供技术保障。建立部门协调机制，形成部门合力，强化新法贯彻落实效果。制定具体征管办法，保障各项法律、法规和相关政策有效落实到位。三是积极为纳税人做好服务，为形成和谐的税收环境做贡献。探索提高纳税服务水平的新措施，将为纳税人服务作为贯彻落实好新法的根本。通过有效的服务，提高了新法贯彻落实的效果，各项工作也得到纳税人的好评。在具体工作中，认真办理各项涉税事宜，不断提高服务质量和效率。四是做好综合税政协调工作，发挥好税收经济职能作用，为首都经济建设和构建和谐社会作贡献。按照市局党组部署，协调北京市政府各委、办、局和市局有关处室综合性税收政策落实工作。到2008年年底，成为近30个各类领导小组及办公室的成员，2008年出席北京市委、市政府各种综合会议近60次，全年向北京市委、市政府及相关委办局汇总政策、反馈意见共计80余件，答复涉及经济发展和社会民生问题的人大委员和政协代表提案10余件，充分发挥税收促进首都经济建设和构建和谐社会的积极作用，受到北京市政府、国家税务总局有关部门的好评和奖励。五是完善内部管理制度，提高各项工作效率。不断完善企业所得税处工作汇报制度、工作例会制度、文件管理规定等工作制度。规范本处室内部管理工作，培养和提高干部业务素质，确保各项工作完成。六是积极行动，为奥运会成功举办和为抗震救灾活动做贡献。积极配合北京市地方税务局奥运税收办公室研究、解决、落实涉奥的有关企业所得税政策，为涉奥税收事宜提供便捷高效的服务。联合有关处室开展以“民生 · 税收 · 和谐——支持向汶川地震灾区捐款的所得税优惠政策答疑”为主题的在线答疑活动，同时通过多种形式捐款约17000 元，表达了对灾区同胞的帮助以及奉献爱心的行为。

（牛泽厚）

【贯彻跨地区经营汇总纳税企业所得税征管办法】 为做好跨地区经营汇总纳

税企业所得税征收管理工作，3月，北京市国税局、市地税局以京国税发〔2008〕91号文件共同转发《国家税务总局关于印发跨地区经营汇总纳税企业所得税征收管理暂行办法的通知》（国税发〔2008〕28号），明确居民企业在中国境内跨地区设立不具有法人资格的营业机构、场所（以下称分支机构）的，该居民企业为汇总纳税企业。汇总纳税企业实行“统一计算、分级管理、就地预缴、汇总清算、财政调库”的企业所得税征收管理办法。总机构和具有主体生产经营职能的二级分支机构，就地分期预缴企业所得税。明确税款预缴与汇算清缴的计算方法、分支机构税款分摊比例及相关征管规定。10月，北京市地方税务局以京地税企〔2008〕235号文件转发《国家税务总局关于跨地区经营汇总纳税企业所得税征收管理有关问题的通知》，明确关于总机构不向分支机构提供企业所得税分配表，导致分支机构无法正常就地申报预缴企业所得税的处理问题及关于实行跨地区汇总纳税的企业不能够核定征收所得税的问题。

（付晓彬）

【贯彻国家鼓励的资源综合利用认定管理办法】 为做好国家鼓励的资源综合利用企业所得税减免工作，6月，北京市发改委、市财政局、市国税局、市地税局下发《北京市贯彻落实国家鼓励的资源综合利用认定管理办法实施细则的通知》（京发改〔2008〕1101号），明确申报资源综合利用企业的申报条件、认定内容、申报及认定程序及有关监督管理内容。

（付晓彬）

【贯彻企业所得税核定征收办法】 5月，为做好企业所得税核定征收工作，北京市国税局、市地税局以京国税发〔2008〕154号文件转发《国家税务总局关于印发〈企业所得税核定征收办法（试行）〉的通知》（国税发〔2008〕30号），明确企业所得税核定征收的适用范围、核定方法、核定征收企业所得税计算方法、分行业的应税所得率，并明确核定征收鉴定工作程序、工作要求及核定征收纳税人的申报要求。

（付晓彬）

【明确高新技术企业认定管理办法、认定工作指引及实施方案】 2008年11月，北京市科学技术委员会、北京市财政局、北京市国家税务局、北京市地方税务局印发《高新技术企业认定管理办法的通知》和《关于印发高新技术企业认定管理工作指引的通知》并印发《北京市高新技术企业认定管理工作实施方案的通知》（京科高发〔2008〕434号），明确高新技术企业认定管理工作机构设置、高新技术企业认定条件、中介机构备案要求、认定管理工作流程及时限，并明确了国家重点高新技术领域。

（付晓彬）

【明确房地产开发企业企业所得税预缴问题】 5月，北京市国税局、市地税局以京国税发〔2008〕138号文件转发《国家税务总局关于房地产开发企业企业所得税预缴问题的通知》（国税函〔2008〕299号），明确地产开发企业按当年实际利润据实分季（月）预缴企业所得税的，对开发、建造的住宅、商业用房以及其他建筑物、附着物、配套设施等开发产品，在未完工前采取预售方式销售取得的预售收入，按照规定的预计利润率分季（月）计算出预计利润额，计入利润总额预缴，开发产品完工、结算计税成本后按照实际利润再行调整。明确本市行政区域内的房地产开发企业，其经济适用房开发项目的预计利润率暂按3%；非经济适用房开发项目的预计利润率暂按20%。房地产开发企业对经济适用房项目的预售收入进行初始纳税申报时，须向其主管税务机关附报由北京市发改委及市建委等相关部门批准其经济适用房项目立项的文件和其他相关证明材料。本市行政区域内的外商投资房地产开发企业从2008年二季度起按《通知》的规定执行。

（付晓彬）

【明确企业所得税纳税申报表有关问题】 为贯彻落实《中华人民共和国企业所得税法》及其实施条例，按照企业所得税科学化、精细化管理的要求，国家税务总局在1月、6月、10月先后下发《关于印发〈中华人民共和国企业所得税月（季）度预缴纳税申报表〉等报表的通知》（国税函〔2008〕44号）、《关于填报〈企业所得税月（季）度预缴纳税申报表〉有关问题的通知》（国税函〔2008〕635号）、《关于印发〈中华人民共和国企业所得税年度纳税申报表〉的通知》（国税发〔2008〕101号），明确与新的企业所得税法配套的《企业所得税月（季）度预缴纳税申报表（A类和B类）》《扣缴企业所得税报告表》《汇总纳税分支机构企业所得税分配表》《企业所得税年度纳税申报表（A类）》及填报说明。北京市地方税务局以京地税企〔2008〕37号、京地税企〔2008〕184号、京地税企〔2008〕270号文件进行转发，并结合实际进行补充，其内容：在预缴纳税申报表表头部分增加纳税人地税计算机代码，增设汇总纳税的总、分机构和独立纳税等三个选项。

（白建平）

【明确企业所得税收入确认问题】 12月，北京市地方税务局以京地税企〔2008〕283号文件转发《国家税务总局关于确认企业所得税收入若干问题的通知》（国税函〔2008〕875号），对企业所得税收入确认问题进行了明确。

（王素江）

【明确企业处置资产所得税处理问题】 12月，北京市地方税务局以京地税企〔2008〕282号文件转发《国家税务总局关于企业处置资产所得税处理问题的通知》（国税函〔2008〕828号），对企业处置资产的所得税处理进行了明确规定。

（王素江）

【明确企业之间相互提供贷款担保发生担保损失税前扣除问题】 2月，北京市地方税务局以京地税企〔2008〕32号文件转发《国家税务总局关于企业之间相互提供贷款担保发生担保损失税前扣除问题的批复》（国税函〔2007〕1272号），对企业之间相互提供贷款担保发生担保损失税前扣除问题进行了明确。

（王素江）

【规范企业关联方利息支出税前扣除标准】 10月，北京市财政局、北京市地方税务局以京财税〔2008〕2289号文件转发了《财政部、国家税务总局关于企业关联方利息支出税前扣除标准有关税收政策问题的通知》（财税〔2008〕121号），规范了企业关联方利息支出税前扣除标准。

（王素江）

【明确企业所得税若干优惠政策】

3月，北京市财政局、市国税局、市地税局以京财税〔2008〕357号文件联合转发《财政部、国家税务总局关于企业所得税若干优惠政策的通知》（财税〔2008〕1号），明确关于鼓励软件产业和集成电路产业发展的优惠政策；关于鼓励证券投资基金发展的优惠政策；关于其他有关行业、企业的优惠政策；关于外国投资者从外商投资企业取得利润的优惠政策；并公布执行到期的企业所得税优惠政策表。

（王旭刚）

【明确公共基础设施项目企业所得税优惠政策及目录】 10月，北京市财政局、市地方税务局以京财税〔2008〕2288号文件联合转发《财政部、国家税务总局关于执行公共基础设施项目企业所得税优惠目录有关问题的通知》（财税〔2008〕46号），规定企业从事《公共基础设施项目企业所得税优惠目录》内符合相关条件和技术标准及国家投资管理相关规定，于2008年1月1日后经批准的公共基础设施项目，其投资经营的所得，自该项目取得第一笔生产经营收入所属纳税年度起，第一年至第三年免征企业所得税，第四年至第六年减半征收企业所得税。2008年10月，北京市财政局、北京市地方税务局、北京市发展和改革委员会以京科高发〔2008〕2103号文件联合转《发财政部、国家税务总局、国家发展改革委关于公布公共基础设施项目企业所得税优惠目录（2008年版）的通知》（财税〔2008〕116号）。

（王旭刚）

【明确资源综合利用企业所得税优惠政策及目录】 10月，北京市财政局、市地税局以京财税〔2008〕2256号文件联合转发《财政部、国家税务总局关于执行资源综合利用企业所得税优惠目录有关问题的通知》（财税〔2008〕47号），规定企业自2008年1月1日起以《资源综合利用企业所得税优惠目录》中所列资源为主要原材料，生产《目录》内符合国家或行业相关标准的产品取得的收入，在计算应纳税所得额时，减按90%计入当年收入总额。2008年10月，市财政局、市地税局、市发改委以京财税〔2008〕2051号文件联合转发《财政部、国家税务总局、国家发展改革委关于公布资源综合利用企业所得税优惠目录（2008年版）的通知》（财税〔2008〕117号）。

（王旭刚）

【明确执行环境保护专用设备企业所得税优惠目录】 10月，北京市财政局、北京市地方税务局以京财税〔2008〕2255号文件联合转发《财政部、国家税务总局关于执行环境保护专用设备企业所得税优惠目录节能节水专用设备企业所得税优惠目录和安全生产专用设备企业所得税优惠目录有关问题的通知》（财税〔2008〕48号），规定企业自2008年1月1日起购置并实际使用列入《目录》范围内的环境保护、节能节水和安全生产专用设备，可以按专用设备投资额的10%抵免当年企业所得税应纳税额；企业当年应纳税额不足抵免的，可以向以后年度结转，但结转期不得超过5个纳税年度。10月，北京市财政局、北京市地方税务局、北京市发改委以京财税〔2008〕2041号文件联合转《发财政部、国家税务总局、国家发展和改革委关于公布节能节水专用设备企业所得税优惠目录》（2008年版）和《环境保护专用设备企业所得税优惠目录（2008年版）的通知》（财税〔2008〕115号）。

（王旭刚）

【明确非居民企业不享受小型微利企业所得税优惠政策问题】 7月，北京市地方税务局以京地税企〔2008〕194号文件转发《国家税务总局关于非居民企业不享受小型微利企业所得税优惠政策问题的通知》（国税函〔2008〕650号），明确了《企业所得税法》第二十八条规定的小型微利企业是指企业的全部生产经营活动产生的所得均负有中国企业所得税纳税义务的企业。因此，仅就来源于中国所得负有中国纳税义务的非居民企业，不适用第二十八条规定的对符合条件的小型微利企业减按20%税率征收企业所得税的政策。

（王旭刚）

个人所得税管理

【综述】 2008年是北京地税的“追求卓越年”，个人所得税处在市局党组的正确领导下，以科学发展观为指导，紧紧围绕市局中心工作，不断探索经济和税收发展规律，积极组织税收收入，充分发挥税政职能，深入调查研究，贯彻落实各项制度，强化基础管理，圆满完成全年各项工作任务。2008年全市共组织个人所得税收入409.6亿元，同比增收101.4亿元，增长32.9%，完成年度收入计划363亿元的112.8%，对全市地方税收的贡献率为26%，税收规模继续位居市局第二位，为北京地税收入突破400亿大关作出重要贡献，为首都经济发展和社会建设提供了强大的财力保障。一是强化政策落实，服务首都经济社会建设。认真落实工薪所得费用扣除标准提高新政策，通过12366热行、网站等方式进行政策咨询和宣传，并及时做好软件的升级工作。积极贯彻执行捐赠税收优惠政策，及时对有关捐赠税前扣除的税收政策进行全面的整理，并采取系列宣传活动。配合奥运税务办公室开展涉奥个人所得税政策研究和宣传工作，共同研究解决北京国际新闻中心借调人员劳动报酬、好运北京测试赛和奥运会期间奥组委向运动员颁发奖金、境外媒体转播过程中支付个人劳务收入等一系列涉及个人所得税的问题。二是继续做好年所得12万元申报工作。修订完善2008年度自行纳税申报工作方案和应急预案，制作12万元申报宣传广告片，印制宣传手册30万份和申报表10万份，召开新闻发布会，发挥良好的宣传服务作用。全市年所得12万元以上个人所得税自行纳税申报人数达34.1万人，同比增加8.6万人，增幅达34%，位居全国各大城市之首。三是创新服务手段，提供优质纳税服务。组织开发完税证明全市通开系统及纳税个人信息查询系统，使纳税人可通过网络查询个人所得税缴纳情况，并持有二代身份证在全市任何一个税务所开具其全市范围内缴纳个人所得税的完税证明。完善完税证明的告知内容，进一步维护纳税人的知情权。集中打印完税证明493万份，实际发放420万份，发放率85.3%。四是结合税制改革，深化调查研究。先后对《OECD国家个人所得税近期改革趋势》《个人所得税课税对象的完善》及《涉外个人所得税政策》等开展了调查。受北京市科委委托，组织承担《面向服务的体系结构在个人所得税服务管理信息系统中的应用》课题研究，对未来个人所得税税制的基本特征进行了深入调查研究。五是促进纳税人诚信建设，营造和谐氛围。在全市范围内开展对2007年个人所得税代扣代缴先进单位表彰工作，通过评选表彰活动，对鼓励扣缴单位依法履行扣缴义务起到了良好宣传效果。

（王澜静）

【个人所得税组织收入工作】 2008年，个人所得税收入实现快速增长，主要源于首都奥运经济快速发展的沉积效应、税收政策的积极增收效应以及市地税税收征管力度的不断加强。一方面，做好税收政策落实，充分发挥税政组织收入效应：现行税制下的工薪所得、个体工商户生产经营所得和劳务所得实行超额累进税率，纳税人收入越高，税收贡献率越高，税款增长速度明显高于收入增长幅度；新《企业所得税法》工资据实列支拓宽个人所得税税基。2008年新实施的企业所得税法允许纳税人工资支出在企业所得税税前据实列支，受此政策影响，采取“拿票报销”和“发现金”等方式发放工资的纳税人减少了，个人所得税基拓宽了；一系列核定征收政策强化了税源管理。近几年，北京市陆续出台了个体工商户以票控税、个人出租房屋综合征收率、拍卖收入定率征收及二手房转让所得先税后证等系列强化个人所得税征管的税收政策，新政策从源头上控管税源，提高征管水平；年所得12万元以上自行纳税申报进一步完善自然人纳税申报机制。12万元自行纳税申报同时具有综合申报和补税申报职能，2008年申报期内，全市补缴税款2731万元。另一方面，继续强化税收征管力度，夯实税源基础：推行全员全额扣缴明细申报，实现税源管理科学化、精细化，夯实税源基础；将年所得12万元以上自行纳税申报转化为常态化有效管理，促进了税收增长；不断扩大完税证明打印范围，维护纳税人知情权；完善表彰机制，营造诚信纳税氛围。截至2008年年底，全市地税系统个人所得税税源户达到47.1万户，比年初增加3.9万户，其中，有税户12.9万户。全年累计实现个人所得税409.6亿元，增收101.4亿元，增长32.9%，首次实现年增收额超过百亿大关，对全市地方税收贡献率为26%，税收规模位居第二。从全国来看，仅低于上海512亿元。

（冷文娟）

【落实工薪所得费用扣除标准提高新政策】 根据新修订的个人所得税法有关规定，自2008年3月1日开始，工资、薪金所得的费用扣除标准从1600元/月调整到2000元/月，这是国家第二次提高费用扣除标准。国家税务总局下发《关于个人所得税工资薪金所得减除费用标准政策衔接问题的通知》（国税发〔2008〕20号），北京市地税局以京地税个〔2008〕42号文件对总局的文件进行了转发。由于工薪费用扣除标准的调整备受社会各界关注，北京市地税局进行了数据测算，这项政策惠及670万纳税人，减轻税负30亿元，同时60万名原来缴纳工薪所得个人所得税的纳税人不再需要纳税。新政策出台后，为确保政策及时落实到位，北京市地税局通过12366热线、网站等方式进行政策咨询和宣传，并及时做好软件的升级工作，为纳税人提供周到、细致的服务，社会反响很好。

（石剑虹）

【贯彻执行捐赠税收优惠政策】 突如其来的汶川大地震发生后，纳税人踊跃捐款捐物，支持抗震救灾。捐赠税前扣除问题引起社会的广泛关注，个人所得税处积极与首都慈善协会、北京市财政局等部门进行协调，研究适合北京市情况的捐赠扣除问题。同时，对有关捐赠税前扣除的税收政策进行了全面的整理，并召开新闻发布会，将有关税收政策和扣除办法及时进行发布。采取的具体措施对国家税务总局捐赠扣除新政策的出台起到很好的参考和推动作用。针对个人向地震灾区捐赠的个人所得税税前扣除问题，总局先后出台《国家税务总局关于个人向地震灾区捐赠有关个人所得税征管问题的通知》（国税发〔2008〕55号）和《国家税务总局关于中国共产党党员交纳抗震救灾“特殊党费”在个人所得税前扣除问题的通知》（国税发〔2008〕60号），北京市地税局及时以京地税个〔2008〕157号和京地税个〔2008〕156号文件进行了转发。

（石剑虹）

【提高政策服务管理水平】 一是调整出租司机的个人所得税纳税标准。工薪所得费用扣除标准提高后，个人所得税处对出租车司机的纳税情况进行广泛、深入的调查，并与其他省市进行比较，考虑到出租车驾驶员从事客货运营取得的收入，应按工资、薪金所得项目征税，随着工薪所得费用扣除标准的提高，就应适当调整出租车司机的应纳税额。因此，为创造和谐纳税环境，将出租车司机每人每月税款定额从75元降低到60元。

二是全力做好奥运税收服务工作。奥运期间，为进一步落实市局党组提出的“平安奥运”和“服务奥运”的各项要求，个人所得税处积极配合奥运税务办公室开展涉奥个人所得税政策研究和宣传工作，共同研究解决涉奥税收问题，如北京国际新闻中心借调人员劳动报酬、好运北京测试赛和奥运会期间奥组委向运动员颁发奖金、境外媒体转播过程中支付个人劳务收入等一系列涉及个人所得税的问题都得到了妥善解决。

（石剑虹）

【年所得12万元以上个人自行纳税申报工作】 按照“早准备、早动手”的方针，开展大量宣传和管理工作。一是提前做好工作计划。在总结2007年申报工作经验的基础上，修订2008年度自行纳税申报工作方案和应急预案，详细安排申报期内各项工作任务。二是积极开展自行申报政策宣传。制作自行申报宣传片，并通过北京卫视、楼宇电视、交通台黄金时间广泛进行宣传，并印制宣传材料30万份及申报表10万份。三是认真落实任务分解机制。根据全员全额扣缴明细申报数据统计出年所得达到12万元的纳税人，按照主管税务机关依次分解到各个分局、税务所和税收管理员，责任到人，税收管理员集中力量有针对性地开展工作，从而确保任务的圆满完成。四是着力优化纳税服务。对于应申报纳税人比较集中的代扣代缴大户，建立局长走访制度，通过深入到企业宣传自行纳税申报政策，为纳税人开通绿色通道和直接受理纳税人申报资料等方式，把握自行纳税申报重点户申报进度。五是努力完善自行申报制度建设。经过两年的努力，已经建立了统计分析制度、责任落实制度、服务优化制度、总结考核制度，各项工作逐步规范化，从而保证申报工作的有序进行。截至3月31日，共有34.1万人进行了申报，同比增加8.6万人，增幅达34%，实现本市自行申报工作的新突破，位居全国各大城市之首。

（夏宏伟）

【创新服务手段】 组织开发完税证明全市通开系统及纳税个人信息查询系统，2008年5月在部分区县局试点使用，2008年6月1日在全市正式推广使用。纳税人可以通过网络查询个人所得税缴纳情况，并打破了税务管理行政区划的限制，持有二代身份证的纳税人可以在全市任何一个税务所开具其全市范围内缴纳个人所得税的完税证明。同时，为了准确地验证纳税人身份，并发放网上办税密码，个人身份核准系统同时上线使用，此系统利用二代身份证技术对纳税个人进行身份核准，验证真实身份，建立个人身份信息库，并发放网上办税密码。完税证明全市通开和纳税个人信息查询服务的推出，进一步提升了北京地税纳税服务水平，让税务机关直接面对纳税人进行个人所得税服务与管理，为下一步税制改革奠定了基础，同时也促进纳税人诚信纳税意识的提高。

（张海川）

【开展调查研究】 一是对OECD国家个人所得税近期改革趋势进行研究，在此基础上提出中国税改建议，论文发表在《税务研究》上。二是就个人所得税课税对象的完善进行研究，论文发表在总局科研所《税收研究资料》和《中国财政》上。三是就涉外个人所得税政策进行研究，论文发表在《涉外税务》上。四是就个人所得税未来税制变化及对信息化征管提出的挑战进行研究，论文发表在《中国税务报》上。五是就北京地税完税证明的推广专门撰文，发表在《涉外税务》上。六是开展SOA的税务对私业务信息服务管理平台示范工程的调研。为探索未来税制下个人所得税信息系统发展模式，承接了北京市科学技术委员会的“基于SOA的税务对私业务信息服务管理平台示范工程的建设方案及关键技术研究”课题。根据课题要求，对未来个人所得税税制的基本特征进行了深入研究，同时探索未来税制下构建SOA架构信息服务管理平台的关键技术。2008年6月邀请国家税务总局所得税管理司的部分领导对“未来个人所得税税制改革及个人账户制”进行专题研讨，2008年8月邀请中国人民银行北京营业部及部分商业银行人员对“个人所得税个人账户制”进行了专题研讨。课题组内部也召开多次座谈会，对未来税制发展方向进行研究讨论。根据研究成果，撰写了《在未来税制下个人所得税信息管理系统建设设想》，发表在2008年12月15日《中国税务报》。此课题已经按计划全部完成，科委专家组对课题进行了结题验收。

（夏宏伟　张海川）

【促进纳税诚信建设】为进一步推动个人所得税代扣代缴工作，加大个人所得税税法宣传力度，提高纳税人的税法遵从度，北京市地方税务局在5月开展对2007年全市个人所得税代扣代缴先进单位和荣誉纳税人评选表彰活动。代扣代缴先进单位评选条件为：单位领导高度重视，管理严格，措施得力，代扣代缴税款额度明显增长；个人所得税明细申报工作贯彻得力，落实到位，坚持按月有效进行网上明细申报；积极配合年所得12万元个人自行纳税申报工作，宣传效果突出，组织措施得当；认真执行个人所得税政策法规，税款计算正确，按期申报，税款及时足额入库。荣誉纳税人评选条件为：税收贡献大的纳税人：城八区及开发区2007年纳税额排在前10名的纳税人；近郊和远郊2007年纳税额排在前5名的纳税人。在本地区具有一定代表性，对构建和谐税收关系具有较大贡献的纳税人，并能够按照税法规定办理纳税申报。经过各区县局和税务所的认真评选，市局审核把关，全市共有704户代扣代缴单位和878名纳税人当选。北京市地方税务局召开了全市表彰大会，各区县局也以表彰会、座谈会、宣传辅导会等不同形式对代扣代缴单位进行表彰，进一步加强税法宣传，有效地树立代扣代缴的先进典型，传播工作经验，沟通税企联系，扩大此项工作的影响面，增强宣传的广度、力度，推动个人所得税的代扣代缴工作。11月20日，召开个人所得税荣誉纳税人表彰会，分别对100位荣誉纳税人代表授予荣誉称号，其中获得特别杰出贡献纳税人称号2人，杰出贡献纳税人称号18人，突出贡献纳税人称号80人。参会纳税人围绕“纳税知诚信　和谐赢发展”为主题，畅谈和谐税收建设。通过开展表彰活动，提高广大纳税人的税法遵从度，促进个人所得税征收管理水平的提高，加强税收信用体系建设，为首都经济社会和谐发展营造良好的诚信纳税的社会氛围。

（于　鹏）

固定资产投资方向调节税、房产税（城市房地产税）、车船税、城镇土地使用税、土地增值税、印花税、契税、耕地占用税、外商投资企业土地使用费管理

【综述】2008年，地方税九税一费共组织收入233.65亿元，同比增加34.05亿元，增长17.06%，占全局总收入的14.81%，完成年度计划的101.15%。各税较同期均有不同幅度的增长（详细情况见下表）。

2008年北京市地方税九税一费收入完成情况表

单位：万元

项　目	年度计划	本期入库	同期入库	完成年度计划（%）	比上年同期	
					增减额	增减（%）
固定资产投资方向调节税		253	3		250	9285.8
房产税（含城房税）	580000	638422	517529	110.1	120893	23.4
城镇土地使用税	160000	154399	146499	96.5	7901	5.4
土地增值税	300000	346672	243401	115.6	103272	42.4
车船税	100000	102317	81650	102.3	20666	25.3
印花税	205000	237773	177724	116.0	60049	33.8
契税	900000	829678	802950	92.2	26728	3.3
耕地占用税	52000	13541	13044	26.0	497	3.8
小计	2297000	2323055	1982799	101.13	340256	17.16
外商投资企业土地使用费	13000	13478	13233	103.7	245	1.8
其中：中央级		2337	1910		427	22.4
合计	2310000	2336533	1996032	101.15	340501	17.06

【落实奥运期间停驶车辆减征车船税政策】 为全力营造奥运会、残奥会期间良好的交通环境，北京市政府决定，奥运期间停驶车辆减征三个月车船税税款。北京市地方税务局及时组织研究制定减征车船税工作方案，组织好减税政策的落实工作，及时发布《关于2008年北京奥运会残奥会期间停驶机动车减征车船税的通告》（京地税地〔2008〕169号）。奥运期间停驶车辆减征车船税税款，使车主从经济上得到补偿，为奥运会、残奥会的顺利召开提供了税收政策支持。

（张　寒）

【落实房地产交易环节税收政策调整工作】 为促进房地产市场健康发展，作为中央宏观调控政策之一，财政部、国家税务总局于2008年10月下发《关于调整房地产交易环节税收政策的通知》（财税〔2008〕137号），其中涉及契税、土地增值税、印花税政策的调整。北京市地方税务局及时研究有关政策调整的落实工作，确保中央宏观调控政策落实到位。此次政策调整有利于减轻个人住房交易的税收负担，支持居民首次购买普通住房。

（徐慧卿　乔　游　刘　月）

【贯彻落实耕地占用税新条例】 耕地占用税新条例自2008年1月1日起施行。北京市地方税务局及时组织开展新条例的贯彻落实工作，制订本市贯彻耕地占用税条例工作实施方案；会同北京市财政局、北京市国土资源局明确新旧条例衔接的征管措施；会同北京市财政局代政府起草北京市实施办法。北京市实施办法获市政府通过后，北京市地方税务局制定了相应的征管办法，全面落实新条例。新条例的实施，将有助于促进节约使用耕地，加强本市对耕地的保护。

（刘　月）

【开展保险机构代收代缴车船税】 2008年北京市地方税务局继续推进保险机构代收代缴车船税工作。一是与保监局共同确定代收代缴试点工作方案，选定代收代缴试点保险公司，制定代收代缴试点工作管理规定。二是与科技信息处共同组织开发完善车船税征收系统，解决系统开发中的业务问题。三是指导协助开发区分局成立车船税专业税务所。四是与财务处共同研究落实总局代收手续费有关文件精神。2008年11月1日起，在三家保险机构代收代缴个人机动车车船税试点工作正式启动。五是为了做好保险机构代收代缴工作，经市局党组研究决定，在开发区分局设立车船税专业税务所，专门负责全市保险机构代收代缴车船税工作。截至2008年12月31日，三家试点保险公司共代收代缴17529辆机动车，税款合计883.5万元，当年税款759.7万元。

（张　寒）

【创新房地产交易税收征管手段】

以北京市建委启用网上签约系统为契机，北京市地方税务局与北京市建委市场处进行沟通，提出在北京市建委的网签系统中将房屋交易信息加密后，地税窗口人员通过条形码扫描方式采集纳税人申报资料信息的工作设想。北京市建委对此项工作给予了大力支持和配合。地方税处及时组织研提业务需求、修改契税系统、购置扫描设备等工作，并协调北京市建委对其系统进行相应修改。2008年年底系统开发工作已完成，预计2009年可正式上线使用。通过条形码扫描方式采集纳税人申报资料信息，可以规范契税征收工作，避免录入错误，提高工作效率，节省纳税人等候时间，减轻基层工作量。

（徐慧卿）

【对个人拆迁购买住房减免契税实行即时审核】 2008年北京市地方税务局明确对个人拆迁购买住房减免契税采取即时审核方式，不再进行程序性审核。同时，及时把拆迁核查结果通过内网公布，备各区县局核查。即时审核使纳税人可以即时取得审核结果，方便纳税人，减轻基层工作量，提高工作效率。

（徐慧卿）

【加强土地税收协税把关】 为进一步加大土地税收的征管力度，国家税务总局、财政部、国土资源部联合下发《关于进一步加强土地税收管理工作的通知》（国税发〔2008〕14号）。北京市地方税务局及时与北京市财政局、市国土局联系转发事宜。经过多次研究协商后，三局联合转发14号文件。文件就北京市土地税收的协税把关和信息共享工作的有关问题做了具体规定，建立了本市土地税收协税把关和信息共享工作的长效机制，有利于提高本市土地税收的征管水平。

（王晓丰　乔　游　刘　月）

【修订土地增值税清算管理办法】 为加强本市土地增值税管理，结合总局清算鉴证业务准则，在开展调研的基础上，对土地增值税清算办法进行了修改完善。修订后的清算管理办法中，规范简化税务机关审核程序、明确审核事项、规范法律文书及中介报告的格式和内容。

（乔　游）

【建立房地产税源数据库】 按照北京市地方税务局房地产税收一体化工作的要求，建立房地产税源数据库工作。与北京市国土局、市建委等部门多次沟通，就部门之间的信息共享问题取得这些部门的支持。2008年从北京市国土局、市建委取得土地发证信息3600个、土地转让信息1100个、房屋拆迁信息8万余条和商品房预售进度信息3969个，初步建立房地产税源数据库。这些从相关涉税部门获取的涉税信息，为税源管理工作提供了数据支持。

（杜云涛）

【深化地方税税源监控平台试点工作】 继续组织开展平台试点的各项工作。一是继续开发完善平台系统功能；二是协助国家税务总局赴外省市开展平台扩大试点工作，2008年试点省市已扩大到六个；

三是配合国家税务总局将平台系统应用于全国土地使用税税源清查工作；四是加强平台系统在地方税日常征管工作中的应用，指导全市各区县局利用平台系统的税源监控模型对各个税种进行监控。从2008年核实情况看，平台系统提示的异常户数为12.76万户，全市共对11.71万户异常户进行了核实，共有8.37万户异常户有问题，准确率达71.51%。经过核实与督促，6.8万户纳税人更新了税源登记信息，1.64万户纳税人补缴了1.2亿元税款。其中，海淀、丰台、怀柔、昌平、东城、顺义、通州区等局共补缴税款9739.08万元，占到补缴税款总数的81.47%。

（杜云涛）

【开展全市房产税和土地使用税税源清查】 根据国家税务总局2008年在全国开展土地税源清查的工作安排，结合北京市的实际情况，北京市地方税务局及时制定工作实施方案，将房产税也纳入清查范围，在全市组织开展房产税和土地使用税税源清查工作。到2008年年底，全市应做房产土地税源登记户数59万余户，已登记户数56万余户，登记率为95.7%，其中有18个区县局的登记率在90%以上。已核实51万余户，核实率为86.4%，其中核实率在90%以上的区县局有15个。在核实税源信息的基础上，各局还进一步拓宽核实范围，对纳税人是否按规定缴纳税款进行核实。通过核实，全市共查补税款2.07亿元。通过税源清查，进一步摸清了房产税和土地使用税税源底数，完善了房产税和土地使用税税源登记，堵塞了征管漏洞。

（王晓丰　杜云涛）

【开展全市土地增值税税源清查】 为加强本市房地产开发企业土地增值税的管理，详细了解土地增值税的税源情况，北京市地方税务局结合2008年度执法检查工作开展全市土地增值税的税源清查工作。经过土地增值税电子台账登记信息与北京市建委商品房预售进度信息的比对，发现有52个项目未办理土地增值税项目登记手续。利用第三方数据，开展土地增值税税源清查工作，进一步提升土地增值税电子台账登记率，有效地掌握基础税源资料，提高税源监控力度。

（乔　游）

【继续深化物业税改革试点工作】 组织开展各项物业税试点工作，整合了历年评税数据，重新进行了税率和税负相关测算。将评税技术应用于税收征管工作，在北京市建委的协助下，提出调整计税价格体系的初步方案。组织开展物业税改革课题调研工作，其中组织完成《分步推进物业税需要的配套措施和建议》课题，参与完成《数据采集问题的调研》。开展人才培训工作，制定人才培养规划，组织召开房地产税收国际研讨会，组织房地产估价知识培训，继续与宣教处共同组织好与中国人民大学土地管理系合办的房地产经济学在职研究生班的管理工作。北京市作为全国第一个物业税试点地区所做的探索工作，为其他地区开展试点工作提供了借鉴和支持，为财政部和国家税务总局制定物业税实转方案、推动物业税改革工作提供了参考。

（常　新）

残疾人就业保障金管理

【综述】 2008年残疾人就业保障金（残保金）代征工作，在北京市委、市政府的领导和各级政府、相关部门的大力支持下，通过与残联等部门的紧密配合，按照北京市地方税务局党组的工作要求，全系统上下牢固树立以残疾人事业为重的大局观念，主动协调、积极配合；大力加强宣传辅导，积极倡导服务至上的理念，推行温馨提示、"一门式"办公等方便缴费人的服务措施；努力克服代征法规不完善、催缴处罚程序缺乏，因奥运会、残奥会推迟征期和金融危机等不利因素，努力工作，圆满完成了2008年的征缴任务，实现了残保金代征收入的持续增长。全年共代征残保金收入12.45亿元，同比增收0.78亿元，增长7%。27.9万用人单位缴纳了残保金，比上年增加1188户，增长0.4%。

（田鸿雁）

【开展税收宣传工作】 与残联分工协作，从不同角度开展宣传活动，产生叠加效应，收到了更好的宣传效果。2008年征期前，根据用人单位缴费需要，印制《缴费指南》40万份、海报2000幅，全部由征收一线发放到缴费人手中；拍摄《为梦想插上翅膀》的残保金征缴专题片和公益广告于征期内在北京电视台滚动播放。各区县局、分局因地制宜，除充分利用征收大厅、各自网站、地方台声讯、视频、电子显示屏发布代征通告和宣传资料外，还利用培训会、短信提示、电话提示、电子邮件提示等方式提醒缴费人及时办理审核、缴费手续。

（田鸿雁）

【表彰2007年度残保金征缴先进单位和个人】 为巩固征缴工作成果，调动征缴一线人员的工作积极性，对2007年的代征工作进行评比。按照"入库率达标并参考审核率，服务、业务双优"的原则，共评出代征先进集体95个，先进个人486名。9月25日，北京市政府残疾人工作委员会召开"北京市2007年度残疾人就业保障金征缴工作总结表彰暨2008年征缴工作启动会”。北京市地税、北京市财政、北京市残联系统的300余名工作人员参加会议。会议由北京市政府副秘书长侯玉兰主持，副市长丁向阳、中国残联教育就业部副主任钱鹏江到会并讲话。北京市地方税务局副局长王京华到会并作2007年代征工作总结。会上，地税系统评选出的先进集体和先进个人分别受到表彰。

（田鸿雁）

【开展调查研究】 依据代征管理工作的发展水平，结合科学发展观的学习实践活动，针对代征工作中存在的问题，确定两个方面的调研课题，分别针对缴费不便利、政策不完善、后续管理手段欠缺等问题展开调研。调研中，先后走访十一个区县局、分局，与科室和税务所就调研课题进行深入座谈，并征询了有关处室的意见建议。尤其是对未审未缴的用人单位进行统计分析，分别就分区县、分经济类型、分未审未缴原因进行了归类整理，并分项提出解决措施。最后形成了《关于残保金代征工作实现电子缴库的思考》和《关于北京市残疾人就业保障金征收现状及其实施对策的思考》两篇调研文章。

（田鸿雁）

奥运税收管理

【综述】 2008年是奥运决胜之年，也是北京市地方税务局“追求卓越年”。奥运税务办公室（下称奥税办）本着“为成功举办有特色、高水平奥运会提供一流税务服务”的工作宗旨，贯彻“奥运无小事，服务在细节”的工作原则，认真履行工作职责，圆满完成各项任务。一是进一步完善和依托“四机制 一平台”效能，发挥税政服务奥运工作优势，营造宽松税收政策环境。二是以涉奥纳税人为中心，深化分类服务和个性化服务，营造良好税务服务环境。三是加大奥运税收宣传力度，提升地税文明行业形象，营造诚信祥和的税收环境。四是深入贯彻落实科学发展观，开展专项调研。2008年，全市涉奥纳税人对奥运税务服务工作的满意度达到100%。奥税办被北京市委、市政府、北京奥组委授予“北京奥运会残奥会先进集体”荣誉。在系统调研、信息、廉政等单项工作评比中获奖。

（吴冬梅）

【涉奥税收服务】为加强对全市服务奥运工作的组织、指导、衔接，印发《北京市地方税务局关于全力以赴做好奥运税务服务工作的通知》（京地税办〔2008〕78号），推出系统服务奥运十项措施。参与对21个区县局、分局奥运服务、宣传、保卫工作检查；在第三批一揽子奥运税收优惠政策请示待批期间，在奥组委、好运北京赛事组委会、BOB公司提供保函的前提下，采取个案税收缓征措施；针对涉奥纳税人的需求和特点，分别对21家涉奥企业、奥组委及20多个奥运场馆团队召开"新《企业所得税法》及纳税申报辅导培训会"和"涉奥扣缴义务人政策培训会"，并对会上征询涉税问题及需求"一对一"进行即时、限时回复和解决；集中开展告知、上门等服务；奥运举办期，为满足奥组委和BOB公司大量外籍劳务人员入境、随时开具付汇凭证和个人所得税完税证明的需求，经奥税办协调并与相关处室、区局协作，调整核心征管信息系统，对两单位实行网上实时"申报、缴税、划款"及在系统外即时打印个税凭证等特殊措施，实施24小时不间断服务。2008年度开具税务凭证207份，审核付汇金额3.74亿元，完税金额375万元，其中为奥组委开具53份，审核付汇金额8135万元，完税金额112.2万元。受理审核奥运税收减免税金额4.98亿元。对奥组委和BOB公司实施了"2008年奥运专用发票及税控装置使用情况调查"，涉及奥运专用发票上千份，票面金额达数十亿元，每月向全市涉奥纳税人电子邮箱发送税收政策辅导资料（12期），全年即时、限时受理、解答来自涉奥纳税人电话、网络、上门及辅导培训会现场咨询共50个问题。

（吴冬梅）

【奥运税收事项应急服务工作机制】在提高系统服务奥运工作整体性、协调性、规范性的基础上，为进一步提高地税系统整体服务奥运工作水平及应急服务能力，北京市地方税务局下发《北京市地方税务局关于建立和运行奥运会、残奥会涉及地方税收事项应急服务工作机制的通知》（京地税奥〔2008〕93号），通知从建立应急服务工作机制的目的和意义、制定工作机制依据、组织机制和工作职责、适用涉税事项范围、工作流程及其他工作要求六方面提出具体要求，通知中明确：为了有效落实上级关于"服务奥运""平安奥运"的各项指示精神和工作要求，结合北京地税服务奥运工作实际，建立应急服务工作机制，增强快速应对和处理涉奥涉税事项紧急情况的能力，在应急领导小组及办公室的领导、协调下，提高地税系统服务奥运工作的整体性、协调性、规范性、即时性，全力以赴确保"为成功举办一届有特色、高水平奥运会提供一流税务服务"工作目标的实现。

（吴冬梅）

【奥运税收宣传】地税网站服务奥运网页新增"奥运火炬专栏和奥运金牌榜"

等栏目；在系统内开展走进场馆、测试赛参观等活动；积极参加市妇联主办巾帼迎奥运演讲比赛；在税法宣传月与东城地税局联合举办“新北京　新奥运　新地税”服务奥运启动仪式，推出宣传地税系统服务奥运理念和奥运年十项服务措施；协调支持完成向奥组委赠送北京印花税票大全册；统一制作和设置各区县局服务大厅“奥运角”及113个“服务奥运窗口”统一标识；参加“2008年奥运会·世界聚焦中国”等高峰论坛活动，并提供现场咨询服务和发放宣传品；与北京奥运经济研究会共同主办“平安奥运高峰论坛暨《2007北京奥运经济报告》首发式”活动，配合北京电视台、中央教育电视台分别完成“新北京、新奥运、新地税”等税收宣传片的拍摄，并于税法宣传月至奥运期间在各区县局服务大厅等场所播放；2008年编发13期“奥税办电子专刊”，并在奥运举办期，创办并编发15期《北京地税服务奥运特刊》；配合系统服务奥运表彰会的召开，表彰奥运税务服务先进集体9个，先进个人201名。制作北京地税奥运税务服务五年工作回顾——《无悔的奉献》专题片，并编印《北京地税奥运税务服务经验交流文集》。参与《北京奥运与税收环境》丛书出版工作；编印并下发自地税成立以来的第一份中英文对照版税法宣传材料——《奥运税收宣传手册》及系列告知服务材料，在《中国税务报》等报刊刊登多篇北京地税服务奥运报道；圆满地完成奥运税务服务宣传计划十五方面十七项宣传工作。

（吴冬梅）

【奥运税收调研】奥税办深入贯彻落实科学发展观，开展了《奥运税收政策执行情况调查》《对纳税人分类税务服务的实践与思考》《后奥运经济与地方税收影响研究初探》和《奥运会筹办、举办以及奥运场馆赛后运营涉及相关税收政策及征管问题调研》等五项调研；撰写《浅谈奥运会对北京城乡一体化的推动作用》，积极参与北京市地方税务局“纪念农村改革开放30周年”征文活动。

（吴冬梅）

【明确“好运北京”系列赛事延期缴纳税款】为妥善解决好“好运北京”系列赛事税收问题，贯彻好奥运会和残奥会税收优惠政策，北京市地方税务局下发《北京市地方税务局关于做好“好运北京”系列赛事延期缴纳税款工作的通知》（京地税奥〔2008〕46号），通知从延期缴纳税款申请的主体、手续办理、范围、后续管理工作四个方面提出具体要求，以特例解决“好运北京”测试赛的纳税困难，支持奥运会、残奥会筹办工作。

（吴冬梅）

【进一步明确奥运赛事税收政策】为进一步明确第29届奥运会、第13届残奥会和“好运北京”体育赛事有关税收政策，财政部、国家税务总局下发《关于第29届奥运会第13届残奥会和好运北京体育赛事有关税收政策问题的补充通知》（财税〔2008〕128号），北京市财政局、北京市地方税务局以京财税〔2008〕2433号文件进行转发。（1）免征北京奥组委涉及的车船税、有关第29届奥运会和第13届残奥会餐饮服务、住宿、租赁、介绍服务应税收入缴纳的营业税。（2）“好运北京”赛事组委会全面负责和组织举办好运北京赛事，其取得的收入及发生的涉税支出比照执行北京奥组委的税收政策。（3）补充第29届奥运会、第13届残奥会和“好运北京”体育赛事参与方税收优惠政策，税收优惠政策出台之前已征税款予以退还或允许抵扣以后税款。

（吴冬梅）

【明确涉奥企业缴纳税款问题】 为进一步明确并函复涉奥企业为奥运会（含残奥会）提供劳务取得的收入是否缴纳营业税问题，北京市地方税务局下发《北京市地方税务局关于北京麦当劳食品有限公司经营奥运餐饮项目缴纳营业税问题的复函》（京地税函〔2008〕83号）、《北京市地方税务局关于北京歌华文化中心有限公司受托承办2008年北京奥运会部分重大项目减免营业税问题的复函》（京地税函〔2008〕115号）、《北京市地方税务局关于奥运森林公园玉苑别墅清算组拆迁补偿款涉税问题的复函》（京地税函〔2008〕119号）、《北京市地方税务局关于第29届奥运会组委会奥运村（残奥村）运行团队住宿管理团队服务补贴营业税问题的复函》（京地税函〔2008〕120号）等，文件明确对麦当劳食品有限公司、北京歌华文化中心有限公司提供应税劳务并取得收入依法征收营业税；对奥运森林公园玉苑别墅清算组，在鸿高公司取得规定的证明文件后，代其取得的拆迁补偿款不征收营业税；奥运村（残奥村）运行团队住宿管理团队的派遣行为，可比照财税〔2003〕16号及京地税营〔2003〕506号文件有关规定执行。

（吴冬梅）

【印发第五批涉及第29届奥运会重点纳税人名单】 为切实提高为涉奥重点纳税人税务服务的工作效率与水平，扎实做好涉奥重点纳税人快速服务通道运行工作，北京市地方税务局下发《涉及第29届奥运会重点纳税人名单（第五批）》（京地税奥〔2008〕94号），明确和重申服务奥运工作要求。

（吴冬梅）

国 际 税 收

【综述】2008年，北京市地税系统国际税收工作在国家税务总局和北京市委、市政府的正确领导下，在各有关部门的大力支持下，深入学习实践科学发展观，坚决贯彻执行中央和上级机关的重大决策部署，较好地完成了全年各项工作任务。国际税收工作也顺应总局机构改革、职能调整，以及国际税源管理大大加强的趋势，工作内容不断充实、执法水平不断提高、征管成效明显显现。

（付春江）

【协调解决涉奥国际税收事项】协调解决美国环球广播电视公司（NBC）从事北京奥运会电视转播的涉税问题。法制（国际税务管理）处与北京市国税局国际税务处多次向国家税务总局有关部门进行汇报，并按照总局领导和相关部门的要求，妥善解决NBC电视转播的涉税问题。根据举办奥运会所涉及的税收业务特点，在北京市财政局、市国税局、市地税局联合上报的《关于第29届奥运会、第13届残疾人奥运会和好运北京体育赛事有关税收优惠政策的请示》（京财税〔2007〕2280号）待批期间，针对奥运举办期北京奥组委、北京奥林匹克转播公司（BOB公司）集中申请开具售付汇税务凭证数量陡增的特殊情况，法制（国际税务管理）处及时向奥税办提供工作建议，协助其制定涉奥售付汇税务凭证开具的临时性措施，为维护奥运会顺利筹办的大局做出了努力，同时，积极协调国家税务总局有关部门及时研究应对，保证了奥组委、BOB公司对外支付劳务费“提速”的需求。

（付春江）

【严格执法维护国家税收权益】海淀地税局在审查中技公司京津城际铁路信号工程对外付汇申请时，发现其提交的工程合同中没有明确约定境内劳务部分，在区国税局已经开出不予征税售付汇证明情况下，法制（国际税务管理）处与北京市国税局国际税务处多次沟通、协商，达成一致意见，最终促使中技公司补充完善合同，确认境内工程劳务部分，补缴近200万元的税款，与此同时，区国税局也收回已开出的售付汇证明并补征相应税款。既保证了奥运工程的顺利进行，也维护了国家税收主权。

（付春江）

【开展税收协定库改版工作】对税收协定库进行改进，以满足基层国际税收工作需要。按照“文件齐全、分类合理、查询便捷、界面友好”的原则，法制（国际税务管理）处对协定库文件进行了清理，清晰分类，归并字段，增加和标注执行状态，增设查询统计功能。对中国现行的各类涉及税收的协定共447个相关文件进行了包括分类、国别、状态等在内的逐一标识，方便税收执法人员及纳税人查询税收协定的需要。全年新增及调整补充入库税收协定及协定解释性文件50件。

（付春江）

【落实服务贸易等项目对外支付税务证明】2008年年底，国家税务总局国际税务司召开对外支付税务证明工作会议，法制（国际税务管理）处根据《国家外汇管理局　国家税务总局关于服务贸易等项目对外支付提交税务证明有关问题的通知》（汇发〔2008〕64号）、《国家税务总局关于印发〈服务贸易等项目对外支付出具税务证明管理办法〉的通知》（国税发〔2008〕122号）的要求，在执行时间紧迫的情况下，认真学习文件、研究贯彻措施，及时作出工作部署，在年底前转发总局文件，更新网站的文书表格，布置区县局、分局刻制专用章，确保新政策于2009年1月1日起在北京市地税系统执行。同时，研究解决了涉奥售付汇税务证明与新文件衔接执行的有关问题。

（付春江）

征收管理

征　管　工　作

【综述】2008年，按照北京市地方税务局党组“追求卓越年”的总体要求和年初工作部署，全市征管部门在掌握规律，科学开展征管工作的基础上，为实现一个目标——追求卓越，落实两个出发点——完善和探索，抓好三个落脚点——抓基层、抓基础、抓落实，积极努力，奋勇拼搏。同时按照学习实践科学发展观的要求认真分析查找自身存在的问题及不足，及时制定有效整改措施，不断改进和完善工作。2008年地税征管工作取得显著成绩，通过狠抓登记率、申报率、入库率、欠税率等指标考核工作，全面提高了征管质量，截至2008年年底登记率为99.8%，申报率为99.48%，入库率为99.88%，新增欠税率为0.1449%，各项指标均优于年初既定目标；通过不断完善制度体系建设，狠抓调研培训，创新工作思路，提出了双项分类税源管理办法；积极探索欠税管理新方法，开展欠税专职管理岗位试点；大力增强部门间协调配合，扩大第三方信息采集，加强同国税、工商、公安、人民银行等的联系协作；统筹协调，进一步推进了房地产一体化管理；以学习实践科学发展观为基础，坚持以人为本，积极做好两个减负，切实为纳税人和基层税收机关减轻负担。截至2008年12月31日，全市共有登记户772688户。其中2008年新增登记户194583户，变更921148户次，停业3650户次，转非正常64300户次，转证件失效46169户次，注销20845户次，非正常转正常62148户次，证件失效转正常4477户次，开具外出经营许可证明15384份，核销11250份，办理转出户6005户，开具汇总缴纳证明1156份。

（周非平）

【加强个人出租房屋管理】为贯彻落实京流管委〔2007〕11号文件，印发《北京市地方税务局关于贯彻落实2008年北京市流动人口服务和管理工作的通知》（京地税征〔2008〕9号），进一步加强个人出租房屋的税收征管。

（周非平）

【联合召开2008年征管工作会】2月28日—29日，北京市地方税务局征管处、票证管理中心、纳税服务中心、档案处等部门在昌平培训中心联合召开2008年征管系列工作会。各区县局、分局主管局长、征管科及网站管理等有关人员参加会议。会上，各部门主要负责人分别对2007年工作进行全面总结，并对2008年工作进行了详细部署。副局长任军做重要讲话，此次会议对进一步做好2008年工作具有重要指导意义。

（周非平）

【明确善意取得虚开增值税专用发票抵扣问题】 北京市地方税务局印发《北京市地方税务局转发国家税务总局关于纳税人善意取得已抵扣税款加收滞纳金问题的批复的通知》（京地税征〔2008〕44号），明确纳税人善意取得虚开的增值税专用发票，如能重新取得合法、有效的专用发票，准许其抵扣进项税款；如不能重新取得合法、有效的专用发票，不准其抵扣进项税款或追缴其已抵扣的进项税款。

（周非平）

【召开申报征收专题调研会】 3月12日在海淀地税局召开西城、宣武、朝阳、海淀、丰台、顺义、房山、密云、平谷、开发区在内的10个区县局征管科长参加的申报征收专题调研会，就全市的申报征收工作进行全面调研，认真讨论申报征收工作中存在的各类问题及解决方法，为下一步工作的开展打下基础。

（周非平）

【召开个人出租房屋系统需求研讨会】 3月26日召开由朝阳区、海淀区、丰台区、通州区、大兴区等局参加的研讨会。会上各局就前期形成的个人出租房屋系统需求从实际操作层面进行讨论，根据本局实际工作情况，提出改进意见，为进一步完善业务需求，做好系统开发奠定基础。

（周非平）

【召开税务登记流程研讨会】 4月23日在石景山区地税局召开崇文、朝阳、西城、宣武、丰台、海淀、密云等部分区县局参加的税务登记流程研讨会。会上北京市地方税务局征管处介绍税务登记管理各环节的现状、与工商等有关部门的配合进展情况和未来的发展方向。与会各局分别介绍本单位在税务登记管理中的特色举措，同时对税务登记管理各环节中现存的一些问题提出建议和意见。此次会议对进一步加强登记管理起到了积极作用。

（周非平）

【提出延长征期申请】 在北京市地方税务局与北京市国税局共同研究决定的基础上，联合向国家税务总局提出请示，申请将奥运会期间的三个月的征期到延长到每月18日。

（周非平）

【下发核心系统征管业务应急预案】 5月13日，由于核心系统停电停网，制定并下发应急预案，对停机期间对纳税人告知工作、与国税局等有关部门沟通工作、税务登记工作、申报征收工作等方面提出了全面应对措施。并要求各区县局、分局也按照北京市地方税务局要求建立相应的应急机制，以确保在服务场所发生突发事件时能够迅速、有效处理，最大限度地减少意外事件所带来的损失和不利影响，为北京奥运会期间各纳税服务场所各项工作正常有序开展提供保障。

（周非平）

【召开欠税管理专职岗位试点工作动员会】 6月4日，召开由西城区、朝阳区、顺义区、怀柔区四个试点局主管局长和征管科长参加的欠税管理专职岗位试点工作动员会。会上就增设欠税管理专职岗位试点工作进行了动员部署，并要求相关局结合各局管理工作实际，向北京市地方税务局上报具体实施方案。

（周非平）

【调整欠税考核办法】 下发《关于调整征管质量欠税考核记分标准的通知》，决定自2008年第二季度起依照新的征管质量欠税考核记分标准对各区县局、分局的欠税管理工作实施考核。

（周非平）

【联合举办税收科学化精细化管理培训班】 为进一步提高全系统征管工作水平和相关工作人员的业务能力，6月22日—28日，北京市地方税务局宣教处、征管处联合在大连东北财经大学组织了《税收科学化精细化管理培训班》，培训对象为各区县局、直属分局征管部门业务骨干。培训内容包括税收征管的现状、问题与改革发展趋势；税收风险与风险规避；税收征管质量相关问题；税收管理的博弈分析等课程。开班典礼上，副局长郝硕博针对北京市地税局的征管现状、征管工作中遇到的主要问题及今后征管改革的思路等方面做了重要的讲话。通过培训，学员们普遍反映开阔了视野，拓展了思路，强化了的技能、明确了目标。

（周非平）

【召开房地产税收一体化工作领导小组会议】 7月3日，北京市地方税务局召开了房地产税收一体化工作领导小组会议，北京市地方税务局副局长王京华、副局长任军、总经济师卜祥来和房地产税收一体化领导小组各成员单位的有关领导参加了会议。副局长王京华在会上做了重要讲话，会议通报了二手房交易计税价格体系修订工作方案、建立房地产税源数据库2008年工作方案、“房屋土地交易窗口征收系统”和“个人出租房屋税收管理系统”的业务需求和建设进展情况，深入讨论了购房时间确认、个人转让住房中房产原值计算等具体问题，并就下半年工作提出具体要求。

（周非平）

【通告四户走逃失踪欠税纳税人】 按照欠税管理办法的要求，印发《北京市地方税务局关于北京市华宇铸钢厂等四户走逃失踪纳税人欠税情况的通告》（京地税征〔2008〕179号），公告华宇铸钢厂等四户走逃、失踪纳税人的欠税情况。

（周非平）

【延长8月征期】 按照北京市政府8月8日放假一天的紧急通知要求，下发《2008年8月征期延长的紧急通知》，将8

月征期顺延长到8月13日。

（周非平）

【召开欠税管理专职岗位试点工作部署会】 8月7日，北京市地方税务局召开欠税管理专职岗位试点工作部署会。会议由北京市地方税务局征管处处长吕兴渭主持并作动员讲话，局长任军参会并作重要指示。检查处、法制处、计会处、人事处主要负责人参会并进行了发言。

（周非平）

【正式启动欠税管理专职岗位试点工作】 印发《欠税管理专职岗位试点工作实施方案》（京地税函〔2008〕122号），在西城区、朝阳区、顺义区、怀柔区四个局正式启动欠税管理专职岗位试点工作。

（周非平）

【应对10月征期银行系统故障】 中国人民银行总行TIPS系统先后两次出现故障，致使全市各家联网商业银行均无法受理纳税人查询缴税业务，部分纳税人网上申报实时缴税也同样无法进行。北京市地方税务局征管处在广泛征求北京市地方税务局计会处、信息系统安全保障（运营维护）中心、科技信息处等处室的意见后，在10月15日、16日和21日先后三次下发通知，统一规范了全市10月征期申报征收工作。

（周非平）

【调整个人出租房屋政策】 为进一步加强征管，堵塞漏洞，北京市地方税务局印发《北京市地方税务局关于个人出租房屋税收管理工作的补充通知》（京地税征〔2008〕237号），调整个人出租房屋有关政策，将综合征收率的适用范围调整为个人出租住房的行为，并对纳税期限等文件进行了进一步明确。

（周非平）

【进一步规范房地产企业异地经营管理】 针对房地产开发企业异地缴纳税款引发的纳税人投诉和区县局之间的争议，北京市地方税务局印发《北京市地方税务局关于加强房地产开发企业异地经营税收征管有关问题的通知》（京地税征〔2008〕287号），将有关规定再次重申，并进一步明确相关管理规定。

（周非平）

【强化改变主管税务机关后续管理工作】 北京市地方税务局印发《北京市地方税务局关于纳税人改变主管税务机关后续管理工作的通知》（京地税征〔2008〕310号），进一步规范税务登记管理，加强税源监管。

（周非平）

【发布欠税公告】 为进一步加强欠税管理，将截至2008年11月30日累计欠缴地方税收800万元以上的企业或单位26户，累计欠缴地方税收40万元以上的个体工商户1户，走逃、失踪或经其主管税务机关查无下落的欠缴税款纳税人36户，于12月30日在《北京日报》上再次予以公告，公告税款合计598322751.06元。2008年，全市地税系统发布欠税公告四期，涉及13个区县局和直属分局，公告65户欠税人，较上年减少54%，其中办税服务场所公告44户，网络发布公告21户；公告欠税金额合计1.7亿元，较上年减少55%。2008年全年审批延期缴纳税款申请34户次，审批涉及金额共计2.35亿元。

（周非平）

发 票 管 理

【综述】 2008年度，票证管理中心与全市地税系统征管部门紧紧围绕北京市地方税务局党组提出的“坚持以科学发展观为统领，认真贯彻党的十七大精神”的工作要求，以学习实践科学发展观活动为契机，从容应对全球金融危机的冲击，拓宽工作思路，强化服务意识，完善相关管理制度措施，稳步推进推广应用国标税控机具和发票改革改制，努力提高票证管理水平，全力服务首都经济社会发展大局，开创了票证管理工作新局面。

（吴 澄）

【奥运门票定额专用发票开具工作】 按照国家税务总局《关于2008年北京奥运会和残奥会门票销售开具发票有关问题的通知》（国税函〔2007〕720号）的要求，会同北京市地方税务局奥运税务办公室，与北京奥组委多次讨论协商，并经北京奥组委同意，印发《北京市地方税务局转发国家税务总局关于2008年北京奥运会和残奥会门票销售开具发票有关问题的通知》（京地税票〔2008〕61号），为开具定额专用发票提供制度保障。研究确定定额专用发票的票样，按照奥组委提供的印量需求组织印刷，印制定额专用发票1222万张。按照总局和北京奥组委对专用发票使用的要求，制订了详细的运输、保管、开具、缴销等一系列工作方案，共计为四个京外比赛场馆（天津、沈阳、秦皇岛、上海）配送122.5万张定额专用发票，为全市21个区县局、分局配送341.75 万张定额专用发票，在奥组委规定时间内为京内18个奥运会比赛场馆共计配送定额专用发票64.25万张，保障了北京奥运会、残奥会比赛期间各场馆销售门票开具发票的业务需要。到2008年10月31日代开发票工作结束时止，京外场馆开具发票22.16万张，各区县局、各分局开具发票24.92万张，京内场馆开具发票19.43万张，合计开具 66.51万张。北京奥运会成功举办后，票证管理中心于9月中旬分别完成京外奥运场馆（沈阳、天津、秦皇岛和上海）定额专用发票的缴销工作。京内场馆的收缴工作业已全部完成，收缴的发票除留作用于纪念使用的以外已全部缴销。

（安宏志　朱　宁　云　鹏）

【发票供应应急预案工作】 为确保奥运期间有效应对突发事件，票证管理中心在各区县局征管部门的大力协助下，组织完成应急预案的制订、开发单机版售票应急软件、全员培训、应急演练等项工作，充分保障了奥运期间突发信息系统中断服务情况下对纳税人的发票供应工作，确保纳税人生产经营活动的正常进行。同时，为改善奥运支付环境，积极做好金融税控收款机的推广试点工作。按照北京市金融服务工作领导小组办公室的要求，北京市地方税务局会同北京市信息办、北京市商务局、人民银行营业管理部以及金融税控收款机试点的相关实施单位（税控机厂商、服务商、银联公司），制订了北京金融税控收款机试点工作方案，并在东城地税局的大力配合下，在东城区簋街地区的9家商户中完成了安装使用金融税控收款机工作，圆满完成改善奥运支付环境的试点任务。

（安宏志　朱　宁　云　鹏）

【完善国标税控管理信息系统】 推广应用国标税控收款机工作是北京市地方税务局走在全国省级地税机关前列的一项重点工作，此项工作自2007年8月1日起在全市范围全面启动以来，在2008年进入了实质性的攻坚阶段，票证管理中心与区县局征管部门按照推广工作总体要求和职责分工，采取一系列扎实有效的工作方法，确保推广应用工作的稳步推进。一是加强税源监控，强化申报审核。票证中心多次会同北京市地方税务局相关处室、系统开发商、税控安全管理部门、基层征管部门积极研究国标税控机报送发票明细数据建议方案，提出通过网络、U盘等途径报送使用数据的《税控收款机报送发票使用数据建设方案》，为进一步加强税源监控工作奠定良好的工作基础。二是逐步加强非国标税控装置的更换工作。报经总局批准，北京市地方税务局印发《北京市地方税务局关于进一步加强将非国标税控装置更换为国标税控收款机工作的通知》（京地税票〔2008〕60号），要求自纳税人购买的非国标税控装置初始化之日起，凡使用期达到5年（60个月）的，按规定更换购置国标税控收款机。同时按照工作进程分三次提醒督促纳税人更换国标税控机，并分别对纳税人使用的非国标税控装置授权期定为30天、15天和7天，以确保纳税人正常使用税控机具开展经营活动。全市各区县局为纳税人提供细致、高效服务的同时，认真落实北京市地方税务局关于加强国标税控收款机服务管理的要求，严格监管税控服务商的服务质量、态度、服务收费标准和服务环境，据统计：2008年全市纳税人涉及推广应用国标税控的投诉约200

件，投诉率为0.2%，全市纳税人对服务商的服务评价总体处于上升状态。三是及时总结整理国标税控收款机推广工作以来纳税人、基层税务机关反映的关于国标税控收款机所存在的问题，从政策规定、系统管理、税控服务多个方面做好推广国标税控收款机的宣传解释工作。同时对于涉及国标税控收款机国家标准的部分向国家税务总局呈报有关修改意见，对国标税控收款机的发票开具限额、一机多票等问题及时向上级机关提出相应的合理化建议。四是完善国标税控管理系统。根据纳税人和基层税务所反映的问题，多次与系统开发商和税控安全管理部门就系统功能进行研究，积极完善国标税控管理系统：在发票报数模块增加了对旧版机具发票退票信息的补录功能；将国标税控发票的单张发票限额由400万元整调高至4200万元整；在纳税人非国标税控装置使用期满5年（60个月）时，增加调整授权期等提示功能。据统计：截至2008年12月31日，北京市已有90430户纳税人购置使用100118台国标税控收款机，领购国标税控发票共10706万份。各项运行数据和情况表明，国标税控收款机推广应用工作进展顺利。

（云　鹏）

【发行北京印花税票之四《北京坛庙》】 经国家税务总局批准，成功印制发行2008年版《北京印花税票之四北京坛庙》，《北京坛庙》是北京印花税票系列的收官之作，全套共九枚，图案分别是天坛祈年殿、天坛圜丘坛、地坛方泽坛、社稷坛拜殿和五色土、先农坛观耕台、孔庙先师门、孔庙大成殿、国子监辟雍、历代帝王庙景德崇圣殿，分为壹佰元、伍拾元、拾元、伍元、贰元、壹元、伍角、贰角、壹角九种面值，采用胶印雕刻印刷，图案上印有“北京印花税票BEIJING CHINA”字样，按照票面金额大小顺序印有“2008　9—X”序号，规格为40mm×30mm，齿孔度数为13×12.5度。印花税票由国家邮政局邮票印制局设计、印制，在防伪措施上采用专用防伪纸和防伪荧光油墨印刷的防伪方式。3月30日，《北京坛庙》发行和向国家博物馆、首都博物馆捐赠仪式在历史悠久的北京孔庙隆重举行。4月1日，700万枚《北京坛庙》印花税票正式在北京地区向社会公开销售。

（吴　澄）

【向北京奥组委捐赠《北京印花税票全册》】 北京印花税票系列，在大力弘扬北京文化、宣传人文奥运的同时促进地方税收的增加，取得良好的宣传效果和税收效应。2008年春，随着四套北京印花税票全部完成发行，北京市地方税务局按照总体构想，将四套票经过一系列筹划和精心设计，汇集成《北京印花税票全册》，向北京奥运会敬献出一份厚礼。7月15日《北京市地方税务局向北京奥组委赠送〈北京印花税票全册〉暨向国家博物馆、首都博物馆捐赠仪式》在故宫建福宫花园隆重举行，北京市地方税务局向北京奥组委赠送

500套《北京印花税票全册》。北京奥组委执行副主席蒋效愚、国家税务总局副局长钱冠林、古建筑专家罗哲文等参加仪式。

（吴　澄）

【开展发票使用示范企业评选表彰活动】 2008年春，在全市范围开展评选表彰1000家“发票使用示范企业”的宣传活动，为规范发票使用，倡导诚信纳税，平谷区、石景山区地税局分别组织召开发票使用示范企业表彰会、座谈会，收到了良好的示范效果和社会效应。

（国春华　吴　澄）

【取消普通发票领购资格行政审批】 2008年1月，国家税务总局印发《国家税务总局关于普通发票行政审批取消和调整后有关税收管理问题的通知》（国税发〔2008〕15号），票证中心积极落实，就取消“发票领购资格的审核”的后续管理做了大量细致有效的工作。在法制处等有关处室和各区县局、分局反馈意见的基础上，制定印发《北京市地方税务局转发国家税务总局关于普通发票行政审批取消和调整后有关税收管理问题的通知》（京地税票〔2008〕64号），既减轻纳税人的工作负担，同时相应减轻基层税务机关的工作压力，提高了征纳双方的工作效率。

（朱　宁）

【优化调整有奖发票布奖方案】 票证中心努力解决有奖发票中奖率较低的难点问题，提高有奖发票中奖率。在对有奖发票每年度使用量的增减、奖金兑付人次等数据进行分析的基础上，根据消费者对于索要发票积极性的变化情况，科学调整有奖发票布奖方案。2008年度取消了5万元、1000元的大额奖项，增加5元低面值奖项，奖金等级由8个变为7个。新的布奖方案实施后，发票兑奖数量有所提高，据统计，2008年度有奖发票共计印制1.47亿份，布入奖金8000万元，布奖个数为819.84万个，综合布奖率为5.6%。有奖发票兑付252.67万人次，兑付奖金2855.79万元（其中，支付手续费49.36万元）。

（程艳琳　马　洁）

【普通发票和各类业务印刷品供应工作】 票证管理中心在保证供应的前提下，加强普通发票的印制、销售和库存管理，合理制订印制计划。2008年度共安排印制普通发票11.4亿份，其中，有奖发票印制1.47亿份，出租汽车专用发票印制5.7亿份，停车场专用发票印制2.67亿份，以上三大票种共安排印制9.8亿份，占全年总印制量的86%。据统计，2008年票证印制经费支出11540.59万元，其中：有奖发票2.197亿份，支出经费3366.34万元；停车场专用发票544.22万本，支出经费1197.28万元；出租汽车专用发票533.58万卷，支出经费2081万元；税务登记证35.3万张，支出经费54.6万元；税收票证926.2万份、支出经费289.4万元；各类申报表2801.7万份，支出经费278.8万元；机关普通印刷品207.3万份，支出经费886.7万元。

（安宏志　刘　嘉）

【完成印制品的定点招标工作】票证管理中心配合北京市地方税务局计财处于2008年11月14日圆满完成了2009—2011年普通发票、税收票证和业务印制品等定点供应商招标工作，确定北京宏平印务有限公司等八家企业为第一中标企业，确定北京交通印务实业公司等三家公司为第二中标企业。同时，按照《行政许可法》的有关要求，为中标企业办理了行政许可事项以及签订承揽合同等相关工作。

（安宏志）

业务档案管理

【综述】2008年档案处积极试行实施纸质税务档案扫描管理模式，继续加强税务档案归档工作指导力度，调整税务档案分级分类方案，简化归档工作。完善税务档案鉴定销毁管理办法，进一步健全税务档案管理制度。继续优化馆藏结构，加强库房档案管理，保证馆藏档案的安全完整。全方位开展档案借阅利用工作，充分发挥了档案价值。

（张　麟）

【试行纸质税务档案扫描管理模式】为有效降低基层归档工作压力，实现税务档案的全面电子化和户籍式管理，提高税务档案工作的规范性和统一性，适应档案工作发展趋势，2008年积极开展实施税务档案扫描管理模式的相关准备工作。一方面，认真研究新旧两种模式的归档特点，在全面征询相关处室和区县局意见的基础上，深入分析各类税务档案的价值、归档工作量、保密要求，研究确定税务档案扫描的范围、标准等内容，制定印发《北京市地方税务局关于税务档案实施扫描管理有关问题的通知》（京地税档〔2008〕259号），为扫描工作的开展提供制度保证。另一方面，积极做好系统开发和试点运行，为推广扫描工作做好准备。对扫描系统进行完善性开发和改造，选定顺义和房山区地税局为试点单位，测试、完善扫描系统软件，在相关部门帮助下完成设备定型和采购，并相继在东城、宣武等10个局进行设备和系统的安装及测试，扫描系统运行基本顺畅。在10月中旬召开全系统实施税务档案扫描管理工作部署会，11月底举办扫描软件使用和工作流程、技术维护等有关内容的培训，并分3批次组织基层操作人员进行操作培训，为扫描工作的开展做好思想动员和操作层面准备。

（张 麟）

【调整税务档案归档分级分类】 为全面落实“两个减负”文件要求，适应税务档案扫描管理模式的需要，更好地对税务档案进行科学、完整地归集、整理，有效减轻基层工作压力，档案处通过认真调查研究，较全面分析各类税务资料的性质、作用和保存价值，完成《税务档案分级分类管理情况的调查报告》。在调研基础上，充分征求北京市地方税务局相关处室和各区县局的意见，制发《北京市地方税务局关于税务档案分级分类调整的通知》（京地税档〔2008〕261号）。调整后的分级分类方案将原22个二级类目调整为34个，取消原42个三级类目，简化分类层次，大幅度减少类目，重新设定保管期限，调整市区两级保管内容，既清楚细致，规范基层立卷归档工作，又能使基层容易掌握并运用，有利于税务档案的保存和查找利用。此次调整,进一步规范税务档案管理工作，实现强化管理和有效降低基层劳动强度的双重目的。

（张 麟）

【完善税务档案鉴定销毁管理办法】 针对北京市地方税务局部分库藏税务档案即将到期，区县局保管的部分税务档案已经到期的现状，为优化库藏档案的质量，提高库房、设施的有效利用率，在深入基层调查研究的基础上，结合北京市地方税务局税务档案管理实际情况，进一步明确和细化税务档案鉴定销毁的工作原则、方法、流程和各岗位的工作职责等内容，并印发《北京市地方税务局关于印发〈北京市地方税务局税务档案鉴定销毁办法〉的通知》（京地税档〔2008〕260号），使税务档案鉴定工作更具有实操性。

（张 麟）

【接收整理税务档案入库】 按照年初工作计划安排，完成2004年度非登记类档案的移交接收工作，共接收档案5161箱盒，69880卷。另外，为解决部分区县局库房空间不足的实际困难，提前接收、整理了房山区、昌平区、燕山区、朝阳区局的2005年、2006年非登记类档案，共计1807箱23846卷。与此同时，完成了已入库登记类注吊销档案的撤并卷工作，对13个局库藏2005年度登记类注吊销档案进行了撤卷、并卷、二次入库，共撤出实物案卷34607卷，重新装入3638盒。

（张 麟）

【继续开展税务档案借阅利用工作】 通过多种途径提供优质借阅服务，共接待上门借阅档案36次，借阅210卷，调卷955卷，复印551页；电话借阅档案8次，借阅9卷，复印15页，传真15页，系统外借阅档案数量呈上升趋势。2008年各区县局、分局全年共接待借阅1317批次，借阅6374卷，从借阅用途看，以系统内部借阅为主占81.1%，外单位借阅或纳税人借阅仅占18.9%。

（张　麟）

【深入研究税务电子文件归档管理】 为做好电子档案的归档管理工作，落实局长办公会议精神，在深入学习电子文件归档有关制度规定的基础上，开展调查研究，深入分析北京市地方税务局现有电子文件的特性和保存现状，修改完善《关于税务电子文件归档管理的思考》的调研报告，提出现阶段电子文件归档管理和提供利用的原则、方法和途径。在此基础上，草拟《北京市地方税务局税收征管电子档案管理办法》，明确了税收征管电子档案归档管理和利用的范围、方式方法、责任部门、工作要求等内容。

（张　麟）

税务博物馆筹备

【综述】 2008年是北京奥运会的决胜之年，也是北京市地方税务局的“追求卓越年”。博物馆筹备处在北京市地方税务局党组的亲切关怀和主管局长的直接指导下，认真学习党的十七大、十七届三中全会精神，以科学发展观为指导，按照北京市地方税务局年度工作布署，结合自身实际，在系统各部门的配合协助下，完成了以“平安奥运”工作为中心的各项本职工作，为成功举办一届有特色、高水平的奥运会做出了努力；积极发挥博物馆的宣传教育功能，利用馆藏资源，开展各项税收宣传活动，成功申办了东城区爱国主义教育基地和北京市法制教育宣传基地，不断改进展陈质量、提高宣传水平，全心全意为纳税人和广大青少年服务，以实际行动，为营造和谐、诚信的纳税环境做出了自己的努力。全年共接待各类团体和参观游客5092人，发放包括税法宣传、税收知识普及、未成年人音像制品、税务公报及博物馆简介等各类宣传制品1740册。取得好的社会宣传效益。

（孙丽莉）

【爱国主义教育基地】 4月14日，北京税务博物馆被中共北京市东城区委员会和北京市东城区人民政府正式命名为东城区爱国主义教育基地，并挂牌。使税务博物馆成为继北京市法制教育宣传基地之后，又一个面向广大青少年开展爱国、诚信教育的主阵地。因成绩突出，被东城区爱国主义教育基地领导小组评为2007—2008年度东城区优秀爱国主义教育基地的光荣称号，并受到表彰。

（孙丽莉）

【展览工作】 北京税务博物馆积极发挥博物馆的宣传教育功能，利用馆藏资源，开展各项税收宣传活动，共接待各类团体和参观游客5092人，发放包括税法宣传、税收知识普及、未成年人音像制品、税务公报及博物馆简介等各类宣传制品1740册。取得好的社会宣传效益。

（孙丽莉）

公告编辑发行

【综述】 2008年《北京地方税务公告》编辑部在北京市地方税务局党组的正确领导下，以科学发展观为统领，以邓小平理论和“三个代表”重要思想为指导，以全心全意为纳税人服务的精神，做好《公告》的编辑出刊工作。2008年共出刊12期，累计出刊60期；共编辑法规文件127件，累计编辑749件，完成了年度出刊任务，在税法宣传、纳税服务等方面发挥了重要作用。

（张立芬）

【《公告》编辑情况】 2008年《公告》出刊12期。版面继续为大16开32页。在编辑出刊工作中始终坚持公开透明原则，做好文件的审查，凡是对征纳双方均具有普遍约束力的文件，一律给予刊登。对新出台的税收政策，做到及时刊登。在出刊质量上，努力做好编辑、校对，做到按时出刊。另外经主管局长同意，对《公告》的封面进行调整，在主题图案不变的情况下，在颜色的设计上进行变换，突破固守的模式。2008年封面设计以“红”为主色调的颜色，以后每年拟变换一个主题色，便于纳税人和税务干部的使用和收集。

（张立芬）

【《公告》印发工作】 2008年在深入学习科学发展观活动中，针对《公告》的分配数量，编辑部深入基层调查研究，并在内网征求意见，本着实事求是的原则，根据税收宣传的需要提出具体分配数量，经领导批准2008年第1期起，印刷数量由20000册增加到24000册，合订本印刷4000册与2007年持平。在数量的调整上本着节约经费的原则，协调处理各单位之间的需求数量，基本满足了税收一线和重点纳税人的需要。同时《公告》电子版每期通过免费邮箱向纳税人发送，2008年每期送达40万份左右。为纳税人依法纳税提供了服务。

（张立芬）

税收法治

税收法治工作

【综述】 2008年，全市地税系统法制机构围绕市局党组确定的“追求卓越年”各项中心任务，坚持“一中心、两规范、三服务”的指导思想，结合系统工作实际，全面完成税收法制工作。为奥运提供税收法制保障，法制处在北京市奥运会残奥会政府法制保障工作总结大会上被评为“北京市奥运会残奥会法制保障工作先进集体”，并被授予奖牌；法制处王炜处长被评为“北京市奥运会残奥会法制保障先进个人”；充分发挥法制工作机构的参谋助手和法律顾问作用，参与市局重要事项的研究，对事项涉及的法律问题提出意见，积极开展规范性文件合法性审查和备案审查工作，落实税收政策执行情况反馈报告工作，按照国家税务总局和北京市政府要求，认真开展规范性文件清理工作，认真维护《北京地方税收法规》《北京市地方税务局制度汇编》和税收法规库，规范抽象行政行为。切实开展日常、专项执法检查，认真贯彻落实执法责任制工作，严格落实执法过错责任追究，依法开展行政复议、应诉工作，做好取消部分税务行政许可事项的后续管理工作，进一步规范具体行政行为。

（王　珊）

【为奥运提供税收法制保障】 奥运会前夕，法制处与奥运税务办公室、地方税处一起就奥运期间售付汇管理、车船税减征等涉奥税收问题进行研究，与国家税务总局、北京市国税局多次汇报沟通，协助解决涉奥税收相关政策问题。向北京市政府法制办上报了北京市地税局制定的14份涉奥文件。为积极做好奥运期间全系统的行政复议工作，努力营造和谐的首都税收环境，市局依据市政府法制办有关通知要求，制定下发《北京市地方税务局关于努力做好奥运期间税务行政复议工作的通知》，就奥运期间税务行政复议工作进行部署，提出了具体要求。2008年在全系统复议和诉讼案件大量增加的情况下，法制机构注重沟通、协调，灵活运用办案手段，化解征纳矛盾，确保所有案件均得到妥善处理，为实现“平安奥运”营造一流税收环境起到了积极作用。法制处在北京市奥运会残奥会政府法制保障工作总结大会上被评为“北京市奥运会残奥会法制保障工作先进集体”，并被授予奖牌；法制处王炜处长被评为“北京市奥运会残奥会法制保障先进个人”。

（王　珊）

【提供法律支持和法律服务】 2008年，法制处负责人共参加市局局长办公会23次，参与研究有关业务问题61项，为保证决策的合法性发挥职能作用。法制处还认真做好征求意见工作，为税收政策的执行和基层执法提供法律支持和法律服务，全年共办理完成征求意见稿77件，其中市政府、国家税务总局等有关单位征求意见稿件10件，市局处室书面征求意见稿67件。完成市局督查督办件7件，北京市政协委员提案答复5件。

（王　珊）

【开展规范性文件合法性审查和备案审查】 2008年，法制处共对37件规范性文件进行了合法性审查，其中提出修改意见的10件，意见35条。会签其他文件共19件。同时，按时向国家税务总局和北京市政府法制办分别报送备案税收规范性文件各30件。此外，还对各区县分局上报的11份文件进行了备案登记和备案审查。规范性文件的前置审查工作和发文后的备案备查工作相互衔接，有利于从源头上防止违法行政行为的发生。

（王　珊）

【立法相关工作】 协助地方税处研究起草《北京市实施〈耕地占用税暂行条例〉办法》，并积极组织协调，做好相关的立法草案报送工作。按照《北京市关于法规规章实施准备和评估报告工作的若干规定》向北京市政府上报对《北京市人民政府关于修改〈北京市实施中华人民共和国城镇土地使用税暂行条例办法〉的决定》（北京市人民政府令第188号）和《北京市实施〈中华人民共和国车船税暂行条例〉办法》（北京市人民政府令第192号）实施情况的评估报告。

（王　珊）

【税收规范性文件清理工作】 根据国家税务总局开展全国税务系统税收规范性文件清理工作的要求，北京市地方税务局在完成市局规范性文件清理工作的基础上，于2007年年底部署各区县局、分局对2006年3月1日前本单位制定的规范性文件进行清理。清理工作中，各单位本着“有效、简洁、规范”的清理原则，实施清理并及时填制了相关报表。各区县局、分局累计清理出全文废止或失效的税收规范性文件2395件、部分条款废止或失效的税收规范性文件908件。为贯彻落实《北京市人民政府办公厅关于开展行政规范性文件清理工作的通知》要求，北京市地方税务局于2008年下半年对2007年12月31日前北京市地方税务局制定和发布的税收规范性文件开展了集中清理工作。共计清理税收规范性文件1468件，确认全文有效或部分条款有效的税收规范性文件共计1361件，决定废止和宣布失效的税收规范性文件102件。

（王　珊）

【落实税收政策执行情况反馈报告工作】 2008年，北京市地方税务局共收到顺义区、海淀区、崇文区、通州区、延庆县、第二稽查局6家单位报送的税收政策执行情况反馈报告19份，法制处积极协调有关业务处室，对区县局、分局反映的政策问题进行研究，区别不同情况进行处理：一是对政策已有规定的，及时回复区县；二是对操作性问题进行解释；三是对确需完善的政策规定，认真研究后上报有关部门。

（王 珊）

【税收执法检查】 为进一步加强执法监督，北京市地方税务局组织开展对2008年度税收执法检查工作。检查形式包括日常执法检查和专项执法检查。由各区县局、分局自行组织的日常执法检查项目全年共计396项次，累计检查各类执法文书、材料18625份（卷），发现问题5013次。在各区县分局开展专项执法检查自查的基础上，北京市地方税务局统筹兼顾，周密组织，采用“依托核心征管系统、辅助采用调卷检查和实地核查措施”的综合检查方式实施了专项执法检查，北京市地方税务局8个处室组成检查组对全系统16项工作开展集中检查，共检查各类执法文书及案卷2295份（卷），并赴7个区县分局单位进行实地核查。检查结束后，北京市地方税务局检查组认真汇总检查情况，向各被查单位反馈检查发现的问题，认真听取被查单位陈述、申辩意见，对各单位相关项目的执法情况进行全面反馈和综合评价。同时，向国家税务总局报送《北京市地方税务局2008年执法检查报告》。

（王 珊）

【完善过错责任追究制度】 为贯彻落实北京市政府和国家税务总局关于执法责任制的工作要求，北京市地方税务局在总结历年过错责任追究工作经验的基础上，研究修订北京市地税局执法过错追究制度，制发了《北京市地方税务局关于印发〈北京市地方税务局税收行政执法过错责任追究暂行规定〉的通知》（京地税法〔2008〕7号）。进一步明确规定过错责任确定原则，重新设定有关过错责任追究形式及适用范围、具体追究工作程序等内容。

（王 珊）

【落实过错责任追究】 2008年，西城区、房山区、怀柔区、延庆县地税局结合日常执法检查开展了执法过错责任追究工作，累计追究科以下执法人员47人，科级执法人员8人。延庆县地税局以通报批评的形式对个别税务所的执法过错行为进行责任追究。房山区地税局在其税收管理及执法考核系统中设置执法过错责任追究模块，实现执法过错自动跟踪，追究工作标准化和程序化。怀柔区地税局实施执法过错责任追究跟踪复查新方式。

（王 珊）

【依法开展行政复议和应诉工作】 2008年，全系统共办理复议案件20起，其中北京市地方税务局13起，区县局7起。

北京市地方税务局办理案件中，不予受理2起，驳回复议申请4起，撤销并责令重新作出处理1起，维持1起，告知复议申请人到相关复议机关申请复议4起，申请人申请撤销1起。区县局办理案件中，海淀地税局维持1起，撤销原具体行政行为1起；崇文区地税局维持1起；东城区地税局维持1起；丰台区地税局撤销原具体行政行为1起，朝阳区地税局维持1起，大兴区地税局正在审理1起。共发生税务行政诉讼案件15起。其中，北京市地方税务局5起，区县局10起。北京市地方税务局4起胜诉，1起正在审理中。区县局应诉案件中，西城区地税局3起胜诉；朝阳区、通州区、丰台区、东城区地税局和稽查二局各有1起胜诉；昌平区地税局1起原告撤诉；大兴区地税局1起二审败诉。首次依复议申请人申请对北京市地方税务局制定的规范性文件进行审查。某公司对十里堡税务所要求其购买税控机并使用机打发票不服，向朝阳地税局申请行政复议并对《北京市地方税务局关于推广应用国标税控收款机有关问题的通知》（京地税票〔2007〕269号）提出审查申请。法制处收到规范性文件转送函后，会同票证中心按照《行政复议法》及其实施条例的要求，对该规范性文件从实体和程序上进行审查，提出该文件合法的审查意见，并以京地税函〔2008〕128号文件正式答复朝阳区地税局。

（王　珊）

【启用北京市行政复议信息管理系统】 为推进北京市各级行政复议机关的信息化建设，实现全市行政复议案件办理、统计、监督和考核评价等全过程的网络化管理，市政府法制办开发建设了北京市行政复议信息管理系统。依据市政府有关工作要求，本市地税系统于2008年5月起正式使用行政复议信息管理系统，各单位认真学习系统操作方法，及时录入案件相关信息，完成2008年行政复议案件的信息录入工作。

（王　珊）

【开展案卷评查工作】 北京市地方税务局积极参加北京市依法行政联席会议办公室组织的2008年全市行政机关处罚案卷评查，获得总分并列第一的好成绩，连续第八次被评为案卷评查优秀单位。

（王　珊）

【做好取消部分税务行政许可事项的后续管理工作】 根据《国家税务总局关于普通发票行政审批取消和调整后有关税收管理问题的通知》（国税发〔2008〕15号），配合票证中心制发《北京市地方税务局转发国家税务总局关于普通发票行政审批取消和调整后有关税收管理问题的通知》（京地税票〔2008〕64号），明确删除“税务行政许可程序规定”中“对发票领购资格的审核”“建立收支凭证粘贴簿、进货销货登记簿或者适用税控装置的审批”“拆本使用发票”“申请使用计算机开具税务机关统一监制的机外发票”“跨区域携带、邮寄、运输空白发票”5项许可程序性规定。并对《税务行政许可申请书》格式及示范文本进行修改，同时对外网中“行政许可”栏目的有关内容进行维护更新。

（王 珊）

【涉税证明管理工作】

2008年，全系统共开具涉税证明2072份。法制处积极协调组织，统一部署为本市申报“中国世界名牌产品”企业开具《申报中国名牌产品实缴地税证明》24份。为更好的配合北京金隅股份有限公司做好企业上市工作，北京市地方税务局专门组织系统内15个区县局为北京金隅股份有限公司及其100余家下属企业开具了涉税证明，向纳税人提供高效便捷的服务。

（王 珊）

【法规服务工作】 2008年，税收法规库共收录新增文件153件，做全文废止文件标识604件，部分条款废止文件标识216件，240项标识。进一步完善法规库的查询方式和链接功能，并在房山区地税局的协助下，对法规库800件文件进行了核查。完成《北京地方税收法规》《北京市地方税务局制度汇编》维护清理工作。《北京地方税收法规》共收录新增文件87件，标识全文废止文件495件，条款废止文件200件。《制度汇编》共新增文件44件，标识全文废止文件2件，条款废止文件3件。

（王 珊）

【组织参加“北京奥运市民法律知识有奖竞赛”活动】 组织参加《北京支部生活》杂志奥运市民法律知识竞赛活动是北京地税2008年“迎奥运、讲文明、树新风”服务奥运宣传工作内容之一。全系统法制机构和奥运税务办公室、基层工作处（党办）、宣教处等部门密切配合，组织3187名税务干部参加此次竞赛。经评选，全系统共有11人分获一、二、三等奖，北京市地方税务局获得竞赛组织奖。

（王 珊）

【落实法制和涉外税收调研工作】

根据国家税务局总局调研计划结合北京地税实际，北京市地方税务局完成了《北京市地方税务局2004—2008年度复议应诉案件统计分析报告》《非居民企业承包工程的税务管理问题初探》和《北京市地方税务局关于税收规范性文件管理办法的调研报告》。通州区地税局科长陈凤香撰写的《试论建设新农村的税收政策》，在国家税务总局税收科技研究所与中国税制改革与发展编辑部联合举办的“2008年中国税官论税制改革”征文活动中荣获优秀作品奖。

（王 珊）

纳税服务

概　况

2008年，纳税服务中心围绕贯彻十七大精神，结合“追求卓越年”的总体思路，本着“稳步推进，规范发展”的工作方针，针对目前系统纳税服务工作中的热点与难点问题，努力把纳税服务工作做精、做细、做实，以卓越的标准打造北京地税服务品牌，各项工作取得了良好成绩。Tax861网站在国家税务总局举办的网站评比活动中再次名列第一，在北京市政府网站评比中连续六年被评为优秀网站。以服务奥运为宗旨，确保热线畅通，2008年12366热线共处理话务941704件。总结推广纳税服务工作经验，加强纳税服务制度建设：拓宽与纳税人沟通渠道，建立走访服务制度；贯彻落实纳税人座谈会制度，促进征纳关系的和谐发展；落实两个“减负”工作要求，加强办税服务厅规范化建设；加强纳税服务工作调研，指导全系统开展纳税服务工作；各区县局创造性开展纳税服务工作，探索卓有成效。组织纳税人满意度调查工作，完善外部监督机制，2008年度纳税人综合满意度达到91.95%。

（潘　蓉）

网站建设情况

【综述】北京地税网站是面向社会为纳税人提供服务的重要窗口，2008年，市地税局采取各项保障措施，确保奥运期间网站安全平稳运行，并积极创造条件，实现北京地税网站与纳税人密切沟通，协调各方，积极完善网站服务功能，为纳税人提供方便、快捷的网上服务，网站首页全年访问量达到1299万人次，各项工作得到了纳税人和社会各界的认可，连续六年在北京市政府网站评议中被评为“优秀网站”，在全国税务系统网站评比中再次名列第一。

（王小虎）

【北京地税网站在省级税务机关互联网站评估中排名第一】北京地税网站在国家税务总局组织的“省级税务网站评估”活动期间，积极开展网站自查工作，并下发《北京市地方税务局转发国家税务总局办公厅关于开展省税务机关互联网站评估的通知》。按照国家税务总局网站评估要求对需要新增及完善的栏目与18个相关处室进行协调，共同对北京地税网站进行完善。据统计，自查期间北京地税网站新增栏目17个，对40余个栏目内容进行完善，并新增加繁体版网页。通过各单位的努力，北京地税网站的内容进一步完善，提供的服务进一步丰富，北京地税网站在国家税务总局组织的2008年度省级税务机关互联网站评估活动中，在69个省级税务机关网站中再次蝉联第一。

（王小虎）

【北京地税网站在市政府网站评议中被评为优秀政府网站】在北京市纠风办、信息办组织的2008年度北京市政府网站考评工作中，北京地税网站因工作成效显著，被评为优秀政府网站。这是北京市地方税务局连续六年获此殊荣。

（王小虎）

【北京地税网站运转情况】根据纳税人的需求，北京地税网站通过4次改版，形成了由北京市地方税务局主页和22个处室、直属单位及24个区县局、分局、1个英文版网页、1个繁体版网页构成的大型专业税务网站，主页共设置栏目80余个并按功能划分为政务公开区、办税中心区、税务查询区、专题栏目区、子网站群区、政府信息公开专栏6大区域。全局共有网站维护人员800余人，2008年，共有 284380 人次使用网站维护管理信息系统对网站进行更新维护操作，平均每个工作日1300多人次；各单位自行上传发布各类信息、公告共69196条，总计 4852万余字；各单位提出各类网站更新维护需求共2472项，其中网页改版类87项，内容更新类1855项，增加栏目类99项，其他类431项。2008年，合计1366万人次访问北京地税网站首页。

（俎步皋）

【开展网络互动】北京市地方税务局注重加强与纳税人的日常交流互动，北京地税网站设立网上咨询、网上投诉、网上举报、留言板等多个栏目与纳税人进行互动交流，为纳税人排忧解难。2008年，共受理纳税人来信15926件，其中回复纳税人咨询问题12804件，受理举报和投诉685件，处理网上留言2145件，局长信箱来信292件，以上来信均已按规定时限和工作流程处理、回复纳税人。

（蔡　菁　王　哲）

【2008年北京市地方税务局共办理政风热线信件139件】 按照北京市政府要求开通政风行风热线后，在北京市地方税务局领导的高度重视和全系统的通力支持下，全部接收信件均在规定时限内签收并办理。2008年，继续配合北京市纠风办、信息办开展政风行风评议和督查评议活动。在受理并解决政策业务咨询、举报和投诉信件时件件答复详尽、清晰、公开、透明，并及时将纳税人的意见向相关部门反馈并提出改进建议，力争从根本上解决纳税人反映强烈的热点和难点问题。全年共接收政风热线来件139件，均在规定时限内签收并成功办理。纳税人反馈处理意见满意率98%，其中部分办理件被主管部门评为优秀办理件。

（薛 青）

【结合税收热点及时组织在线答疑】 2008年，在正常组织在线答疑的基础上，5月份发生汶川大地震后，考虑到向灾区捐赠如何税前扣除成为近期纳税人咨询的热点，5月21日，个人所得税处、企业所得税处、纳税服务中心相关工作人员做客北京地税网站，以“民生·税收·和谐——支持向汶川地震灾区捐款的所得税优惠政策答疑”为主题开展在线答疑活动，就广大纳税人特别关注的抗震救灾捐款优惠政策予以介绍。据统计，网友提出问题144个，做客嘉宾在线即时解答51个，答疑期间共有3343人次在线浏览，因时间原因未能当场解答的问题，活动结束后在网站公布答案。

（组步皋）

【强化网站监管职能】 为方便纳税人及社会各界了解相关企业情况，在北京地税网站设置欠税户查询、非正常户查询、税务登记证件失效户查询、税务登记证件违法户查询、纳税千强查询、纳税信用A级企业查询等栏目。2008年共发布17851条非正常户信息、476119条税务登记证件失效户信息、71条税务登记证件违法户信息、1000条纳税千强企业信息、2093条纳税信用A级企业信息、60条欠税户信息。

（组步皋）

【做好国家税务总局互联网站地方频道内容保障工作】 积极做好国家税务总局网站地方频道内容保障工作，2008年共更新工作动态类信息78条，税收法规类信息97条，纳税申报、税款征收、涉税资料报备管理等其他信息49条。

（组步皋）

【采取各项保障措施，确保奥运期间网站安全平稳运行】 北京市地方税务局在奥运会举办前夕认真开展网站自查工作，对北京地税网站进行全面检查，严格规范网站信息发布平台和北京地税邮箱的管理和使用，排除存在的各种隐患，并制定了相应的应急响应预案和工作制度，以期做到遇到问题及时解决。奥运会、残奥会举办期间，按照北京市政府信息办要求，制定实施网站值班制度，每周七天24小时手机开机，随时待命，并实时监控网站运转情况，确保了北京地税网站全年安全平稳运行。

（纽步皋）

12366服务热线情况

【综述】北京地税12366热线是北京市地方税务局直接面向纳税人的重要窗口。2008年，北京市地方税务局以服务奥运为宗旨，强化人员培训，不断提升服务意识和业务素质，确保热线接通率，并及时反馈信息，为税收政策执行提供有力保障，全力以赴确保奥运服务工作高效、安全，全年共处理话务1030991件。纳税服务中心被评为“北京市非紧急救助服务系统服务奥运优秀单位”，两位工作人员被评为“北京市非紧急救助服务系统服务奥运先进个人”。

（王小虎）

【全力以赴确保奥运服务工作高效安全】作为北京市非紧急救助服务北京市地方税务局分中心，按照《北京市非紧急救助服务中心奥运服务工作手册》《服务奥运工作任务书》下达的服务保障任务，奥运期间，针对热线实际工作状况，北京市地方税务局组织落实工作分工并提出各项服务标准，12366热线全体人员以饱满的热情投入到奥运服务中。一是开展社会风险信息监测排查工作，按照北京市非紧急救助服务中心要求对所有来电实行全天监控，提高特殊时期的敏感性，坚持每天全员统计、集中分析、逐级汇报，做到发现问题早、汇报问题及时、解决问题主动，有效地控制和消除各类问题及隐患。二是坚持做到文明服务、耐心受理、详细记录、有理有据做好解答工作，对敏锐性问题或态度极端的纳税人，采取主动与纳税人沟通的方式，积极协调解决问题，及时反馈处理结果，有效地化解矛盾，确保了奥运服务工作高效、安全。

（薛　青）

【坚持电话回拨制度】为提高12366北京地税热线服务的质量，提高热线接通率，向广大纳税人提供满意、到位的纳税服务，北京市地方税务局建立12366北京地税热线回拨制度。根据通话记录，对多次拨打电话未接通人工咨询的纳税人，热线工作人员主动回拨电话，为纳税人提供咨询服务。本年度共主动回拨电话66810件。

（薛　青）

【做好信息反馈工作】 为充分发挥热线在税务机关与纳税人之间的纽带作用，及时将税收征管工作中出现的新情况、新问题、新成绩、新经验，纳税人提出的建议和意见,反馈给有关部门，纳税服务中心继续贯彻执行信息反馈制度。反馈制度的执行为各部门掌握情况、进行决策提供了有效依据。 本年度共反馈信息31条,内容涉及税收政策、信息系统、国标税控机应用等方面，纳税人的大部分建议已经得到有效落实，促进了北京地税纳税服务工作整体水平的不断提高。

（李京宇）

【推广远程坐席】 按照国家税务总局加强咨询服务管理的要求，为向纳税人提供规范、高效、热情的咨询服务，结合各区县局、分局实际情况，陆续设立热线远程坐席169个，形成了覆盖全市范围的电话咨询服务网络；同时加强对远程坐席工作人员的培训，规范远程坐席的工作职责、工作流程及人员要求，将全市对外咨询电话逐步纳入规范化管理，促进全市电话咨询服务水平的不断提高。本年度远程坐席自行接听处理话务276884件。

（周　聪）

【热线全年人工受理情况】 2008年，12366热线中心坐席工作人员接听处理334923件（含主动回拨话务66810件），远程坐席工作人员自行接听处理话务276884件。按业务类型划分：纳税咨询551284件，举报投诉8203件，所有话务均已按照规定时限、程序处理答复或转交相关部门办理。按咨询问题的内容分，申报办税类问题30%，税收政策类问题38%，税收法制类问题0.5%，涉及发票类问题7%，其他类咨询问题24%。按咨询问题所涉及的税种分：个人所得税30%，车船使用税31%，营业税10%，企业所得税7%，契税7%，印花税4%，房产税2%。

（李京宇）

【热线系统全年自动处理运行情况】 12366北京地税热线系统提供24小时系统自动受理服务，纳税人可以通过系统的发送传真功能和播放录音功能获取自己所需要的税收资料，通过留言和传真方式提交资料，随时查询发票真伪和个人所得税明细申报状态以及进行电话报税。2008年，热线系统自动处理话务419184件，其中包括：语音留言889个，接收传真1199件，纳税人收听语音咨询43710次，索取传真4606件，受理发票查询70190次，个人所得税明细申报查询1776次，电话报税28541次。

（周　聪）

其他纳税服务工作情况

【加强办税服务厅规范化建设】 办税服务厅是反映税务机关减轻纳税人负担实际成效的窗口，加强办税服务厅规范化建设是提高服务质量的有效载体，是构建和谐征纳关系的重要内容。在充分调研和广泛征求意见的基础上，制定《北京市地方税务局关于进一步加强办税服务厅规范化建设的意见》，从建立和完善办税服务厅的各项工作制度入手，在领导机制、管理机制、突发事件应急处理机制和绩效考核机制等方面逐步建立起长效发展机制，确保办税服务厅的服务质量和效率。同时，按照《国家税务总局关于统一使用办税服务厅标识有关问题的通知》（国税发〔2008〕29号）要求，如期完成21个区（县）分局机关办税服务厅全国统一标识的制作和安装工作。

（赵　玮）

【贯彻落实纳税人座谈会制度】 纳税服务中心和征管处联合召开两个座谈会，一个是以“优化服务环境 促进和谐征纳关系”为主题的纳税人座谈会和以“落实科学发展观 更好地为纳税人服务”为主题的部分区县局纳税服务工作研讨会，分别从纳税人的角度和基层税务机关的角度来探讨目前纳税服务工作存在的问题，广泛征求纳税人和基层对北京市地税局工作的意见和建议。2008年，全系统各单位共举行纳税人座谈会141次，对纳税人反映的问题，均给予答复，达到了很好的沟通效果，促进了征纳关系的和谐。

（赵　玮）

【制定为奥运服务的工作措施】 为创造良好的税收服务环境，以更高的标准、更优质的服务做好迎接奥运会的准备工作，在转发《国家税务总局关于加强奥运会、残奥会期间纳税服务工作的通知》的同时，制定加强奥运会、残奥会期间纳税服务工作的各项措施，特别是推出了优先服务、预约服务、延时服务、提醒服务等多样化纳税服务方式。各区县局、分局严格按照要求执行领导带班制度，做好应急预案，确保奥运会、残奥会期间纳税服务工作的规范有序。

（赵　玮）

【加强纳税服务工作调研】 按照副局长任军提出的调研思路，在西城、丰台、石景山、顺义区地税局等的共同参与和努力下，完成副局长任军主持的纳税服务重点调研课题《在科学发展观的指引下，实行分类服务，促进纳税遵从的研究与思考》，对下一步纳税服务工作如何更加贴近纳税人需求，提供个性化分类服务给出了工作思路和具体建议。另外，分别就乡村纳税服务志愿者活动的开展情况、办税公开的实践情况进行调研和总结，深入调查工作现状和存在的问题，并对进一步推进办税公开和纳税服务志愿者活动提出了可行性建议，同时作为督查督办反馈意见呈报给办公室。

（赵　玮）

【出版《12366北京地税热线问答5》】 为及时贯彻落实新的政策精神，搭建良好的业务沟通平台，在积极参加各处室组织的业务培训后，先后开展20多次业务会商，不仅及时将政策贯彻落实下去，而且针对新政策按照各处室的培训内容进行了详细的讲解。2008年企业所得税、车船税、发票等政策调整后，针对纳税人关注的热点问题，专门邀请相关处室对热线咨询人员进行业务培训，取得良好的效果。同时，在各有关处室的继续支持下，编辑完成《12366北京地税热线问答5》共计10万余字，并印制6000册下发各区县局、分局。

（赵　玮）

【开展2008年度纳税人综合满意度调查】 按照“追求卓越年”的总体思路，为努力营造依法征收、诚信纳税的和谐税收环境，北京市地方税务局继续采取公开招标的形式，委托专业调查公司开展了2008年度“纳税人满意度调查暨征询纳税人意见工作”。满意度调查由办税人员满意度调查、纳税人高层满意度调查和对办税场所暗访调查三部分组成，调查内容主要包括办税服务质量与效率、信息及税法宣传服务、咨询服务及首问责任制、纳税服务场所满意度等方面。同时对试行个人所得税全员全额扣缴申报，落实国家税务总局推广应用税控收款机加强税源监控等北京地税2008年开展的重点工作，进行有针对性的调查，区分政策性和人为性的因素，力求使调查结果更加全面地反映纳税人对税务机关的评价。针对不同的调查对象，分别设计侧重点不同的调查问卷，调查题目设置以与纳税人联系较多的工作环节为主，强调针对性、互动性和调查深度，在调查纳税人对税务机关工作是否满意的同时，注重收集了解纳税人对税务机关改进工作的具体意见和建议。通过对10201份有效调查问卷的统计，2008年度纳税人综合满意度达到91.95%。

（王小虎）

纳税评估

纳税评估工作

【综述】 2008年，全市地税系统共对12万户纳税人履行纳税义务的情况进行了纳税评估，继2006年评估户数实现206%的跨越式增长后连续第三年保持10万户以上。全年补缴税款、滞纳金和罚款共计9.6亿元，同比增加1.4亿元，同比增长17%。

（李春霞）

【召开纳税信用A级企业及荣誉纳税人座谈会】 年内，北京市地方税务局分别在朝阳区和海淀区召开了全市纳税信用A级企业及荣誉纳税人座谈会，邀请北京市房地产与高科技行业中的纳税信用A级企业的代表以及部分2007年度北京市地方税务局荣誉纳税人参会座谈。红石建外、长安俱乐部、燕山石化、微软（中国）等51家知名企业负责人与影视明星濮存昕等10位荣誉纳税人，围绕“税收·发展·民生”的宣传月主题进行了座谈，共同为更好营造首都经济环境出谋划策。此外，协调市国税局，积极开展2008—2010年度北京市纳税信用A级国地税联合评定工作。

（李春霞）

【深化纳税评估告知】 年内，北京市地方税务局向全市正常缴税纳税人（个体工商户除外）全面发放《企业缴税情况通知书》，除告知纳税人所缴纳税款的类型、数额、用途之外，按年度纳税金额大小对纳税人进行辖区内纳税排名，感谢纳税人为首都发展作出的贡献。此举体现了对纳税人的尊重与肯定，有利于对政府依法用税行为的监督，引起强烈的社会反响，《北京日报》等多家重要媒体给予了高度评价。

（李春霞）

【完善纳税评估制度】 年内，纳税评估工作继续以全面完善和推进纳税评估制度建设为核心展开，修订三项评估核实办法，具体内容包括：（1）在《纳税评估税务函告实施办法（试行）》中首次明确税务机关可以通过网络的方式告知纳税人相关涉税问题与事项。（2）在《税务约谈实施办法（试行）》增设“集体约谈”内容，明确税务机关可以约请单个或多个纳税人到税务机关面谈，从而将“集体约谈”作为税务约谈的一种形式正式纳入约谈范畴。（3）对此次修订中涉及的相应文书进行调整，增设《集体税务约谈记录》等新文书，废止《纳税事项建议书》。（4）就基层单位反映的有关纳税评估操作规范性问题在此次修订工作中一并予以明确，使得基层评估人员的日常工作科学化、程序化、规范化。

（李春霞）

【提升纳税评估信息化应用水平】 为加大对税源的管理力度，进一步完善评估软件指标体系，在原有5大类21项日常评估指标的基础上，将日常评估指标由按征管环节设置改为按税种设置，修改后新指标包含流转税类、所得税类、财产税类、规费类、提请评估类五大类，使评估对税源管理的目标更加明确，方法更加有效。

（李春霞）

【研制开发行业纳税评估模型】 与中国人民大学金融与财税电子化研究所联合成立以副局长郝硕博任组长，北京市地方税务局评估处以及区县局相关人员为小组成员的纳税评估综合分析课题研究项目组，研究建立纳税评估相关综合分析方法和指标体系，加强对纳税评估工作的组织领导，形成纳税评估工作和指标开发工作统一互动局面，同时加强纳税评估干部的培训和培养工作，在实际工作中选拔长期固定的具有攻坚能力的评估骨干保障指标开发地进行。

（李春霞）

税务检查

税务检查工作

【综述】2008年，全市各级税务稽查机构深入学习实践科学发展观，坚决贯彻落实国家税务总局和市局党组的决策部署，团结协作、无私奉献，较好地完成了年度各项稽查工作任务。确立“三个一”的总体要求。税务稽查工作坚持服务“一个大局”，即坚持服务于构建和谐税收、和谐社会首善之区的大局；围绕“一个中心”，即紧紧围绕整顿和规范税收秩序的工作中心；实现“一个目标”，即努力实现提高纳税遵从度，促进社会和谐发展的目标。指出税务检查工作要狠抓的“两个重点”——组织税收专项检查、查处税收违法案件和“四项建设”——组织建设、基础建设、能力建设和队伍建设。实现稽查工作的合法性与合理性相结合，法律效果、社会效果和政治效果的有机统一。全年共立案检查纳税人3959户，发现有问题3306户，查补收入86291.5万元，其中税款76245.44万元，滞纳金6932.22万元，罚款5093.76万元；组织入库81842.06万元，其中税款65024.02万元，滞纳金9244.8万元，罚款7574.44万元。全市稽查人员人均查办案件3.83户，人均查补税款83.37万元。一是全面推广《税务稽查案件管理系统》，结合系统应用，制定《税务稽查案件管理系统应用管理办法》，细化案源、实施、审理和执行各环节和各岗位的职责，规范系统操作，成为基层单位应用系统的制度规范和操作指南。加强数据管理工作，提高数据质量，通过稽查报表的统计数据与系统中的案件进行核对，协助各稽查局对系统中的错误数据进行整理、对缺失数据进行补录，并确保统计分析的真实、准确。加强对区县局系统应用的指导，对各稽查局在系统应用中容易出现问题和操作不熟练的环节进行辅导，尽早解决由于使用不规范造成的系统流程不顺畅等问题。二是按照国家税务总局工作部署，在全市开展打击虚假注册公司骗购、虚开、非法代开发票，利用手机短信、网络邮件、电话传真、街头小广告等手段发布贩卖发票信息以及贩卖、兜售假发票违法犯罪活动的税收专项整治活动。三是2008年涉税举报工作的要求是：继续以“阳光稽查”为载体、以“涉税举报无小事”的工作态度，重点做好加强宣传、健全制度、严格执法、强化管理、加强协调、提高素质、规避风险等各项工作，充分发挥涉税举报的桥梁和纽带作用。着重做好加大税法宣传力度，加强举报案件分类和追踪反馈管理，依法查办、防范风险，完善举报制度体系，建立部门协作机制等项工作。四是各级稽查局对重大税务违法案件的查处工作高度重视，认真贯彻落实重大案件管理有关制度，有效提高重大税务违法案件的查处质量和效率。通过对涉税违法案件的有力查处，捍卫了税收法律法规的尊严，有力震慑了涉税违法犯罪分子。五是为各级稽查机构提供快捷、准确的案源，有力地配合总局和公安机关专案的查办及兄弟省市涉税案件的查处工作。不断推进税收情报和反避税工作，并加强涉税问题及典型案件的调查研究工作。

（毛　杰）

【税收专项整治行动】 按照国家税务总局和公安部的联合部署，全市开展打击制售假发票和非法代开发票专项整治行动。市局成立专项整治领导小组，提出“破大案、打团伙、捣窝点、破网络”的整体工作目标和要求，确定此次专项整治行动的重点是摧毁制造、贩卖假发票犯罪团伙，捣毁制售假发票的窝点，打击非法代开发票的行为；重点整治地区是北京火车站、北京西站、海淀中关村、朝阳CBD、东直门、西直门等兜售假发票现象较为突出的地区。全市稽查系统配合公安部门共成功地捣毁了35个较大的贩卖假发票窝点和8个贩卖假发票团伙，共抓获104名犯罪嫌疑人，收缴各类发票共1154712份，起获各类私刻印章2265枚，收缴作案设备工具180多台套，收缴赃款186759.4元，查补税款3.7万元。

（华　方）

【税收专项检查】 各稽查局在组织开展税收专项检查中，严格按照北京市地方税务局2008年税收专项检查工作的通知要求，坚持查前培训与检查相结合，企业自查和重点稽查相结合，对发现的征管薄弱环节和税收政策缺陷，及时提出了强化征管和堵塞漏洞的有效措施，建立起“以查促管、以查促查”的长效机制，不断提高纳税人依法纳税的自觉性和遵从度，创建公平和谐纳税环境。全市共立案检查2048户（含总局确定的指令性和指导性的6个行业），已检查结案1589户，其中检查发现有问题企业1266户，检查有问题率79.67%，共计查补税款27007万元、加收滞纳金2182万元、处以罚款538万元，合计组织收入29727万元，已入库31573万元。

（孟　刚）

【涉税案件举报】 在各区县局、分局、各处室的大力支持下，全体稽查人员团结协作、无私奉献，维护了首都正常的税收秩序，提高了纳税人的纳税遵从度，有力打击各类税收违法活动，为完成税收中心任务做出了重要贡献。全年，全市各级税务违法案件举报中心共受理涉税举报案件7967件，其中北京市地方税务局受理6420件，占全市受理案件总数的80%。分局受理1547件，占全市受理案件总数的20%。依据举报线索，全市地税系统共对2898件进行立案检查、评估约谈和征管核查，检查结案2510件，结案率为86%。检查有问题1149件，有问题率为46%。应补税款11266万元，滞纳金1964万元，罚款1858万元，滞补罚合计15088万元。按照规定奖励举报人9人，支付举报奖励0.55万元。

（旦启明）

【重大案件管理】 在总局稽查局、北京市地方税务局党组的正确领导下，检查处组织和协调，对一批有影响的重大涉税违法案件进行了查处，取得了案件查处工作的新突破，受到了中纪委、国家税务总局和北京市委市政府等上级领导机关的表彰。从2008年重大涉税违法案件的受理督办、组织实施和检查处理情况反映出全市承办和管理重大涉税违法案件的特点和趋势是：督办要求更加严格，受理承办相对集中；组织形式更加严密，查处工作投入巨大；检查要求更加具体，定性处理风险突出。2008年北京市地方税务局共受理督办中纪委、公安部、国家审计署、国家税务总局、北京市委市政府等上级部门交办以及北京市公安局等兄弟单位转办的重、特大涉税违法案件52件，已查结22件、在查30件。全系统共上报《重大案件情况报告表》103份，查补税款49129万元，加收滞纳金3534万元、罚款710万元，合计53373万元，其中，查补税款额度在5000万元以上的案件1件，1000万元以上的案件14件，500万元以上的案件9件，100万元以上的案件40件，50万元以上及特殊性质案件39件；定性为应缴未缴的案件90件，定性为偷税的案件6件，移交公安机关处理的案件3件。

（华　方）

【税收情报和反避税】 参加了总局国际司情报处组织的情报交换工作研讨会，就现行情报交换工作所用文书的英文函件进行修改并提出完善意见，进一步提高了税务系统情报交换的意识和自动情报利用率；参加国际司反避税处组织的OECD反避税培训，学习国际先进的工作办法，丰富专业知识和反避税调查技巧，为在地税系统深入开展反避税奠定了基础。不断加强对自发和专项情报的督查督办，对于核查结果不全面、缺少相关证据资料的案件，及时要求承办单位继续补充调查取证，使情报核查质量得到进一步提高。2008年共承办外来的自发和专项情报9份、自动情报两批共613份。已查结并回复总局自发及专项情报共6份。

（马　昕）

【税收协查】 税务协查工作按照稽查年度工作会议要求，在各级领导的高度重视、各稽查局的大力支持和努力工作下，全系统协查网络的畅通，协查工作开展顺利，协查质量上明显提高，为各级稽查机构提供快捷、准确的案源，有力地配合总局和公安机关专案的查办及兄弟省市涉税案件的查处工作，对协查案件的圆满结案发挥了积极的作用。全年，北京市地方税务局共接收国家税务总局、公安机关和外省市税务机关要求开展案件协查的协查函150件，接待外省市来人调查20人次；按照来函（来人）要求组织开展对514户纳税人、1567张发票的涉税调查，完成408户并将协查结果回复来函单位；向外省市税务机关发出协查函29件，要求对44户企业进行协查。在开展交通运输业发票核查工作中，北京市地方税务局共转办565户次纳税人、1480张发票的核查。

（孟　刚）

【业务培训】通过加大教育培训投入力度，组织开展分层次分阶段稽查干部全员教育培训、开展税收专项整治活动、税收专项检查的查前培训和案件查处过程中的以查带训等工作，强化稽查人员的廉政意识、责任意识、风险意识、危机意识和法律意识，重点提高一线稽查人员的税收政策水平、查账技能、法律素质、防范执法风险能力和电子税务稽查能力。

（毛　杰）

案　例　举　要

案例1：某建筑设计有限公司虚开发票隐匿收入偷税案

该案件为国家税务总局督办的举报案件。根据总局工作安排，及时成立了专案组，于2008年03月03日—05月27日对某建筑设计有限公司1996年01月01日—12月31日的有关涉税问题进行了检查。按照总局提出的“只针对国税局移交发现问题进行核实，不扩大检查面”的工作要求，专案组针对国税局专案组移交资料中提出的该公司1999—2002年的有关涉税问题进行重点检查。

一、企业基本情况

1. 自然情况

该单位成立于1996年11月15日，经济性质为中外合资经营企业，注册资金40万美元，法人代表：××。经营范围为承接中国境内及境外的工业与民用建筑设计、建筑装饰工程的设计以及与上述业务相关的工程技术咨询，注册地点：北京市××区××街××大厦一层，营业执照号：企合京总字第××号，税务登记证号：××，开户银行：××，账号：××，在地税局缴纳的税种有营业税、个人所得税、城市房地产税、印花税、车船税。

2. 纳税情况

该单位1999—2002年各税申报缴纳情况:

企业所得税：该单位1999—2002年申报企业所得税均为：0.00元。

营业税：（1）该单位1999年1—12月申报营业收入2383756.67元，申报缴纳营业税119187.83元。（2）该单位2000年1—12月申报营业收入4973838.00元，申报缴纳营业税248691.90元。（3）该单位2001年1—12月申报营业收入6042983.00元，申报缴纳营业税302149.15元。（4）该单位2002年1—12月申报营业收入11448946.00元，申报缴纳营业税572447.30元。

印花税：（1）该单位2000年申报缴纳印花税5000元。（2）该单位2001年申报缴纳印花税20000元。（3）该单位2002年申报缴纳印花税40000元。

车船税：（1）该单位1999年申报缴纳车船税466.68元。（2）该单位2000年申报缴纳车船税1400元。（3）该单位2001年申报缴纳车船税1400元。（4）该单位2002年申报缴纳车船税1200元。

城市房地产税：（1）该单位1999年申报缴纳城市房地产税1455.05元。（2）该单位2000年申报缴纳城市房地产税1455.05元。

二、检查情况

检查过程中，专案组主要采用了调账检查、外调取证等稽查方法。专案组首先调取了被查公司10年的账簿、凭证及有关资料，同时针对国税局专案组移交资料中提出的该公司存在涉税疑点的发票进行外部取证。经过与北京××房地产开发有限公司、北京××房地产开发有限公司、北京××开发股份有限公司、北京××物业开发有限公司、北京××房地产开发有限公司五家公司的往来发票进行核实，发现这五家公司入账票据均为大额设计费，而被查公司的入账票据均为无抬头的小额晒图费，据此证实了被查企业采用开具“阴阳票”手段少计收入，偷逃国家税款违法事实。为保证证据确凿，专案组又对被查公司及上述五家关联公司的银行账户收付款情况进行外部取证，从七家银行调取到的相关资料证实，上述五家关联公司已按收到发票的金额全额付款，且被查公司也据实收到了全额款项，证明被查公司存在虚开发票，故意隐匿收入的违法行为。

1. 营业税的检查情况

该单位1999—2002年取得的收入记入“营业收入”科目，二级科目为设计收入、晒图收入。

该单位1999—2002年共向北京××房地产开发有限公司等5家公司开具43张无台头发票，并以小额晒图费入账。经检查人员与此五家公司核实，发现这五家公司入账票据均为大额设计费，证实了被查企业采用开具“阴阳票”手段少计收入，隐瞒营业税应税收入，少缴纳营业税。具体情况如下：

（1）该单位1999—2002年向北京××房地产开发有限公司共开具15张发票，外调企业发票联记载项目为设计费，付款金额总计29254050元。该单位发票记账联项目为晒图费，以现金形式入账，入账金额为45659元。

（2）该单位1999—2002年向北京××房地产开发有限公司共开具17张发票，外调企业发票联记载项目为设计费，付款金额总计12839600元。该单位发票记账联项目为晒图费，以现金形式入账，入账金额为30755元。

（3）该单位1999—2002年向北京××开发股份有限公司共开具6张发票，外调企业发票联记载项目为设计费，付款金额总计7200000元。该单位发票记账联项目为晒图费，以现金形式入账，入账金额为17912元。

（4）该单位1999—2002年向北京××物业开发有限公司共开具3张发票，外调企业发票联记载项目为设计费，付款金额总计2931388元。该单位发票记账联项目为晒图费，以现金形式入账，入账金额为3950元。

（5）该单位1999—2002年向北京××房地产开发有限公司共开具2张发票，外调企业发票联记载项目为设计费，付款金额总计2591290元。该单位发票记账联项目为晒图费，以现金形式入账，入账金额为5396元。

通过对以上43张票据的检查证实，该单位1999—2002年四个年度累计少计收入54712656元，少缴营业税2735632.80元。

经检查，该单位1999—2002年四个年度账簿记载收入24849523.67元，少计收入54712656元，应缴纳营业税3978108.98元，已缴纳营业税1242476.18元，应补缴营业税2735632.80元。

2. 发票检查情况

该单位存在将发票各联分开填写不同内容的行为，属于违反《中华人民共和国发票管理办法》的规定开具发票的行为。

三、处理意见和依据

对少缴纳营业税问题的处理意见

1. 应补缴营业税

根据《中华人民共和国营业税暂行条例》第一条规定“在中华人民共和国境内提供本条例规定的劳务（以下简称应税劳务）、转让无形资产或者销售不动产的单位和个人，为营业税的纳税义务人（以下简称纳税人），应当依照本条例缴纳营业税。”

根据《中华人民共和国营业税暂行条例实施细则》第二条规定“条例第一条所称应税劳务是指属于交通运输业、建筑业、金融保险业、邮电通信业、文化体育业、娱乐业、服务业税目征收范围的劳务。”

对该单位少计收入54712656元，少缴纳营业税2735632.80元，应补缴营业税2735632.80元。

2. 滞纳金的加收

根据《中华人民共和国税收征管法》第三十二条规定“纳税人未按照规定期限缴纳税款的，扣缴义务人未按照规定期限解缴税款的，税务机关除责令限期缴纳外，从滞纳税款之日起，按日加收滞纳税款万分之五的滞纳金。”

根据法律规定“实体从旧、程序从新”的原则分段计算结果：1999年1月1日—2001年4月30日按2‰计算，2001年4月30日—2002年12月31日按0.5‰计算，合计滞纳金为：3546699.76元。

偷税比例的计算

单位：元

年度	偷税额	应纳税额	偷税比例	罚款
1999	143999.50	265109.06	54.32%	71999.75
2000	510788.00	767334.95	66.57%	255394.00
2001	963312.65	1286861.80	74.86%	481656.33
2002	1117532.65	1731179.95	64.55%	558766.33
合计	2735632.80	4050485.76	67.54%	1367816.40

应纳税额计算表

单位：元

税种＼年份	1999	2000	2001	2002
营业税	263187.33	759479.90	1265461.80	1689979.95
城市房地产税	1455.05	1455.05	0.00	
车船税	466.68	1400.00	1400.00	1200.00
印花税	0.00	5000.00	20000.00	40000.00
企业所得税	0.00	0.00	0.00	0.00
合计	265109.06	767334.95	1286861.80	1731179.95

3. 违法行为的定性及处理意见

根据《中华人民共和国税收征管法》第六十三条第一款规定“纳税人伪造、变造、隐匿、擅自销毁账簿、记账凭证，或者在账簿上多列支出或者不列、少列收入，或者经税务机关通知申报而拒不申报或者进行虚假的纳税申报，不缴或者少缴应纳税款的，是偷税。对纳税人偷税的，由税务机关追缴其不缴或者少缴的税款人、滞纳金，并处不缴或者少缴的税款百分之五十以上五倍以下的罚款；构成犯罪的，依法追究刑事责任。”

该单位1999—2002年以分联填开发票的形式，共对外开具43张大额设计费发票，并以小额晒图费入账，隐瞒营业税应税收入54712656元，少缴营业税2735632.80元。该单位的上述违法事实清楚，应定性为偷税。

同时对其行为造成的少缴的营业税款处0.5倍的罚款，罚款金额1367816.4元。

根据《中华人民共和国税收征管法》第七十七条规定“纳税人、扣缴义务人有本法第六十三条、第六十五条、第六十六条、第六十七条、第七十一条规定的行为涉嫌犯罪的，税务机关应当依法移交司法机关追究刑事责任。” 以及《中华人民共和国刑法》第二百零一条、北京市地方税务局税务违法案件移送管理办法（试行）第三条规定“……（一）偷税　1. 偷税数额在1万元以上，并且偷税数额占当年全税种应纳税总额10%以上的；……”

对该案件进行移送。

对违反开具发票的处理意见：

根据《中华人民共和国发票管理办法》第三十六条第三款规定：“违反发票管理法规的行为包括:（三）未按照规定开具发票的；……对有前款所列行为之一的单位和个人，由税务机关责令限期改正，没收非法所得，可以并处1万元以下的罚款。”

《中华人民共和国发票管理办法实施细则》第四十八条规定：“（二）单联填开或上下联金额、增值税销项税额等内容不一致；（三）填写项目不齐全……”

对该单位未按规定开具发票行为处以1万元罚款。

四、案例分析

1. 本案中涉税公司为了积累财富，增加利润，从税收上下手，利用违法开具发票的手段隐匿收入造成少缴税款。

2. 在本案中涉税公司从账目表面上看非常规范，先后逻辑清晰，其总账、明细账、记账凭证数据一致，且已按账面金额全额缴税，在这样的情况下，税务人员如何查找检查切入点是关键。本案中专案人员从涉税公司的经营性质入手核查，设计公司其正常收入应为设计费收入，而涉税公司 “营业收入”中的晒图收入却发生次数较多，经查阅相关凭证发现所有的晒图收入所附发票均未写明收票单位（付款单位）名称，在无从查证的情况下，专案组人员通过设计合同，将合同签署方锁定为外调目标进行外部取证，最终取得可喜成果。因此，涉税公司的各类协议、合同都可能是破案线索，不可忽视。

3. 本案中涉税公司的入账票据均为无抬头的小额晒图费，而收票单位的入账票据均为大额设计费，此种虚开发票的行为在税控机使用之前多有发生，是企业利用发票偷税的惯用手法。但在税控机使用时代，也应严格对发票开具情况进行监管，防止反复手动打印行为。

从目前的稽查角度来看，企业存在偷漏税行为，大部分还是为了追求利润的最大化，而发票使用的广泛性使其成为违法企业偷漏税下手的渠道。通过本案的查处，提示税务稽查部门应重视纳税人购领、使用发票环节中存在的税收漏洞，通过加强对原始经济凭证的审查，严肃发票管理事后监督工作，堵住偷税的道路。

可喜的是，2008年，国家税务总局举全国之力打击发票偷漏税行为，重拳打击开具假发票的窝点，并取得的可喜的成绩，我们相信通过各级税务机关的努力，必能成功构建诚信和谐的纳税环境！

案例2：某公司未按规定缴纳税款案

该案是一起举报案件，于2008年1月31日—05月26日对某企业2006年01月01日—2007年12月31日缴纳的地方各税实施了税务检查。检查中采取了全查法、调查取证与交流相结合的方法，具体情况如下：

一、案件基本情况

该公司于1999年5月注册开业，为外资（独资）企业，注册资本：50万欧元，2004年4月增资为120万欧元。在地税局缴纳的税种有营业税、个人所得税、印花税、车船使用牌照税。

根据纳税人举报，该公司某员工持有美国绿卡，具有美国及中国双重身份，个人年收入400多万元人民币，全部工资、奖金和从供应商收取的好处费都通过德国、美国以及中国香港和其他海外途径支付，在国内未缴过个人所得税。

根据这一疑点北京地税局稽查局对该企业及被举报人立案实施税务检查。

二、举报问题及检查情况

1. 就举报人提出的疑点，检查人员进行了核实，通过被查企业提供的情况了解到，被举报人为美籍华人，因业务的需要负责亚太地区的业务，并负责协调该企业与总公司及海外其他公司业务及运营工作，被查期间被举报人未在该企业担任职务，也未在该公司取得任何工资薪金性质收入，其个人所得各项收入均来自境外及中国香港等地，并在境外按照当地规定缴纳个人所得税。据了解被举报人2006—2007年在华停留均超过183天，根据中国税收相关规定，此人在境内期间从境内境外取得个人工资薪金所得均应在中国境内申报缴纳个人所得税，被举报人在中国其他地方取得应税收入已委托中介机构负责申报纳税，鉴于该企业对被举报人的工资薪金无代扣代缴个人所得税的义务，责成被举报人对其少报漏报税款按规定自行申报补缴个人所得税及滞纳金等。同时根据检查要求对该公司2006—2007年纳税情况实施了检查。

2. 对该公司纳税情况的检查发现如下问题：

个人所得税：经对该公司2006—2007年个人所得税纳税情况的检查发现，在此期间该公司为员工投保商业保险及以现金的形式发放差旅费补贴，未合并个人工资薪金计算缴纳个人所得税，2006年少缴个人所得税52166.64元，2007年为员工投保商业保险及以现金的形式发放差旅费补贴，少缴个人所得税53037.41元，2006—2007年合计少缴个人所得税105204.05元。根据《中华人民共和国税收征收管理法》第五十二条第二款的规定，检查人员对该公司2003—2005年纳税情况延伸检查，发现2003—2005年为员工投保的商业保险及以现金形式发放的出差补贴未合并工资薪金代扣代缴个人所得税，2003—2005年共计少缴个人所得税177214.4元，2003年1月—2007年12月该公司共计少缴个人所得税282418.45元。

印花税：在税务检查中，检查人员对该公司各类应缴纳印花税合同、账簿、注册资金等进行了审核，该公司1999年5月成立注册资金50万欧元（欧元兑人民币汇率1：8.9306），已缴纳印花税2233元，检查中，根据被查单位提供的资料，检查人员发现2004年4月该公司注册资本增资70万欧元升至120万欧元，增资70万欧元（欧元兑人民币汇率1：10.3383）部分未申报缴纳印花税，少缴印花税3618.41元。

三、处理意见及依据

个人所得税：对该公司2003—2007年为员工投保商业保险及以现金形式发放差旅费补贴未合并工资薪金代扣代缴个人所得税问题，根据《中华人民共和国个人所得税法》第二条第一款第一项："下列各项个人所得，应纳个人所得税：工资、薪金所得"、根据《中华人民共和国个人所得税法实施条例》第八条第一款第一项："税法第二条所说的各项个人所得的范围：工资、薪金所得，是指个人因任职或者受雇而取得的工资、薪金、奖金、年终加薪、劳动分红、津贴、补贴以及与任职或者受雇有关的其他所得。"根据《北京市地方税务局转发〈国家税务总局关于单位为员工支付有关保险缴纳个人所得税问题的批复〉的通知》（京地税个〔2005〕204号），《国家税务总局关于单位为员工支付有关保险缴纳个人所得税问题的批复》（国税函〔2005〕318号），依据《中华人民共和国个人所得税法》及有关规定，对企业为员工支付各项免税之外的保险金，应在企业向保险公司缴付时（即该保险落到被保险人的保险账户）并入员工当期的工资收入，按“工资、薪金所得”项目计征个人所得税，税款由企业负责代扣代缴的规定，根据《国家税务总局关于贯彻〈中华人民共和国税收征收管理法〉及其实施细则若干具体问题的通知》（国税发〔2003〕47号）第二条第三款“扣缴义务人违反征管法及其实施细则规定应扣未扣、应收未收税款的，税务机关除按征管法及其实施细则的有关规定对其给予处罚外，应当责成扣缴义务人限期将应扣未扣、应收未收的税款补扣或补收”的规定，责成该公司补扣个人所得税282418.45元。

印花税：对该公司增资部分应缴未缴印花税的问题，根据《中华人民共和国印花税暂行条例》第一条：“在中华人民共和国境内书立、领受本条例所列举凭证的单位和个人，都是印花税的纳税义务人（以下简称纳税人），应当按照本条例规定缴纳印花税。”以及根据《中华人民共和国印花税暂行条例施行细则》第八条 记载资金的账簿按固定资产原值和自有流动资金资金总额贴花后，以后年度资金总额比已贴花资金总额增加的，增加部分应按规定贴花。根据京税三〔1994〕190号文件转发国家税务总局《关于资金账簿印花税问题的通知》的通知：一、生产经营单位执行“两则”后，其“记载资金的账簿”的印花税计税依据改为“实收资本”与“资本公积”两项的合计金额。该公司就增资70万欧元部分应按规定补缴印花税，应补缴印花税3618.41元。

四、罚款

个人所得税：对该公司为员工投保的商业保险及发放差旅费补贴未合并工资薪金代扣代缴个人所得税问题，根据《中华人民共和国税收征收管理法》第六十九条：“扣缴义务人应扣未扣、应收而不收税款的，由税务机关向纳税人追缴税款，对扣缴义务人处应扣未扣、应收未收税款百分之五十以上三倍以下的罚款”的规定，对该公司除补缴个人所得税282418.45元，并处以该公司应缴未缴、应扣未扣个人所得税税款50%的罚款计141209.22元。

印花税：对该公司注册资本增加未贴（缴纳）印花税的问题，根据《中华人民共和国税收征收管理法》第六十四条第二款：“纳税人不进行纳税申报，不缴或少缴应纳税款的，由税务机关追缴其不缴或少缴的税款、滞纳金，并处不缴或者少缴的税款百分之五十以上五倍以下的罚款”的规定，除该公司补缴印花税3618.41元，并对该公司处以应缴未缴印花税税款50%的罚款计1809.21元。

五、案情分析及建议

一是涉税举报是目前为税务稽查提供案源的一条重要途径。通过举报可以为我们提供有价值的稽查疑点，而且举报疑点主要集中在涉外企业个人所得税。此案就是一个非常典型的案例。

二是通过对此案的检查，反映出纳税人对一些税收政策理解有误，如大部分外资企业对为企业员工购买商业保险等类似问题是否应合并工资纳税或如何纳税的规定不太了解。因此，建议对特殊税收政策加强宣传与指导，并对纳税企业实施有效的管理、提供相应政策咨询与服务，如及时了解企业人员情况及纳税情况，了解企业对税收政策的掌握情况，及时为他们解决政策疑点和难点，从而有效提高日常的征管效率，为企业降低纳税成本。

三是加强外籍人员在境内的申报管理，为情报交换工作提供有价值的信息。

北京市地方税务局检查情况表

税务稽查机构查处税收违法案件情况统计表（2008 年）（表一）

单位：万元

按企业类型统计	税务登记总数	检查户数	有问题户数	结案户数	被查户应纳税额	查补总额					入库总额		
						税款	滞纳金	没收违法所得	罚款	合计	合计	其中	
												税款	以前年度查补额
	1	2	3	4	5	6	7	8	9	10	11	12	13
合　计	772688	3902	3241	3306	259940	73168	6947	0	6176	86291	81842	65024	25057
内资企业	473696	3473	2885	2904	148531	38618	4680	0	3326	46624	46505	33929	13183
港澳台商投资企业	8108	64	53	54	6964	1856	250	0	67	2173	1983	927	80
外商投资企业	14781	126	105	102	26440	7628	1274	0	632	9534	7828	5948	1203
外国企业	8021	60	50	59	781	211	40	0	294	545	427	204	123
个体经营	244166	56	47	43	143	46	9	0	5	60	43	26	12
其　他	23916	123	101	144	77081	24809	694	0	1852	27355	25056	23990	10456

附　列　资　料

立案情况	件数	综合指标	百分率	案件统计分析资料	结案户数	查补税款	项目	件数	备注	
上期移案	487	选案率	83.06%	100 万元以下	3220	15927	纳税人提请听证	0		
本期立案	3238	入库率	94.84%	100 万—500 万元以下	56	10054	受理行政复议	0		
本期结案	3303	处罚率	8.44%	500 万—1000 万元以下	12	8457	其中：决定撤销或变更	0		
本期存案	422	偷税处罚率	159.32%	1000 万—5000 万元以下	18	38730	纳税人提起诉讼	0		
		查补总额 ±%	-25.80%	5000 万元—1 亿元以下	0	0	其中：判决撤销或变更	0		
				1 亿元以上	0	0	国家赔偿	0		
				合　计	3306	73168	国家赔偿金额（万元）	0	上期查补总额	116296

局领导：郝硕博　　稽查局长：朱兴有　　复核：隋庆梅　　制表：白洁　制表日期：2009 年 1 月 12 日

税务稽查机构查处税收违法案件情况统计表（2008 年）（表二）

单位：万元

按违法性质统计	户数	查补税款	滞纳金	没收违法所得	罚款	合计	实际入库额		按税种统计	查补税款	入库税款	按其他稽查成果统计	户数	税款	金额
							合计	其中：税款							
	14	15	16	17	18	19	20	21		22	23		24	25	26
合　计	3306	73168	6947	0	6176	86291	81842	65024	合计	73168	65024				
偷　税	19	59	49	0	94	202	5511	42	增值税	0	0	调减留抵税额	0	0	
逃避追缴欠税	0	0	0	0	0	0	0	0	消费税	0	0	不予抵扣税款	0	0	
骗取出口退税	0	0	0	0	0	0	0	0	营业税	21389	17457	不予免、抵、退税	0	0	
抗　税	0	0	0	0	0	0	0	0	企业所得税	12115	8171	调整应纳税所得额	423		5134
编造虚假计税依据	22	217	20	0	196	433	440	134	个人所得税	4812	4522	其中：弥补亏损	149		1790
不进行纳税申报	8	274	25	0	148	447	428	259	其　他	34852	34874				
发票违法	309	0	0	0	62	62	57	0							
其　他	2948	72618	6853	0	5676	85147	75406	64589							

局领导：郝硕博　稽查局长：朱兴有　复核：隋庆梅　制表：白洁　制表日期：2009 年 1 月 12 日

税务稽查机构行政强制措施及移送司法机关案件情况统计表（2008 年）

单位：万元

<table>
<tr><th rowspan="3">按保全措施强制执行统计</th><th colspan="2">税收保全措施</th><th colspan="5">强制执行措施</th><th colspan="4">其他行政措施</th><th rowspan="3" colspan="2">移送司法统计</th><th colspan="3">移送司法机关案件</th></tr>
<tr><th>户数</th><th>金额</th><th>户数</th><th>金额合计</th><th>税款</th><th>滞纳金</th><th>罚款</th><th>户数</th><th>人数</th><th>金额</th><th>欠缴税款</th><th>件数</th><th>人数</th><th>金额</th></tr>
<tr><th>1</th><th>2</th><th>3</th><th>4</th><th>5</th><th>6</th><th>7</th><th>8</th><th>9</th><th>10</th><th>11</th><th>12</th><th>13</th><th>14</th></tr>
<tr><td>合 计</td><td>2</td><td>27</td><td>26</td><td>1546</td><td>1507</td><td>39</td><td>0</td><td>0</td><td>0</td><td>0</td><td>0</td><td colspan="2">本期移送司法机关处理案件</td><td>3</td><td></td><td></td></tr>
<tr><td>冻结存款</td><td>2</td><td>27</td><td></td><td></td><td></td><td></td><td></td><td></td><td></td><td></td><td></td><td colspan="2">其中：不予立案退回案件</td><td>0</td><td></td><td></td></tr>
<tr><td>扣押查封财产</td><td>0</td><td>0</td><td></td><td></td><td></td><td></td><td></td><td></td><td></td><td></td><td></td><td colspan="2">公安机关提前介入及联合办理案件</td><td>0</td><td></td><td></td></tr>
<tr><td>扣缴税款</td><td></td><td></td><td>26</td><td>1546</td><td>1507</td><td>39</td><td>0</td><td></td><td></td><td></td><td></td><td colspan="2">免予起诉或予以驳回案件</td><td>0</td><td></td><td></td></tr>
<tr><td>依法拍卖或变卖</td><td></td><td></td><td>0</td><td>0</td><td>0</td><td>0</td><td>0</td><td></td><td></td><td></td><td></td><td colspan="2">已判决案件</td><td>0</td><td>0</td><td></td></tr>
<tr><td>责成提供纳税担保</td><td>0</td><td>0</td><td></td><td></td><td></td><td></td><td></td><td></td><td></td><td></td><td></td><td rowspan="7">判决情况</td><td>管制</td><td>0</td><td>0</td><td></td></tr>
<tr><td>暂停出口退税</td><td></td><td></td><td></td><td></td><td></td><td></td><td></td><td>0</td><td></td><td></td><td></td><td>拘役</td><td>0</td><td>0</td><td></td></tr>
<tr><td>收缴或停售发票</td><td></td><td></td><td></td><td></td><td></td><td></td><td></td><td>0</td><td></td><td></td><td></td><td>有期徒刑</td><td>0</td><td>0</td><td></td></tr>
<tr><td>行使代位权、撤销权</td><td></td><td></td><td></td><td></td><td></td><td></td><td></td><td>0</td><td></td><td></td><td>0</td><td>无期徒刑</td><td>0</td><td>0</td><td></td></tr>
<tr><td>阻止出境</td><td></td><td></td><td></td><td></td><td></td><td></td><td></td><td>0</td><td>0</td><td></td><td>0</td><td>死刑</td><td>0</td><td>0</td><td></td></tr>
<tr><td>提请人民法院强制执行</td><td></td><td></td><td></td><td></td><td></td><td></td><td></td><td>0</td><td></td><td>0</td><td></td><td>罚金</td><td>0</td><td></td><td>0</td></tr>
<tr><td></td><td></td><td></td><td></td><td></td><td></td><td></td><td></td><td></td><td></td><td></td><td></td><td>没收财产</td><td>0</td><td></td><td>0</td></tr>
</table>

局领导：郝硕博　稽查局长：朱兴有　复核：隋庆梅　制表：白洁　制表日期：2009 年 1 月 12 日

信息化建设

概 况

2008年，科技信息处和信息中心紧密围绕市局党组全年工作目标和“追求卓越年”的各项要求，全面提升信息化工作水平，全力保障信息系统安全运行，圆满完成了全年各项工作任务，为落实税改举措，充分发挥税收职能作用，促进首都经济社会又好又快发展，深化三项制度，大力实施科学化、精细化管理，优化纳税服务，用一流的服务、安全的信息系统环境迎接奥运，发挥了重要的服务和支撑作用，信息化有力推动了地税事业发展，已经进入补充完善的关键阶段。

加强资源整合，实施科技兴税工程，全面提升信息化应用水平。继2007年完成系统整合可行性研究报告、概要设计、项目立项及招标前的准备工作之后，在坚持北京地税的信息系统整体架构基本不变的基础上，实施并完成了系统整合一期工程，优化调整信息化基础设施和基础架构，升级改造核心征管系统数据库服务器和目录服务器集群，实施交易、查询和统计分析彻底分离。整合后，核心征管系统总体运行效率提高了4倍，基本解决了影响信息化效能发挥的慢、堵、停等现象，底层数据结构更加合理，在数据层可以提供更可靠和易于横向扩展的服务。上线运行单点登录系统，初步实现内网办公系统、核心征管系统、核心征管综合查询与报表系统、发票管理系统、个人所得税系统、残保金代征系统的单点登录，解决基层反映强烈的多系统多用户名口令、多次登陆导致的记忆不便和操作繁琐问题，为支撑全市地税机关持续改进服务质量和服务创新提供基础条件。完成私人机动车保险机构代征车船税系统建设，利用北京地税、保险协会、各商业保险机构交强险业务系统平台，实现机动车交强险与车船税征收业务集成在一起联网征收。2008年11月开始在中国人民保险公司、太平洋保险公司、中华保险公司三家保险机构试点运行，共受理12.2万余辆私车纳税，完税906.4万元。极大地方便纳税人缴纳车船税，节约征纳双方的成本。有效提高车船税税款征收率，堵塞税源征管漏洞。保证数据的一致性、准确性，提高税源控管水平。北京市地方税务局，被《中国信息界》

杂志评为2008年“中国信息化突出贡献单位”。

强化信息安全管理，保障信息系统安全。按照信息系统安全等级保护的要求，规范信息系统安全保障和运行维护管理工作的各项流程和制度，完善《北京地方税务综合服务管理信息系统运行维护管理规范》及各项应急预案；通过风险评估、安全整改和应急演练等技术手段对信息系统进行完善与加固，提升系统安全性和风险抵御能力，全面保障信息系统的安全，利用网管监控系统对全局网络进行安全监控管理和服务，共为区县局技术支持38次，监控网络中断143次，报警网络病毒事件12693件次，实时对全局计算机终端管理监控77280次，发现违规工作情况558次并进行抓屏通报。每季定期发布《北京市地方税务局网络安全监控管理系统网络安全告警信息季报》，每周发布“安全小卫士”，及时通报信息安全形势。加强系统与网络的日常运行监控与维护，完成基础设备的维护与维修，提高系统运行的可靠性、安全性和稳定性；开通系统技术支持服务电话：400—60—22366，全面提高系统服务水平。全年共进行电话支持95241次、业务支持（问题反馈单）与变更4580个、处理系统故障433次、数据查询7076次；系统各类维护12695次；处理安全事件及评估40次。根据容灾中心建设规划目标，加强容灾中心机房7×24小时监控值守，对机房环境、设备、设施进行实时监控。协调组织开展容灾机房供电系统改造工作和系统整合工作。配合单点登录和新增系统模块，开展19期259人次的应用培训，为区县局、分局培养一批应用系统小教员，为各系统顺利推广并发挥应有的效能创造了条件。举办6期260人次的专业技术、信息安全和管理培训，促进队伍素质的进一步提高。

圆满完成奥运期间信息系统各项保障任务。在严格执行奥运期间暂停所有信息系统的测试、推广、部署、上线要求的同时，按照年初的工作目标，紧锣密鼓地开展信息化建设的各项准备工作。市局、区县局、分局层层成立平安奥运信息安全保障组织机构，层层召开平安奥运信息安全保障动员会，层层签订奥运信息安全责任书，全力保障奥运期间全局信息系统安全无事故。许多同志作为城市志愿者参与奥运期间的值班工作，直接为奥运会的圆满举办做出贡献。全面动员部署奥运安全管理及技术整改实施工作。积极向市信息办和市财政申请到奥运信息安全专项整改资金，主要实施包括UPS供电系统改造、Tax861网站单点设备改造与应急备用系统等19技术改造工作，使信息系统安全防护水平得到全面提升；组织对13个区县局、分局进行安全巡检；为22个区县部署入侵检测系统；下发奥运《信息安全知识读本》；增发3期奥运季报，及时发布市局和各区县分局奥运期间信息系统安全保障要求、工作进展及效果。全局信息系统在整个奥运期间未发生任何安全问题，被北京市信息办和北京奥组委联合授予“奥运政务信息安全保障先进单位”。

（崔 犇 张 波）

信息化管理系统建设和应用情况

【完成系统优化整合的一期工程建设】 针对过去的几年时间，根据业务发展的需要，适时且快速地实现多个内部业务应用系统、数据大集中的业务系统和各委办局及银行的横向联网的数据交换系统。为更好地适应发展的需要，北京市地方税务局认真分析系统存在的问题和将来业务发展的需要，适时提出对现有的业务系统进行完善优化及整合并启动系统优化整合项目，本年度继续实施。系统整合项目总的目标是：在保持北京地税“四网一库加安全”架构不变的前提下，提高系统性能、整合分散的资源，逐渐过渡到面向服务的信息系统。该项目整体建设工作计划用两年时间完成，年内主要完成了系统部署结构调整和系统应用层面的部分整合。一是实现系统部署结构调整。完成核心征管系统的数据库的结构调整，将原来的数据库根据业务类型的不同，分别部署为交易、查询、统计分析三个数据库，分别进行不同类型的业务处理，从而提高了数据库的处理能力、可靠性和可扩展性。二是实现系统应用层面的部分整合。以北京地税内网办公系统为门户实现了内网办公系统、核心征管系统、核心征管综合查询与报表系统、发票管理系统、个人所得税系统、残保金代征系统的单点登录，并实现了北京地税信息系统的统一用户管理。实施单点登录系统后，只需要通过单点登录系统登录一次，再进入相关系统时将不再需要单独登录，从而免去记录各个业务系统不同用户名和密码的麻烦，同时节省用户的时间。三是完成保险机构代收代缴私人机动车车船税三方联网实时征收系统建设 根据车船税系统整体工作安排，在年初调整上线的基础上，2008年开始进行车船税保险代收代缴系统开发工作。北京地税保险机构代收代缴车船税系统是北京地税、北京保险协会、各商业保险机构三方共享北京交管的车辆信息，将机动车交强险与车船税业务集成联网征收系统。三方按照统一的技术方案、数据接口规范改造各自系统，并进行三次三方系统联网测试。11月，人保（北分）、天平、华农三家保险机构在全市范围进行保险代收代缴车船税的试点工作，系统运行顺利。为保障系统对异常情况的响应能力，协调保险协会开发车船税代收代缴应急工作平台，通过实践检验，应急平台运行正常。随后，北京地税、北京保监局、北京保险协会组成联合验收小组，对全市具有交强险业务的23家商业保险公司的系统进行了实地验收。计划2009年1月1日起，在全市范围全面实行保险机构代收代缴私人机动车车船税业务。四是私人机动车保险代收代缴车船税系统的投入运行，一方面将极大地方便纳税人缴纳车船税，节约征纳双方的成本。纳税人在办理交强险的同时就可以缴纳车船税。另一方面将有效提高车船税税款征收率，堵塞税源征管漏洞。三方平台利用市交管局车辆基本信息，保证数据的一致性，准确性。系统支持联网征收，见费出单，见税出单，极大地提高税源控管水平。五是契税及房地产税源库系统建设　为提高契税征收窗口的工作效率，与北京市建委进行数据共享，北京市建委对房产交易信息进行加密及二维条码输出，契税征收窗口采用条码扫描方式对契税申报基础数据完成采集。经过与北京市建委多次进行技术沟通，进行了相关技术可行性测试、验证工作，制订完成统一的技术方案。正在进行系统开发和测试。

（崔　犇）

【科技信息处成立】 5月13日，北京市地方税务局印发《北京市地方税务局关于成立科技信息处的通知》（京地税人〔2008〕122号），为加强地税系统科技信息化建设，经局党组研究，报市编办批准（京编办行〔2008〕41号），成立科技信息处。其主要职责是：负责组织制定全系统信息化建设与发展的中、长期总体规划；指导各区县地方税务局、各分局，北京市地方税务局直属单位的信息化工作；负责组织制定信息系统各类技术标准，并监督实施；参与系统内重大税收业务与重大信息化项目的论证和评估工作；负责全系统计算机设备资产的管理工作；负责制订市区两级的信息化培训规划，组织相关业务与技能培训工作；负责制定信息资源高度共享、数据交换与服务的各类技术标准与规范，制定与各相关部门网络互联互通的各项技术标准与规范，并监督实施；完成领导交办的其他工作。

（崔　犇）

【基层税收管理员平台试点运行】 为切实减轻基层负担，进一步提高各区县分局和税务所的工作效率，提高服务和监控能力，根据局领导关于整合税收管理员平台和评估软件并在西城区地税局进行试点的指示，征管处、评估处、个人所得税处、科技信息处、西城区地税局会同浪潮公司成立项目工作小组，制定整合原则和实施计划，在各单位领导的高度重视和支持下，项目工作积极展开。2007年12月项目启动，2008年4月14日，系统程序开发完成。5月19日召开专题汇报会，认为税收评估管理员平台项目总体进度比较好，功能基本达到预期业务目标，可满足业务工作需要，已具备试运行条件，同意项目工作组提出的5月19日—31日在西城区地税局试运行的计划。8月组织对全市的培训，并开始筹备全市的推广工作。首先对全市20个区县局、分局进行系统、网络及硬件情况的调查及测试。同时，协调三个处室制定业务考核制度和对原有两套旧系统的处理方式，制订推广方案、应急方案等措施。此项目的推广工作正在紧张进行中。同时，各处室的业务需求也在不断调整，系统后台的功能完善工作仍继续进行。税收管理员平台涵盖了原两套系统的所有功能，涉及的各项指标，由原两套系统的39个整合为31个，切实减轻了基层工作人员的负担。

（崔　犇）

【召开友好城市地税信息化协作会】 11月初，北京、成都、广州、杭州、济南、南京、武汉7个友好城市地方税务局的局领导和信息部门负责人齐聚北京，召开友好城市地税信息化协作会议。会上，各局介绍了本单位系统整合情况及信息化发展思路。

（崔　犇）

信息系统运营维护及安全保障情况

【综述】 2008年是奥运年，保障北京奥运会期间信息系统的安全稳定运行成为首要任务，在信息系统安全保障和运行维护“三早三预”的指导方针下，依据北京地税信息系统现状，全面地、特色鲜明地开展了各项工作，圆满完成信息系统日常的安全保障和运行维护管理工作，保证系统安全稳定运行。在北京市地方税务局党组的正确领导下，在信息中心党员干部的共同努力下，以保障系统安全稳定运行为首要任务，在时间紧，任务重的情况下，克服困难，加班加点，组织实施风险评估，制订整改方案，实施漏洞整改，全力以赴做好奥运期间信息系统安全保障工作，信息系统实现“系统稳定运行、无事故发生”的目标。一年来，信息中心全体同志齐心协力，努力构建方便、快捷、安全的网络支撑平台和可靠、坚固的运营保障平台，实现了信息化在北京地税工作中“支撑、覆盖、统领、服务、创新”的作用，为奥运会的顺利召开奠定了基础，同时也确保了地税征收工作的顺利进行。2008年，北京市地方税务局被北京市信息化办公室评为“奥运政务信息安全保障先进单位”，并在北京市信息办组织召开的北京市奥运信息安全保障总结表彰大会上介绍北京市地方税务局奥运信息系统安全保障工作先进经验。

（张　波）

【完善信息系统运行维护管理组织结构】 完善信息系统运行维护管理组织结构，规范信息系统运行维护工作流程，提高运行维护工作效率与水平。随着信息系统的不断完善、服务要求不断提高，依据北京地税信息系统运行维护工作基础与不足，有针对性地调整优化维护管理团队结构，通过安全管理体系建设，进一步规范信息系统运行维护安全保障工作的流程、制度。配合实施信息系统供电系统安全升级改造，强化信息系统供电安全。针对车公庄机房UPS供电系统因使用时间过长，设备老化，故障高发等存在的隐患，副局长郝硕博多次视察UPS电源改造工作，并就做好此项工作做出了重要指示。为保证奥运期间不发生问题，紧急选型采购了两台新的UPS系统（美国POWERWARE爱克赛），增加配备了专业的稳压设备，并于5月实施完成。系统运行稳定，保障信息系统的供电安全。

（张　波）

【保障奥运期间系统安全稳定运行】 以组织实施《北京地方税务综合服务管理信息系统奥运专项升级改造项目》为切入点，严格落实信息系统各项保障措施，确保奥运期间系统安全稳定运行。一是从局领导到各处室、各区县分局层层落实平安奥运安全保障责任制，北京市地方税务局和各区县分局都成立平安奥运安全保障领导小组、专家小组等组织机构。二是组织专门的技术人员对13个区县局进行巡检。主要是对网络与信息安全管理、安全技术和奥运信息安全保障等方面进行全面检查并现场指导解决存在的问题。三是组织技术人员对全系统7000多台计算机、400多台服务器和近200台网络设备及几十个应用系统进行病毒、木马、补丁等安全检查。四是组织各相关单位及专业评估单位对北京地税信息系统进行全面风险评估，并制订19个专项整改方案。五是全力实施《北京地方税务综合服务管理信息系统奥运专项升级改造项目》，特别是在资金紧张，申请困难的情况下，申请到900多万元奥运专项整改资金，并组织进行全面实施。在实施中，购买22台PC服务器、3台F5负载均衡设备、IBM小型机1台、核心网络设备2台、防火墙7台、IDS入侵检测系统23套，服务器安全加固系统13套，反垃圾邮件系统2套、上网内容过滤系统2套以及原厂应急救援服务等内容；进行

Tax861网站安全加固、数据安全防护、重要业务服务器单点风险改造、搭建应急备用系统、中断非业务相关互联网访问等共计19项技术改造工作，对信息系统进行安全加固，使信息系统安全技术防护水平得到全面提高，整个奥运期间未发生任何问题。六是签订《平安奥运安全责任书》和《平安奥运保密协议》。组织与八家负责地税系统运营维护的服务商签订《平安奥运安全责任书》；签订《平安奥运保密协议》。同时，也要求各运维服务商与地税项目员工签订《保密协议》。七是组织相关专家对全局信息系统进行全面安全检查，并监督进行整改。八是组织召开奥运安全信息安全保障方案部署会和限制互联网访问方案部署会。九是针对奥运保障工作制定全面的专项应急预案，在奥运期间信息中心与各区县分局信息化部门严格执行7×24小时全岗监控、值班、应急响应工作，切实做好与上级各领导机构的信息沟通机制，确保了北京地税信息系统奥运期间安全稳定运行，无事故发生。十是认真落实“第十一次局长办公会”会议精神，全面保障奥运期间重点涉税单位开展网上申报、缴纳税款的工作。为保证北京奥组委和北京奥林匹克传播有限公司于2008年7月1日—9月30日顺利开展网上申报、缴税和划款工作，信息系统安全保障中心对信息系统进行了调整和部署，经过系统离线测试和在线测试，通过全程运行监控，保证北京奥组委和北京奥林匹克传播有限公司在奥运期间顺利完成了网上申报、缴款和划款。

（张　波）

【全面实施信息系统等级保护】 做好信息系统安全等级保护定级工作，全面实施信息系统等级保护。2007年9月，国家税务总局在全国范围内组织开展税务信息系统安全等级保护定级工作。根据总局的等级定级要求，提交核心征管系统、票证税控系统、个人所得税系统、Tax861网站系统的定级材料，四个系统的安全等级都定为三级。根据北京市信息办下发的《关于印发北京市开展信息安全等级保护工作的实施方案的通知》《北京市关于开展信息安全等级保护工作的实施方案》要求，制定了安全等级保护工作计划，全面落实信息安全等级保护制度。

（张　波）

【建立北京市地方税务局技术支持服务热线】 为给纳税人提供高效、周到、热情的服务，2008年5月30日，北京市地方税务局开通了系统技术支持服务电话：400—60—22366。副局长郝硕博多次到现场检查指导工作。技术支持服务热线是继地税12366纳税服务热线后，开通的另一个为纳税人提供技术支持的服务热线，应为纳税人提供规范、热情、周到的技术咨询服务，进一步提升地税形象。

（张　波）

【信息系统日常安全保障和运行维护管理】 一是做好核心征管系统运行维护

管理工作。本期共处理区县和业务处室反馈单2043张，其中进行1208次数据调整；处理核心征管系统故障138个；解决面向纳税人的技术支持电话31057个。根据各处室要求完成38次系统改善。补丁更新366次，数据查询76次。二是做好税控发票管理系统运行维护管理工作。共处理服务咨询5495个，电话受理4827个，邮件受理410个。提供数据查询434次，系统调优3次，业务数据维护598次。三是做好个人所得税管理系统运行维护管理工作。电话受理57582个，完税证明打印490万份，补丁更新480台次，数据维护116次。四是做好Tax861网站运行维护管理工作。后台程序共添加记录5749 条、删除记录213条、修改记录614条、处理业务4993条，共计有效处理11569次。新增上传的法规库文件15个，修改上传的法规文件1个。五是做好高端查询展示平台运行维护管理工作。接听咨询电话30个，进行数据维护24次，修改大屏显示内容15次。六是做好货运发票系统运行维护管理工作。电话受理258个，数据维护105次，完成两次补丁升级工作。七是做好视频会议系统运行维护管理工作。提供66次技术支持，系统测试维护48次，日常维护437台次。八是做好后勤管理系统运行维护管理工作。处理服务咨询116件。业务数据维护50次，完成5次系统优化。另外，处理系统、平台软件故障14次，基础设施故障126次，处理防病毒事件18次，网络告警652次，安全加固28台次。

（张　波）

队伍建设

党团建设 基层建设

【综述】 2008年，基层工作处认真贯彻落实年初工作会的有关部署，坚持以深入学习党的十七大精神和开展学习实践科学发展观活动为重点，以积极开展“抓党建、促奥运”活动为主线，以不断加强组织建设和制度建设为依托，以全面推进基层建设为目标，进一步提高机关党建工作水平，规范基层基础建设，深化系统精神文明创建活动，各项工作取得明显成效。一是抓住学习实践科学发展观活动的有利时机，及时总结精神文明创建工作的经验。进一步加强对创建活动的科学指导和有效管理，分别组织5次共计40多位科长、所长参加的各种形式的座谈会，并且专门把曾经担任过基层科长职务现在已经转岗的请到一起，听取他们的建议。二是认真开展“抓党建、促奥运”活动，党员的主体意识和奉献意识明显提高。2008年，是北京奥运会的决战之年，先后组织机关党员干部300多人观看奥运会开幕式彩排和奥运火炬北京传递等活动，组织机关党员600多人到社区登记并参与到平安奥运志愿行动中，选派了机关8名奥运会驾驶员志愿者服务奥运会、残奥会。三是加强组织建设和制度建设，机关党建工作水平进一步提升。“七一”前夕对市局机关和直属单位42个党支部工作进行了评议，并根据对各党支部的综合评议情况，评选出2007—2008年度15个先进党支部和73名优秀共产党员。组织召开纪念建党87周年暨“七一”表彰大会，举办优秀共产党员事迹展，编印《机关党务工作制度汇编》。2008年，市局机关全年共发展新党员23名，转正26名，组织参加市直机关工委入党积极分子培训人员34名。截止到2008年12月底，市局机关共有1个党总支、42个党支部、党员738人。市局机关党委被市直机关工委评选为先进基层党组织，金志雄被评选为市直机关系统优秀党务工作者，吕兴渭被评选为市直机关系统优秀共产党员。

（任丽娟）

【加强机关党建工作】 通过开展学习实践活动和“抓党建、促奥运”活动，党员的理想信念在教育活动中得到加强，机关党组织的服务功能进一步提升。

认真学习实践科学发展观。深入开展学习实践科学发展观活动是政治理论学习的重中之重。2008年10月开展学习实践活动，机关党委办公室及时为机关全体党员配备《科学发展观重要论述摘编》《毛泽东、邓小平、江泽民论科学发展》和《科学发展观学习读本》，配合科学发展观领导小组下发《北京市地方税务局深入学习实践科学发展观活动实施方案》《关于召开解放思想大讨论活动动员会的通知》《关于报送学习实践活动整改落实方案的通知》以及《关于认真组织召开民主生活会的通知》，并联合宣教处组织处级以上领导干部进行集中的脱产培训。同时，按照北京市地方税务局统一要求，组织机关党员通过召开座谈会的形式向基层广泛征求意见，并积极制定整改措施。

（任丽娟）

【组织党的十七大精神学习班】 为做好十七大精神的学习辅导，举办四期处级干部学习贯彻党的十七大精神培训班。为参加培训的全体干部配发学习读本，精心编制学习思考题，通过专家授课、读书自学、小组讨论、撰写心得体会以及测试等形式，对机关300多名处级干部进行集中培训，不仅深化大家对十七大精神的理解，而且为开展学习实践科学发展观活动奠定理论基础。

（任丽娟）

【开展“评优创先”活动】 为加强支部建设和党员队伍建设，“七一”前夕组织对所有党支部及全体党员严格按照“评优创先”办法进行民主评议和组织考察，历时一个多月，通过对党支部工作民主测评，党支部间相互评议，机关党委检查支部日常和基础工作落实情况等环节，对北京市地方税务局机关和直属单位42个党支部工作进行了评议，并根据对各党支部的综合评议情况，评选出2007—2008年度15个先进党支部和73名优秀共产党员。通过民主评议工作，进一步增强了党员的党性观念和党员意识，提高了党员队伍的整体素质，增强了机关党组织的凝聚力和战斗力。

（任丽娟）

【开展庆“七一”系列活动】 组织召开北京市地方税务局建党87周年暨“七一”表彰大会，党组书记给机关全体党员讲党课，优秀党员介绍先进经验。同时，还举办优秀共产党员事迹展，将优秀党员的先进事迹制作成展板进行集中展示，营造学习和宣传典型的良好氛围。在市直机关系统的表彰中，北京市地方税务局机关党委被市直机关工委评选为先进基层党组织，金志雄被评选为市直机关系统优秀党务工作者，吕兴渭被评为市直机关系统优秀共产党员。

（任丽娟）

【编印《机关党务工作制度汇编》】 按照北京市直机关工委的要求，修订完善《北京市地方税务局机关党委关于落实“三会一课”制度的措施》《北京市地方税务局党员思想汇报和分析制度》《北京市地方税务局党日活动制度》《北京市地方税务局民主生活会制度》等加强机关党建长效机制的十几项基层党组织基本工作制度。“七一”前夕，编印完成《机关党务工作制度汇编》并向机关各党支部发放。

（任丽娟）

【奥运志愿者组织工作】认真落实北京市委和北京市直机关工委关于奥运会观众志愿者的各项工作要求，先后组织机关党员干部参加奥运会开幕式彩排、奥运火炬北京传递活动、观看比赛项目、参加场馆测试、参观奥林匹克森林公园等，共计组织观众参与300多人次。认真开展“平安奥运社区志愿服务行动”，组织机关党员600多人到社区登记并参与平安奥运志愿行动中。积极组织参与奥运会志愿者服务工作，选派机关8名奥运会驾驶员志愿者参与服务奥运会、残奥会中。在奥运会期间，多次到奥运驾驶员志愿者休息区慰问，帮助解决他们的困难，为他们投入奥运服务提供有力支持。由于组织得力，北京地税被团中央和北京奥组委评为“北京奥运会优秀组织单位”，评选出“北京奥运会、残奥会志愿者先进个人”14名、“北京奥运会、残奥会优秀志愿者”1名、“北京奥运会、残奥会先进个人”2名、北京奥运巾帼奉献奖14名。

（任丽娟）

【抗震救灾工作】汶川地震发生后，在第一时间组织广大党员为灾区捐款、捐物，奉献爱心，在接到中央和市委做好部分党员缴纳“特殊党费”用于支援抗震救灾工作的通知精神后，又积极组织广大党员干部缴纳“特殊党费”。在抗震救灾活动中，共组织北京市地方税务局机关1085名干部职工捐款232845元；711名党员缴纳“特殊党费”771897.48元。

（任丽娟）

【庆“十一”活动】组织部分党员参加庆“十一”向人民英雄纪念碑敬献花篮活动。在全国取得抗震救灾胜利的时刻，为提高机关党员的民族自豪感，加强爱国主义教育，按照北京市直机关工委的要求，组织机关50名党员参加庆祝“十一”向人民英雄纪念碑敬献花篮活动。

（任丽娟）

【日常工作】在加拿大、澳大利亚培训团成立临时党支部，加强对在海外脱产学习的党员的管理和监督。严格执行党务公开，从入党积极分子的培养到党员发展工作的组织，都按照公示办法保证党员的质量。北京市地方税务局机关全年共发展新党员23名，转正26名，组织参加市直机关工委入党积极分子培训人员34名。截止到2008年12月底，北京市地方税务局机关共有1个党总支、42个党支部、党员738人。

（任丽娟）

【加强机关团建工作】以机关党建带团建，组织开展系统青年思想教育活动。

2008年组织机关优秀团员青年、优秀团干部和全系统团委书记近40人赴江西井冈山革命教育基地开展“继承革命传统，争做有志青年”主题教育活动。活动期间，中国井冈山干部管理学院教授为青年进行专题报告，机关党委书记王勇生就加强青年理想信念教育做了重要讲话，全体学员举行座谈会畅谈对井冈山精神的理解。主题教育活动后，每个青年都认真撰写了心得体会，并编印了《井冈情怀》活动总结，对鼓舞青年进一步坚定理想信念、立足税收做好工作起到了积极教育作用。此外，机关团委还多次开展地税青年社会志愿实践活动，培养青年社会责任感和爱心意识，组织北京市地方税务局和顺义区地税局的青年志愿者走进服刑人员子女居住的太阳村，建立爱心教育基地，开展爱心帮扶活动。

（任丽娟）

【北京地税系统青年思想状况调查】 为深入了解把握青年思想状况，机关团委在多次征求委员和系统团干部的意见基础上，自行设计符合地税系统实际的调查问卷，整个调查活动共发放1000多份调查问卷、召开有200多人次参加的座谈会，此次调研成为“北京地税系统青年思想状况调查”的调研课题，实事求是地反映了青年思想状况，此篇调研报告也为进一步加强青年干部队伍建设提供参考。

（任丽娟）

【团干部培训】 为丰富团干部的理论水平，加强做好团工作的能力，北京市地方税务局机关团委在北京市团校举办为期两天半的全系统团干部学习实践科学发展观培训班，系统近40名团干部参加培训。培训就团干部如何学习实践科学发展观、如何实现新形势下团工作的创新、如何提高自身心理素质等方面由专家进行详细的授课，参加学习的团干部对科学发展观的科学内涵有了更加深刻的认识，同时也对2009年的共青团工作相互进行了深入的讨论和交流。

（任丽娟）

【评选优秀】 经过机关团委和机关团支部推荐，第一稽查局团支部被评选为2007—2008年度市直机关系统“五四”红旗团支部；任丽娟、任蓓被评选为市直机关系统优秀团干部；戎绒、杜剑非被评选为市直机关系统优秀共青团员。

（任丽娟）

【加强基层全面建设】 以转变工作作风、提高服务基层的能力为重点，认真加强基层调研工作，夯实基层建设的基础。一是积极建立健全各项制度办法。为促进北京地税系统创建“青年文明号”“巾帼文明岗”活动更加广泛、深入、持久地开展，加强对活动的科学指导和有效管理，分别组织5次共计40多位科长、所长参加的各种形式的座谈会。在广泛征求意见的基础上，进一步修改、完善《北京市地方税务局“青年文明号”管理办法》，进一步规范创建活动的各项工作。二是陪同北京市地方税务局领导走访慰问基层税务所，加强基层调研工作。本着“以人为本，关心干部”的原则，连续三年在春节前夕，陪同北京市地方税务局有关领导到郊区的10个偏远基层税务所进行走访慰问，了解偏远税务所的工作及税务干部的生活情况，并送去学习书籍和税务所工作及生活必需的用品。三是畅通与基层交流渠道。为了牢固树立为基层服务的意识，基层处干部到区县局时必须先到基层税务所，或是明察暗访，或是进行座谈，听取基层干部的心声。为了全面了解基层实际情况和困难，定期召开半年工作研讨会和年底务虚会，为基层出实招、办实事。此外，还高度重视加强对基层干部的培训，使基层干部具有宏观的思维、开阔的视野、较强的理论功底、政治修养和人格魅力。

（任丽娟）

【青年文明号创建活动】 组织开展“青年文明号”验收评比和学习交流活动。根据共青团中央、国家税务总局和共青团北京市委员会的要求，本着从严掌握、程序严谨、公正透明的原则，开展了2007年度“全国青年文明号”“北京市青年文明号”评比工作。为做好民主推荐工作，坚持自下而上、逐级申报。针对自荐单位主要采取自查和互查相结合、集中明察与抽查暗访相结合、听取汇报与收集意见相结合等多种方式。通过综合评分，经局长办公会决定，推选出怀柔第一税务所、海淀学院路税务所为“全国青年文明号”，丰台第一税务所等7个税务所为“北京市青年文明号”。目前，全系统国家级青年文明号8个，市级青年文明号33个。

（任丽娟）

【外出考察】 为进一步深化青年文明号创建活动，学习和借鉴外地青年文明号创建活动的有益经验和创新做法，促进系统青年文明号活动整体水平的提高，基层处组织部分基层工作科科长、国家级和市级青年文明号负责人赴江苏、湖南、江西等省市兄弟单位进行学习考察。通过与先进青年文明号集体座谈、实地考察交流，对当前如何深化青年文明号创建工作进行了积极探索，达到了开阔视野、拓宽工作思路的目的。

（任丽娟）

【争创巾帼文明岗】 组织20名“巾帼文明岗”和“巾帼建功”标兵代表参加全国妇女“巾帼建功”活动领导小组第十七次会议。会上，副委员长顾秀莲在国家税务总局党组成员、副局长宋兰的陪同下，参观了北京地税系统“巾帼建功”活动展板，充分肯定北京地税系统开展“巾帼建功”活动取得的成绩。组织“巾帼建功”活动先进集体和个人参加“纪念‘三八’国际劳动妇女节98周年暨表彰大会”。奥运税务办公室主任钱剑兰、第一稽查局“女子稽查队”队长葛海清代表北京市荣获“全国三八红旗手”和“全国三八红旗集体”的个人和集体参加了会议。葛海清还作为全国三八红旗集体获奖代表上台领奖，受到了中共中央政治局委员、全国人大常委会副委员长王兆国的亲切接见。为纪念“三八”国际劳动妇女节，组织召开了系统纪念“三八”国际劳动妇女节座谈会。组织2008年度“全国巾帼文明岗”评选工作，推荐上报了5个单位为全国巾帼文明岗。2008年，全系统共有全国巾帼文明岗25个，全国三八红旗集体5个、北京市巾帼文明岗9个，北京市三八红旗集体8个，全国巾帼建功标兵1名、全国三八红旗手1名、北京市巾帼建功标兵11名、北京市三八红旗奖章12名。做好创建首都文明行业总结工作。组织系统各单位认真总结巩固、扩大创建成果的基本经验和做法。在2008年度首都文明行业创建工作汇报会上，党组成员、副巡视员王勇生做典型发言，从立足新起点、建立新机制、丰富新内容、谋求新发展等方面介绍市地税局深化创建文明行业活动，建立长效机制方面的情况，并提出今后开展工作的决心和目标。

（任丽娟）

廉 政 建 设

【综述】 2008年，在北京市委、市政府、国家税务总局和市纪委的领导下，全市地税系统坚持以科学发展观统领反腐倡廉建设，紧紧围绕税收中心工作，全面推进“惩防”体系建设。积极探索廉政风险防范管理长效机制，领导干部廉洁自律工作取得新进展。不断加大预防和治理腐败的工作力度，党风廉政建设责任制进一步落实。加强与司法机关的合作，建立完善了税检联席会议制度，案件查办力度进一步加强。廉政文化活动丰富多彩，反腐倡廉教育进一步深入，政风行风进一步好转。通过大量扎实有效的工作，党风廉政建设和反腐败工作取得新的成效，为税收事业的科学发展提供了有力的政治和纪律保障。

（张 卉）

【领导干部廉洁自律】不断加强对领导班子成员的监督管理，严格执行领导干部个人重大事项的报告、民主生活会、诫勉谈话、民主评议、述职述廉和函询等制度，发挥监督制度的整体效能，强化对领导班子特别是“一把手”的监督。355名处级干部对个人有关事项进行报告，其中

56名处级干部按规定申报有关事项；对全系统在行业协会兼职人员进行清理，4人辞去了兼职。据不完全统计，全系统共拒收礼品396人次，折合人民币97000余元；拒收现金47500余元，拒吃请2089人次。

（张 卉）

【党风廉政建设责任制】按照“一岗双责”，“一把手”负总责，“谁主管，谁负责”的原则，制定下发《2008年党风廉政建设和反腐败工作主要任务及分工》，将党风廉政建设任务细化为17大项、65项具体工作，并逐项分解，责任到人。市、区县局两级认真开展监督检查和责任考核，确保反腐倡廉工作取得实效。认真落实党风廉政建设责任制重大事项报告、年度工作报告制度和《北京地税局领导班子和领导干部违反党风廉政建设责任制追究实施办法（试行）》，对违反责任制规定的行为严格实施责任追究，实行“一票否决”制，切实维护党风廉政建设责任制的严肃性。

（付贵全）

【科技控权】充分发挥信息化建设的优势，以“科技控权”为突破口，开发与税收业务工作软件相互衔接的网上监控软件，实现对税收执法权和行政管理权过程监督，减少执法的随意性，提高工作效率。把信息化建设和廉政风险防范管理工作与“惩防”体系建设相结合，强化“科技控权”的广度和深度，加大治本力度，优化党风廉政建设工作格局，带来“以廉促政”的联动效应。

（付贵全）

【政风行风】认真纠正个别单位、个别岗位的少数人员在税收征管和服务中存在的工作方法简单、效率低下、不负责任问题。对纳税人满意度不高、纳税服务方面投诉、举报数量多且情况属实的单位限期整改，追究责任。开展“深化和拓展服务内容，做优服务奥运工作”的专项检查，为奥运期间服务工作提供了强有力的支持和保障。进一步完善和落实服务承诺制度、首问负责制、全程代办制等，进一步简化工作程序，提高工作效率，不断推进纳税服务工作的规范化、科学化和精细化管理。进一步完善纳税人对纳税服务质量的评价机制，形成以纳税人意见需求为依据的纳税服务改进机制。认真开展执法检查和执法监察，全年开展日常执法检查396项次，专项检查16项，检查各类执法文书及案卷2万余份，对56名税务人员进行执法过错责任追究。自觉接受人大、政协以及新闻媒体的监督。按规定，北京市地方税务局原聘任的特约监察员已经届满，经北京市委统战部推荐，北京市政府办公厅批准，北京市地方税务局重新聘请了12名特约监察员，充分发挥特约监察员的监督作用。

（付贵全）

【案件查办】进一步畅通了信访举报渠道，认真处理信访举报反映的突出问题。北京市地方税务局全年共受理各类信访举报98件，其中局级7件，处级39件，科级37件，一般干部14件，工勤人员1件，已办结89件。坚持依纪依法办案，加大案件查处力度。积极协助纪检监察机关和司法机关查处一批违纪违法案件，2008年全系统有6名干部因索贿受贿、滥用职权等被司法机关判刑，其中处级1人，科级5人；1名干部被劳动教养。通过严肃查办案件，加大惩处力度，广大干部从中受到深刻警示教育，发挥查办案件的治本功能。加强与司法机关的合作，建立完善税检联席会议制度，北京市地方税务局和市检察院签署《关于加强协调配合共同开展渎职侵权犯罪查办和预防工作的意见》，北京市地方税务局与区县分局分别同相应的检察院建立联席会议制度。通过联席会议，税检双方“明确一个责任”，形成五项工作机制，对促进全系统依法行政和预防职务犯罪发挥了积极作用。

（付贵全）

【廉政风险防范管理】 北京市地方税务局作为北京市纪委确定的廉政风险防范管理试点单位之一，北京市地方税务局党组高度重视，把开展廉政风险防范管理工作纳入全系统党风廉政建设的重点内容，切实加强廉政风险防范管理工作的组织领导。制定下发了《廉政风险防范管理工作实施意见》和《实施方案》，召开廉政风险防范管理工作现场会，确定六个单位进行试点，组织全系统各单位积极探索实践。动员组织广大税务干部按照税源监控、纳税服务、税务稽查、人事管理、财务管理、行政管理等岗位普遍参与了查找风险点的工作，并依据征管流程和具体工作环节，明确廉政和执法风险内容。针对风险点和内容，以防范、监控和处置为主，制定落实风险管理措施。崇文区地税局积极探索廉政风险防范管理机制，受到中央纪委、北京市委、市纪委领导的高度称赞。北京地税在国家税务总局的党风廉政建设大会上作了典型发言，受到与会者的一致好评。

（姚文虎）

【反腐倡廉教育】 充分发挥教育在“惩防”体系建设中的基础性作用，通过搭建一系列反腐倡廉教育平台，先后利用地税论坛、处级干部培训班、各单位落实北京市地方税务局党风廉政大会等时机，邀请北京市检察院、北京市纪委、监察局的领导为税务干部进行廉政专题授课，培养干部职工的思想政治素质和较强的组织纪律观念，提高依法行政水平和廉洁自律的意识。同时，在全系统深入开展的“清风颂、地税情”系列廉政文化活动及“讲党性、重品行、作表率”主题教育活动也收到了良好的效果。《廉政专刊》继续受到广泛关注与好评。

（姚文虎）

【廉政文化】 2008年在全市地税系统广泛开展以“清风颂地税情”为主题的文

艺节目、读书征文、演讲、书画、摄影比赛、《颂清风》廉政文化小报、动漫屏保等廉政文化系列活动，同时组织上报市纪局的积极参与、支持下，共收集各类作品744件，其中在北京市纪委获奖14件，占全市各委办局获奖总数的10%；在北京市地税局获奖355件，综合获奖率为53%。其中“清风颂，地税情”廉政文化系列活动中的部分优秀文艺节目应邀到国家税务总局工作会议上进行了汇报演出，得到上级领导的肯定和表扬。

（陆海英）

干　部　管　理

【领导班子建设】 紧紧围绕完成税收收入任务工作中心，以深入学习实践科学发展观为契机，北京市地方税务局机关处级领导班子贯彻落实党的理论、路线、方针、政策的能力，贯彻落实北京市地方税务局党组工作指导思想和领导相关业务部门科学发展的能力得到进一步增强，并在“平安奥运”中得到检验和提升。一是建立健全制度，夯实工作基础。进一步修订完善《中共北京市地方税务局党组关于进一步加强领导班子建设的意见》《北京市地方税务局处级非领导选拔任用工作办法（试行）》等多个班子建设和干部选拔任用工作相关制度，推进班子建设和处级干部选拔任用工作科学化、民主化、制度化水平。二是及时充实力量，优化班子结构。全年选拔任用处级干部3名，为3个处级班子充实了力量。对15名处级领导干部按照标准和程序进行了试用期满考核，结束试用期正式任职。三是加强监督，增强纪检监察力量。针对近年来干部队伍违法违纪增多的现象，对东城区、西城区、朝阳区、海淀区四个税收任务和干部队伍规模比较大的区局的纪检组长进行交流任职，并且都任职为调研员兼纪检组长，提高职务层次，加大纪检监察工作的力度，从源头上预防违法违纪行为的发生。四是积极落实北京市关于军队转业干部安置政策，对2006年和2007年接收的15名团级领导职务的转业干部，经过考核任用为调研员或副调研员，其中调研员3名，副调研员12名。

（石秀军）

【干部人事制度改革】 为充分调动不同年龄和不同层次业务骨干力量工作的积

极性，树立正确的用人导向，坚持以人为本，对于工作时间较长、年龄较大、为税收事业做出较大贡献的人员，严格程序，经过区县局、分局党组上报请示，北京市地方税务局组织民主推荐、考察，北京市地方税务局党组研究任用了2名调研员和3名副调研员。同时，对男年满58岁、女年满53岁的副主任科员，以及区县局年满50岁以上职务仍为科员的人员，按照《区、县地方税务局科级非领导职务晋升管理办法》规定的标准和程序，分别晋升为主任科员或副主任科员。其中，主任科员54名，副主任科员11名。此项政策受到区县局干部的欢迎。

（石秀军）

【考核奖励】 截至2008年12月底，全系统7290名干部职工按照考核奖励工作有关规定参加了年度考核。11名局级干部参加北京市委组织部的年度考核，党组成员、副局长王京华为优秀等次，党组成员、副局长任军，党组成员、副巡视员王勇生为嘉奖奖励。参加系统内年度考核的公务员、工勤人员共7279名，1412名干部职工被确定为优秀等次，5711名干部职工被确定为称职等次，131名（新录用试用期人员）干部职工未定等次，25名干部职工未参加年度考核（病事假超过半年人员）。报经北京市人力资源和社会保障局批准，给予金小平等22名同志记二等功；给予崔燕生等648名同志记三等功；给予杨文俊等2466名同志嘉奖；周晓梅为北京市地方税务系统事业单位先进工作者；刘建华等8名同志为北京市地方税务局事业单位先进工作者。奖励情况详见《北京市地方税务局关于表彰2008年度全市地税系统先进集体和先进个人的决定》。

（梅慧勇）

【公务员录用】 根据区县局对大学毕业生的需求情况，研究制订接收计划。采取多种形式，与毕业生见面和了解情况。在初步筛选的基础上，经过综合测试，把好高素质人才进入市地税局的关口。贯彻北京市委、市政府关于大学生到村镇锻炼的要求，接收59名大学生充实到远郊区县地税局，26名大学生充实到北京市地方税务局所属事业单位。按照《军队转业干部安置暂行办法》和北京市军转办在裁军期间做好军转安置工作的要求，积极做好军转干部的接收安置工作。精心组织军转干部的入局考试，按成绩排队，择优录取；严把体检和政审关，确保接收的军转干部具有良好的素质；78名军转干部都顺利报到，走上工作岗位，圆满完成军转安置任务。

（郎培东）

【工资管理】 一是根据北京市人事局有关文件精神和年度考核情况，完成北京市地方税务局机关2008年度工作人员级别工资滚动、北京市地方税务局机关工作人员晋升职务的工资变动，调动人员和新参加工作人员见习期满转正定级的工资核定和工资变动，完成系统处级干部和北京市地方税务局机关工作人员退休待遇的审批和核算工作。二是根据北京市人事局有关文件精神和年度考核结果，认真进行2007年督查考核奖发放的方案测算，完成督查考核奖、十三月工资、公务员行政奖励核发工作。三是按照北京市纪委、市委组织部、市监察局、市人事局、市财政局、市审计局《关于开展机关事业单位工资制度执行情况检查的通知》（京人发〔2008〕1000号）精神及要求，为进一步深入学习实践科学发展观，加强机关、事业单位工资管理，落实国家及本市工资政策，全面了解、掌握地税系统贯彻执行各项工资政策的情况，全系统各单位对本工资政策执行情况进行全面自查，并进行深入细致的回头看。经过自查，全系统人员工资管理正规、设计科学规范、政策落实到位，未发现违反工资管理政策的现象。四是为方便工资管理人员日常工作及人事干部的政策学习，历经两个月的时间，将2006年工资套改的相关17个文件和答复意见，全部录入电子版，印发了《2006年北京市机关事业单位工资制度改革文件选编》，受到系统广大人事干部的欢迎。五是为方便工资管理人员日常工作及人事干部的政策学习，搜集整理相关文件资料，着手编写工资福利工作手册。

（向　丽）

【干部任免】 1月10日，经北京市地方税务局党组会议研究决定，免去熊晓京的北京市石景山区地方税务局党组成员、副局长职务。

4月8日，经组织考核结束试用期，何小燕任北京市地方税务局人事处副处长，周杰任北京市地方税务局计划会计处副处长，张翅任北京市地方税务局企业所得税管理处副处长，张旺任北京市地方税务局地方税管理处副处长，刘文龙任北京市地方税务局档案处副处长，邹彭任北京市地方税务局信息系统安全保障中心（信息系统运营维护中心）副主任，王英杰任北京市地方税务局北京西站分局党组成员、纪检组长，谷秀敏任北京市昌平区地方税务局党组成员、纪检组长，徐涛任北京市石景山区地方税务局党组成员、副局长，田凤霞任北京市大兴区地方税务局党组成员、副局长，王桂富任北京市怀柔区地方税务局党组成员、副局长，常海龙任北京市西城区地方税务局党组成员、副局长，张松岭任北京市地方税务局第一稽查局党组成员、纪检组长，庄祁玮任北京市门头沟区地方税务局党组成员、副局长，刘亚慧任北京市通州区地方税务局党组成员、副局长。以上15名任职时间从2007年2月7日计算。

4月15日，经市人民政府同意，卜祥来结束试用期，任北京市地方税务局总经济师，任职时间从2006年12月21日起计算。

4月23日，经北京市地方税务局党组会议研究决定，任命：舒涵为北京市地方税务局宣传教育处处长，苏振军为北京市石景山区地方税务局党组成员、副局长，试用期一年。杨涛为北京市地方税务局科技信息处处长，孙雪英、孙志远为北京市地方税务局科技信息处副处长，高丽英为北京市地方税务局信息中心（信息系统安全保障中心、信息系统运营维护中心）副主任（主持工作），孙凤臣任北京市大兴区地方税务局调研员。

免去：舒涵北京市地方税务局人事处副处长、调研员职务，杨涛北京市地方税务局信息中心主任职务，孙雪英、孙志远北京市地方税务局信息中心副主任职务，路新江北京市地方税务局税务违法案件举报中心主任职务。

6月2日，经北京市地方税务局党组会议研究决定，任命：张玉霞、李玉深为北京市地方税务局老干部活动中心调研员，刘朝英为北京市西城区地方税务局副调研员，曹兰英为北京市朝阳区地方税务局副调研员。

免去：张玉霞、李玉深北京市地方税务局干部培训中心主任助理职务。

8月18日，经北京市地方税务局党组会议研究决定，任命：许国晖为北京市崇文区地方税务局调研员，谢良森为北京市海淀区地方税务局调研员，邢立生为北京市房山区地方税务局调研员，王京军为北京市东城区地方税务局副调研员，周春生为北京市大兴区地方税务局副调研员，吴荣贵为北京市房山区地方税务局副调研员，樊建军、王旭、赵庆、张静为北京市海淀区地方税务局副调研员，王俊民、刘冲、周萌为北京市丰台区地方税务局副调研员，马荣军为北京市地方税务局北京西站分局副调研员，王元锋为北京市地方税务局第二稽查局副调研员，门杰为北京市地方税务局机关后勤服务中心副调研员，刘春发为北京市延庆县地方税务局副调研员。

9月1日，经北京市地方税务局党组会议研究决定，任命：张景存为北京市朝阳区地方税务局党组成员、纪检组长、调研员，崔玉英为北京市西城区地方税务局党组成员、纪检组长、调研员。孙雪英为北京市海淀区地方税务局党组成员、纪检组长、调研员，鲍秋苓为北京市东城区地方税务局党组成员、纪检组长、调研员，林永康为北京市地方税务局老干部处调研员，马扬为北京市地方税务局科技信息处副处长，王立水为北京市地方税务局监察处副处长，康和凤为北京市海淀区地方税务局副局长，王福利为北京市宣武区地方税务局党组成员、纪检组长，隋庆梅为北京市地方税务局第一稽查局党组成员、副局长，秦德海为北京市地方税务局第二稽查局党组成员、纪检组长，孙晓瑛为北京市地方税务局第二稽查局副调研员。曹志刚为北京市地方税务局干部培训中心副主任，试用期一年。

免去：隋庆梅北京市地方税务局税务检查处副处长职务，孙雪英北京市地方税务局科技信息处副处长职务，王福利北京市地方税务局监察处副处长职务，林永康北京市地方税务局老干部处副处长职务，王立水北京市朝阳区地方税务局党组成员、纪检组长职务，崔玉英北京市东城区地方税务局党组成员、纪检组长职务，秦德海北京市西城区地方税务局党组成员、纪检组长职务，鲍秋苓北京市宣武区地方税务局党组成员、纪检组长职务，马扬北京市海淀区地方税务局党组成员、副局长职务，康和凤北京市海淀区地方税务局纪检组长职务，张景存北京市地方税务局第一稽查局党组成员、副局长职务，孙晓瑛北京市地方税务局第二稽查局党组成员、纪检组长职务。

离退休干部管理

【综述】按照北京市地方税务局党组提出的工作部署，为落实进一步做好老干部工作要求坚持以人为本的科学发展观，对于老干部工作规范、科学、服务与管理是离退休干部管理处工作的根本宗旨与要求，在实践中，进一步落实中组部、北京市委组织部开展的“讲党性、重品行、作表率”活动的实施意见，联系实际，解放思想，开拓创新，把老干部工作提高到一个新水平。用实际行动把党的十七大提出的“全面做好离退休干部工作”的要求落到实处。

（王桂芹）

【坚持科学发展观开展老干部工作】按照党中央明确提出的老干部工作要“更好地从政治上关心、生活上照顾老干部、发挥他们的作用”的要求，作为老干部工作部门，一是要有强烈的事业心和高度的责任感。在新的历史时期，老干部工作具有特殊重要性，关系构建社会主义和谐社会的问题，努力增强责任感和使命感，为老干部工作贡献自己的聪明才智，是做一名合格的老干部工作者的最基本条件。在这样的岗位上工作，应该认认真真、高度负责任何情况下都要以党和老干部工作为重，以大局为重，绝不能因工作上的失误而给党的老干部事业带来损失。二是树立群众观点，全心全意服务老干部。从老干部的利益出发，以老干部为本，全心全意服务老干部，是老干部工作人员干工作、办事情的最高标准。老干部工作者要与老干部心心相印，息息相通，关心他们，多与他们沟通、联系。三是深入调研，总结经验。调查研究是做好老干部工作的基础，应当成为老干部工作者的一项基本功。在改革开放、构建社会主义和谐社会的新形势下，做好老干部工作 不断开展深入细致的调查研究，总结好的经验，获得科学认识。把感性认识上升为理性认识，努力探索和把握老干部工作规律性。四是工作求真务实，克服形式主义。做好老干部工作，一靠党的理论、路线、方针、政策指导，二靠老干部和相关处室的全面支持，三靠老干部工作人员努力。老干部工作弹性较大，一般性工作容易，深入下去难。搞形式主义容易，求得实效难，坚持科学发展观，务实取得实实在在的效果。五是努力学习， 善于思考。老干部工作涉及的知识面不断拓宽，做合格的老干部工作者。关键是要提高自身的政治素质，而提高政治素质的首要一环，就是要深入持久地学习，靠政治理论学习，增强老干部工作的自觉性；靠业务学习，主要是学习党和政府关于老干部工作的路线、方针、政策和有关规定，以及做好老干部的其他业务知识，真正把老干部工作做深、做好、做细、做出成效。

（王桂芹）

【离退休干部盛赞北京奥运会】 北京奥运会的成功举办， 赢得世界的普遍赞誉，亿万中华儿女精神振奋，备受鼓舞。离退休干部同全市乃至全国人民一道，亲身经历申办奥运、 筹办奥运、举办奥运的激动与自豪，分享了迎接奥运、参与奥运、奉献奥运的幸福与快乐。老干部普遍认为，精彩的奥运会彰显中国改革开放30年的辉煌成就，举全国之力，成功举办2008年奥运会，这是奥林匹克运动史上一枚最大的金牌，谱写奥林匹克和中华民族历史的新篇章，不仅留下宝贵的精神财富，更促进世界对中国的了解与认识。中华民族终于实现百年梦想，成功举办一届有特色，高水平的奥运会，这是所有中国人的骄傲。老同志们亲身感受到携手奥运是最大的快乐，为办好北京奥运会，老干部们也积极投身于“高举旗帜促和谐，携手奥运乐晚年”。主题实践活动，以实际行动迎接北京奥运会的召开，以健康、快乐的精神面貌，展示中国老年人的风采。

（王桂芹）

【开展为灾区募捐活动】 5月12日，四川汶川发生强烈地震后，老干部立即行动起来，用不同的方式表达对四川汶川人民的深情厚谊，截至5月20日，全局离退休干部捐款近2万元。在募捐活动中，涌现出许多感人故事。机关党委向全体在职干部发出倡议，号召全局党员干部捐款，离退休干部不甘落后，多数人纷纷机关驻地踊跃捐款。老同志们表示，党和政府及时有力的救援行动，不仅表明了全力以赴抗震救灾的决心，更显现出党中央是领导全国各族人民的坚强领导核心。

（王桂芹）

【体检服务】 党组高度重视老干部的科学养老工作，老干部处先后制定多项医疗保健制度，为增强老干部的身心健康，帮助为老干部树立科学的养老观，起到很好的作用。一是坚持体检制度，每年9月、10月老干部处都组织离退休干部进行健康体检，使老干部有病早治疗，无病好预防，并建立健康档案，为老干部科学养老提供依据。二是加大宣传力度，为了使老干部及时掌握科学养老方法，增强防病治病的新知识，为每位离退休人员订阅《健康报》或《健康文摘》，帮助离退休人员掌握科学养老新经验，新方法，增强自我防范意识。三是开设科学保健知识讲座，依托老干部局，请有经验的老年医疗保健医师，老年营养专家，讲老年人常见的科学预防及家庭护理，老年人科学营养与饮食，增强老年人抵御疾病的信心，树立科学的养生观。四是组织开展丰富多彩的健康活动，先后组织离退休人员健康运动活动，如投球、飞标等不同形式的多种健身运动，提高了老干部的身体素质。

（王桂芹）

干　部　教　育

【综述】 2008年北京地税的教育培训工作，依据《公务员法》和《干部教育条例》的有关规定，在北京市地方税务局党组的正确领导下，按照“大规模培训干部，大幅度提高干部素质”的要求，分级分类开展。坚持“五个教育”一起抓，实行政治理论、税收业务、信息化技术“三三制”原则，切实注重干部能力素质的培养。

（陈　颖）

【规范教育培训机制】 下发《中共北京市地方税务局党组关于推进学习型地税建设的指导意见》《北京市地方税务局关于印发2008—2012年税收宣传、教育培训工作规划》《北京市地方税务局2008—2012年境外培训规划》及《北京市地方税务局关于开展2008年度人事教育培训监督检查工作的通知》等文件，使教育培训更加制度化、规范化。

（陈　颖）

【分类落实教育培训任务】 教育培训紧紧围绕全市税收中心工作，切实抓好干部能力素质培养。2008年系统全年共落实、组织局处级培训937人次，组织处级培训班9期；组织29名干部赴境外培训，288名机关干部参加脱产12天的培训，97

名大学生初任培训，为青海省地税局培训100名处、科级干部；其他各类培训班405期，参训26434人次，有力地保证了地税干部参加培训和受教育的权利。

（陈　颖）

【局级干部培训】 按照北京市委组织部的工作要求，6位局长分别参加了市委组织部在北京市委党校举办的第三期、第六期区县局领导干部学习贯彻十七大精神培训班，以及第59期区县局级干部进修一班和第5期区县局级干部培训一班的学习；同时10位局长也完成了北京市委组织部要求的40学时的网上在线学习工作。

（朱　莉）

【处级干部培训】 2008年是新一轮大规模干部培训工作的第一年，为加强处级干部的综合素质和履职能力，按照党的十七大精神和科学发展观要求，分级别、有侧重地积极开展处级培训工作。累计培训处级干部652人次，其中：培训正处级干部147人次，副处级干部505人次。一是上级部门下达的调训任务圆满完成。全年累计组织落实上级部门下达的调训任务67人次：落实北京市委组织部调训2人；市人事局任职培训18人（正处级干部2人，副处级干部16人）；国家税务总局专项业务培训47人（正处级干部4人，副处级干部43人）。二是自行组织的处级培训全面有效开展。全年自行组织各类处级培训五大项，共9期，累计培训处级干部585人次，其中：培训正处级干部139人次，副处级干部446人次。3月12日—4月3日，举办了四期处级干部学习贯彻党的十七大精神轮训班，每期3天，累计培训处级干部323人（正处级干部30人，副处级干部293人）；7月29日—31日，由北京市管理科学院承担授课任务，在昌平培训中心举办了正处级领导干部“领航营”培训班，为期3天，共55名正处级领导参训，进行学习型地税建设理论与实务的学习；9月22日—26日，北京地税与中国人民大学、北京市管理科学院合作，在昌平培训中心举办处级干部“新知识”培训班，为期5天，共37名副处级干部参训；10月22日—30日，在昌平培训中心举办处级干部深入学习实践科学发展观培训班，共两期，每期3天，累计培训处级干部168人（正处级干部54人，副处级干部114人）；264人处级干部完成了市委组织部要求的40学时的网上在线学习工作。

（朱　莉）

【科级以下干部培训】 根据《公务员法》和《中央干部教育条例》的有关规定，科级以下公务员（含科级）参加脱产教育培训的时间，一般每年累计不少于12天。宣教处对北京市地方税务局机关科级干部采取脱产面授学习和网上学习相结合的形式进行培训。首先组织了以“认真履职，建立专家型人才之路”的“活力营”为主要内容的脱产培训班，共计5期，每期一周，306人参加；其次利用北京地税网上管理学院这一平台，通过在线学习的现代化培训手段，要求北京市地方税务局机关（科级及以下）干部288人登录北京地税网上管理学院，完成6门课程的学习和三门课程的考试。

（何　红）

【各处室专项业务培训】 年内多次与北京市地方税务局各个处室组织专项业务培训，共举办培训9期，培训454人。如稽查检查业务、评估业务、新《企业所得税法》、会计知识等，为一线干部尽快掌握新的税收业务政策提供了保障。

（陈　颖）

【各区县培训】 共指导、组织全系统各区县局、分局开展各类培训379 期，参训人数24894人次，其中：区县局、分局共组织149人参加科级任职培训；组织新《企业所得税法》培训38期，培训2945人次；组织会计知识培训24期，培训3112人次。完成其他更新知识培训155期，培训9918人次。

（陈　颖）

【境外培训】 加大选拔人才的标准和程序的力度，优先选拔重要岗位、关键岗位和具有较大发展潜力的领导干部，同时注重兼顾后备干部与基层中青年骨干的培训。经过严格的推荐、审核和测评等程序，全系统选拔出29名税务干部在国际关系学院完成两个月的强化英语培训后，赴境外进行为期三个月的学习实践（25名学员赴加拿大，4名学员赴澳大利亚）。12月学习结束，带着丰硕的学习成果凯旋而归。29名干部在各自的岗位上发挥着积极作用。

（杨阿丽）

【初任培训】 根据《北京市国家公务员培训暂行办法》的规定及京人发〔2008〕96号文件精神，为提高新录用人员履行岗位职责的素质与能力，尽快实现由学生到公务员角色的转变，结合地税局工作实际情况，从11月24日—12月12日，北京市地税系统97名新录用大学毕业生参加为期15天的脱产培训。这次培训，正值全系统全面深入开展学习实践科学发展观活动之机，宣教处按照深入学习实践科学发展观活动的要求，通过召开座谈会，对区县局提出的“新进入地税系统的大学生，除学习培训北京市人事局指定的课程外，还要补充税收实物基础知识”的合理化建议，采取边学边改措施，请北京市地方税务局各业务处的领导讲解相关业务知识。

（杨阿丽）

【执业资格认证培训】 2008年1月14日在国际关系学院举办注册税务师辅导培训班。培训采取脱产集中辅导的方式，聘请有经验的专业机构和专业讲师。通过严格考试选拔出来的来自20个区县局、分局和北京市地方税务局6个处室的71名干部参加六周的《税法Ⅰ》《税法Ⅱ》《财务与会计》学习，并参加2008年注册税务师执业资格考试。其中《税法I》62人，通过本科目全国注税资格考试41人，通过率67.21%；《税法Ⅱ》54人，通过本科目全国注税资格考试47人，通过率87%；《财务与会计》58人，通过本科目全国注税资格考试5人，通过率8.62%。

（陈 颖）

【培训者培训】 为全面提高全系统从事教育培训工作人员的整体素质和管理水平，在大兴翡翠湖培训中心举办三期，每期3天的“学习型组织建设基础知识小教员”培训班，共30人参训。

（陈 颖）

【北京地税网上管理学院建设】 为使北京地税网上管理学院能够跟上行业发展步伐，使用上更加人性化，在确保处、科级网院学习正常开展的情况下：宣教处对北京地税网上管理学院平台进行了升级，对页面进行了重新设计，对教育计划、课程课件和试题库进行了重新梳理，并对区县人教科相关管理人员50多人进行了为期一周的升级培训。升级之后，北京地税网上管理学院将在未来的培训工作中发挥更大的作用。

（赵艳慧）

【岗位大练兵】 根据国家税务总局教育中心《2008年税务教育培训工作要点》（教便函〔2008〕1号）的要求，推动“六员”培训深入开展，制订基层一线干部教育培训计划，继续加强办税服务厅人员、税收管理人员、税务稽查人员等“六员”培训，年初开始，各区县局、分局先后召开岗位大练兵动员会。为使北京地税网上管理学院能够满足岗位练兵的需要，以发放的学习教材为依据，采取部门自学、集中讲解、会议交流等形式，组织稽查干部学习，加强辅导，促进稽查检查岗位干部业务素质的提高和稽查案件处理质量的提升。同时，还利用中税网校学习卡，进行网上学习，干部利用业余时间自行上网学习，拓宽了学习渠道，改进了学习方法，提高了学习的质量和效果，为迎接国家税务总局组织的全国稽查检查岗位考试做好了准备。

（杨阿丽）

【学历教育】 本着鼓励干部参加各专业院校的在职研究生学习，积极储备高层次人才的原则，组织2006级与国家税务总局党校和中央党校联合举办经济管理在职研究生班的42名处级干部，完成第四学期课程的学习任务，组织区县局六名业务骨干参加总局委培财政学研究生入学考试，其中一名干部被中国人民大学税务专业博士研究生班录取；一名干部被中国人民大学税务专业硕士研究生班录取，两名干部被东北财经大学财政学硕士研究生班录取。截至2008年年底，北京市地税系统共有公务员6778人，其中博士研究生8人，占公务员总数的0.12%；硕士研究生292人，占公务员总数的4.31%；本科学历4775人，占公务员总数的70.45%；大专学历1468人，占公务员总数的21.66%。大专以上学历公务员6543人，占公务员总数的96.53%；本科以上学历公务员5075人，占公务员总数的75%。在高等院校在读352

人，其中在读博士研究生15人，硕士研究生129人（含党校在读研究生70人，人民大学房地产经济学在读研究生43人）。

（陈　颖）

【培训成果】 向北京市委组织部、国家税务总局上报“建设学习型领导班子　推动北京地税事业走向卓越”的经验介绍材料，并在《组工通讯》刊登；向市人事局上报了2008年地税系统教育培训工作自检报告，编写《创建卓越组织　实现跨越发展》一书；刊发1—4期推进学习型北京地税工作动态；编辑副处级培训简报1—4期；北京市地方税务局机关干部培训动态1—5期；赴境外培训动态1—4期；初任培训动态1—4期；《培训动态》1—4期。

（陈　颖）

巡视工作

巡视一组

【综述】 2008年巡视一组在北京市地方税务局党组的正确领导和兄弟处室、区县局、分局的大力支持配合下，巡视一组认真学习十七大精神，积极投身学习实践科学发展观活动，切实做好巡视工作及党组交办的其他各项任务，圆满完成了2008年各项工作。

（姜乃琪）

【巡视工作】 一是巡视一组认真学习党的十七大精神，落实有关巡视工作各项规定，坚持树立讲实话、办实事、求实效，为北京市地方税务局党组服务、为基层地税服务的指导思想，积极进取、开拓创新，提高巡视工作的质量，完成对门头沟、丰台两个地税局的巡视工作。为构建和谐地税，并最终实现“追求卓越年”各项目标而扎实工作。二是巡视一组遵照党组指示，开展两次专项巡视，即走访7个北京市委办局，征求各单位对北京市地方税务局的意见和建议。共征求各方面意见和建议共计四大类，14条，解答对方问题11条，有力地促进了地税工作再上新水平；到5个区县局、分局了解此项工作开展情况，期间走访税务所7个，召开科、所干部座谈会6个，参与座谈干部35人，调阅资料76份，这两项工作均分别向党组写出工作报告，受到好评。三是认真落实北京市地方税务局党组关于深入学习实践科学发展观的要求。按照北京市地方税务局学习实践科学发展观小组的工作安排，认真履行“指导检查小组”的职责，深入直属分局和有关处室，有条不紊地开展指导检查工作。

（姜乃琪）

巡视二组

【综述】 巡视二组在北京市地方税务局党组领导下，以“三个代表”重要思想为指导，认真贯彻党的十七大精神，按照党章要求，进一步加强组织建设，加强党员思想作风教育，积极开展巡视工作，推动了系统工作的顺利开展。

（朱志刚）

【组织政治理论和巡视业务学习】 按照北京市地方税务局要求深入学习党章、党的十七大精神，学习胡锦涛总书记的重要讲话，有关理论知识文章和书籍，不断提高政治思想觉悟和理论指导实际的能力水平。尤其是开展科学发展观学习实践活动以来，巡视二组全体同志认真学习毛泽东、邓小平、江泽民论科学发展和科学发展重要论述摘编，学习胡锦涛有关开展学习实践活动的重要讲话，认真落实北京市地方税务局开展学习实践活动的实施方案，从思想上深刻领会活动的重要性、必要性。

（朱志刚）

【开展巡视工作】 在全体同志积极努力下，完成对崇文、怀柔区地税局的巡视工作，在巡视过程中，采取听、查、看、访的规定方式，召开三个层面科所长、一般干部、纳税人的座谈会人数共计130人次，走访8个基层税务所，个别谈话143人次，发放收回干部调查表、纳税人调查问卷309份，共查阅了税收政策减免税台帐、人事、监察管理文件、分局党组会、局长办公会重大事项，决策内容情况，严格履行巡视工作职责，克服生活工作中困难，尽量减轻基层工作负担，加班加点整理资料，获得分局税务所干部的好评。北京市地方税务局党组对巡视二组工作也给予充分肯定。

（朱志刚）

【开展调研走访活动】 根据北京市地方税务局党组的统一部署，于6月至8月对崇文、大兴、开发区、第一稽查局、通州、东城、平谷、顺义8个分局进行了巡视，并走访大兴西红门、开发区隆庆街、第一稽查局女子稽查队、通州玉桥、东城交道口、平谷大华山、顺义仁和7个税务所。在此期间，走访北京市财政局、市国土资源管理局、市建委，并联合巡视一组与市纪委纠风室、市纪委自律室、市行政投诉中心有关领导展开座谈，征求意见，取得良好成效。

（朱志刚）

【深入学习和实践科学发展观】 根据北京市委的统一部署，按照开展深入学习实践活动实施方案有关要求，紧密结合自身工作实际，在认真抓好自身学习和实践任务的同时，落实领导小组指示精神，迅速采取行动，完成领导小组交办的“指导检查组”任务，先后召开30人税务所所长会；召开了有王府饭店、京港地铁公司等10位纳税人参加的座谈会；召开有通州区地税局局长牛明奇、财务处处长杨玉杰参加的区县局长和部分处长座谈会。在学习和实践科学发展观活动中，个别走访北京市地方税务局处室、检查处研究室科技处9个单位征求意见27条；赴联系试点单位大兴、稽查一局、稽查二局调研征求意见16条；召开处级领导、机关党员、税务所和纳税人代表参加的各类型座谈会4个，总计征求意见90人次。经过整理归纳，从“五个着力于”方面归纳出问题20条向领导小组进行汇报。

（朱志刚）

【开展党组织活动】 与监察处、巡视一组支部联合开展参观“延安颂”文化展览，与昌平培训中心支部结合学习实践科学发展观开展调研座谈，征求意见；与档案处党支部就纳税档案归集整理问题进行座谈研讨，支部生活丰富多彩。积极参加“学习型组织”学习班，积极参加处级、科级、干部各科、岗位、公务员培训，积极让干部参与有关处室的考察工作，给大家尽可能提供宽松的学习氛围，提升目前的综合素质，积极参加抗震救灾，捐献特殊党费和各种钱物献爱心，价值达7000元。积极参加奥运活动和社区服务活动。在勤政廉政上，严格签订责任制，在日常工作中加强落实与行动的管理，在开展廉政风险点查找工作中，同志们认真思考，认真查找工作中是否存在违纪问题。

（朱志刚）

工　会　活　动

【综述】 2008年是学习贯彻党的十七大精神，举办北京奥运会的关键之年。北京市地方税务局机关工会紧紧围绕办好奥运这件大事，认真落实北京市地方税务局党组提出的“追求卓越年”工作要求，强化自身建设，履行工作职能，进一步拓宽工作思路，不断探索工会工作的创新点，围绕税收中心，强化服务大局的意识，在加强组织建设和能力建设上下工夫，找准工作的切入点，使工会工作水平不断得到提升，为促进和谐机关建设，完成税收中心工作和奥运会任务发挥了桥梁纽带作用。

（吕建光）

【规范工会工作制度】 进一步完善全委会会议制度，凡涉及重点工作、重要活动、重大事项都上会研究，形成切实可行的意见和实施步骤。发挥女工、文体、生活福利三个委员会的作用，在各委员会主任带领下，独立开展工作。依靠工会主席及小组长（分会负责人）开展工作。在召开工会主席联席会和北京市地方税务局工会小组长会议时，营造踊跃发言、积极交流的环境，对新制度、新办法的出台，广泛征求意见，统一思想认识，做好布置解释工作，并组织实施和落实。加强工会办公室自身建设。树立工会专职干部的团队意识和相互配合观念，工作中有分工也有合作，有协调更有配合。主动与各委员会、分会和各工会小组协调配合，主动听取各区县局工会的合理意见和建议，形成工作合力，确保全系统工会工作扎实有序地推进。依据《工会法》及《中国工会章程》，按照北京市地方税务局党组的工作要求和上级工会的部署，结合工会组织管理、女工工作、生活福利和文体活动，建立健全完善了10项制度、9个活动办法和1个暂行规定，其中关于全系统工会工作的有4项，北京市地方税务局机关工会工作的有16项。制度约束和办法的管理，使工会工作更加规范，亲和力、凝聚力和创造力得到了增强。

（吕建光）

【组织地税系统第七届文艺汇演】 在各单位的共同努力下，成功举办以“高歌赞地税，卓越铸辉煌”为主题的第七届文艺汇演。期间，各级领导高度重视和支持，投入大量的人力物力，挤出时间进行排练。各级工会组织广泛开展群众性歌咏活动,组织干部职工学唱两首歌，把唱祖国、唱改革、唱地税结合起来，活跃了干部职工精神文化生活，激发干部职工的工作热情。十一前夕，北京市地方税务局机关举办“高歌颂祖国、齐声赞地税”歌咏比赛，北京市地方税务局领导带头参加演唱。文艺汇演中北京市地方税务局邀请专家为全系统工会主席讲授了合唱基础知识，根据形势变化调整汇演时间。据统计全系统有1500名干部职工参加文艺汇演，30%的单位组织了歌咏比赛，50%的单位参加各区县的歌咏比赛并取得好成绩。1月16日在二炮礼堂，成功举办北京市地税系统第七届文艺汇演优秀节目汇报演出，博得在场观众的一致好评。

（吕建光）

【组建北京地税艺术团】 按照北京市地方税务局党组成立北京地税艺术团的工作部署，北京市地方税务局机关工会在全系统文艺骨干调查摸底的基础上，成立北京地税合唱团和文艺创作组，积极组织开展了多次活动。文艺创作组创作出了《向前！首都地税人》《蓝色的梦在飞扬》《自豪的地税人》等八首歌曲。北京地税合唱团参加了北京市直机关“激情迎奥运，高歌赞祖国”的歌咏比赛，获得二等奖。在奥运会前夕合唱团改编表演了《地税干部手拉手》，学唱了《我盼奥运到北京》《故乡是北京》等歌曲，为纪念改革开放30年组织教唱表演了《春天的故事》

和传统歌曲《保卫黄河》。通过艺术团活动弘扬了北京地税精神，歌颂了北京地税事业，得到了北京市地方税务局领导和广大干部职工的一致认可。

（吕建光）

【组织赈灾救援行动】在四川汶川发生强烈地震之际，全系统各级工会组织积极行动起来，伸出援助之手，奉献赤诚爱心，及时了解灾区需求，开展各种形式的赈灾救援行动。各区县局组织广大干部职工在第一时间里为灾区群众捐助棉衣、棉被和现金。还组织部分赈灾志愿者牺牲休息时间参加一系列的救灾活动。北京市地方税务局机关工会根据女干部特点，在各工会小组和直属分会中广泛开展了“巧手编织爱心衣”向灾区儿童献爱心活动，广大女干部亲手编织了204件爱心毛衣，捐给四川绵竹紫岩小学的同学们。在编织过程中涌现出许多感人事迹，女会员们牺牲了大量的休息时间，有老同志教带年轻人的、有夫妻并肩齐上阵的、还有母亲协助女儿共同编织的。救助活动的开展对全体干部职工进行了一次别开生面的道德情操教育。

（吕建光）

【开展“送温暖”活动】北京市地方税务局机关工会注重发挥桥梁和纽带作用，始终把关心帮助弱势群体作为义不容辞的责任，不断拓宽送温暖活动新途径。针对不同人员，采用不同形式，积极开展关爱他人、奉献爱心、助人为乐等活动，收到好的成效。北京市地方税务局机关工会坚持经常性的送温暖活动，利用元旦、春节，走访慰问工会分会或工会小组，对他们反映的具体问题，按照有关制度，及时给予解决。为更好地了解干部职工的切身利益，有针对性地开展送温暖工作，北京市地方税务局机关工会组织直属单位分会和各处室工会小组长就如何满足广大干部职工的合理需求进行了座谈，听取了30多条有参考性和建设性的意见，同时对改进工作以及政策规定进行了解答。关心会员的切身利益，为会员做好“贴心”服务，2008年工会办公室看望新生子女会员21人，办理困难和丧葬补助23人。为解决北京市地方税务局机关干部职工因患重大疾病，支付治疗、康复费而导致的家庭经济困难等问题，北京市地方税务局机关工会组织干部职工申请参加了《在职职工重大疾病互助保障计划》，逐步扩大参保范围。在自愿参加的基础上，为北京市地方税务局机关和直属分局（单位）222人办理了303份互助保险，并吸纳63名干部职工成为职工保险互助会会员，体现了“无病我帮人、有病人帮我”的宗旨。北京市地方税务局机关工会还积极组织单身干部申请加入中央国家机关工会联合会“央务鹊桥”网。全系统有16个单位的56名单身干部成为首批“会员”，为地税系统单身干部提供了可靠开放的联谊交友的机会。

（吕建光）

【开展急救知识培训】为提高干部职工的思想素质、文明素质、心理素质和技能水平办实事，市局机关工会在150多名工会小组长中开展了急救知识培训，请专家从理论讲授和现场模拟演练两个方面进行了辅导，使干部职工了解和掌握了突发性疾病的自救与互救，部分疾病的区别和火灾等救护知识。通过讲座和培训开阔了干部职工的视野，增长了科学知识，提高了自救和助人的能力。

（吕建光）

集体、公务员考核评比表彰

北京市地税系统 2008年度先进集体

一、区县局、分局（11个）

北京市朝阳区地方税务局
北京市东城区地方税务局
北京市顺义区地方税务局
北京市石景山区地方税务局
北京市西城区地方税务局
北京市宣武区地方税务局
北京市昌平区地方税务局
北京市丰台区地方税务局
北京市崇文区地方税务局
北京市大兴区地方税务局
北京市地方税务局第二稽查局

二、市局机关（14个）

北京市地方税务局人事处
北京市地方税务局纳税服务中心
北京市地方税务局计划会计处
北京市地方税务局征收管理处
北京市地方税务局办公室
北京市地方税务局计划财务处
北京市地方税务局基层工作处
北京市地方税务局奥运税务办公室
北京市地方税务局地方税管理处
北京市地方税务局税务检查处
北京市地方税务局企业所得税管理处
北京市地方税务局监察处
北京市地方税务局信息中心（安保、运维中心）
北京市地方税务局机关后勤服务中心

北京市地税系统
2008年度立功受奖人员名单

荣立二等功人员（22人）

金小平 北京市东城区地方税务局景山税务所所长
孙　鹰 北京市东城区地方税务局第三税务所副所长
巩建华 北京市西城区地方税务局主任科员
陈　宁 北京市西城区地方税务局什刹海税务所所长
李亚庆 北京市崇文区地方税务局征收管理科副调研员兼科长
怀丽力 北京市宣武区地方税务局牛街税务所所长
王翠兰 北京市朝阳区地方税务局酒仙桥税务所所长
程　艳 北京市朝阳区地方税务局个体集贸税务所科员
张　力 北京市海淀区地方税务局学院路税务所所长

刘　瑶　北京市海淀区地方税务局计划统计科科员
赵俊杰　北京市丰台区地方税务局办公室主任
周　凯　北京市丰台区地方税务局第二税务所所长
姜连合　北京市石景山区地方税务局税政管理一科科长
孙树才　北京市门头沟区地方税务局征收管理科科长
邵玉贤　北京市房山区地方税务局良乡第二税务所所长
麻国民　北京市通州区地方税务局基层工作科科长
祝天文　北京市密云县地方税务局征收管理科科长
常永健　北京市大兴区地方税务局西红门税务所所长
张国庆　北京市昌平区地方税务局东小口税务所副调研员兼所长
丁　振　北京市延庆县地方税务局开发区税务所所长
李　宏　北京市地方税务局第一稽查局案件管理科科长
张　宏　北京市地方税务局第二稽查局案件管理科副调研员兼科长

荣立三等功人员（648人）

崔燕生　北京市东城区地方税务局副局长
刘顺林　北京市东城区地方税务局办公室主任
谷　禾　北京市东城区地方税务局基层工作科科长
袁　莉　北京市东城区地方税务局财务管理科科长
李雅倩　北京市东城区地方税务局税政管理一科科长
郭建荣　北京市东城区地方税务局信息化管理科科长
温力革　北京市东城区地方税务局纳税评估科科长
杨跃华　北京市东城区地方税务局监察科科长
秦　中　北京市东城区地方税务局个体集贸税务所所长
薛春红　北京市东城区地方税务局交通商务区税务所所长
田建国　北京市东城区地方税务局朝阳门税务所所长
潘文田　北京市东城区地方税务局机关后勤服务中心主任
张大文　北京市东城区地方税务局和平里税务所所长
牛　远　北京市东城区地方税务局雍和园税务所所长
李　锋　北京市东城区地方税务局稽查局副局长

邓学明　北京市东城区地方税务局征收管理科副科长
吴　茜　北京市东城区地方税务局第一税务所副所长
由立新　北京市东城区地方税务局第二税务所副所长
高艳梅　北京市东城区地方税务局交道口税务所副所长
张爱民　北京市东城区地方税务局人事教育科主任科员
刘晶晶　北京市东城区地方税务局财务管理科科员
栾　蕊　北京市东城区地方税务局税政管理一科科员
王启增　北京市东城区地方税务局计划统计科科员
张　钊　北京市东城区地方税务局信息化管理科科员
张　婷　北京市东城区地方税务局征收管理科科员
张　睿　北京市东城区地方税务局征收管理科科员
王羽飞　北京市东城区地方税务局纳税评估科科员
杨　健　北京市东城区地方税务局第一税务所科员
夏明晖　北京市东城区地方税务局第二税务所副主任科员
徐　楠　北京市东城区地方税务局第三税务所科员
韩　越　北京市东城区地方税务局第五税务所科员
赵文萍　北京市东城区地方税务局个体集贸税务所副主任科员
赵显平　北京市东城区地方税务局交道口税务所科员
戴旭华　北京市东城区地方税务局朝阳门税务所科员
程昱瑾　北京市东城区地方税务局和平里税务所科员
李爱军　北京市东城区地方税务局安定门税务所科员
高卫平　北京市东城区地方税务局雍和园税务所主任科员
张惠生　北京市东城区地方税务局检查二科副主任科员
邵　凌　北京市西城区地方税务局办公室主任
刘　薇　北京市西城区地方税务局办公室副主任科员
秦　驰　北京市西城区地方税务局税政管理一科副主任科员
于　滢　北京市西城区地方税务局税政管理二科科员
张文华　北京市西城区地方税务局政策法规科副科长
何秀洁　北京市西城区地方税务局纳税评估科副主任科员
杨　健　北京市西城区地方税务局计划统计科副主任科员
王　冲　北京市西城区地方税务局人事教育科科员

李　艳　北京市西城区地方税务局财务管理科副主任科员
王　威　北京市西城区地方税务局信息化管理科科长
陈康义　北京市西城区地方税务局监察科副主任科员
田红洁　北京市西城区地方税务局工会副主任科员
卜晓春　北京市西城区地方税务局机关后勤服务中心科员
马　静　北京市西城区地方税务局第一税务所副主任科员
郑　茜　北京市西城区地方税务局个体集贸税务所科员
马建忠　北京市西城区地方税务局新街口税务所所长
薛淑芬　北京市西城区地方税务局新街口税务所副主任科员
李　娜　北京市西城区地方税务局什刹海税务所科员
李　力　北京市西城区地方税务局展览路税务所副主任科员
张金蓉　北京市西城区地方税务局金融街税务所主任科员
林小棠　北京市西城区地方税务局月坛税务所副主任科员
柳　矛　北京市西城区地方税务局西长安街税务所副主任科员
陈海巍　北京市西城区地方税务局德胜税务所副主任科员
王经伟　北京市西城区地方税务局立案科副主任科员
王春兰　北京市西城区地方税务局审理科副主任科员
王　宁　北京市西城区地方税务局执行科科员
李秀改　北京市西城区地方税务局检查一科副主任科员
石瑞娟　北京市西城区地方税务局检查二科副主任科员
湛　江　北京市西城区地方税务局征收管理科科员
张　娟　北京市西城区地方税务局第一税务所副主任科员
蒲修怀　北京市西城区地方税务局第一税务所副主任科员
王宝英　北京市西城区地方税务局新街口税务所科员
文　竞　北京市西城区地方税务局金融街税务所所长
于建华　北京市西城区地方税务局金融街税务所副主任科员
邵　贺　北京市西城区地方税务局月坛税务所所长
刘　宁　北京市西城区地方税务局月坛税务所副主任科员
左　钧　北京市西城区地方税务局西长安街税务所副主任科员
马正杰　北京市西城区地方税务局西长安街税务所科员
张　炜　北京市西城区地方税务局检查一科副主任科员

王献波　北京市西城区地方税务局征收管理科科长
张剑峰　北京市西城区地方税务局第一税务所副所长
段　波　北京市西城区地方税务局稽查局副科长
宁永东　北京市西城区地方税务局税政管理一科科长
肖　麟　北京市西城区地方税务局月坛税务所科员
刘春林　北京市崇文区地方税务局局长
滕凯宝　北京市崇文区地方税务局办公室主任
周增源　北京市崇文区地方税务局人事教育科科长
王秋利　北京市崇文区地方税务局监察科副科长
周维民　北京市崇文区地方税务局计划统计科副科长
周　敏　北京市崇文区地方税务局稽查局副局长
魏　龙　北京市崇文区地方税务局纳税评估科科长
栾秀莉　北京市崇文区地方税务局稽查局检查三科副科长
张　欣　北京市崇文区地方税务局税政管理一科副科长
姜　霞　北京市崇文区地方税务局纳税服务税务所副所长
王俐美　北京市崇文区地方税务局第一涉外税务所所长
李　炜　北京市崇文区地方税务局龙潭税务所副所长
张宏邦　北京市崇文区地方税务局永外税务所所长
刘　健　北京市崇文区地方税务局体育馆路税务所所长
房　芳　北京市崇文区地方税务局人事教育科科员
刘　乔　北京市崇文区地方税务局计划统计科科员
汪勇华　北京市崇文区地方税务局机关后勤服务中心科员
陈树均　北京市崇文区地方税务局征收管理科科员
陈凤丽　北京市崇文区地方税务局纳税评估科副主任科员
刘学军　北京市崇文区地方税务局稽查局检查一科副主任科员
范经纬　北京市崇文区地方税务局稽查局检查二科科员
张建英　北京市崇文区地方税务局稽查局检查二科主任科员
郭　琳　北京市崇文区地方税务局稽查局检查三科副主任科员
张春艳　北京市崇文区地方税务局稽查局检查三科科员
莫新燕　北京市崇文区地方税务局税政管理二科科员
刘　喜　北京市崇文区地方税务局纳税服务税务所科员

王　琤　北京市崇文区地方税务局纳税服务税务所科员
何　菁　北京市崇文区地方税务局个体集贸税务所科员
石其军　北京市崇文区地方税务局第一涉外税务所副主任科员
常　健　北京市崇文区地方税务局第一涉外税务所科员
周　松　北京市崇文区地方税务局第二涉外税务所科员
耿亚平　北京市崇文区地方税务局第二涉外税务所主任科员
郝卫红　北京市崇文区地方税务局前门税务所副主任科员
王悦淼　北京市崇文区地方税务局龙潭税务所科员
袁继先　北京市崇文区地方税务局永外税务所副主任科员
宋朝亭　北京市崇文区地方税务局永外税务所副主任科员
李　健　北京市崇文区地方税务局天坛税务所科员
袁　平　北京市宣武区地方税务局副局长
崔文燕　北京市宣武区地方税务局大栅栏税务所所长
李波涛　北京市宣武区地方税务局广安门税务所所长
杜　平　北京市宣武区地方税务局基层工作科科长
李熙颢　北京市宣武区地方税务局税政管理一科科长
王丽曼　北京市宣武区地方税务局天桥税务所副所长
袁　泽　北京市宣武区地方税务局第一税务所副所长
姜　华　北京市宣武区地方税务局征收管理科副科长
卞　羽　北京市宣武区地方税务局团委副书记
石　兵　北京市宣武区地方税务局办公室副主任
孙　冈　北京市宣武区地方税务局计划统计科副科长
高　文　北京市宣武区地方税务局稽查局立案科副科长
贾小林　北京市宣武区地方税务局机关后勤服务中心主任科员
曹心怡　北京市宣武区地方税务局第一税务所副主任科员
霍艳丽　北京市宣武区地方税务局广安门税务所副主任科员
郑乐津　北京市宣武区地方税务局牛街税务所副主任科员
徐艳萍　北京市宣武区地方税务局稽查局审理科副主任科员
徐红卫　北京市宣武区地方税务局税政管理二科副主任科员
汪智红　北京市宣武区地方税务局人事教育科副主任科员
王英丽　北京市宣武区地方税务局工会副主任科员

张向阳 北京市宣武区地方税务局监察科副主任科员
蒋　剑 北京市宣武区地方税务局稽查局检查二科副主任科员
李兰英 北京市宣武区地方税务局稽查局检查一科副主任科员
张　娜 北京市宣武区地方税务局第一税务所科员
张　炜 北京市宣武区地方税务局牛街税务所科员
张　玲 北京市宣武区地方税务局大栅栏税务所科员
牛晓峰 北京市宣武区地方税务局大栅栏税务所科员
裴　阳 北京市宣武区地方税务局大栅栏税务所科员
齐艳萍 北京市宣武区地方税务局天桥税务所科员
刘　宇 北京市宣武区地方税务局信息化管理科科员
赵红欣 北京市宣武区地方税务局征收管理科科员
李元媛 北京市宣武区地方税务局办公室科员
冯建义 北京市宣武区地方税务局政策法规科科员
刘　辉 北京市朝阳区地方税务局副局长
张榕华 北京市朝阳区地方税务局办公室科员
王学东 北京市朝阳区地方税务局基层工作科副调研员
刘树翠 北京市朝阳区地方税务局基层工作科副主任科员
常兴梅 北京市朝阳区地方税务局财务管理科副科长
柴晨杰 北京市朝阳区地方税务局征收管理科科员
黄　鑫 北京市朝阳区地方税务局信息化管理科副科长
高晓元 北京市朝阳区地方税务局信息化管理科科员
王　庆 北京市朝阳区地方税务局人事教育科副调研员
王晨曦 北京市朝阳区地方税务局人事教育科科员
曹　群 北京市朝阳区地方税务局税政一科副主任科员
李　然 北京市朝阳区地方税务局税政二科科员
陈　悦 北京市朝阳区地方税务局纳税评估科科员
张　军 北京市朝阳区地方税务局第一税务所副主任科员
李世芳 北京市朝阳区地方税务局第一税务所科员
冯玉忠 北京市朝阳区地方税务局第二税务所科员
李缨刚 北京市朝阳区地方税务局双井税务所科员
王树宝 北京市朝阳区地方税务局双井税务所科员

严　建　北京市朝阳区地方税务局双井税务所副主任科员
陈德树　北京市朝阳区地方税务局呼家楼税务所所长
朱　伟　北京市朝阳区地方税务局呼家楼税务所科员
刘　悦　北京市朝阳区地方税务局呼家楼税务所科员
齐燕京　北京市朝阳区地方税务局酒仙桥税务所科员
孙　青　北京市朝阳区地方税务局酒仙桥税务所副主任科员
王凤玲　北京市朝阳区地方税务局酒仙桥税务所副主任科员
毕军强　北京市朝阳区地方税务局涉外税务所副主任科员
金晓娜　北京市朝阳区地方税务局涉外税务所副主任科员
程宏娟　北京市朝阳区地方税务局十里堡税务所科员
刘京朋　北京市朝阳区地方税务局十里堡税务所科员
兰　岚　北京市朝阳区地方税务局十里堡税务所副主任科员
张　辉　北京市朝阳区地方税务局小关税务所所长
赵建瑜　北京市朝阳区地方税务局小关税务所科员
高宗琼　北京市朝阳区地方税务局小关税务所副主任科员
李　涛　北京市朝阳区地方税务局小关税务所科员
熊照彬　北京市朝阳区地方税务局检查一科副主任科员
王　伟　北京市朝阳区地方税务局检查一科科员
马鑫明　北京市朝阳区地方税务局检查二科副主任科员
刘立群　北京市朝阳区地方税务局检查二科科员
高　飞　北京市朝阳区地方税务局检查三科科长
孙远征　北京市朝阳区地方税务局检查三科科员
崔永合　北京市朝阳区地方税务局检查三科副主任科员
朱绍龙　北京市朝阳区地方税务局立案科副主任科员
石博剑　北京市朝阳区地方税务局审理科科员
安春茹　北京市朝阳区地方税务局执行科副主任科员
谷博学　北京市朝阳区地方税务局计划统计科科员
崔　福　北京市朝阳区地方税务局机关后勤服务中心副主任科员
赵群立　北京市朝阳区地方税务局检查一科科员
韩望春　北京市朝阳区地方税务局检查二科副主任科员
刘晓晖　北京市朝阳区地方税务局双井税务所科员

薄晓霞　北京市朝阳区地方税务局双井税务所副主任科员
刘福梅　北京市朝阳区地方税务局呼家楼税务所副主任科员
李海燕　北京市朝阳区地方税务局呼家楼税务所副主任科员
于　杰　北京市朝阳区地方税务局呼家楼税务所副主任科员
孙翔宇　北京市朝阳区地方税务局呼家楼税务所副主任科员
魏朝辉　北京市朝阳区地方税务局呼家楼税务所副主任科员
胡建新　北京市朝阳区地方税务局酒仙桥税务所副主任科员
毛桂兰　北京市朝阳区地方税务局酒仙桥税务所副主任科员
杜军利　北京市海淀区地方税务局局长
张克兵　北京市海淀区地方税务局副局长
康和凤　北京市海淀区地方税务局副局长
关宇航　北京市海淀区地方税务局人事教育科科长
贾海金　北京市海淀区地方税务局监察科副科长
陈金保　北京市海淀区地方税务局数据管理科科长
焦广民　北京市海淀区地方税务局副调研员兼财务管理科科长
胡玲玲　北京市海淀区地方税务局信息化管理科副科长
邓　晖　北京市海淀区地方税务局征收管理科科长
孙　旭　北京市海淀区地方税务局稽查局审理科科长
郑　鹏　北京市海淀区地方税务局稽查局副局长
左晓冬　北京市海淀区地方税务局第一税务所所长
鞠志洪　北京市海淀区地方税务局翠微路税务所所长
吉文晖　北京市海淀区地方税务局科技园税务所所长
江　菲　北京市海淀区地方税务局北下关税务所副所长
鲁　申　北京市海淀区地方税务局四季青税务所所长
张龙江　北京市海淀区地方税务局永定路税务所所长
王海鹏　北京市海淀区地方税务局科技园上地税务所所长
张红艳　北京市海淀区地方税务局基层工作科科长
房　洁　北京市海淀区地方税务局办公室科员
窦秋菊　北京市海淀区地方税务局人事教育科科员
苏　珊　北京市海淀区地方税务局财务管理科科员
郝　玫　北京市海淀区地方税务局税政管理一科科员

杨小朋　北京市海淀区地方税务局征收管理科科员
王超萌　北京市海淀区地方税务局纳税评估科科员
洪　蕊　北京市海淀区地方税务局政策法规科科员
李鹏程　北京市海淀区地方税务局信息化管理科科员
齐　蕊　北京市海淀区地方税务局数据管理科副主任科员
张连元　北京市海淀区地方税务局机关后勤服务中心科员
李玉才　北京市海淀区地方税务局税务学会主任科员
梁秋华　北京市海淀区地方税务局稽查局立案科科员
傅丽秋　北京市海淀区地方税务局稽查局审理科副主任科员
金　洁　北京市海淀区地方税务局稽查局执行科科员
陈志平　北京市海淀区地方税务局稽查局执行科科员
邹家珍　北京市海淀区地方税务局稽查局检查一科副主任科员
樊　红　北京市海淀区地方税务局稽查局检查二科副主任科员
吴树良　北京市海淀区地方税务局第一税务所副主任科员
李中晔　北京市海淀区地方税务局第二税务所副主任科员
李俊红　北京市海淀区地方税务局科技园上地税务所副主任科员
李红梅　北京市海淀区地方税务局科技园税务所科员
刘小贤　北京市海淀区地方税务局青龙桥税务所科员
张金科　北京市海淀区地方税务局涉外税务所科员
冯大灏　北京市海淀区地方税务局涉外税务所科员
张铜海　北京市海淀区地方税务局北下关税务所副主任科员
娄苏湘　北京市海淀区地方税务局翠微路税务所副主任科员
张　杰　北京市海淀区地方税务局四季青税务所科员
鞠　丽　北京市海淀区地方税务局四季青税务所副主任科员
李爱玲　北京市海淀区地方税务局温泉税务所科员
田艳红　北京市海淀区地方税务局学院路税务所科员
于　梅　北京市海淀区地方税务局羊坊店税务所科员
郭晶莹　北京市海淀区地方税务局羊坊店税务所副主任科员
齐秋麟　北京市海淀区地方税务局永定路税务所科员
李　雪　北京市海淀区地方税务局知春里税务所科员
李继红　北京市海淀区地方税务局中关村税务所主任科员

张　舒　北京市海淀区地方税务局中关村税务所科员
刘　华　北京市丰台区地方税务局副局长
闫发华　北京市丰台区地方税务局基层工作科科长
裴晓南　北京市丰台区地方税务局税政管理二科科长
肖　卫　北京市丰台区地方税务局征收管理科科长
霍从红　北京市丰台区地方税务局计划统计科科长
迟　兵　北京市丰台区地方税务局信息化管理科科长
孙汝林　北京市丰台区地方税务局稽查局检查一科科长
马德莉　北京市丰台区地方税务局稽查局检查二科科长
宋国安　北京市丰台区地方税务局园区涉外税务所所长
闫　山　北京市丰台区地方税务局南苑税务所所长
史锦春　北京市丰台区地方税务局长辛店税务所所长
李旭东　北京市丰台区地方税务局人事教育科副科长
宋继忠　北京市丰台区地方税务局丰台税务所副所长
陈敬东　北京市丰台区地方税务局办公室科员
李昌喜　北京市丰台区地方税务局人事教育科副主任科员
李　蕊　北京市丰台区地方税务局基层工作科科员
崔　红　北京市丰台区地方税务局税政管理一科科员
王凤玲　北京市丰台区地方税务局纳税评估科副主任科员
刘端端　北京市丰台区地方税务局计划统计科科员
向玉兰　北京市丰台区地方税务局财务管理科科员
潘久来　北京市丰台区地方税务局稽查局检查一科科员
朱翔宇　北京市丰台区地方税务局稽查局检查二科副主任科员
于新春　北京市丰台区地方税务局稽查局审理科科员
于秋萍　北京市丰台区地方税务局第一税务所科员
刘　莉　北京市丰台区地方税务局第一税务所科员
陈　捷　北京市丰台区地方税务局第一税务所副主任科员
焦莹莹　北京市丰台区地方税务局第一税务所副主任科员
黄　晶　北京市丰台区地方税务局第二税务所科员
王　瑾　北京市丰台区地方税务局第二税务所科员
张　皓　北京市丰台区地方税务局园区涉外税务所科员

董星慧 北京市丰台区地方税务局丰台税务所副主任科员
张晓辉 北京市丰台区地方税务局卢沟桥税务所科员
郝凤珍 北京市丰台区地方税务局铁营税务所科员
栗桂芬 北京市丰台区地方税务局铁营税务所科员
段建超 北京市丰台区地方税务局南苑税务所科员
张慧兰 北京市丰台区地方税务局南苑税务所科员
黄清晨 北京市丰台区地方税务局花乡税务所科员
张　洁 北京市丰台区地方税务局花乡税务所科员
魏颖花 北京市丰台区地方税务局长辛店税务所副主任科员
张兴明 北京市石景山区地方税务局局长
杨建中 北京市石景山区地方税务局办公室主任
钱丽换 北京市石景山区地方税务局征收管理科科长
王庆祥 北京市石景山区地方税务局信息化管理科科长
李　明 北京市石景山区地方税务局第二税务所所长
邬劲松 北京市石景山区地方税务局纳税评估科科长
张苏明 北京市石景山区地方税务局八大处园区税务所所长
沈　虹 北京市石景山区地方税务局监察科科长
秦建平 北京市石景山区地方税务局八角税务所所长
董　威 北京市石景山区地方税务局八宝山税务所副所长
刘亚军 北京市石景山区地方税务局计划统计科副科长
谭友莲 北京市石景山区地方税务局稽查局检查科主任科员
李京海 北京市石景山区地方税务局苹果园税务所副主任科员
郭淑霞 北京市石景山区地方税务局征收管理科副主任科员
张　军 北京市石景山区地方税务局八角税务所副主任科员
李　涛 北京市石景山区地方税务局古城税务所副主任科员
李春华 北京市石景山区地方税务局财务管理科副主任科员
何　虹 北京市石景山区地方税务局纳税评估科科员
陈天培 北京市石景山区地方税务局办公室科员
黎定祥 北京市石景山区地方税务局人事教育科科员
张海霞 北京市石景山区地方税务局第一税务所科员
康　康 北京市石景山区地方税务局首钢税务所科员

高云鹏　北京市石景山区地方税务局个体集贸税务所科员
侯忠羽　北京市石景山区地方税务局五里坨税务所科员
郭建平　北京市石景山区地方税务局机关后勤服务中心职工
刘国庆　北京市石景山区地方税务局机关后勤服务中心职工
张　毅　北京市门头沟区地方税务局纪检组长
张劲松　北京市门头沟区地方税务局信息化管理科科长
孙大勇　北京市门头沟区地方税务局永定税务所所长
李东升　北京市门头沟区地方税务局机关后勤服务中心主任
陈玉红　北京市门头沟区地方税务局斋堂税务所所长
邢　非　北京市门头沟区地方税务局大峪税务所所长
侯春华　北京市门头沟区地方税务局纳税评估科科长
庞　雁　北京市门头沟区地方税务局稽查局副局长
戈靖华　北京市门头沟区地方税务局人事教育科科长
范文书　北京市门头沟区地方税务局第一税务所副所长
张红鑫　北京市门头沟区地方税务局税政管理一科副科长
王生玉　北京市门头沟区地方税务局个体集贸税务所主任科员
叶崇才　北京市门头沟区地方税务局计划统计科副主任科员
贾　悦　北京市门头沟区地方税务局门城税务所科员
郭　冀　北京市门头沟区地方税务局石龙税务所科员
毛　宇　北京市门头沟区地方税务局稽查局检查一科科员
宋海华　北京市门头沟区地方税务局办公室科员
金奎霖　北京市门头沟区地方税务局人事教育科科员
杨　阳　北京市门头沟区地方税务局财务管理科科员
石继羿　北京市门头沟区地方税务局王平税务所副主任科员
邵明东　北京市房山区地方税务局副局长
于大明　北京市房山区地方税务局办公室主任
邓　毅　北京市房山区地方税务局计划统计科科长
刘德辉　北京市房山区地方税务局纳税评估科科长
李小峰　北京市房山区地方税务局房山税务所所长
徐永利　北京市房山区地方税务局良乡税务所所长
张术斌　北京市房山区地方税务局开发区税务所所长

雒　铁　北京市房山区地方税务局长沟税务所所长
郭建虎　北京市房山区地方税务局检查一科科长
包中德　北京市房山区地方税务局人事教育科副科长
相全社　北京市房山区地方税务局基层工作科副科长
罗克伦　北京市房山区地方税务局征收管理科副科长
翟振良　北京市房山区地方税务局开发区税务所副所长
杨海波　北京市房山区地方税务局第一个体集贸市场税务所副所长
姚俊生　北京市房山区地方税务局检查二科副科长
田建华　北京市房山区地方税务局后勤服务中心主任科员
姜亚娟　北京市房山区地方税务局计划统计科副主任科员
刘桂华　北京市房山区地方税务局征收管理科副主任科员
宋　宁　北京市房山区地方税务局纳税评估科副主任科员
崔　海　北京市房山区地方税务局数据管理科副主任科员
李　倩　北京市房山区地方税务局办公室科员
刘建强　北京市房山区地方税务局监察科科员
张绪江　北京市房山区地方税务局第一税务所科员
周亚宾　北京市房山区地方税务局河北税务所科员
王　力　北京市房山区地方税务局立案审理科科员
王　华　北京市通州区地方税务局办公室主任
王　启　北京市通州区地方税务局人事教育科科长
刘凤和　北京市通州区地方税务局后勤服务中心主任
薛桂林　北京市通州区地方税务局税政一科科长
郑　杰　北京市通州区地方税务局征收管理科科长
吴少华　北京市通州区地方税务局计划统计科科长
陈中策　北京市通州区地方税务局稽查局检查一科科长
陈凤香　北京市通州区地方税务局政策法规科科长
王雪峰　北京市通州区地方税务局稽查局审理科科长
刘保先　北京市通州区地方税务局稽查局检查二科科长
胡丛茂　北京市通州区地方税务局永顺税务所所长
李正红　北京市通州区地方税务局第一税务所所长
陈润旗　北京市通州区地方税务局玉桥税务所所长

张福连　北京市通州区地方税务局张家湾税务所所长
杨国贤　北京市通州区地方税务局涉外税务所所长
贾春起　北京市通州区地方税务局宋庄税务所所长
肖松明　北京市通州区地方税务局信息化管理科副科长
张海燕　北京市通州区地方税务局人事教育科副科长
高　颖　北京市通州区地方税务局永乐店税务所副所长
芮　萍　北京市通州区地方税务局第一税务所副所长
杨树彤　北京市通州区地方税务局玉桥税务所副所长
孙　宇　北京市通州区地方税务局漷县税务所副所长
张　静　北京市通州区地方税务局西集税务所副所长
张　艳　北京市通州区地方税务局税政二科副主任科员
姚晓东　北京市通州区地方税务局马桥税务所科员
刘保东　北京市通州区地方税务局稽查局检查一科科员
刘　冉　北京市通州区地方税务局办公室科员
隆　静　北京市通州区地方税务局纳税评估科科员
赵桂涛　北京市通州区地方税务局永顺税务所科员
樊京虎　北京市顺义区地税局副局长
李红良　北京市顺义区地税局办公室主任
李晓玲　北京市顺义区地税局政策法规科科长
周海龙　北京市顺义区地税局税政管理一科科长
童克瑾　北京市顺义区地税局计划统计科科长
李辉东　北京市顺义区地税局开发区税务所所长
王晓明　北京市顺义区地税局木林税务所所长
刘永生　北京市顺义区地税局稽查局副局长
韩剑锋　北京市顺义区地税局人事教育科副科长
张友林　北京市顺义区地税局监察科副科长
李学林　北京市顺义区地税局城关税务所副所长
吴桂芹　北京市顺义区地税局后沙峪税务所副所长
张　倩　北京市顺义区地税局第二税务所副所长
李红玉　北京市顺义区地税局办公室科员
马会松　北京市顺义区地税局征收管理科科员

孟云祥 北京市顺义区地税局计划统计科科员
邹正韶 北京市顺义区地税局财务管理科科员
李小霞 北京市顺义区地税局第一税务所科员
孟昭辉 北京市顺义区地税局南彩税务所副主任科员
赵宝军 北京市顺义区地税局城关税务所副主任科员
蔡祥彬 北京市顺义区地税局开发区税务所科员
李 博 北京市顺义区地税局机场税务所科员
赵艳龙 北京市顺义区地税局后沙峪税务所副主任科员
刘春香 北京市顺义区地税局后沙峪税务所科员
刘冰楠 北京市顺义区地税局人事教育科科员
董 超 北京市顺义区地税局信息化管理科科员
张海彤 北京市顺义区地税局牛山税务所副主任科员
高永刚 北京市顺义区地税局木林税务所科员
陈 阳 北京市顺义区地税局张镇税务所科员
张 蕾 北京市顺义区地税局稽查局检查一科副主任科员
李德勇 北京市顺义区地税局稽查局检查三科副主任科员
王晓瑜 北京市顺义区地税局稽查局审理科科员
赵增科 北京市密云县地方税务局局长
吕延程 北京市密云县地方税务局办公室副调研员兼主任
王景东 北京市密云县地方税务局机关后勤服务中心主任
任清海 北京市密云县地方税务局太师屯税务所所长
祁爱文 北京市密云县地方税务局第三税务所所长
王 丹 北京市密云县地方税务局基层工作科团委书记
刘高扬 北京市密云县地方税务局第一税务所副所长
祝自佳 北京市密云县地方税务局稽查局执行科副科长
郭小波 北京市密云县地方税务局水库税务所副所长
杜守华 北京市密云县地方税务局稽查局检查一科科员
果素仿 北京市密云县地方税务局第一税务所科员
王保忠 北京市密云县地方税务局稽查局检查二科副主任科员
王新颖 北京市密云县地方税务局办公室科员
程海春 北京市密云县地方税务局太师屯税务所科员

王海源 北京市密云县地方税务局人事教育科科员
安国栋 北京市密云县地方税务局第二税务所科员
娄大晶 北京市密云县地方税务局水库税务所科员
赵志军 北京市密云县地方税务局个体集贸税务所科员
孙贵兰 北京市密云县地方税务局第四税务所副所长
史增友 北京市密云县地方税务局机关后勤服务中心主任科员
李美荣 北京市密云县地方税务局政策法规科科员
李　波 北京市密云县地方税务局开发区税务所科员
杨　霞 北京市密云县地方税务局第三税务所科员
李晓明 北京市密云县地方税务局机关后勤服务中心工人
赵永鑫 北京市怀柔区地方税务局人事教育科科长
李德山 北京市怀柔区地方税务局雁栖镇税务所科员
王永平 北京市怀柔区地方税务局庙城镇税务所科员
王　芳 北京市怀柔区地方税务局税政管理一科科员
王晓东 北京市怀柔区地方税务局税政管理一科科长
王海军 北京市怀柔区地方税务局检查一科科员
齐立红 北京市怀柔区地方税务局审理科副主任科员
吴长熹 北京市怀柔区地方税务局人事教育科科员
宋春虎 北京市怀柔区地方税务局桥梓镇税务所副主任科员
张继颖 北京市怀柔区地方税务局办公室科员
李　宏 北京市怀柔区地方税务局检查二科科员
李　冰 北京市怀柔区地方税务局纳税评估科副科长
唐桂清 北京市怀柔区地方税务局雁栖镇税务所所长
郭久明 北京市怀柔区地方税务局监察科副主任科员
高满强 北京市怀柔区地方税务局庙城镇税务所所长
黄静宇 北京市怀柔区地方税务局信息化管理科副主任科员
彭兴瑞 北京市怀柔区地方税务局征收管理科副主任科员
蒋学颖 北京市怀柔区地方税务局第二税务所所长
薛志忠 北京市怀柔区地方税务局稽查局副局长
杜春生 北京市怀柔区地方税务局征收管理科科长
刘德春 北京市怀柔区地方税务局雁栖镇税务所副所长

朱庆丰 北京市平谷区地方税务局副局长

路宝庭 北京市平谷区地方税务局办公室主任

张金海 北京市平谷区地方税务局人事教育科副科长

王海旺 北京市平谷区地方税务局基层工作科科长

陈　雷 北京市平谷区地方税务局监察科副科长

王学慧 北京市平谷区地方税务局副调研员兼财务科科长

张永利 北京市平谷区地方税务局征收管理科科长

马睿智 北京市平谷区地方税务局开发区税务所所长

于长松 北京市平谷区地方税务局峪口税务所所长

王　珍 北京市平谷区地方税务局机关后勤服务中心主任

关凤荣 北京市平谷区地方税务局第一税务所所长

牛广荣 北京市平谷区地方税务局第二税务所副所长

李文志 北京市平谷区地方税务局稽查局检查一科科长

王小静 北京市平谷区地方税务局办公室科员

张海英 北京市平谷区地方税务局人事教育科副主任科员

翟小静 北京市平谷区地方税务局基层工作科科员

张斐然 北京市平谷区地方税务局计划统计科科员

冯丽莉 北京市平谷区地方税务局财务管理科科员

王宇锋 北京市平谷区地方税务局征收管理科科员

芮凤霞 北京市平谷区地方税务局政策法规科科员

王智兵 北京市平谷区地方税务局税政管理一科副主任科员

李兰红 北京市平谷区地方税务局纳税评估科科员

邢晓飞 北京市平谷区地方税务局开发区税务所科员

陈宏亮 北京市平谷区地方税务局新平税务所副主任科员

耿德宝 北京市平谷区地方税务局城关税务所科员

何金林 北京市平谷区地方税务局马坊税务所科员

彭　力 北京市平谷区地方税务局大华山税务所副主任科员

郭光彬 北京市平谷区地方税务局峪口税务所科员

徐　静 北京市平谷区地方税务局第一税务所科员

秦亚栋 北京市平谷区地方税务局稽查局立案科科员

岳海峰 北京市平谷区地方税务局稽查局检查一科科员

翁筱玲　北京市大兴区地方税务局办公室主任
方　兴　北京市大兴区地方税务局税政管理二科科长
赵建文　北京市大兴区地方税务局榆垡税务所所长
王茂宗　北京市大兴区地方税务局庞各庄税务所所长
付成凤　北京市大兴区地方税务局审理科科长
张晓健　北京市大兴区地方税务局第一税务所副所长
谷殿锋　北京市大兴区地方税务局黄村税务所副所长
齐向东　北京市大兴区地方税务局检查执行二科副科长
刘　宏　北京市大兴区地方税务局瀛海税务所副所长
张洪涛　北京市大兴区地方税务局信息化管理科副科长
苑迎霞　北京市大兴区地方税务局北臧村税务所副所长
翁　硕　北京市大兴区地方税务局计划统计科副主任科员
王晨霞　北京市大兴区地方税务局北臧村税务所副主任科员
麻国印　北京市大兴区地方税务局征收管理科科员
石　岩　北京市大兴区地方税务局西红门税务所科员
龙海龙　北京市大兴区地方税务局个体集贸税务所科员
多葛廷　北京市大兴区地方税务局人事教育科科员
戚卫东　北京市大兴区地方税务局基层工作科科员
李　娟　北京市大兴区地方税务局第一税务所科员
康　丽　北京市大兴区地方税务局开发区税务所科员
谷红岩　北京市大兴区地方税务局安定税务所科员
周玲玲　北京市大兴区地方税务局采育税务所科员
陈宝旺　北京市大兴区地方税务局立案科科员
王　艳　北京市大兴区地方税务局财务管理科科员
严剑平　北京市大兴区地方税务局机关后勤服务中心科员
马晓兵　北京市大兴区地方税务局瀛海税务所科员
姚敬国　北京市昌平区地方税务局局长
王瑞芳　北京市昌平区地方税务局人事教育科副调研员兼科长
董立彤　北京市昌平区地方税务局办公室主任
刘　程　北京市昌平区地方税务局征收管理科科长
孙永浩　北京市昌平区地方税务局小汤山税务所所长

兰罕瓒　北京市昌平区地方税务局基层工作科副科长
郭秋红　北京市昌平区地方税务局稽查局审理科副科长
李冬翠　北京市昌平区地方税务局财务管理科副科长
刘红蕾　北京市昌平区地方税务局十三陵税务所副所长
谭庆文　北京市昌平区地方税务局第二税务所副所长
欧阳晓娴　北京市昌平区地方税务局计划统计科副主任科员
程宗岩　北京市昌平区地方税务局信息化管理科副主任科员
张海霞　北京市昌平区地方税务局政策法规科副主任科员
杜晓颖　北京市昌平区地方税务局稽查局检查二科副主任科员
杨照辉　北京市昌平区地方税务局稽查局检查三科副主任科员
王　健　北京市昌平区地方税务局园区税务所副主任科员
郑海峰　北京市昌平区地方税务局办公室科员
邹玉涛　北京市昌平区地方税务局人事教育科科员
杨　晨　北京市昌平区地方税务局第二税务所科员
张海明　北京市昌平区地方税务局昌平税务所科员
史惠东　北京市昌平区地方税务局小汤山税务所科员
孙利梅　北京市昌平区地方税务局北七家税务所科员
尹玉军　北京市昌平区地方税务局个体集贸税务所科员
高　军　北京市昌平区地方税务局机关后勤服务中心工人
李　伟　北京市昌平区地方税务局机关后勤服务中心工人
于欣杰　北京市延庆县地方税务局局长
高　翔　北京市延庆县地方税务局办公室主任
白爱柱　北京市延庆县地方税务局财务管理科科长
常　涛　北京市延庆县地方税务局康庄税务所所长
张良宗　北京市延庆县地方税务局八达岭税务所所长
杨学民　北京市延庆县地方税务局征收管理科副科长
沈小嘉　北京市延庆县地方税务局人事教育科副科长
吴久明　北京市延庆县地方税务局延庆税务所副所长
李　楠　北京市延庆县地方税务局办公室科员
刘　猛　北京市延庆县地方税务局人事教育科科员
陈春义　北京市延庆县地方税务局税政管理二科科员

王新立　北京市延庆县地方税务局征收管理科科员
边建铃　北京市延庆县地方税务局纳税评估科副主任科员
宋　静　北京市延庆县地方税务局开发区税务所科员
闫明征　北京市延庆县地方税务局四海税务所科员
胡满峰　北京市延庆县地方税务局稽查局执行科副主任科员
赵自臣　北京市延庆县地方税务局个体集贸税务所副主任科员
于丽平　北京市延庆县地方税务局第二税务所副主任科员
董雪涛　北京市地方税务局燕山分局局长
周晓光　北京市地方税务局燕山分局办公室主任
邢延存　北京市地方税务局燕山分局燕山税务所所长
刘　军　北京市地方税务局燕山分局燕化税务所所长
赵　军　北京市地方税务局燕山分局第一税务所所长
刘雪梅　北京市地方税务局燕山分局征收管理科副科长
周玉冰　北京市地方税务局燕山分局人事政工科副主任科员
王　益　北京市地方税务局燕山分局计划统计科科员
沈迪会　北京市地方税务局开发区分局副局长
王　磊　北京市地方税务局开发区分局办公室副主任科员
叶　婉　北京市地方税务局开发区分局计划统计科科长
马宗良　北京市地方税务局开发区分局隆庆街税务所所长
高文奇　北京市地方税务局开发区分局人事政工科科长
杜剑非　北京市地方税务局开发区分局计划统计科副主任科员
王薇薇　北京市地方税务局开发区分局第一税务所副主任科员
野亦田　北京市地方税务局开发区分局隆庆街税务所副主任科员
陈晓维　北京市地方税务局开发区分局车船税管理所科员
张志广　北京市地方税务局北京西站分局办公室主任
经　萍　北京市地方税务局北京西站分局西站税务所所长
燕　英　北京市地方税务局北京西站分局征管法制科主任科员
刘建平　北京市地方税务局北京西站分局调研员兼人事政工科科长
付　予　北京市地方税务局北京西站分局税政管理科科长
肖　健　北京市地方税务局北京西站分局办公室副主任科员
苏　莉　北京市地方税务局北京西站分局计划统计科主任科员

隋庆梅　北京市地方税务局第一稽查局副局长
李建春　北京市地方税务局第一稽查局人事政工科副调研员兼科长
王顺麒　北京市地方税务局第一稽查局人事政工科主任科员
夏宏伟　北京市地方税务局第一稽查局人事政工科主任科员
季大捷　北京市地方税务局第一稽查局监察科副主任科员
郭洪鑫　北京市地方税务局第一稽查局评估约谈科副科长
刘　涛　北京市地方税务局第一稽查局信息化管理科主任科员
李南南　北京市地方税务局第一稽查局第一税务稽查科副主任科员
林　扬　北京市地方税务局第一稽查局第三税务稽查科副科长
徐　丹　北京市地方税务局第一稽查局第三税务稽查科主任科员
蔡　坤　北京市地方税务局第一稽查局第五税务稽查科主任科员
吴　静　北京市地方税务局第二稽查局办公室主任科员
陈文红　北京市地方税务局第二稽查局人事政工科主任科员
姜立洋　北京市地方税务局第二稽查局人事政工科主任科员
刘朝晖　北京市地方税务局第二稽查局审理科科长
马　岩　北京市地方税务局第二稽查局案件管理科副主任科员
白　俊　北京市地方税务局第二稽查局第二税务稽查科科长
席丽丽　北京市地方税务局第二稽查局第二税务稽查科副主任科员
于　平　北京市地方税务局第二稽查局第四税务稽查科科长
尤鹏南　北京市地方税务局第二稽查局第四税务稽查科副主任科员
周上序　北京市地方税务局法制处副处长
史小军　北京市地方税务局个人所得税管理处副处长
王敬丰　北京市地方税务局征收管理处副处长
常春雨　北京市地方税务局税务检查处副处长
金燕齐　北京市地方税务局计划会计处处长
彭英斌　北京市地方税务局计划财务处副处长
吕新利　北京市地方税务局监察处处长
朱剪云　北京市地方税务局机关工会副主席
肖慧宗　北京市地方税务局纳税服务中心主任
矫卫建　北京市地方税务局机关后勤服务中心主任
黄淑蓉　北京市地方税务局干部培训中心主任助理

唐　军　北京市地方税务局计会处主任科员
李　娜　北京市地方税务局法制处主任科员
王　京　北京市地方税务局营业税处主任科员
王秉明　北京市地方税务局征收管理处主任科员
郭　镇　北京市地方税务局征收管理处主任科员
张瑞玲　北京市地方税务局科技处主任科员
朱志刚　北京市地方税务局巡视二组主任科员
佟云飞　北京市地方税务局奥运税务办公室主任科员
黄震良　北京市地方税务局信息中心（安保、运营中心）主任科员
刘　成　北京市地方税务局信息中心（安保、运营中心）主任科员
张　红　北京市地方税务局纳税服务中心主任科员
王小虎　北京市地方税务局纳税服务中心主任科员
薛　青　北京市地方税务局纳税服务中心主任科员

事业单位系统先进工作者（1人）

周晓梅　北京市地方税务局干部培训中心财务科科长

嘉　奖　人　员（2464人）

北京市东城区地方税务局（143人）

秦龙生	王秋亭	李森林	杨晓东	李贵军	李冬梅	姜　晖	刘乃昌
郑保跃	许淑清	陈　鑫	李建华	柏竹梅	周艳梅	李京燕	邓燕霞
邹心京	黄　岩	张德生	乔心如	杨朝元	何永平	刘丽萍	李庆峰
陈　力	张共明	王京华	武　斌	王振松	朱　波	王彦东	孔令媛
谢跃明	佟云鹏	梁　伟	杨庆芬	马　萌	许志江	殷　琦	张　旗
徐　伟	马春丽	杨红芳	丁和平	于立新	徐　苓	徐丽莉	高智勇
王　蕾	郭　景	程　红	杨占凯	赵廷婷	葛　玮	高　阳	安　萍
张释元	石放荣	毕晨亮	齐南亚	李　宁	冷宝强	李　静	郭　爽
侯雪梅	龙宝山	王　瑶	刘乃钰	周　平	娄　峰	孙　媛	刘砾凡

王明阳	史伟锋	李 琴	王 萍	邓 颖	马广庆	何 杰	高 霖
周秀淳	刘丽霞	富雪楠	谢 松	张 猛	戴宗秀	吴京勇	李继军
张 宾	侯继军	曲 曼	董云鹏	张玉杰	安 萌	闫 红	沈 虎
杨晓梅	李 佳	王 苏	温旭芳	冯友增	王 春	朱 莉	吴丽华
胡 滨	侯辉立	李素珍	王素花	韩 军	赵一侠	张玉英	张继强
赵晓兰	曹 岩	傅艳伟	梁春来	孟惠云	刘 甡	魏 晨	翟 颖
李 欣	谢利新	黄 浩	赵书明	王 悦	侯志燕	何立平	冯明华
梁洪英	刘 洋	郭玥昉	王晓强	冯建欣	王立平	唐 昭	刘劲松
李 忠	张宝山	李志强	艾之光	吴忠奎	梁 涛	殷连海	

北京市西城区地方税务局（154人）

李玉庆	常海龙	刘顺来	田 玮	王胜利	郑 杰	李淑筠	王 霁
齐玉荣	白一彤	韩 鹏	王铁良	李文学	孙 利	关丽铭	耿金华
王秀珍	房元亮	郭 剑	金云墨	彭建爽	钟培文	王立新	朱颖微
张 青	吴 雪	安胜利	张 珺	谢 澎	王婷婷	孙 岩	张 燕
李延梅	王智源	徐 超	庄晶晶	刘淑静	马俊杰	蒋金梅	谢黎明
贺 艳	王春芝	郑颖聪	冯炜明	张顶空	胡敬超	黎 阳	李 强
赵 陌	李 晶	张京燕	朱丽燕	王 丽	杨 光	刘雯雯	王月茹
任 静	赵 越	王宏林	魏凤霞	解 桐	孙东晖	李新颜	宋 颖
樊元琮	王 威	尹 航	蒋建新	张世发	孙炳辉	刘 玢	刘 伟
王乃一	王雪明	贾爱军	刘炳惠	姜雅君	许文莉	吴 京	佟红琴
吕 红	杨连洁	赵国庆	王 刚	何永光	扈先平	张宝玉	孙大慧
靳 莉	李宗武	李丽平	孙月沉	邢秀梅	王宗丽	刘光建	刘晓洁
蔡志兵	王冬梅	王 萍	陈 辉	尚 岚	靳 杨	吕国庆	张爱国
吴俊花	马 欣	潘玉华	王英杰	都 凯	李 菲	黄健文	许 宏
张 哲	张立华	郭淑菊	姚礼萍	曹 荣	刘文军	徐 力	李媛媛
杨 静	侯惠贤	刘清龙	郭成发	李德林	马 珍	齐 文	许瑞光
韩 蕴	姜黎明	王 卉	王中亮	龚春梅	张二虎	佟 农	王小宇
李京龙	崔高军	张云生	林金福	董 涛	徐 洁	孙 霞	敖海涛
吴 炬	吴 恒	杨 璐	黎 明	王 虹	李丽娟	王龙欣	刘玉芹

秦继兰　　刘国强

北京市崇文区地方税务局、涉外分局（122 人）

贾　玲	江聚祥	沈全君	王　琦	马国富	杨长顺	侯维微	茅云鹏
张彦韬	王　伟	李洪刚	李崇强	聂海燕	朱炜立	安英芹	付春泽
杜长虹	田立新	张来柱	张　皓	丛莉莉	茆长春	樊渝竹	魏长军
李　娟	吴　霞	闫　玥	史东利	刘燕红	周朝晖	陈雪峰	孟　梦
刘　嘉	王　锐	刘旭萍	孙怀启	胡　源	孙　伟	先　晶	潘　勇
王志卉	赵志新	刘少武	冯　尧	刘　境	臧建国	赵长忠	田　丰
魏　杰	刘鸿雁	于晓红	张振忠	朱　华	杨爱军	吴　威	梁俊峰
邵　强	王　红	薛孟杰	王强生	吴燕德	张佩录	韩　敬	毕秀英
沙　煜	唐洪涛	李进东	占华升	秦德生	胡　杰	周宝利	邢　超
李建华	张彦均	吴莹莹	孙　敏	张　谧	张　岩	张建利	李　颖
左　东	金大勇	王小红	张永利	王　巍	邵　欣	崔宏媛	张连波
汪　月	贾　林	王　琳	李燕梅	姜　玲	牛　龙	倪运政	章　昀
高春红	任　飞	刘晓宇	秦　媛	贾长起	朱新宇	赵红云	朱月菊
陈守玉	王红岩	袁雪林	刘赟赟	李艳征	贾丽萍	陈胜利	陈　键
方艳萍	赵玉海	荣鹏林	卢红军	高振生	李军华	段兴荣	叶　英
龚　战	浦洁晶						

北京市宣武区地方税务局（117 人）

邢　军	冯　强	宋永福	翁　联	韩　蔚	李　兰	史　彩	杨宏友
李宪军	司卫党	冯　玮	申亚丽	王春禄	何启丰	唐　谦	朱晓峰
孙　晗	李凤萍	耿　华	张　鸣	付学军	石文正	刘　颖	贾秀琴
覃　粟	袁　元	马　英	王惠敏	杨　烨	郭　娜	杨　林	魏延凯
何　江	王淑华	王宝新	马恩庆	赵培蓉	王东东	周凤斌	张爱萍
郝　颖	周永香	郑　杰	王　军	刘　伟	陈　楠	周　峰	赵红程
谷世涛	姚志红	韩　敏	姚玉兰	王新民	徐建军	李继武	尹　青
汝桂华	马峥嵘	李　颖	唐金玲	朴明涛	时凤雪	洪亚萍	李德红

张燕洁　高秋菊　赵淑芝　贾宝丽　张生堰　杨　彬　刘晓莉　张惠园
王广元　黄晓菲　赵佩荣　姚宁平　潘　宏　杨慧格　白　彦　陈　颖
陈莉萍　徐　旺　唐红山　田丰琰　冯淑杰　刘　昊　贾蝶君　仇建华
吕宏岩　靳　晴　董丽萍　王　东　刘　思　李春娜　高秋玲　赵文凤
黄凤艳　郑文萍　丁国珍　郑慧青　任海鹰　薛　平　冯雅碧　刘秀兰
桂　丹　刘金丽　张　伟　刘莉娟　刘　健　张京梅　廉锦华　张高丽
马新福　沙元春　任敬忠　李　红　刘德健

北京市朝阳区地方税务局（201 人）

陈合庄　郭文武　郑　志　王京秋　曹　慧　王　伟　陈冬梅　易　明
郝　炜　周　建　张惠秋　郎　青　徐会明　郑　颖　徐　媛　雷继红
梁一钧　陈　晨　王丽霞　于海涛　史炳志　陈及明　王瑞明　谢红菊
张　斌　王晥平　马荣生　闫　兵　徐　铳　余雪辉　黄　晶　马占安
周　震　杨　芳　张　娟　赵　彬　林　琳　吕淑梅　尚志诚　张　立
俞　立　李宝新　宿爱英　杨权才　刘　峰　王　莹　谢　凡　陈　琳
郭　颖　田　蔓　鄂　群　王廷秀　孙连兴　米淑敏　郭　嘉　杜则煊
常　欣　毛又冬　孙雅藕　杨洪瑞　南晓京　谷玉森　李云龙　张　帆
徐伟华　杜顺玲　肖　燕　岳太华　于红莉　杨莉洁　关　旭　赵　琳
张惠明　王亦文　张春山　王　红　付　杰　李　昀　贾毅琴　李连成
王　宏　王　菲　任　芊　李奇志　左天竹　杨绪华　蔡敬华　宁维玲
杨旭升　高亮亮　殷　燚　詹　煊　李　波　杜建忠　孙国升　封致海
张亚香　王大江　杭　敏　孟丽娜　马增强　梁玉霞　梁素玉　李春燕
李凤娇　李唯后　朱海燕　刘　丹　刘　宇　高　媛　张　瑞　张　惟
梅　红　张　丽　孔德霞　韩小冬　张国东　张艳鹏　詹大友　薛红艳
康　洁　刘　欣　刘　铮　翁海建　郭　蕊　刘雯燕　秦　忠　李　莉
宋　辉　唐　军　娄宝霞　王建国　张秀荣　高　忠　蔡　杨　李中英
郭志平　左金城　耿俊荣　李树环　贾晓静　郑韶山　朱家旺　谷继玲
高雪松　明　勤　赵宇宁　房俊雪　何树平　李肖平　杜俊红　鲍　宇
王　伟　卢宇阳　穆永红　袁　萍　杨　洋　赵广为　赵海洲　赵晓晨
武开文　李鸿升　梁新萍　盛立侠　王建军　史艳飞　刘印红　郭桂兰

周文政　张建萍　付占平　孙浩然　张一坤　毛拥军　李　华　苏泽生
孔　方　吴地震　谷　明　米伟群　宋利英　孟京红　王晓莉　苏文斌
郭淑丽　蔡正辉　马　佳　刘薇娜　郎春梅　刘　丽　崔彦军　李献云
刘　明　张春旺　崔永刚　李玉春　刘利洪　孙　毅　张　颋　王京生
杨宝春

北京市海淀区地方税务局（209 人）

程立龙　刘　海　邓　岩　陈桂伦　李光照　王越男　刘　阳　王毅芸
于　勇　蒋艳君　张　霖　袁　康　韩立新　彭　彬　强国华　刘亚敏
温　颖　李益成　吴俊祥　郝　健　李志国　胡映月　王　震　刘红艳
申　骏　胡德明　郭　京　许　昶　汪　焰　罗文红　赵大海　杨　光
董　妍　邢　堃　王淑敏　邢　舟　李艳茹　徐　蕾　胡　浩　付峰杰
郭力翔　谭志友　朱奇颖　盛永强　孟军萍　罗瑞强　鲍善星　郑　莉
徐　芳　白晓静　初　铭　范　珅　王丽华　庄　恒　赵　嵩　袁　媛
许　远　王　颖　包绍增　张碧瑜　齐晓旗　蔡富海　尹冬梅　周宁平
李　昆　马晓梅　杨依青　杜　晶　胡　蓓　邵钰文　聂续业　王　静
郭　宇　王春媛　孟庆秀　魏　琪　李志敏　赵　薇　曹淑群　陈　樟
吕义平　宋成红　段雪梅　祖建国　侯景慧　张青俊　屈志耘　李锦玲
袁海成　张甫荣　李晓华　羊海炎　张　硕　张　忻　刘志杰　张俊卿
梁　意　杨兆红　肖　千　李闻江　李　芳　应娟丽　吉俏梅　张　琦
王　珏　刘　飒　王　瑜　王姗姗　钟　艳　周　杰　李福香　王宝琦
郑晓静　马延丽　张海荣　付建政　邓力威　魏秋霞　于福林　张丽春
刘秀兰　孙海红　齐　旭　刘风雷　王　莉　王　征　祁红星　宋文光
白小刚　王茂庆　王顺田　段荣慧　兰兴国　王　卫　丁岩琨　金　颖
韩云庆　王川平　徐冬柏　任　莹　邵丽梅　杨连娣　剧　芳　边占英
高冬洁　杨艳丽　赵　雯　郭　婷　陈　琰　梁玉芝　许梅珍　冯　蕾
鄢洪涛　刘　沛　邹德健　巴　旗　朱　力　蔺立新　刘　颖　李　论
马剑平　张国深　黄春婷　刘静（男）　刘静（女）　丁　平　孟君辉　赵　莹
焦玉柱　刘锦智　张　莉　岳　民　赵小玲　李文旺　高　华　孙秀红
陈群英　班玉珍　程　蓉　鲁海波　荆书宁　王燕玲　宁　娜　万素滨

杜宇鸿	张　宏	高文静	仝　欣	赵雪松	葛思纯	高振安	笪苏军
刘山良	王　平	刘贯华	王　睿	张　启	姚恒金	李红军	祁　利
石　晶	张　燕	李　璇	翟德置	黄雁秋	王红宇	王　征	牛春丽
刘娃利							

北京市丰台区地方税务局（141人）

冯守利	宗立元	谢　锋	安宝华	刘秀英	赵丰年	殷立东	李文军
程　凡	张　瑜	王保忠	苏　佳	张惠玫	李　锋	王东红	刘茂江
高　虹	邵雅兰	蒙广林	任　崴	吴　卫	孙海涛	张昌明	关美荣
丁　红	高　婧	杨　超	张　勇	施宗琼	孟　杰	高　立	曲仕佳
齐安慧	左　皓	王爱玲	王　钰	常文亮	杨　莉	李　艳	陈　明
郑长妹	李　猛	顾孟平	蒋晓菲	闫　薇	苏跃明	张　平	戴建兵
刘泉林	李庆来	蒋福成	刘月宝	王东生	李敬军	孙淑芹	郭振德
李　萍	牛海艳	吴学军	孟炳煜	王虹君	张勇芬	吴俊荣	李振伟
顾春凤	刘宗京	王　斌	韩永周	郭海燕	于溟洋	张晓睿	陈　旭
范利华	贾　敬	杜茂森	薛　韵	权太清	杨保华	谭　磊	柳　涛
顾　群	王　宁	张　明	程春霞	李丽娟	柳腊英	张　磊	陈　侠
熊　辉	戴　虹	范学理	巫晓琴	刘红杰	蒋学军	陈　敏	武雁春
顾　华	潘通华	王　玉	白兰英	陈庆生	王文燕	申燕云	李峥奋
刘　月	梁鄂荣	殷志新	杨世华	杜卫东	王　琦	刘　威	王　燕
邢玉军	漆保平	张　震	杨　青	姚　敏	张　烨	王建军	郭长山
杨耀辉	路惠敏	刘崇祺	周有元	蔡拥军	杨玉乔	王文利	宋铁成
熊　耀	于泓旭	武金水	全仁哲	朱广涛	刘德江	林雪梅	韩建新
张连启	徐　培	张惠奇	张鹏松	吕海燕			

北京市石景山区地方税务局（92人）

徐　涛	李秀华	马秀芬	张金兰	邢永钧	张　英	杨　萍	贾文仙
靳　莉	张立新	邹文胜	韩　巍	许淑君	王庆华	刘　宏	袁建生
王　兰	杜京红	黄　燕	蒋晓霞	李全义	郭德生	张进伟	姚惠玲

赵　辉　董会刚　马云志　陈孟光　尹继英　范永坤　侯会明　吕春涛
宋楚樵　史燕红　武　剑　刘志勇　薛　慧　刘少东　杨雪松　方景岩
王文革　吕朋元　叶　阳　赵苍芬　孙国宝　王　利　游爱斌　董明霞
王跃东　仝连飞　宋兴燕　朱建红　杨　宝　侯津生　王光跃　仲立瑞
杨建林　任景山　吴淑娥　李梅江　宋光明　宋育杰　臧　洁　翟　鹏
苏　婧　唐懿杰　廉玉存　惠建春　魏凯东　张　国　吕秀玲　郭　玲
李凤娟　赵　白　王　颖　田桂萍　朱　江　毕祥林　韩文红　安建华
高文娟　程　方　魏　萍　王桂萍　张建青　任来联　马玉祥　张俊良
陈　军　聂洪宝　费英杰　高庆华

北京市门头沟区地方税务局（81 人）

张　争　靳小妹　韩　燕　吕庆华　王　时　李全力　王红云　朱小漫
高　峰　李景学　刘国民　王俊玲　杨春光　李有武　武志刚　王金荣
李金福　杜　涛　梁兴月　刘　京　韩生学　刘立军　汪中立　王　晶
高艳红　谭　炜　刘慧萍　王　岩　苗燕茹　裴稚盼　闫世红　李　凡
李善之　刘　静　李茂果　闻　捷　王朝祥　张海青　杨晓光　肖　凝
叶利军　赵　东　陈德亮　张　涛　李彩虹　刘德强　张景刚　王　军
李占利　李　泮　张桂隆　晋春晖　李全来　刘宇辉　赵明瑞　李　妍
刘秀芝　韩建新　朱灵芝　霍福军　张文超　李红利　马清刚　秦利强
蔡志方　郝　宁　庞　浩　崔宏兆　王晓娟　索登明　齐　振　张育彤
马宝春　杜雪芬　高青山　沈　雁　岳洪生　杨桂清　李　铁　张　琼
岳　强

北京市房山区地方税务局（86 人）

万国喜　王冠凯　张月红　王　宇　晋长兴　崔克新　景福华　梁雪冰
张亚琴　张　硕　张长红　李恩泽　邓建国　安洪滨　王　浩　尹翠玲
陈顺起　张振领　何　芳　张　征　张文勋　张洪伟　张　飒　罗月华
杨　声　刘　巍　张术缓　刘劲松　方海涛　张　彦　邢延芳　杨燕华
于美玲　敬瑞兰　于齐山　魏树和　宋　宁　王洪霞　石　彦　毛亚东

李　毅	穆希星	杨四广	王义宾	陈福春	朱立建	刘俊祥	隗功勤
张凤新	赵建新	安宝贵	黄　姝	马铁柱	齐晓燕	李晓晖	沙　健
荆丹妮	李亚利	仉国先	张建东	王胜新	王雅梅	陈建华	王秀兰
赵占芳	张　鹏	辛东云	张　磊	唐元元	胡成国	张　艳	刘书文
王文生	刘利民	李建国	梁甫中	穆希革	郭　凯	张文全	朱文杰
侯海龙	齐安忠	张　合	于立峰	董明成	李长春		

北京市通州区地方税务局（117 人）

牛明奇	李宝顺	李　强	赵启旺	张福志	杨　杰	张建勇	毛京源
吴大鹏	张朝晖	苏　剑	赵新宇	何　维	王卫民	牛　艳	于　彬
裴艳春	沈　岩	崔欣然	李　彬	宋明剑	杨　娜	贾华东	王春华
孟　涛	徐　静	周小东	刘月珊	郝　丽	蔡学昆	居敬谊	于盛乾
罗荣利	张　江	刘志永	刘吉平	李宝佳	朱育智	白文旭	刘　威
平振松	王秋平	刘宝华	赵永发	李　苹	高红建	徐建红	安立华
曹洪霞	张国荣	郑云鹤	韩宗宇	郭童彤	王世清	王　岩	魏铁鑫
李春鸣	陶　婧	魏　鹏	李万营	张润生	郭洪艳	周立德	黄秀华
尹雨菊	商会霞	宋　雪	周立枢	杨桂芬	李　晶	王　磊	张迎春
张玉萍	陈松岭	杨建国	李亚芳	王　莹	刘　洋	朱玉凯	李红梅
王丽纳	刘　杰	赵　猛	杨　洋	马秋伶	李晓东	王建萍	李迎华
杜春强	徐　国	谌冠锋	甄春英	王　铮	于国栋	赵明春	翁　磊
张宝亮	高　岩	赵新权	卢　然	张　才	马兴军	杜　鹏	颜松筠
王　鹏	陈　岩	雷晓明	李芯蕊	王丽芳	张　硕	滕景红	李文艺
倪　红	康　为	郭彩霞	周　智	赵马利			

北京市顺义区地方税务局（119 人）

冯雅静	胡　月	赵晓霞	李玉华	孙翠芝	张淑伶	张金辉	王　冉
李晶淼	胡玉芬	董春梅	王艳艳	史庆珍	张海静	李　莉	张小帆
姜索清	梁　艳	梁　静	杜淑兰	李晓彤	路　佳	肖辰英	王春梅
王　静	张爱民	鲁　欣	张晶晶	梁永红	张春艳	邢　超	单桂华

刘晓东	刘宝锁	刘尚文	赵　宏	刘学慧	鲁国杰	刘佳云	裴秀清
何先颖	吴　华	王　娟	王凤云	霍　燕	曲艳军	王　阔	崔建民
王　涛	刘长明	李国孝	陈国政	周海东	史国军	佟艳松	安广军
曹艳南	王小刚	王立冬	聂永国	方　磊	王英丞	郑　岩	王玉杰
洪以林	郭　浩	王　辉	王占雨	孙绍海	于家刚	马宝刚	洪　伟
闫会武	陈　涛	刘玉文	古金虎	马占杰	郑德儒	尹大山	谢广星
李建国	崔明岳	王士斌	高雪成	杨　青	侯　健	赵洪旺	闫　璜
王　胜	赵　明	邵得合	罗志刚	魏明顺	李文华	王小兵	刘　煜
刘　东	马建国	王利军	杨文柱	张福泉	汤友军	王长海	黄长文
赵学武	梁建新	宋艳军	张洪勇	刘福军	王　山	李立刚	卢俊忠
杨大军	张文胜	赵　兵	张天生	王国强	王宝明	刘佩书	

北京市密云县地方税务局（88 人）

黄　健	高士山	李连武	贾福仁	高贺举	刘中伟	杜晓秋	刘英军
赵淑芝	闫尧骁	武学军	王　迪	牛永增	齐　祺	李贺东	程丙国
张春林	李淑芹	李雪生	杜丹丹	张文华	李宁然	罗荣旺	曹新颖
康立艳	王志军	周　凯	赵进良	王纪伟	郝占武	高宪东	郭生友
高亚中	裴　军	蔡咏梅	马庆国	高润更	李春明	刘云龙	关学农
刘淑君	祝自鹏	肖瑞东	李亚松	冯元文	高秋慧	张宗辉	齐春生
贺友华	于立新	李威威	宋文涛	相久增	靳裕琦	李长新	张继国
何普治	赵晓军	刘小雪	周凤琴	王雪军	刘　杰	刘春国	吕凤秋
李利丰	赵玉良	杨囡娃	韩　旭	王惠云	单树林	徐　静	许　伟
成卫东	王小芹	冯瑞贤	王　宏	陈　山	晁怀义	任海山	聂晓波
郭翠芹	赵福清	朱明颖	邱明明	冯晓勇	郑启东	李连义	曹军英

北京市怀柔区地方税务局（88 人）

丁　茜	毛仲刚	王　伟	王　丽	王伯华	王建国	王海云	王翠敏
卢国钦	邢丽萍	齐宗德	何万顺	张凤连	张玖喜	张振良	李东明
李保所	肖海峰	陈月明	陈思源	范桂红	郑雪莲	赵凤利	徐进义

曹淑梅　彭明国　谢建军　丁锦宁　王桂富　于天瑞　王　山　王　伟
史季平　刘　佳　吕红书　孙福岳　安全胜　邢殿军　张　雪　张国权
张俊卿　张海泉　张　跃　张翠竹　李淑梅　杨延秋　沈　彦　陈铁勇
单秀芝　孟国利　孟建艇　赵　明　赵连红　赵慎友　崔国臣　常宝玲
曹春霞　彭云涛　彭华锋　彭明柱　彭晓红　彭静侠　线春萍　鲁凤梅
解宝军　詹永军　李丽鑫　李成春　杨雪松　张桂英　吕晓臣　李洪生
袁德新　刘柯群　焦　阳　赵海华　李德华　胡东新　杨昌文　王　军
王德永　王铁生　刘建国　郭士峰　鲁海燕　曹东升　李文林　陆伯云

北京市平谷区地方税务局（92 人）

张忠良　张秀娟　王一兵　张艳香　张艳春　张桂明　张振杰　徐海宏
马久立　刘付立　贾广德　杜怀国　许方亮　陈来成　闫文胜　韩桂君
孙国强　方　华　高　平　赵　成　马学民　李小光　赵　合　关红革
徐桂芝　付　强　刘金荣　乔　梁　张成才　付记平　陈长林　尚敏涛
邢　东　寇长永　杨瑞良　刘宗刚　刘劲利　闫双印　李俊山　耿东玉
冯德强　林艳海　王春海　孙国生　胡海军　秦树永　陶小军　白海波
徐春平　李　炯　张静涛　杨红印　张明月　刘金成　张之娇　杜新育
唐兴晔　刘守峰　李桂平　邢佳伟　范卫红　张志霞　阎保军　徐占合
刘治国　周　颖　郭金华　赵艳丽　韩守忠　杨保国　张　彬　张福宽
王　亮　岳岐平　王晓洁　黄　超　董金石　马　力　刘　杨　张桂云
李秀君　范维付　杜文明　王　成　梁景敏　张冬云　宋学涛　苏宝成
齐自忠　许金满　陈明华　金凤富

北京市大兴区地方税务局（113 人）

沈永奇　杨连波　孔祥波　田凤霞　杨守慧　王红权　张春红　李兴国
周艳平　张珏华　李冬雪　左传森　孙连国　王玉霞　杨雅丽　高维波
王艳华　邢友军　张晶晶　陈　颖　余　宏　崔　密　陈　纪　刘学云
王海斌　张　彬　崔　颖　曾庆峰　刘秀华　赵延军　李　强　周继纯
张　丹　赵洪伟　杨　磊　张通开　袁　泽　王凌明　苑迎迎　马立广

黄　焱　单达成　刘洪涛　李　强　董　颖　王少丰　范　虎　蔡成军
曾丽娜　李延威　许满宏　赵德武　蔡　伟　涂　珍　李　昂　郝起凤
石　伟　毕晓婕　刘圣球　张志刚　刘海超　宋志伟　李文凯　贺洪艳
巴洪瑞　赵　健　田福庆　侯春磊　张桂茹　贾智海　李雅芹　苏冬丽
崔　剑　张　京　付　思　赵玲霞　佟　宁　陈玉娟　郭卫东　尤丽媛
张亚丽　黄剑锋　王　金　赵国虎　李　巍　杨　颂　牛文静　王　靖
崔　萌　白云峰　王　爽　罗洪义　张　昊　刘　爽　罗方兵　徐纯杰
刘　鸿　陈　阳　马国春　魏会君　李春玲　张　垚　赵宝瑞　王伟宇
王占国　赵金兵　石广振　高劲松　李广清　杨凯勇　张　静　陆华利
满　欣

北京市昌平区地方税务局（110 人）

曲建华　王　竺　谷秀敏　罗洪昌　张亚平　宋云飞　张友刚　杨文达
李爱红　高　雪　冯浩宇　黄志林　阚少华　苏　军　李永峰　张振国
陈石生　刘进军　于永红　贾轶鹏　赵宁宁　于公捷　王振栋　张志杰
刘增莉　陈淑文　陈冬梅　张文胜　刘文志　刘利华　韩　静　刘作亮
刘建栋　李　强　房永飞　王维军　赵立群　史国华　张海祥　李文英
李宝利　贺连荣　刘继英　黄　勇　王子剑　刘凤杰　谢丽琪　崔京军
张　伟　张兆星　李　静　李美英　郑　林　李　悦　杨　杨　徐　虹
陈　军　计　明　陈万江　王　勇　胡春华　朱鑫华　周　芳　毛海明
张　勇　牛长萍　袁　伟　张晓曦　谭　华　刁　翔　舒　婧　刘忠巍
张玉澎　甘如助　安　莉　焦金海　魏婷婷　田俊毅　吴　颖　于宝林
张建恒　邢万明　李树人　郭　庆　苑建伟　张宗娥　张志庆　周光利
张　钧　陈德东　崔　佳　胡淑华　刘　伟　李　虹　胡　媛　朱良杰
邵　培　刘凤利　何荣波　许长春　高　晨　吴小军　兰巨海　王　征
查　林　王志成　贾加志　朱建明　张建军　李士文

北京市延庆县地方税务局（73 人）

王乃君　张发伍　汪　永　李　民　张　淼　郝　维　崔　祥　李玉海

段六一	武劲松	谷晓杰	刘　卓	李爱祥	李美丽	赵静南	代书兰
刘文慧	田淑芳	韩老四	郎峻峰	王金玲	赵丹宁	李新雪	王怀丽
李　岩	吕九苓	李树兰	吴晓静	王　鹏	赵建会	潘立安	申　勇
席建国	于银涛	李　霞	崔　宏	李建平	时瑞玲	申建新	于造英
要　鑫	李延滨	赵维薇	李文静	张萌生	胡爱民	张晶晶	沈辉彬
尤　波	杨　岭	董永生	孙　璠	崔纪书	车金属	时建才	马　俊
乔　江	王丽强	胡顺全	廉洪海	焦富根	陈志永	陈燕昆	吴建军
范云霞	聂永政	刘永军	王仁革	常　巍	陈建军	孙桂华	席维利
张宝刚							

北京市地方税务局燕山分局（28人）

安庆宪	高大为	尹卫东	赵亚凤	李德红	罗玉刚	张　静	田　军
宋克新	张凤洁	魏媛媛	房　平	王亚娟	田　胜	姜　敏	曹丽娟
陈　昕	王春尼	张　琦	赵玲玲	苏海燕	王珊珊	李　劲	许　兵
王　伟	孙　曦	赵　玥	张田宝				

北京市地方税务局开发区分局（30人）

郭顺民	杨卫利	杜培会	金　琦	白瑞卿	刘建华	刘红军	庞振生
李　昱	李春澍	刘　畅	张　萌	张克清	胡林娜	闫国良	武兰萍
陈　晔	陈瑞祥	侯智源	赵旭辉	曹鸿雁	杨崇辉	胡　屹	杨云先
刘宏超	王　辉	蒋　蓓	王月珍	冯翠玲	丛　林		

北京市地方税务局北京西站分局（22人）

王英杰	张燕萍	李志刚	陈三和	王宗惠	吴　双	哈德录	杨　宁
廖　廓	郭丹旻	冯海燕	冯　辉	单燕飞	张乃心	纪美云	廖　静
王丽华	徐英丽	郑莉莉	杨冬瑞	苏淑英	张慧卿		

北京市地方税务局第一稽查局（48 人）

朱元广　汪　沛　霍玉华　刘　森　左春锋　吴文生　葛海清　马　岚
吴欣欣　佟万军　王晓牧　牛　婧　田立军　姬利新　崔　新　孙玉洁
张朝晖　颜　岩　张红松　曹东祥　于　兰　黄斌生　吴　瑾　杨亚英
徐　民　王素江　康子文　李青昕　李　萌　唐松岩　冯文静　孙华斌
李剑锋　车　毅　马晓飞　崔润涵　魏铁功　张　鹏　金　维　杨旦丹
易守权　王　楠　郭　平　王　勇　刘　嘉　伊　惇　李列伟　孙庆斌

北京市地方税务局第二稽查局（42 人）

郭筑明　陈　侠　李龙江　王元锋　苏　雷　杜　鹃　何志军　李燕萍
冯建平　于　静　李培光　张国强　赵建斌　闫　贺　高金素　姜　欣
聂　欣　高　琦　范春莲　任铁生　李　颖　关宏宇　李　猛　郑　波
崔小旭　杨　乐　张　皓　杨京疆　张　旭　胡柏群　贾　真　王　鹏
曹栋斌　马　光　王红岩　李楠楠　张　玮　朱　莉　袁子明　王勇超
金广钧　张树森

市局机关（148 人）

杨文俊　纪宏巍　赵为真　钱　富　张　旺　李宗定　舒　涵　金志雄
赵　伟　高文雄　王　洁　牛　杰　崔彤阳　刘传玲　刘丽敏　李建十
吴北刚　张立芬　杨素珍　高丽英　国春华　张　毅　邹永欣　徐　冬
查力刚　张　翅　白建平　徐　坡　刘振声　张之乐　董兰英　吕兴渭
朱兴有　张亚平　满保红　何小燕　高姝东　孙志远　刁艳芬　高学江
赵丽娟　吕建光　胡建荣　扈寒梅　苏建英　张　康　王　岩　钱剑兰
燕晓华　赵小军　刁维列　王　磊　王瑞龙　李　锋　高灶坡　徐　滨
杜　伟　曹　佳　王　丽　王　扬　王　珊　闫宝艺　郭　淼　杜云涛
乔　游　毛　杰　廉　清　杨惠新　向　丽　梅慧勇　沈　峰　张力伟
陈　颖　何增斌　任丽娟　李　扬　吕建军　张鹤鹏　邓小燕　李章会

胥子清	张冬梅	赵振波	李　冰	张　卉	姜乃琪	张智慧	陈　楠
张　波	张　攀	安宏志	赵　玮	王　哲	潘　蓉	杨　皡	郭秋彤
林　娜	杨旭明	李文芳	王爱玲	那静恩	魏永辉	张学清	侯彦军
刘　雄	刘　畅	张亚林	赵福顺	邢志宏	张　乐	王晓丰	张　寒
丁　云	王　磊	刘　驹	但启明	何　媚	何　林	钟志广	崔　颖
齐全伟	沈景梅	李　一	邱春会	崔　奔	钱　进	王　琁	张　浩
李春霞	赵　康	李晓源	姚文虎	戴树成	谢　云	朱　宁	张连勇
张　杰	刘　嘉	俎步皋	郎丽坤	程　鹛	蔡　莹	佟利民	王彤彤
郭军霞	杨延斌	赵凤江	崔建民				

事业单位先进工作者（8人）

刘建华　王冬梅　韦保财　孙艳霞　罗仲国　朱玉准　李树玉　朱志远

创建文明单位奖励表彰

北京市地方税务局2008年5月27日下发《北京市地方税务局共青团北京市委员会关于表彰命名北京市地方税务系统2007年度市级青年文明号的决定》

京地税基〔2008〕127号

北京市地税系统2007年度“青年文明号”名单

全国“青年文明号”集体（8个）

北京市宣武区地方税务局牛街税务所

北京市石景山区地方税务局首钢税务所

北京市西城区地方税务局金融街税务所

北京市门头沟区地方税务局第一税务所

北京市房山区地方税务局房山税务所
北京市崇文区地方税务局纳税服务税务所
北京市海淀区地方税务局学院路税务所
北京市怀柔区地方税务局第一税务所

北京市“青年文明号”集体（32个）

北京市东城区地方税务局交道口税务所
北京市西城区地方税务局展览路税务所
北京市崇文区地方税务局、涉外税务分局第一涉外税务所
北京市宣武区地方税务局大栅栏税务所
北京市朝阳区地方税务局第一税务所（原纳税服务税务所）
北京市海淀区地方税务局科技园税务所
北京市丰台区地方税务局园区涉外税务所
北京市石景山区地方税务局苹果园税务所
北京市门头沟区地方税务局大峪税务所
北京市门头沟区地方税务局斋堂税务所
北京市房山区地方税务局良乡税务所
北京市通州区地方税务局张家湾税务所
北京市顺义区地方税务局木林税务所
北京市顺义区地方税务局李桥税务所
北京市密云县地方税务局水库税务所
北京市密云县地方税务局第一税务所
北京市大兴区地方税务局开发区税务所
北京市大兴区地方税务局第一税务所
北京市昌平区地方税务局第一税务所
北京市昌平区地方税务局昌平税务所
北京市延庆县地方税务局八达岭税务所
北京市延庆县地方税务局旧县税务所
北京市延庆县地方税务局康庄税务所
北京市地方税务局第一稽查局第一稽查科

北京市地方税务局纳税服务中心12366咨询服务热线

北京市崇文区地方税务局、涉外税务分局第二涉外税务所

北京市丰台区地方税务局第一税务所

北京市通州区地方税务局第一税务所

北京市平谷区地方税务局第一税务所

北京市地方税务局燕山分局第一税务所

北京市地方税务局西站分局第一税务所

北京市地方税务局第二稽查局第一稽查科

行政管理

政府信息公开工作

【综述】 根据《中华人民共和国政府信息公开条例》（以下简称《条例》）要求，2008年5月1日起北京市地方税务局正式施行政府信息公开工作。北京市地税系统在北京市政府和国家税务总局的统一领导下，坚持以科学发展观统领政府信息公开工作，全面贯彻落实《条例》要求。结合垂直部门工作特点，着重抓好“六个统一”，即统一机构工作职责、统一信息编制目录、统一信息发布渠道、统一保密审查标准、统一依申请办理流程、统一信息澄清机制，统筹推进政府信息公开工作。一是建立健全组织机构和配套制度。成立政府信息公开工作领导小组，明确专门工作机构和人员。制定实施覆盖政府信息公开各方面工作的8个配套文件，为政府信息公开工作的顺利开展奠定坚实的基础。二是全面及时准确地发布政府信息。集中通过政府信息公开专栏公开发布主动公开政府信息8059条，公开信息数量居北京市属各部门最前列。同时通过《北京地方税务公告》、新闻发布会、北京地税网站其他栏目多渠道公开信息。开辟政府信息公开专区，提供电子和纸质政府信息，全方位满足公众的查阅需求。三是妥善处理政府信息公开申请。全市地税系统共收到政府信息公开申请6件，均按程序受理并在规定时限予以答复。四是认真做好各项基础工作。对政府信息严格按程序进行保密审查。不断拓宽公开渠道，优化窗口服务。做好咨询电话值守、邮件处理、数据统计和报送，以及澄清虚假或者不完整信息准备工作。全系统牢固树立大局意识、责任意识、公开意识，政府信息公开工作开展得严谨扎实，有条不紊，高质量、高效率地完成了各项信息公开任务。

（唐敬春）

【全面主动公开政府信息】 一是通过北京市地税网站政府信息公开专栏集中公开信息。北京地税Tax861网站自《条例》实施之日起增设了政府信息公开专栏。专栏下设政府信息公开指南、政府信息公开目录、政府信息公开年报、依申请公开、监督投诉等栏目，方便公众查阅北京市地税系统主动公开的政府信息。通过政府信息公开专栏主动公开政府信息8059条，全文电子化率为100%。其中机构职能类信息1048条，占总数的13.00%；法规文件类信息5703条，占总数的70.77%；规划计划类信息258条，占总数的3.20%；行政职责类信息477条，占总数的5.92%；业务动态类信息573条，占总数的7.11%。二是通过《北京地方税务公告》公开信息。《公告》每月一期，全年编辑法规文件127个。《公告》印刷版放置办税服务大厅供纳税人免费索取，每期放置2.4万册；《公告》电子版每期通过免费邮箱向纳税人发送，每期发送40万份，为纳税人提供了更便捷的税法服务。三是召开新闻发布会公开信息。5月1日至年末，共召开税费收入情况通报等新闻发布会8次。特别是为做好奥运会保障工作，在7月30日奥运临近之日，及时召开奥运税收服务新闻发布会，推出五项措施加强奥运税收服务，并介绍奥运会、残奥会门票销售及发票开具等相关热点问题。四是通过Tax861网站其他栏目公开信息。5月1日至年末，以答疑的方式发布运动员因奥运会、残奥会比赛获得的奖金和其他奖赏收入征免个人所得税，个人向汶川地震灾区捐款抵减个人所得税等涉税信息400多条，很好地服务于热点工作。同时，北京市地方税务局和区县局、分局分别在办公楼和各办税服务大厅开辟政府信息公开专区，各查阅场所配备了便民服务设施，方便公众就近查阅政府信息。北京市地税系统政府信息公开专区共设置120多个触摸式显示屏提供政府信息电子查阅服务，阅览架上放置《北京市地方税务局政府信息公开指南》和行政规范性文件等免费取阅资料。每月初北京市地方税务局向北京市政府信息公开查阅大厅、北京市档案馆、首都图书馆等移送纸质信息，累计405份，各区县局、分局也都按要求进行文件移送，满足公众不同的查阅需求。

（唐敬春）

【妥善处理政府信息公开申请】 为落实《条例》确定的政府信息依申请公开制度，全系统设立24个政府信息公开申请受理点，并公布北京市地方税务局和各区县局、分局政府信息公开受理机构的联系方式。各级受理机构接到申请后均认真审核申请要件的完备性，责任部门、法制部门、办公室从合法性、《条例》的要求、税收业务等各个角度共同磋商，经主管领导把关，形成最终答复意见，在规定时限内给予申请人明确答复。5月1日至年末，全系统共收到政府信息公开申请6件，其中北京市地方税务局2件，区县局、分局4件。申请方式中，当面申请2件，占总数的33.33%；以信函形式申请2件，占总数的33.33%；通过互联网提交申请1件，占总数的16.67%；以传真形式申请1件，占总数的16.67%。收到的6件申请中5件于年度内按期答复，12月31日收到的1件申请于次年1月按期答复。年度内答复的5件申请中，“同意公开”3件，占答复总数的60.00%，其中“同意部分公开”2件；

“不予公开”1件，占答复总数的20.00%；“申请内容不明确”告知申请人更改、补充1件，占答复总数的20.00%。由于领导高度重视，配套制度明确，部门间协作密切，所受理的信息公开申请均做到受理程序规范，答复意见严谨，时限符合法定要求，申请人对此十分满意。

（唐敬春）

【健全组织机构】 北京市地方税务局成立政府信息公开工作领导小组，负责推进、指导、协调、监督全系统的政府信息公开工作。领导小组下设办公室，设在局办公室，承担政府信息公开的具体工作。各区县局、分局均明确专门工作机构和人员。北京市地方税务局和区县局、分局分别制定本级政府信息公开工作的配套管理制度。为便于开展具体工作，随时和系统各单位沟通情况，从筹备到实际工作运行，在全市地税系统建立联系人制度。系统各单位确定一至两名联系人，具体负责本单位政府信息公开的上下联络、协调和具体操作，成为政府信息公开工作的中坚力量，为综合协调、沟通情况、分配任务、落实责任提供人员保障。

（唐敬春）

【完善配套制度】 《条例》实施前，通过《北京市地方税务局关于印发北京市地方税务局政府信息公开系列文件的通知》（京地税办〔2008〕102号）下发了8个配套文件，即《北京市地方税务局政府信息公开工作办法（试行）》《北京市地方税务局政府信息主动公开工作办法（试行）》《北京市地方税务局政府信息依申请公开工作办法（试行）》《北京市地方税务局政府信息公开保密审查办法（试行）》《北京市地方税务局政府信息公开虚假或不完整信息澄清工作办法（试行）》《北京市地方税务局政府信息公开工作考核办法（试行）》《北京市地方税务局政府信息公开目录编制规范（试行）》和《北京市地方税务局政府信息公开指南》。这八个配套文件覆盖了对主动公开、依申请公开、保密审查、信息发布、监督保障等各个方面所作的规定，既确定了地税系统整体工作框架，又理清了各个环节的相互关系和操作程序，为政府信息公开工作的顺利开展奠定了坚实的基础。在《条例》实施后，着力抓制度的执行，严格按照各项制度的规定落实政府信息公开工作。经过运行，证明这些配套制度是科学合理的，经受了实践的检验。

（唐敬春）

【强化基础工作】 一是做好保密审查工作。各单位按照政府信息公开各项配套文件要求，对新制作或获取的属于主动公开范围的政府信息严格按程序进行保密审查，并及时录入管理系统予以公开。在运行中，将保密审查与公文审查同步进行，简化环节，提高效率，强化政府信息公开意识。二是做好咨询电话值守和邮件处理工作。北京市地方税务局和各区县局、分局办公室作为依申请受理机构，确保在办公时间内，做好本单位政府信息公开值班电话的值守。通过政府信息公开专线热情接受公众电话咨询，并妥善处理政府信息公开专用邮箱所接收的电子邮件。对业务咨询和涉税举报投诉等电话和邮件也积极进行转接和转办。三是做好数据统计和报送。按照北京市政府信息公开办公室的要求，做好主动公开、依申请公开和咨询等情况的数据统计和报送工作。对于奥运会期间系统内可能发生的政府信息公开的突发事件及各类问题，要求及时报告、提供解决方案和进行通报。四是做好澄清虚假或者不完整信息准备工作。对虚假或不完整信息澄清工作进行详细规定，明确澄清工作责任。在奥运会期间对税收宣传突发事件应急预案做进一步的细化和明确，着重就应对境外媒体采访进行专题辅导，做好相应准备。五是以内网办公系统专栏为主要的交流平台，部署工作，沟通情况，答疑解惑。截至年末，在内网政府信息公开专栏发布相关法律法规、北京市政府和国家税务总局相关文件资料、领导批（指）示、各类通知、北京市地税局系列文件、数据统计、工作动态、问题解答、权威解读等120项（次），近20万字。特别是发布专项工作部署类通知和日常问题解答类通知40条次，按层次、分阶段围绕重点，稳妥地推进了各项政府信息公开工作顺利开展。

（唐敬春）

会 议 管 理

【综述】 2008年，北京市地方税务局不断加强各类综合性会议活动的科学管理，着力提高会议活动的质量和效率。北京市地方税务局办公室共组织协调各类全局性会议和重要活动140多次。特别是圆满完成年度系统工作会议、北京市委、市政府领导到北京市地方税务局检查指导工作、服务奥运系列会议活动、答谢纳税人大型演出、第四套印花税票及大全册的发行、第九届全国友好城市地税局长高峰会议等重要会议和活动的组织工作。这些重要会议活动的成功举办，为推动全局中心和重点工作的开展发挥了重要作用。

（张　玲）

【全面加强重要会议活动管理】 一是提高效率，精细组织，会议活动管理质量进一步提高。针对会议和活动组织管理任务更加突出的要求，对每一项大型会议和重要活动，都做到事前认真筹划，事中周密组织，事后做好各项后续工作，始终贯穿精细化管理。二是加强控制，注重实效，提高会议的针对性和有效性。切实加强会议的计划管理，杜绝会议召开的随意性和盲目性。提前做好会议人员、时间、议题、材料等各要素的准备，并充分预计会议可能出现的各种情况，确保会议按计划顺畅进行。同时，要求开什么会，议什么题，提倡说短话、开短会。三是突出阶段性工作特色。围绕奥运年的突出特点，把弘扬奥运精神和做好会务管理结合起来，同时在会议组织、材料准备等各方面体现奥运元素。四是严肃会议纪律，转变会风会貌。继续大力提倡良好会风会貌，特别是强化会议纪律，严格落实会议要求，以有效提高会议效率和促进作风转变。五是认真做好会议网络化管理。结合内网一期、二期系统应用，依托强大的内网信息化平台，很大程度上实现了会议的电子化管理。同时，做好对全系统会议管理员电子流程的推广培训和流程应用的进一步完善，大大提高了会议管理效率。

（张　玲）

【圆满完成组织重大会议活动】一是做好全局综合会议的组织保障工作。认真组织召开了年度系统工作会议、半年工作会议和2009年工作务虚会等全局性综合会议，从议程安排、人员组织、材料准备、会场布置等各方面做到合理筹划、周密部署、细致准备，力求使会议达到最佳效果。这些综合性会议全面总结和部署了地方税收工作，有力地保障了全局各项工作的顺利开展。二是做好全局迎奥运重要会议活动的组织保障工作。召开了全系统“平安奥运行动”动员大会；组织了奥运会志愿者工作部署推进大会暨北京奥运会城市志愿者“五一”集中服务活动启动仪式；向北京奥组委赠送了《北京印花税票全册》，大力弘扬首都历史文化，支持北京奥运会成功举办；完成了全局服务奥运会、残奥会先进集体、先进个人表彰大会等。这些会议活动围绕服务奥运的中心工作，既严肃认真，又热情高涨，主题突出、目标明确、措施有力，确保了服务奥运各项工作圆满完成。三是做好学习实践科学发展观重要会议活动组织保障工作。召开了北京市地方税务局学习实践科学发展观活动动员大会，组织了学习实践科学发展观专题讲座等。严格按照活动各项规定进程妥善安排，精心组织，使活动顺利达到预期效果。四是认真做好北京市委、市政府和国家税务总局领导来局检查指导的各项活动安排。坚持从细节入手，着力强化现场管理，做好各个环节的精心安排，烘托活动效果，更好地展现了北京地税的丰硕成果和良好形象。五是围绕“依法诚信纳税，共建和谐社会”的宣传月主题，组织开展了一系列税法宣传活动，举办了“北京印花税票之四——《北京坛庙》新闻发布会”和向国家博物馆、首都博物馆捐赠仪式等活动，内容丰富，主题鲜明，效果显著，在全社会努力营造依法诚信纳税的良好环境。六是做好其他全局性重要会议活动的组织保障工作。圆满组织了“迎奥运、树新风，奉献、和谐、发展——北京地税答谢纳税人联谊会”，营造了欢快热烈，气氛祥和的现场效果，伴之以精彩的文艺演出，表达了北京地税人对广大纳税人的崇高敬意。成功举办了第九届全国友好城市地税局长高峰会议，来自北京、成都、广州、杭州、济南、南京、武汉七个友好城市地税局领导共聚一堂，探讨新时期地税工作科学发展的深层次问题，促进共同进步。高峰会议效果十分突出，受到与会各方的高度评价。组织市局机关全体干部、职工举行沉痛悼念汶川大地震遇难同胞默哀活动，深切表达了地税干部对灾区同胞的爱心。成功举办全系统第七届文艺汇演，丰富和活跃了系统文化生活。组织参加了打击制售假发票违法犯罪大型展览活动开幕式等。这些重要会议和活动的成功组织和圆满完成，有力地保障了全年各项任务目标的顺利实现，受到了各方面的充分肯定。

（张　玲）

综合文秘工作

【综述】2008年，北京市地方税务局办公室综合文秘人员坚持以科学发展观为统领，充分发挥参谋助手作用，紧紧围绕税收中心工作，认真负责地做好各类综合文字材料起草和综合管理工作，积极主动地完成上级交给的各项工作任务。全年按时、优质、高效地完成了工作总结、工作要点、领导讲话等综合文字材料以及向北京市委、市政府、国家税务总局报送的有关材料百余篇，30多万字。同时，高质量完成了北京地方税务年鉴和大事记的编写工作。

（吴黎淳）

【高质量完成文字材料撰写工作】一是加强学习，提高综合素质，打牢文秘工作的思想和业务基础。认真学习党的十七大精神，深刻领会北京市委、市政府和国家税务总局的工作要求，贯彻落实北京市地方税务局党组的治税理念，提高文字材料的思想性和理论性。关注时势，关注国际、国内热点、焦点新闻，做到文字材料和政治经济形势的紧密结合。积极学习税收业务知识，提高文字材料的专业性。坚持把学习各方面知识作为不断提高工作水平的重要基础，按时、优质、高效地完成了各类文字材料编辑起草任务。二是完成年度、季度全局工作总结和季度全局工作要点撰写。较高质量地完成2007年度全市地方税收完成情况和2008年度工作安排报告。将每季度全局工作进行认真总结，形成较为丰富翔实的文字材料，上报北京市政府和国家税务总局，做好下情上达工作，使上级机关及时了解、掌握全市税收工作完成情况，为全市经济运行和调控提供及时准确的数据信息。做好季度全局工作要点的编撰工作，有力地保障了全局各项工作的顺利开展。三是做好北京市地方税务局领导讲话起草工作。根据北京市地方税务局领导要求，完成部分全局性重要会议和活动领导讲话材料的起草。综合文秘人员依靠平时的学习积累，使领导讲话做到立意高、观点新、针对性和可读性强，有力地推动了各项工作。四是高水平完成2007年度北京地税年鉴和大事记的编写，以及其他各类年鉴稿件的编写和编辑工作。本着对历史高度负责的精神，紧密围绕税收工作大局，集中反映北京地税税收事业发展中的大事、要事，以及税收与民生等方面的重要史实，全面提高了各类年鉴、大事记的写作和编辑水平，共形成30多万字稿件。五是做好重要会议活动组织类材料的撰写。随着会议活动组织科学化、规范化、标准化程度不断提高，主持词等组织类材料的撰写成为一项重要常规工作。在撰写组织类材料时，坚持严抓细抠，精益求精。一方面，力求语言文字朴实简练，紧扣会议主题，便于主持人对会议的掌控；另一方面，提出要求具体明确，注重可操作性，便于全系统贯彻落实会议精神。在每次重要会议召开前，及时将主持词等相关材料报北京市地方税务局领导审阅，保障会议顺利召开。

（吴黎淳）

【综合管理】 完成了全局和办公室大量综合管理工作，有效推动了北京市地方税务局中心和重点工作的顺利开展。一是做好奥运服务工作。积极参与、配合、组织全局服务奥运的各项重大会议活动，做好文字材料和综合服务工作。配合奥运会的成功举办，在办公室系统组织开展了“诚信促团结，和谐迎奥运”活动。二是做好联系基层税务所工作。年初，制订了北京市地方税务局办公室联系基层税务所计划。组织北京市地方税务局办公室干部与东城区地税局东方广场税务所、房山区地税局房山税务所、密云县地税局水库税务所三个联系所，以及东城区、房山区、密云县地税局办公室干部开展了联谊活动，相互通报工作，认真听取基层税务所对北京市地方税务局机关工作的意见和建议，并及时向北京市地方税务局领导反馈，切实将为基层服务的要求落到实处。

（吴黎淳）

办公自动化

【综述】2008年，北京市地方税务局在确保内网一期正常稳定运行的同时，重点完成了内网二期项目的建设开发工作，将内网一期和二期整合为统一的内网办公系统，并于2008年12月1日在全系统成功上线运行。内网二期项目主要内容可概括为"一九一"系统，即一套基础设施——统一应用支撑平台；九大应用系统——公文管理系统、会议管理系统、通知管理系统、督查督办系统、信息管理系统、调研管理系统、档案管理系统、邮件系统、即时通讯系统和个性化办公系统。经过科学的前期规划、先进的系统设计和高效率的开发建设，整合后统一应用的内网办公系统实现了内网建设的总体目标。内网全面上线后，很快成为全地税系统各类信息发布的主渠道和行政办公的主要信息化平台，受到了系统内广大干部的普遍好评，对提高北京地税行政办公管理水平和信息化程度发挥了重要作用。同时，北京市政府办公厅、北京市档案局等北京市属多个部门都专程到北京市地方税务局学习、交流内网建设情况。北京市地方税务局积极向有关单位介绍经验，交流心得，得到了这些单位的一致认同，发挥了积极的示范作用。

（王　扬）

【认真做好内网一期的管理维护】按照统一管理分级维护的运维管理模式，一是督促检查全系统各单位做好各类信息发布和栏目更新维护，最大限度地发挥内网的服务功能。二是监督运维服务商做好了服务器和应用系统的日常检查和数据备份，保证系统始终处于安全运行状态。三是做好各项应用服务，通过热线电话、书面答复和现场服务等方式为系统内广大用户提供技术支持，保证了广大干部更好地应用内网。四是深化系统设计，完善内网功能，对部分栏目继续进行设计调整和功能优化，提高应用水平。

（王　扬）

【科学规划内网二期建设】在内网建设总体目标指导下，充分结合北京地税工作实际，将内网二期建设的具体目标确定为：构建一个功能强大、技术先进的统一应用支撑平台；建设一套基于浏览器的性能优越、可靠稳定的邮件系统；围绕北京市地方税务局行政办公的核心业务，在统一应用支撑平台的基础上搭建公文管理、会议管理、督查督办、信息管理、调研管理、档案管理、即时通讯等各类业务系统；实现面向全体干部的个性化办公系统，同时进行历史数据的完善补充，完全取代原有Notes办公系统，建立起一套全新的、能够适应现代化公共管理部门需要的内部办公系统，从而实现建设同类政府部门一流内部门户网站的目标。

高层次的建网理念和先进的系统设计使北京地税内网办公系统与原办公系统和同类行政办公系统相比具有四方面优势：一是平台化优势。通过统一应用支撑平台的建设，内网系统构建了一个功能完备的系统底层平台，为内网系统上层业务应用开发提供了强大的底层技术支撑服务。统一应用支撑平台主要包含资源管理配置平台、工作流平台、文件交换平台以及信息发布平台，具有平台开放性、技术先进性、开发便捷性、功能可扩展性、系统安全性以及系统健壮性等特点。二是开放性优势。内网系统开发选用的技术架构标准能够对网络中的所有公共资源进行整合集成、统一规划、实现统一用户管理、统一应用系统管理、统一授权管理，为各类应用系统提供统一的公共资源访问接口。三是兼容性优势。内网系统采用的技术均为成熟的主流技术，广泛采用了遵循国际标准的系统、产品和技术，既保证与其他业务系统互连互通的兼容性，也可以在较长时间段内满足业务发展以及技术发展可能带来的潜在需求，易于向今后的先进技术实现迁移。四是统一建设管理优势。通过对内网系统建设的统筹规划，实现北京市地方税务局和各区县局、分局系统的集中部署、分布应用。依托于统一应用支撑平台，既能够实现内网资源的统一管理，也可以通过分级授权机制实现资源的灵活配置。各单位各部门可以通过统一应用支撑平台提供的丰富接口和统一的用户身份管理，根据自己的业务特点按需组装服务，系统之间没有通信障碍。也便于对系统进行集中式维护管理。

北京市信息办于2008年7月向北京市地方税务局正式发送了项目审查意见，确认北京地税内网二期项目对于实现北京市地税系统内部行政办公业务流程的规范化、提高工作效率、实现业务和信息资源的有效管理具有十分重要的意义；确认报审项目所列内容基本合理，采用技术为成熟技术，技术方案可行。

（王　扬）

【高质量做好内网二期开发和各项运行准备】 北京市地方税务局办公室作为牵头部门，全面推进内网各项建设和运行准备工作。一是协调有关部门与开发方进行大量的需求分析，并在此基础上组织艰苦细致的开发工作。于5月底，完成基本开发任务。为确保奥运期间信息化系统安全，项目延至9月底之后进行实质性部署。在此期间，继续开展软件深度开发，在部分区县局进行测试使用，对全系统Notes使用情况进行调研等一系列工作，为奥运结束后的系统部署做充分准备。二是积极开展内网办公系统培训。11月和12月，办公室分两次开展共为期10天的集中培训和辅导，全系统共计800余人次参加集中培训，取得很好效果。参加集中培训的干部又对全系统干部进行普遍培训，确保全系统干部能尽快熟悉和使用内网。三是完善制度建设。11月27日，北京市地方税务局正式下发《关于全面应用内网办公系统的通知》（京地税办〔2008〕274号）和《关于印发〈北京市地方税务局内网办公系统管理办法〉的通知》（京地税办〔2008〕275号）两个文件，全面规定了一段时期内内网使用和管理的各个方面，进一步确定了内网统一规划、分级维护的三级运行管理模式，为内网全面应用提供了制度保障。

（王　扬）

【全面做好内网办公系统应用】 12月1日，举行北京地税内网全面应用仪式，内网一期和新建成的内网二期所整合成的统一的内网办公系统成功上线运行，标志着北京地税行政办公信息化建设和应用进入了一个全新发展阶段。在内网系统上线后，北京市地方税务局办公室狠抓内网维护工作，要求各单位按照管理维护职责、工作时限对已开通的内网栏目及时进行更新维护。

将内网一期和二期有关数据合并统计，2008年全年共有646392人次登录内网办公系统，平均每个工作日2586人次；浏览次数合计937623次，平均日浏览量为3751次；各单位发布包含通知在内的各类信息共16326条（注：在12月1日之前，全地税系统的公文、信息、调研、邮件仍在原Notes系统中办理，市局机关的公文、信息、调研同时在Notes系统和内网办公系统发布，并入内网普通信息类发布数统计）。从12月1日—31日，统一的内网办公系统上线应用的一个月内，全系统共有119669人次登录进行办公，平均每个工作日5203人次；浏览次数合计167781次，平均日浏览量为7295次；北京市地方税务局发布通知195件，区县局、分局发布通知333件；北京市地方税务局发布公文53件，区县局、分局发文835件；北京市地方税务局办理信息67件，区县局、分局办理信息1766件；北京市地方税务局办理调研28件，区县局、分局办理调研346件。一个月内全系统共有21351人次登录邮件系统，收发邮件总数为11741件。

（王　扬）

【扎实做好新旧工作系统的转换】 为顺利实现新（内网）旧（Notes）工作系统的平稳过渡，保证各项工作顺利衔接，北京市地方税务局办公室根据各单位及应用系统的具体情况，详细制定了系统过渡转换的时间表及工作步骤。对旧系统，在确保信息系统安全性、工作连续性和数据完整性等几方面的基础上，采取了逐步分项关闭的办法。同时本着对历史高度负责的精神，做好大量历史数据的迁移工作，确保了内网系统和Notes系统的平稳过渡。同时，为有关单位自建自用的Notes模块迁移和Notes历史数据备份工作提供技术支持。

（王 扬）

公文管理工作

【综述】 2008年，办公室就如何做好公文处理工作进行了一些有益的探索。公文处理各环节严格按照工作程序处理每件公文，及时办理公文，不压文，保证了公文高效运转。2008年北京市地方税务局收文1385件，发文638件；机要文件收文1996件，发送各处室1147件；落实非局内会议通知502件，落实各类非正式公文文件377件；机要交换文件5000余件；扫描各类文件600多份，印制各类文件上万份。通过一系列措施，进一步提高公文的质量和效率，使北京市地税局的公文处理工作不断朝着规范化、制度化、科学化方向迈进。

（罗丽华）

【加强系统公文管理工作】 一是强化督促检查。公文处理为重点考核项目，按照系统目标管理考核要求，根据《北京市地税机关公文处理实施办法》，办公室制定了详细的系统公文考核项目。二是严把公文审核关。重点加强对新启用的信函式公文的审核以及税收规范性文件和公文排版的指导，并实行问题公文记录制度。三是加强对区县局的指导。主要加强对区县分局公文写作方面的指导，培训的内容更实用，收到了较好的效果。四是做好内网办公公文管理系统改造的准备工作。本着简化、实用、规范的原则，按照新的格式要求，不断修改完善公文管理系统需求文本。

（罗丽华）

【编撰出版公文写作实务】 认真完成《北京地税公文写作实务》的校核工作，并由中国税务出版社印制出版。《北京地税公文写作实务》对进一步提高全系统公文写作水平起到一定的推动作用。

（罗丽华）

督 查 工 作

【综述】2008年是北京地税的“追求卓越年”，办公室督查工作继续坚持“四个一”治税理念和“五重”“五做”创新思路，紧紧围绕北京市地方税务局党组全年工作目标以“加强领导、创新机制、突出重点、务求实效”为指导思想，扎实地开展各项工作。

（王 丽）

【人大建议和政协提案】顺利完成北京市人大建议、政协提案的办理工作。北京市地方税务局所承办的第十三届一次会议建议18件，北京市政协第十一届一次会议提案22件，在北京市政府办公厅联络处的支持和指导下，经过办公室的周密部署、组织协调、定期督办，以及各承办处室的共同努力，按照办理建议、提案有关规定，全部按时办复，同意或满意率为100%。

（王 丽）

【市政府查办件】全年共收到北京市委市政府转来办理件57件。为了做好督办工作，本着“时效并重”的原则，既讲求速度，又确保质量，在保证办结质量的前提下，尽量缩短办结时间。领导批示件一经接手，就立即进行登记建档，认真阅读、领会原件内容及领导批示精神，弄清事项的轻重缓急，急件急办，并通过电话、书面等形式按要求定期将办理情况向北京市委、市政府汇报，有效防止漏、拖、迟报的现象的发生，保证了北京市地方税务局查办件办理工作的办结率。

（王 丽）

【市政府折子工程】北京市地方税务局协办北京市政府折子工程第157项“完善住房建设的协调推进机制，加快审批进度，确保项目落地、土地供应、资金投入、税费减免和工作责任落实到位，在保证质量的前提下，尽快形成实物供应”。其他类的折子工程落实《2008年北京市社会主义新农村建设折子工程》3项。各项折子工程都在定期督办下，并已定期向北京市政府督查室与主办单位进行汇报。

（王 丽）

【局长办公会重要事项】全年共组织局长办公会21次，研究各类问题75个。党组扩大会12次。为了使各单位能尽快了解会议精神，每次会议召开后，及时编发会议纪要21期。为保证会议决定事项的贯彻落实,共对5项局长办公会决定事项进行了督促检查。

（王 丽）

【局长批示件】 全年北京市地方税务局局领导共对信息刊物、调研批示34条。根据局领导批示所涉及的处室及时下发了督查单，并提出限期办理时限，积极督促有关部门限期解决，要求承办处室将办理结果经主管局长签发后报送办公室，再通过《北京地税督查》刊物形式将办理情况反馈给各位局领导和基层单位。年内，共编发《北京地税督查》13期，《北京地税督查通报》及时总结和推广落实经验，推动督查工作的深入开展。使基层单位在执行决策过程中出现的问题及时得到解决，促进工作的有效执行，为领导决策提供参考依据。

（王 丽）

【折子工程和重要实事】 根据2008年系统重点工作和北京市政府对地方税收工作的要求，年初北京市地方税务局制定37项折子工程和18项重要实事。本着为纳税人服务、为基层服务的原则，办公室定期督查督办37项折子工程和与纳税人、基层税务干部密切相关的实事项目，并通报办理情况，确保各项工作任务的圆满完成。

（王 丽）

【涉奥工作】 认真做好各项涉奥工作的督查督办。《北京市地方税务局迎奥运活动折子工程项目》共计24项，涉及12个承办处室、直属单位。通过认清责任、组织协调、定期督办，以及各承办处室的共同努力，及时对各项活动开展情况进行整理，及时总结经验，不断充实和完善。各项折子工程的顺利完成，为促进北京市地方税务局整体工作水平的提高和奥运会的成功举办发挥了应有的作用。

（王 丽）

信 息 工 作

【综述】 2008年，全系统信息工作者牢固树立科学发展观，落实北京地税“四个一”治税思想，以追求卓越为目标，紧密围绕2008年北京市地方税务局工作会议精神的贯彻落实、新《企业所得税法》的执行反馈、税收服务奥运的工作进展、抗震救灾援助活动、年底组收等中心和重点工作任务，积极开展信息工作，为各级领导决策、推动系统各项工作的顺利开展提供了有力支持，充分发挥了信息工作服务全系统工作大局的职能。2008年，全系统共上报信息7000余篇，北京市地方税务局办公室共加工、整理、汇总、编发普刊56期，专刊91期，增刊30期，专报593期，领导参考46期，“Tax861”网站信息300余条。其中118条被北京市委、市政府采用，34条被国家税务总局采用，150余条次被北京市地方税务局领导批示。

（安　剑）

【信息员队伍建设】 加强信息员队伍建设，提升信息员队伍整体素质。一是在日常工作中，通过电话、邮件等方式进行沟通辅导。二是及时将北京市委、市政府发送的信息工作要点转发各单位信息员。三是针对信息更新速度快、信息员流动性大的特点，继续坚持信息员以干代训轮训工作，陆续开展了对密云、延庆、丰台、石景山、东城、门头沟等区县局信息员的培训。

（安　剑）

【信息直报点工作】 广泛吸收信息资源，扩大信息直报点覆盖面。一是将直属分局科、所纳入直报点。全系统信息直报点达到25个，既有助于展示税务所自身的工作特色，同时又促进了系统内横向交流。二是于年初先后走访了丰台区南苑税务所、门头沟区第一税务所、稽查一分局案件管理科等信息直报点，了解基层基本情况和具体业务工作开展情况，共同查找信息工作亮点，研究交流信息工作，收到良好效果。

（安　剑）

【提高信息质量】 紧抓工作重点和亮点，提高信息质量。一是2008年是奥运之年，及时与奥税办和相关业务处室建立“一对一”约稿机制，将奥运相关税收政策第一时间刊登和上报，同时，将测试赛涉及的相关区县局作为信息采集重点，及时汇总其服务举措，24条相关信息被上级采用。二是结合地税工作特色，及时报送反映北京地税学习实践科学发展观活动的指导思想和目标要求、要解决的重点问题、学习活动阶段安排等内容的信息，4条相关信息被北京市委、市政府采用。三是在全国抗震救灾期间，及时收集报送相关信息，7条信息被国家税务总局和北京市委、市政府采用。

（安　剑）

【组织系列报道】 根据工作重点组织系列报道，充分发挥统一协调作用。根据整体工作进程，跟踪记录各项工作进展情况，并开设信息系列报道版面进行专项报道。全年共开辟新《企业所得税法》贯彻落实情况、税法宣传月活动系列报道、众志成城抗震救灾系列报道、2008年上半年特色工作聚焦等6个系列专刊，共计20余期，得到各位局领导的高度关注和多次批示，对全系统各项工作的顺利有效开展起到了积极的推动和促进作用。

（安　剑）

【发挥信息决策参考作用】 广集言论，深入调研，为决策参考助力。在《领导参考》刊物中着重加强“局（处）长言论”栏目的编发力度，出版《领导参考》46期，刊登言论46条，得到系统各部门领导的高度重视，不仅各区县分局负责人踊跃发言，处室领导也不断投稿，北京市地方税务局领导班子对多篇文章进行批示，各单位负责人对地税建设的独特观点和视角为整体决策提供有力参考。同时，为使各项业务工作中的问题能得以系统地解决，加强调研型信息刊发，在全年刊发的30期增刊中，有15期为调研型问题建议信息，比重达50%，推动工作问题的快速、系统、全面解决。

（安　剑）

税　收　宣　传

【综述】 2008年税收宣传工作紧紧围绕“服务税收收入、服务纳税人、服务干部队伍建设”。一年来全系统共组织大型宣传活动50余项；制作税法专题宣传片8部，公益广告3部；对外发表稿件2600余篇；分别与计会处、个人所得税处、检查处、纳税服务中心、地方税处、奥税办等业务处室合作，先后召开新闻发布会8次；组织开展“我为北京地税科学发展建言献策”活动，征集各类建议累计558条，78275字。

（何增斌）

【组织税收宣传月活动】 2008年4月是第十七个全国税收宣传月，北京市地方税务局以加强税法宣传、税收工作宣传、税务队伍形象宣传为主要内容，在活动的内容上，形式的新颖程度以及宣传效果等方面都取得新的突破，主要呈现出以下特点：一是在国家税务总局确定的“税收·发展·民生”主题的基础上，北京地税结合北京举办奥运的实际，提出自己的宣传月主题——“携手发展，共迎奥运”，这是近年来北京地税第一次在全国税收宣传月期间提出专属于北京地税的主题,为宣传月的工作奠定基调。二是把税收与文化、历史相连，在北京税务博物馆举办“走进历史，传承文化”大型税收历史文化宣传活动，国家税务总局副局长钱冠林出席了活动，并向参会的小学生赠送书籍。三是北京市地方税务局与密云县地税联合开展“祖国的未来，税收的明天”青少年税法宣传活动，填补了目前青少年税收教育的空白，得到国家税务总局的充分肯定；北京市地方税务局与通州区地税联合举办的“税官村官携手迎奥运，志愿服务深入新农村”大型税收宣传活动，借用大学生村官的力量，将税法宣传带入最容易被忽视的农村各个角落，开辟税收宣传的新领域，受到广大乡镇农民的欢迎，得到当地政府的支持，当地区委、县委等政府领导都参与此次活动。

（何增斌）

【奥运税收服务宣传】 作为奥运主办城市的税务部门，一年来全局积极开展各项宣传工作，服务、支持奥运会的举办。4月25日，在北京国际饭店举办“新北京、新奥运、新地税”服务奥运宣传活动启动仪式，推出十项涉奥企业奥运税收服务措施，北京市奥组委财务部部长李颖津、中国移动等11家涉奥大型企业参加活动；6月6日，奥运会即将来临之际，以“诚信纳税，共迎奥运”为主题，举办“走进地税，了解税收”——北京市地税系统2008年开放日活动，提出“诚信纳税就是以实际行动支持奥运会”的号召，社会各界人士首次以网络报名形式申请，共计2600余人参加，中央人民广播电台、新华网、北京电视台《北京新闻》《北京晚报》等十余家主流媒体均在黄金时间和显要位置予以报道；7月15日，在故宫举办“北京市地方税务局向北京奥组委赠送《北京印花税票全册》暨向国家博物馆、首都博物馆捐赠仪式”，北京市奥组委执行副主席蒋效愚出席活动并发表讲话；7月30日，召开新闻发布会，向全社会介绍北京地税为服务奥运推出的一系列税收优惠及服务措施，并先后在中国税务报、北京日报等主要媒体相继刊发《营造一流税收环境是奥运主办城市税务部门的责任》等11篇深度报道稿件，累计七万余字。7月中旬，专门设立市局、区县分局、税务所三级临时奥运税收宣传工作小组，并专门召开奥运会期间应对媒体培训会，就如何接待境外媒体、奥运税收业务等内容，对全系统265名奥运对外宣传小组成员进行培训；7月22日—8月7日，北京市地方税务局宣教处联系协调奥税办、保卫处分三组重点到涉及奥运比赛场馆和奥运税收服务的东城区地税、西城区地税等城8区局以及顺义区地税、昌平区地税、通州区地税共18个区县局、分局、16个纳税服务所特别是20个涉及奥运服务的税务所落实奥运税收宣传及应对媒体准备情况进行全面检查，确保奥运期间对外税收宣传及时、准确、无误。

（何增斌）

【配合学习实践科学发展观活动开展宣传】 根据《北京市地方税务局深入学习实践科学发展观活动实施方案》的部署，为配合学习实践活动的开展，北京市地方税务局宣教处在全系统组织开展“我为北京地税科学发展建言献策”活动，截至活动结束，共征集到全系统57个单位在纳税服务、税收征管、干部队伍建设等六大方面的建言献策累计558条，78275字；并积极、主动地与北京电视台、《北京日报》、北京广播电台、中央广播电台、《中国税务报》等主流媒体加强联系，先后在中央级新闻媒体发稿52篇，市级新闻媒体发稿113篇（以上统计不含相关媒体转载），刊出专题宣传展板4期。特别是10月22日，率先全市各委办局机关通过北京电视台一频道《北京新闻》，报道北京老总学习实践科学发展观的启动；并先后在《北京日报》《中国税务报》、新华网、人民政协报刊发《北京纳税环境日趋完善》《北京八成纳税人自觉申报纳税》《北京完税证明首标税收用途》《把科学发展观落实到创建公共服务管理部门的实践中》等10余篇深度报道文章。

（何增斌）

【巩固宣传阵地】 一是《税务周刊》的节目质量不断提高。《税务周刊》是北京市地方税务局与北京电视台合办的税收专题栏目，2005年开播以来一直是北京地税重要的宣传阵地。一年来，《税务周刊》结合服务奥运、抗震救灾、打击假发票专项行动、残保金征收等重点工作，制作大量的专题节目，收视率稳步上升。二是积极发挥《我们的家园》杂志的桥梁纽带作用。《我们的家园》杂志围绕学习实践科学发展观、服务奥运、诚信纳税等多个主题开辟专栏和专题，自2007年创刊以来累计出版28期，累计500余万字，成为地税系统内部领导与员工之间、北京市地方税务局与区县局之间、区县局与区县局之间沟通交流的平台。三是利用新闻发布会增强宣传的及时性。2008年北京市地方税务局宣教处分别与计会处、个人所得税处、检查处、纳税服务中心、地方税处、奥税办等业务处室合作，共召开新闻发布会8次,先后就车船使用税缴纳方式、个人出租房屋税收政策调整、个人所得税12万元以上申报，奥运会期间地税部门服务举措以及个人买卖虚拟货币所得征收个人所得税的有关问题，第一时间向媒体和社会通报北京地税的各项工作和相关的税收政策，受到纳税人和媒体的好评。

（何增斌）

调　研　工　作

【综述】 2008年，研究室进一步加强调研组织管理工作，系统调研工作取得新的进展和长足进步。全系统调研氛围浓厚，调研成果的数量和质量显著提高。北京地方税收调研工作走在了全国税务系统和北京市各部、委、办、局的前列。系统调研工作有力地促进和指导了税收工作实践，为服务税收中心工作、服务领导科学决策打下了坚实基础。

（史迎凤）

【调研工作计划】 加强系统调研工作的计划性和针对性，成果丰富，成为推动工作，提升水平不可或缺的重要工具。2008年，全系统研究制订年度调研课题计划，其中包括系统重点调研课题11项、处室重点调研课题41项，以及各区县分局结合本单位实际，制订的年度重点调研课题计划。实现不同形式的成果转化325项。特别是，被列为国家税总局与北京市委、市政府关注课题的《提高首都地方财力 进一步完善地方税制体系的研究》《奥运后首都经济税收可持续性发展研究》两个课题，均已按计划认真组织完成。同时，顺利完成研究室与东城、崇文、海淀、通州区地税局和开发区分局等单位，联合组织开展的国家税务总局关于《税收对国民收入的调控作用研究》的课题研究。

（史迎凤）

【调研工作管理】 做好全系统调研工作的组织管理和协调指导工作一是通过召开调研工作会、培训会、座谈会、工作片会、参加国家税务总局和北京市委、市政府调研会议等方式，进一步加强了横向、纵向的沟通与交流，推动基层业务工作深入开展。二是通过实地调研、及时了解和听取各单位开展调查研究的工作情况，为调研人员提供必要的帮助和指导。三是加强调研工作考核管理，以适应和促进系统调查研究的开展。四是组织开展年度调研评优工作，评选出优秀调研成果82项。对评选出的优秀调研文章进行汇总整理、编辑出版优秀调研文集，并及时向全系统人员发送。五是继续通过以干代训方式，对系统部分新调整到调研岗位人员进行深入培训。

（史迎凤）

【提高刊物质量】 2008年，全系统上报调研文章1100余篇，《调查与研究》出刊150期。其中，实现外部省部级以上刊物发表文章92篇，北京市地方税务局领导批示97人次，另有3篇调研文章分别得到了中央、总局和北京市领导的重要批示。电子刊物编辑中，力求调研工作与党组的工作中心以及不同阶段性工作重点同步，与上级部门的工作合拍，与各级领导的意愿和要求相符的原则，通过认真组织和筛选稿件，不断改进和创新发刊形式，及时展示和宣传系统调查研究取得的最新成果。除了按照年初下发的重点课题方向外，还结合不同时期的重点工作及时下发通知，引导各单位紧贴工作实际和领导思路开展调研。围绕服务奥运工作重点，开辟奥运税收系列专刊；针对系统税务干部的心理健康问题，及时编辑《税务干部心理健康问题管理研究》特刊，以期引起各级领导和广大干部对心理健康问题的预防关注。北京地税调研刊物《调查与研究》已逐渐成为北京市地方税务局各项工作的导向性综合刊物和区县局、分局总结宣传推广创新工作的平台，有力地推动了中心工作的开展。

（史迎凤）

【加强调研外部交流工作】 一是参加2008年全国税收科研工作会议、课题会议和通讯员会议。北京市地方税务局调研工作被国家税务总局副局长解学智在报告中四次给予充分肯定，并应邀就课题管理工作进行了典型经验交流。在《关于表彰和奖励全国税务系统税收科研2007年度税收研究成果的通报》中，北京地税系统的获奖成果最多（达33项）。二是参加北京市调研工作会议。北京市地方税务局在全市九十余个部、委、办、局和区县中作为唯一的局被评选为调研工作先进单位，并在会议上就开展调研工作的情况作了典型发言。题为《关于税收政策和征管改革促进经济增长方式转变的研究》的调研文章获得了优秀成果三等奖。三是积极推荐优秀调研成果在外部发表。与国家税务总局科研所、税务总局办公厅、北京市委研究室、北京市政府研究室进一步加强联系，并向其主办的刊物报送稿件。此外，组织开展《中国税官论税制改革》征文的推荐和评选工作，全系统共征集税制改革论文34篇，推荐27篇，被该书收录25篇。同时，组织开展国家税务总局《税收研究资料》2004—2007年优秀稿件推荐工作，共推荐系统内11篇稿件参加评选。其中，北京市地方税务局组织推荐的《发挥税收职能作用　服务社会主义新农村建设》《试论奥运经济与税收》等多篇文章分获二等奖和三等奖。

（史迎凤）

外　事　工　作

【综述】 2008年，外事工作在局党组的正确领导下，积极开展因公出国（境）培训考察团组的申报、组织、办理工作，努力提高服务水平，保证了北京市地方税务局团组按照预订计划顺利走出国门，完成考察、学习培训任务。

（崔兴炜）

【全面落实外事工作计划】 按照系统外事工作计划，全系统2008年组团赴加拿大、澳大利亚、印度、新加坡、西班牙、希腊、南非、英国、巴西、土耳其、捷克、中国澳门等国家和地区，进行人力资源数据库建设及在管理中的应用、行政监察、公共财政管理、绩效考核管理工作等诸多方面的培训和考察；参加澳门科技大学的学术交流活动。继续选拔干部赴加拿大不列颠哥伦比亚（UBC）大学、澳大利亚维多利亚州税务局进行长期培训和进修。共组织各类出国（境）团组34批，131人次。其中北京市地方税务局组、随团出访25批，91人次，各区县分局随团出访8批，40人次。

（崔兴炜）

【完成外宾来访接待工作】 4月3日，UBC大学尚德商学院史瑞德先生、王鼎淇先生等4人来访，与有关局领导就加拿大长期合作培训项目进了认真的会谈，表示了继续合作的意向。4月24日，副局长王京华接待美国林肯土地政策研究院理事会成员彭赞荣先生及林肯土地政策研究院资深研究员满燕云女士2人来访，双方就北京市地方税务局的房地产税收征收管理情况等进行了座谈。

（崔兴炜）

【护照管理】 认真学习北京市外办《关于开展因公护照集中清查收缴工作的紧急通知》（京外办发〔2008〕24号），高度重视并认真开展因公护照收缴工作，按照“谁组团、谁负责”“谁保管、谁负责”的原则，建立健全相关工作规章和长效机制，落实因公护照统一管理的管理制度。2008年统一收缴、保管护照、通行证607本。其中普通护照425本，通行证21本，上缴外办保管有效因公护照161本。清理注销过期护照592本，对上缴及注销护照全部进行了复印留底和登记造册。

（崔兴炜）

【控制因公出访团组】 5·12汶川大地震后，北京市外办下发京外办发〔2008〕29号文件，传达《中央外办、外交部关于控制因公出访团组等事项的通知》的精神，北京市地方税务局严格落实中央关于因公出入境工作的要求，服从抗震救灾大局，对出访活动从严控制，暂停北京市地方税务局因公出入境考察和培训工作近4个月左右的时间，9月中下旬开始重新启动。

（崔兴炜）

【落实因公出国（境）管理规定】 按照中办关于进一步加强因公出国（境）管理的若干规定和北京市纪委关于开展贯彻落实“两办规定”制止党政干部公款出国（境）旅游专项工作的要求，着力在以下几个方面加大管理力度：一是完善外事计划管理制度，建立量化机制。二是强化审批管理，规范审批制度。三是加强经费约束，严格经费预算管理。四是建立监督、检查机制，严肃外事纪律。同时，以奥运为契机，学习奥运外事礼仪，加强与外国人及外国媒体打交道的能力，学习妥善处理涉外突发事件的方法，提高北京市地方税务局对外交流工作水平。

（崔兴炜）

【编辑出版工作概况和考察报告文集】 编辑出版2008年《北京市地方税务局工作概况》，对北京市地方税务局的概况、主要职责、组织机构与人员及2007年的工作成绩等情况进行了详细介绍，用于在对外交流中，宣传北京市地方税务局的工作情况。编辑出版《2005—2007年考察报告文集》，将2005—2007 年间29篇考察报告编辑成册，以进一步推动引智工作，促进引智经验与成果的交流，更好地为地税事业服务。

（崔兴炜）

2008 年信息调研评选结果

北京市地税系统2008年度调研工作评优结果

一、先进集体

（一）2008年度系统调研工作先进单位（8个）

北京市海淀区地方税务局
北京市丰台区地方税务局
北京市崇文区地方税务局
北京市东城区地方税务局
北京市宣武区地方税务局
北京市通州区地方税务局
北京市朝阳区地方税务局
北京市地方税务局第一稽查局

（二）2008年度系统调研工作表彰单位（19个）

北京市西城区地方税务局
北京市怀柔区地方税务局
北京市房山区地方税务局
北京市石景山区地方税务局
北京市顺义区地方税务局
北京市大兴区地方税务局
北京市门头沟区地方税务局
北京市昌平区地方税务局
北京市地方税务局第二稽查局
北京市地方税务局西站分局
北京市地方税务局计会处
北京市地方税务局奥运税务办公室
北京市地方税务局评估处
北京市地方税务局营业税管理处
北京市地方税务局个人所得税管理处
北京市地方税务局残保金管理处
北京市地方税务局地方税管理处
北京市地方税务局征收管理处
北京市地方税务局税务检查处

二、先进个人

（一）2008年度系统调研先进领导（27名）

陆　坤　北京市海淀区地方税务局
冯守利　北京市丰台区地方税务局
孙文军　北京市崇文区地方税务局
秦龙生　北京市东城区地方税务局
邢　军　北京市宣武区地方税务局
牛明奇　北京市通州区地方税务局
陈合庄　北京市朝阳区地方税务局
朱元广　北京市地方税务局第一稽查局
常海龙　北京市西城区地方税务局
陈　刚　北京市怀柔区地方税务局
陈新荣　北京市房山区地方税务局
张兴明　北京市石景山区地方税务局
刘佩书　北京市顺义区地方税务局
沈永奇　北京市大兴区地方税务局
吴鲁平　北京市门头沟区地方税务局
姚敬国　北京市昌平区地方税务局
郭筑明　北京市地方税务局第二稽查局
李志刚　北京市地方税务局西站分局
张亚平　北京市地方税务局计会处
钱剑兰　北京市地方税务局奥运税务办公室
孙永田　北京市地方税务局纳税评估处
赵为真　北京市地方税务局营业税管理处
史小军　北京市地方税务局个人所得税管理处
李海燕　北京市地方税务局残保金管理处
张之乐　北京市地方税务局地方税管理处
吕兴渭　北京市地方税务局征收管理处
朱兴有　北京市地方税务局税务检查处

（二）2008年度系统优秀调研管理员（27名）

邢　堃　北京市海淀区地方税务局
王　雨　北京市丰台区地方税务局
薛孟杰　北京市崇文区地方税务局
姜　喆　北京市东城区地方税务局
桂　丹　北京市宣武区地方税务局
刘　冉　北京市通州区地方税务局
徐　铳　北京市朝阳区地方税务局
黄斌生　北京市地方税务局第一稽查局
许建民　北京市西城区地方税务局
张继颖　北京市怀柔区地方税务局
张丽莉　北京市房山区地方税务局
高文学　北京市石景山区地方税务局
冯雅静　北京市顺义区地方税务局
姜玉斌　北京市大兴区地方税务局
史瑞阳　北京市门头沟区地方税务局
陈冬梅　北京市昌平区地方税务局
杜　鹃　北京市地方税务局第二稽查局
闫志红　北京市地方税务局西站分局
唐　军　北京市地方税务局计会处
谢　云　北京市地方税务局奥运税务

办公室

胥子清 北京市地方税务局纳税评估处

王　京 北京市地方税务局营业税管理处

夏宏伟 北京市地方税务局个人所得税管理处

田鸿雁 北京市地方税务局残保金管理处

张　寒 北京市地方税务局地方税管理处

王秉明 北京市地方税务局征收管理处

孟　刚 北京市地方税务局税务检查处

三、优秀调研文章

特别奖（共11篇）

1. 《关于北京地税科学发展的思考》
（北京市地方税务局局长王晓明）
2. 《以科学发展观为指导　完善地方税收体系的研究》
（北京市地方税务局局长王纪平主持课题组）
3. 《奥运后首都经济可持续发展的地方税收研究》
（北京市地方税务局副局长苏文权主持课题组）
4. 《计量经济方法在纳税评估中的应用》
（北京市地方税务局副局长郝硕博主持课题组）
5. 《奥运会税收政策及征管执行情况调研》
（北京市地方税务局副局长王京华主持课题组）
6. 《在科学发展观指引下实行分类服务引导纳税遵从的研究与思考》
（北京市地方税务局副局长任军主持课题组）
7. 《充分发挥纪检监察职能作用　为北京地税科学发展提供坚强保证》
（北京市地方税务局纪检组长解煜主持调研课题组）
8. 《北京市地方税务局税务行政复议应诉工作统计分析报告》
（北京市地方税务局总经济师卜祥来主持课题组）
9. 《充分发挥青年干部队伍作用，推动北京地税事业科学发展》
（北京市地方税务局副巡视员王勇生主持课题组）
10. 《普通发票违法现象的主要表现形式及建立管理长效机制的建议措施》
（北京市地方税务局副巡视员任依娜主持课题组）
11. 《关于开展进一步加强货运税收管理工作的调查报告》
（北京市地方税务局副巡视员刘宝忠主持课题组）

一等奖（共10篇）

1. 《北京市地方税收税源发展现状及近期趋势分析》
（北京市地方税务局副局长苏文权主持课题组　执笔人：金燕齐　张亚平　廉清　张颖　谷博学　孟云祥）
2. 《促进城市垃圾处理走循环经济之路的税收政策研究》
（北京地方税务学会 营业税处）
3. 《北京市税收及政府收入有关问题研究》
（研究室　牛杰　王勇超　东城区地税局　姚君）
4. 《纳税信用等级管理与专项纳税评估工作的有效结合》
（纳税评估处　王洁　谷静　大兴区地税局　赵百军　开发区地税局　史保华）
5. 《后奥运经济与地方税收影响研究初探》
（奥税办　钱剑兰　杨素珍　佟云飞）
6. 《有效规避税收执法风险的实践与思考》
（怀柔区地税局　姜学东　卢松臣　刘柯群）
7. 《推行国标税控收款机带给税收管理的冲击及对策思考》
（宣武区地税局　邢军）
8. 《对税收负担问题的分析和建议》
（国际税收研究会　孙振刚　张富珍　顾方周　执笔人：张富珍）
9. 《当前并购浪潮下外资律师事务所发展状况的思考》
（崇文区地税局局长刘春林主持课题组）
10. 《从OECD国家个人所得税改革趋势看我国税制改革》
（北京市地方税务局总经济师卜祥来）

二等奖（共20篇）

1. 《关于加强重点企业行业税源管理的系列调查报告之深化房地产中介服务业管理》
（纳税评估处　孙永田　贾忠华　朝阳区地税局　郭文武　昌平区地税局　康水利怀柔区地税局　王桂富　张明慧）
2. 《关于实施双项分类工作法的认知与思考》
（征管处　吕兴渭　王秉明）
3. 《关于当前金融业税收发展趋势分析》
（北京地税局副局长苏文权主持课题组　执笔人：金燕齐　张亚平　郑飞

杨健　赵江娜　罗宵波）

4.《税务机关公共服务效率提升途径探讨》
（宣武区地税局　袁平）

5.《新办外国常驻代表机构形成非正常户原因初探及相应对策》
（崇文区地税局　王俐美　金妮）

6.《关于基金行业涉税问题的调查报告》
（第一稽查局副局长汪沛主持课题组）

7.《对新企业所得税法实施后如何加强中小企业管理的思考》
（大兴区地税局　杨守慧　许彦斐　涂珍）

8.《关于残保金代征工作实现电子缴库的思考》
（残保金管理处　田玮　李晓源）

9.《论新税制下个人所得税课税对象的完善》
（个人所得税处　刘安乐　徐坡　夏宏伟）

10.《关于完善公务员奖励、考核激励机制的思考》
（平谷区地税局　张忠良　张金海）

11.《纳税服务体系构建问题研究》
（北京市地方税务学会课题组）

12.《北京地税绩效考核研究》
（研究室　高学江　牛杰　刘丽）

13.《政府（税务）部门文化管理和税务文化建设研究》
（丰台区地税局局长许飞主持课题组）

14.《反避税的国际趋势及对策研究》
（检查处　朱兴有　隋庆梅　马昕）

15.《税收数据应用的探索与研究》
（西城区地税局　李玉庆　郑玉清　张辉）

16.《发挥税收杠杆作用　促进环保产业发展》
（海淀区地税局　陆坤　田艳春　姜惠琴　房洁）

17.《个人所得税制度公平价值浅析》
（房山区地税局　万国喜　张仲辉　张硕　李晓晖）

18.《北京市东城区税收负担研究》
（东城区地税局　秦龙生）

19. 《关于对通州新城楼宇经济税收征管问题的调查与研究》

（通州区地税局　牛明奇　姜子瑞　胡丛茂　李彬　刘冉）

20. 《北京奥运：旅店业发展的黄金机遇》

（朝阳区地税局　王京秋）

三等奖（共41篇）

1. 《关于坚持三大理念，增强四大核心竞争力，实现地税事业科学发展的调研报告》

（研究室　关小虎　姜立洋　门头沟区地税局　史瑞阳　顺义区地税局　于子洋　大兴区地税局　姜玉斌）

2. 《非居民企业承包工程的税务管理问题初探》

（法制处　付春江）

3. 《关于对中小企业税收管理和扶植政策的建议》

（北京市地方税务学会）

4. 《关于对干部心理健康状态的调查与研究》

（崇文区地税局　薛孟杰　石文惠　刘喜）

5. 《后奥运经济对地方税收发展的影响及对策探析》

（丰台区地税局副局长宗立元主持课题组）

6. 《加强首都地方税收外语环境建设的实践与思考》

（研究室　高学江　关小虎　饶梦阳）

7. 《关于近期房地产业税收走势分析》

（北京地税局副局长苏文权主持课题组　执笔人：金燕齐　张亚平　周兵化　郑长妹　翁硕　欧阳晓娴）

8. 《浅谈如何防范和控制税务稽查风险》

（宣武区地税局局长冯强副主持课题组）

9. 《构建数据质量管理体系的实践与思考》

（海淀区地税局　马扬　刘阳　齐蕊　陈金保）

10. 《关于完善房地产行业税收政策的建议》

（征管处　施宏）

11. 《奥运场馆奥运会筹办、举办及赛后运营涉及相关税收政策及征管问题的调查》

（奥税办　钱剑兰　杨素珍　吴冬梅　马秀芬）

12. 《摩尔定律对税收工作中的影响和启示》
（西城区地税局 常海龙）
13. 《关于构建诚信税收体系的思考》
（延庆县地税局 于欣杰 王仁丽 路天启）
14. 《浅议公务员队伍建设的心理管理》
（通州区地税局 李宝顺 曲国庆 王洋）
15. 《稽查案件中“走逃纳税人”问题的思考》
（门头沟区地税局 黎凤元 毛宇 齐鑫）
16. 《针对民办教育机构自用房产、土地免征房产税、城镇土地使用税问题的调研》
（地方税处 张旺 王晓丰）
17. 《北京市宏观税负研究》
（东城区地税局 姚君）
18. 《关于完善税务稽查管理工作机制的思考》
（第二稽查局 郭筑明 靳辉）
19. 《浅析企业年金税收政策》
（第一稽查局 郭平 郑翊）
20. 《关于对我市体育健身产业涉税问题的探讨》
（第二稽查局 席丽丽）
21. 《关于深入推广国标税控，加强税源监控的调查与思考》
（朝阳区地税局 郭文武）
22. 《关于新的税收优惠政策对民政福利企业的影响与建议》
（石景山区地税局 徐涛 吕朋元）
23. 《对信息系统整合与ERP概念引入的分析与探讨》
（西城区地税局 赵宏 王威）
24. 《对加强税收数据深度利用的研究与探讨》
（房山区地税局 万国喜 邵明东 高玉虎 向育清 马铁柱）
25. 《对〈公务员法〉实施后政策衔接新情况新问题的思考》
（人事处 李宗定 冯翔宇 方书涛）
26. 《关于企业纳税信用管理与思考》
（密云县地税局 蔡咏梅）

27. 《科学管理　诚信采购　构筑政府采购“阳光工程”》
（财务处　杨惠新　何林）
28. 《浅谈VIP服务系统的开发与应用》
（顺义区地税局　王宝明　梁建新　张雅男）
29. 《构建诚信和谐税企关系的实践与思考》
（办公室　杨文俊　吴黎淳）
30. 《培养多层次复合型专业人才的思考》
（燕山分局　缴荫龙　郑玉刚）
31. 《关于规范培训流程体系的思考》
（昌平区地税局　王竺　王瑞芳　张振国）
32. 《关于加强巡视工作的思考》
（巡视二组　苏建英　朱志刚）
33. 《学习先进经验，改变管理方式，探索“扁平化”税源管理新思路》
（西站分局　刘义　何建忠　经萍）
34. 《关于我市农村集体经济税收情况调查研究报告》
（企业所得税处　孙长海　牛泽厚）
35. 《对涉奥纳税人实施分类管理和服务的实践与思考》
（奥税办　钱剑兰　谢云）
36. 《关于2005年—2008年发票、税收票证承印企业合同执行情况的报告》
（票证中心　贾玉敏　安宏志）
37. 《全面贯彻落实科学发展观　推动机关工会工作创新》
（北京市地方税务局工会　杨延年）
38. 《深入贯彻科学发展观　扎实做好“节能减排”工作》
（北京市地方税务局机关后勤服务中心　门杰）
39. 《后奥运经济税收及征管研究与思考》
（通州区地税局　刘亚慧　商会霞）
40. 《关于提高税务干部学历结构和“三师”资格比例的调查》
（丰台区地税局副局长刘华主持课题组）
41. 《税收执法风险的成因及规避》
（开发区分局　沈迪会　常征　王磊）

北京市地税系统 2008 年度信息工作评优结果

一、北京市地方税务局2008年度信息工作优秀单位（16个）

北京市地方税务局办公室
北京市地方税务局计划会计处
北京市海淀区地方税务局
北京市崇文区地方税务局
北京市西城区地方税务局
北京市丰台区地方税务局
北京市东城区地方税务局
北京市石景山区地方税务局
北京市朝阳区地方税务局
北京市顺义区地方税务局
北京市通州区地方税务局
北京市昌平区地方税务局
北京市宣武区地方税务局
北京市门头沟区地方税务局
北京市大兴区地方税务局
北京市地方税务局开发区分局

二、北京市地方税务局2008年度信息工作先进单位（15个）

北京市地方税务局奥运税务办公室
北京市地方税务局个人所得税管理处
北京市地方税务局宣传教育处
北京市地方税务局征收管理处
北京市地方税务局纳税评估处
北京市地方税务局地方税管理处
北京市延庆县地方税务局
北京市平谷区地方税务局
北京市怀柔区地方税务局
北京市密云县地方税务局
北京市房山区地方税务局
北京市地方税务局第二稽查局
北京市地方税务局第一稽查局
北京市地方税务局燕山分局
北京市地方税务局西站分局

三、北京市地方税务局2008年度信息工作表彰单位（11个）

北京市地方税务局票证管理中心
北京市地方税务局企业所得税管理处
北京市地方税务局纳税服务中心
北京市地方税务局研究室
北京市地方税务局税务检查处
北京市地方税务局基层工作处
北京市地方税务局营业税管理处
北京市地方税务局人事处
北京市地方税务局科技信息处
北京市地方税务局档案处
北京市地方税务局工会

四、北京市地方税务局2008年度信息工作优秀领导（65个）

杜军利 北京市海淀区地方税务局
刘春林 北京市崇文区地方税务局
李玉庆 北京市西城区地方税务局
冯守利 北京市丰台区地方税务局
秦龙生 北京市东城区地方税务局
马　强 北京市石景山区地方税务局
陈合庄 北京市朝阳区地方税务局
刘佩书 北京市顺义区地方税务局
牛明奇 北京市通州区地方税务局
姚敬国 北京市昌平区地方税务局
邢　军 北京市宣武区地方税务局
吴鲁平 北京市门头沟区地方税务局
沈永奇 北京市大兴区地方税务局
王治国 北京市延庆县地方税务局
张忠良 北京市平谷区地方税务局
韩　松 北京市怀柔区地方税务局
赵增科 北京市密云县地方税务局
万国喜 北京市房山区地方税务局
刘凤彬 北京市地方税务局开发区分局
郭筑明 北京市地方税务局第二稽查局
隋庆梅 北京市地方税务局第一稽查局
董雪涛 北京市地方税务局燕山分局
李志刚 北京市地方税务局西站分局
邹永欣 北京市地方税务局办公室
金燕齐 北京市地方税务局计划会计处
杨素珍 北京市地方税务局奥运税务办公室
徐　坡 北京市地方税务局个人所得税管理处
舒　涵 北京市地方税务局宣传教育处
吕兴渭 北京市地方税务局征收管理处
孙永田 北京市地方税务局纳税评估处
张之乐 北京市地方税务局地方税管理处
华　丰 北京市地方税务局票证管理中心
孙长海 北京市地方税务局企业所得税管理处
肖慧宗 北京市地方税务局纳税服务中心
高学江 北京市地方税务局研究室
朱兴有 北京市地方税务局税务检查处
于军海 北京市地方税务局基层工作处
赵为真 北京市地方税务局营业税管理处
李宗定 北京市地方税务局人事处
孙志远 北京市地方税务局科技信息处
刘文龙 北京市地方税务局档案处
朱剪云 北京市地方税务局工会
吕卓欣 北京市海淀区地方税务局
胡　源 北京市崇文区地方税务局
胡敬超 北京市西城区地方税务局
王瑞海 北京市丰台区地方税务局
柏竹梅 北京市东城区地方税务局
劳世伟 北京市石景山区地方税务局
曹　慧 北京市朝阳区地方税务局
王　山 北京市顺义区地方税务局
刘　震 北京市通州区地方税务局

邓小波 北京市昌平区地方税务局
王东东 北京市宣武区地方税务局
史瑞阳 北京市门头沟区地方税务局
张 健 北京市大兴区地方税务局
赵静南 北京市延庆县地方税务局
路宝庭 北京市平谷区地方税务局
赵建军 北京市怀柔区地方税务局
吕延程 北京市密云县地方税务局
安洪滨 北京市房山区地方税务局
王 磊 北京市地方税务局开发区分局
靳 辉 北京市地方税务局第二稽查局
吴欣欣 北京市地方税务局第一稽查局
周晓光 北京市地方税务局燕山分局
吴 佳 北京市地方税务局西站分局

五、北京市地方税务局2008年度信息工作优秀信息员（42个）

董 妍 北京市海淀区地方税务局
茅云鹏 北京市崇文区地方税务局
黎 阳 北京市西城区地方税务局
安 剑 北京市丰台区地方税务局
王彦东 北京市东城区地方税务局
王 利 北京市石景山区地方税务局
郝江波 北京市朝阳区地方税务局
于子洋 北京市顺义区地方税务局
潘国强 北京市通州区地方税务局
郑海峰 北京市昌平区地方税务局
李元媛 北京市宣武区地方税务局
齐 振 北京市门头沟区地方税务局
崔 剑 北京市大兴区地方税务局
沈文涛 北京市延庆县地方税务局
王小静 北京市平谷区地方税务局
李文学 北京市怀柔区地方税务局
王新颖 北京市密云县地方税务局
晋凯丽 北京市房山区地方税务局
李春澍 北京市地方税务局开发区分局
杜 鹃 北京市地方税务局第二稽查局
黄斌生 北京市地方税务局第一稽查局
吴 凡 北京市地方税务局燕山分局
肖 健 北京市地方税务局西站分局
孔德龙 北京市地方税务局办公室
周兵化 北京市地方税务局计划会计处
马秀芬 北京市地方税务局奥运税务办公室
夏宏伟 北京市地方税务局个人所得税管理处
杨阿丽 北京市地方税务局宣传教育处
周非平 北京市地方税务局征收管理处
李春霞 北京市地方税务局纳税评估处
张 寒 北京市地方税务局地方税管理处
吴 澄 北京市地方税务局票证管理中心
毛 江 北京市地方税务局企业所得税管理处
潘 蓉 北京市地方税务局纳税服务中心
史迎凤 北京市地方税务局研究室
王云芳 北京市地方税务局税务检查处
任丽娟 北京市地方税务局基层工作处
苏长山 北京市地方税务局营业税管

理处

冯翔宇 北京市地方税务局人事处

崔　犇 北京市地方税务局科技信息处

张　麟 北京市地方税务局档案处

李晓玲 北京市地方税务局工会

后勤工作

财 务 管 理

【综述】 2008年，系统财务工作在北京市地方税务局党组的正确领导下，在主管局长的精心指导下，在北京市地方税务局各处室及区县局的大力支持下，财务工作科学管理的理念更加成熟、机制体制的建设逐步完善、部门预算的执行情况良好，管理信息系统的上线运转正常，为系统税收征管工作提供了强有力的保障。

（杨惠新）

【经费保障工作】 注重科学理财，以部门预算管理为龙头的经费保障工作得到了新提升。2008年市、区两级能够严格按照财政要求，科学合理地编制预算，积极努力筹措经费，有力地保障了系统工作的顺利开展。扣除"三代"手续费，市、区两级全年财政预算批复141741万元，其中北京市财政批复预算经费57934万元、区财政批复预算经费83767万元，为系统完成税收征管任务提供强有力的经费支持。全年市、区两级执行进度都达到80%以上，其中北京市地方税务局预算经费中的"三代"手续费执行比率达到100%，区县征管业务经费执行比率达到90%以上。在预算管理上，市、区两级财务部门积极发挥自身优势，强化部门预算管理，内部预算管理的能力明显增强。北京市地方税务局机关在预算管理上提前加强与处室间的沟通、协调、配合，项目上报后，严格按照财政预算的要求进行审核、把关，预算核减金额不到5%，保证相关工作的顺利实施。2008年在市级公用经费压缩10%的前提下，系统财务人员能够树立大局意识，统筹安排资金，一方面积极按照财政要求压缩经费，从上到下牢固树立过紧日子的思想，严格控制经费支出，严格按照预算执行，其中北京市地方税务局压缩经费100多万元，全部上解财政。另一方面围绕中心工作，市、区两级积极筹措资金，主动与财政沟通，最大限度地争取资金支持。北京市地方税务局重点保障奥运会、残奥会票证印制和相关信息化改造等项目的资金追加，各区县局、分局也能够结合自身的情况保障重点项目，全年预算管理及预算执行得到进一步优化和规范，基本支出和重点支出得到有力的保障。按照北京市财政绩效考评工作的要求，计划财务处还组织完成2007年有奖发票兑奖经费等4个绩效考评项目的考评工作，考评项目的平均分都达到95分以上，为下一年度预算的申请奠定了良好的基础。

（杨惠新）

【基层税务所维修改造工作】 2008年，北京市地方税务局持续开展两年多的第一批36个基层税务所维修改造工作基本完成，北京市地方税务局总投资1.3亿元，维修改造面积6.3万平方米。这36个税务所是全系统基层税务所建设时间最早、基础设施最落后、办公条件最恶劣的所。两年多的时间里，计划财务处在进行广泛的调查研究、征求意见的基础上，建立和实施“三统一”“四达标”和“五小”的系统基层税务所维修改造规划，克服时间短、任务重、标准高和人员紧缺等困难，按期、保质、保量、安全、圆满地完成了任务。这项工作也是建局以来最庞大的一项基建维修工作，在建设过程中，各区县局、分局给予大力的支持和配合。通过对第一批税务所的维修改造，基层税务所基础设施老化、外观形象破旧、功能、服务设施落后、纳税服务场所紧张、干部办公条件艰苦的问题得到彻底的改观。现在新建的所从外部形象到内部环境、从庭院绿化到办税大厅、从新建票证库房、培训教室、新安装纳税电子信息滚动屏、新增纳税标识到新修小食堂、小浴室、小娱乐活动室、小图书室、小休息室，整个税务所发生很大的变化，真正把税务所建成税务干部安心基层的税务之家。另外，计划财务处还注重建管并举，在建设期间组织人员进行安全检查和质量检查，解决各类问题20多个，确保工程的安全、进度和质量，进一步巩固了基本建设的成果。

（杨惠新）

【政府采购工作】 注重职能发挥，政府采购工作有了新提高。2008年系统政府采购工作实现跨越式前进，采购规模不断扩大，采购管理更加规范，北京市地方税务局政府采购规模达到3.08亿元，涉及公开招标项目15个，金额约2.8亿元，其中协议采购1385万元。通过政府采购方式，有效地规范了支出行为，节约财政性资金，全年北京市地方税务局政府采购节约资金2112万元，节约率达6.84%。另外还完成137个会议政府采购的办理，结算金额393.37万元。

2008年区县局、分局政府采购规模达到3600多万元，同比增长约30%。在做好日常采购的同时，市、区两级进一步规范政府采购工作的细节管理，主动做好与市、区财政相关部门和政府采购办的业务沟通，严把程序关，严格按照公开、公平、公正的管理原则组织政府采购工作，保证系统相关业务工作的顺利开展。

（杨惠新）

【内审工作】 注重监督管理，内审工作实现新突破。为健全系统财务管理机制，从2007年开始计划财务处着手开展财务内部审计工作，先后建立内部审计制度和流程， 2008年主要对丰台区地税局、昌平区地税局、朝阳区地税局和昌平区培训中心进行内部审计。通过内审工作，计划财务处比较全面地了解基层财务和管理的状况，发现和总结了基层财务管理工作中好的经验和做法。通过内审工作，计划财务处也发现了系统财务工作、基层财务管理工作方面存在的问题和不足。通过内审工作，帮助被审计单位拓宽财务管理的思路，完善和建立了部分财务制度。

（杨惠新）

【信息化建设】 注重规范管理，市、区两级信息化建设水平取得新进展。2008年，市、区两级信息化建设水平在原有的基础上又有新的提高。从北京市地方税务局来讲，2008年计划财务处结合系统财务工作的实际，对原有的预算管理信息系统进行升级改造。通过系统升级，将全部财务工作分别固化在相应的模块中，使财务工作形成信息化管理的有机整体。在日常工作中，各岗位能够依托信息系统为平台开展工作，较好地实现了各项财务制度的执行和落实。通过系统升级，将财务工作的相关工作点分散到相应的处室和单位中去，减轻系统财务的工作量，有效地提高了工作效率。通过系统升级，信息系统实现定员定额预算的自动编制。部分区县局注重加强信息化建设的开发、投入和利用，依托信息化建设开展财务工作，积极探索新形势下信息化建设的机制。

（杨惠新）

后　勤　管　理

【综述】 2008年，机关后勤服务中心在北京市地方税务局党组的正确领导下，按照年度工作总体部署和要求，深入学习实践科学发展观，全面贯彻落实党的十七大精神，大力实施科学化、精细化管理，始终着眼于“树立首都窗口形象，构建一流后勤保障体系”为目标，坚持“满意、到位、实用”的服务保障标准，圆满地完成了以“税收”为中心的后勤服务保障工作。

（苏补亮）

【物业管理安全圆满】 2008年北京市地方税务局机关餐厅完成接待干部、职工自助餐总计146650人次，保障客饭281桌，外卖主食品13524斤，熟食品2307斤；全年接待会议1017次。其中，电视电话会45次，VIP会议6次；为各处室订报纸101种470份，订杂志188种288份。在服务保障工作中突出五项措施：一是抓服务。对局机关单身干部宿舍进行维修，较好地改善了住宿条件。为改善饮食结构，在奥运会期间，请山西面点师到北京市地方税务局传授面食制作技术，提高饮食保障水平。二是抓建设。全年投入105.6万元，完成机关小刀闸防水、监控室设备、节电、照明设备、食堂冷库设备更新、地下车库改造、职工宿舍维修以及热力站前期改造等工程；对北京市地方税务局办公楼自动门、消防设施进行维修和更新。三是抓安全。中心全体人员树立安全服务的理念，把安全工作作为做好服务保障工作的出发点和落脚点。在节假日、两会、奥运会、残奥会等重要活动期间组织物业公司有关人员对所属四个办公区的水、电、气、暖、电梯以及消防设施的运行和管理情况进行安全检查。每周召开一次工作例会，及时把问题和建议反馈给物业公司。在饮食卫生制度落实上，重点对食物的采购渠道、供货商的资质进行审查把关，落实饮食安全管理制度。每月请西城区疾控中心检测食品卫生情况，并将检测结果予以公布，确保饮食安全。四是抓管理。为节约能源，在休息日除值班和个别固定楼层外，对办公楼电梯、开水器、空调、排风扇等设备实行关闭和限时管理。在节水、节电创建节约型机关建设方面，注重在科技节能、设备节能、管理节能和行为节能上下功夫，节能降耗效果明显。初步统计，全年节电204489.6度，节水600吨。五是抓业务。中心全体人员能够按照北京市地方税务局统一部署和要求，积极参加北京市地方税务局政治理论和科学发展观的学习教育活动，不断提高政治素质。同时，结合中心人员调整面较大的实际情况，按照各自的工作任务和职责，坚持理论和实践相结合的学习方法，坚持边干边学，加强业务学习。在时间短、人员少、任务重的情况下，较快地熟悉了本职业务。通过学习，拓宽了视野，更新了知识结构，提高了业务素质，达到了分管业务熟悉，相关业务了解，共同业务掌握的标准，为做好中心的服务保障工作奠定了坚实的基础。

（苏补亮）

【车辆保障安全到位】 北京市地方税务局机关现有车辆120辆，涉及22种车型。市财政局每年拨燃油费132万元，平均每车每年11000元，拨汽车修理费93万元，平均每车每年7750元。在车辆管理上。一是抓安全教育。安全是车管工作的关键，是管理的重点。3月，邀请市交管局法制处的领导就“平安奥运”为全系统后勤中心主任、车管干部共60余人进行“迎奥运保安全”交通知识讲座。在奥运会开幕前，北京市地方税务局组织全体驾驶员举行了迎奥运保安全誓师动员大会，局长郝硕博、局长刘宝忠参加会议并作了重要讲话。通过动员教育，进一步增强安全意识和法纪观念，为确保行车安全奠定更加坚实的基础。二是抓制度落实。严格落实北京市委、市政府“两会”“奥运会”“残奥会”期间车辆封存和交通管制规定，共封车119台次，并积极想办法将车辆封存到有封闭车库的场所，防止夏季阳光直射和风雨侵蚀对车辆的损坏。封车期间，每月三次对车辆进行启动、擦拭、检查和保养，既保证任务的完成又保持良好的车况。同时，还组织人员对所属单位167辆工作用车进行车况检查，合格率达97%。

（苏补亮）

【医疗服务热情周到】医务室3名同志负责北京市地方税务局、马甸两个办公区的医疗服务工作，在人员少，任务重的情况下，他们坚持“以人为本、服务至上”的工作标准，耐心解答干部、职工提出的各种医疗健康问题，做到来有迎声，走有送声。服务保障对象1091人。全年门诊量15848人，测血压450余人次，测血糖320余人次，保障干部、职工医疗药品价值85.6万元，组织洗牙1000余人，保障干部、职工体检996人，全年报销医药费303万元；办理独生子女证44人。2008年被展览路街道办事处评为计划生育“先进单位”，被西城区献血委员会评为“先进单位”。

（苏补亮）

【圆满完成综合工作】一是完成西城区展览路街道办事处下达的灭鼠和垃圾分类综合资料的上报工作，迎接了北京市爱国卫生运动委员会对北京市地方税务局餐厅、环境卫生和戒烟情况的检查，被北京市爱国卫生运动委员会评为“先进单位”和“无烟餐厅”。二是按照预算编制规定和任务要求，编制开支预算2015.9万元，保障各项经费开支1856.7余万元。三是在元旦、春节期间对办公楼挂彩灯和横幅，既美化了环境，又增添了节日气氛。四是整理规范各类档案86盒。五是根据新颁布的劳动法，与11名合同工司机重新签订了劳动合同。

（苏补亮）

安 全 保 卫

【综述】2008年3—9月，全系统认真贯彻“平安奥运重于泰山、奥运平安人人有责”指导思想，紧紧围绕“建平安地税、保平安奥运”这一主线，按照北京市委、市政府的统一部署，开展了一场轰轰烈烈、卓有成效的“平安奥运专项行动”，实现了北京市委、市政府制定的“大事不出、小事减少、管理严格、秩序良好”的目标。系统各单位以“平安奥运行动”为契机，立足当前、着眼长远，大力加强安全工作基础建设，努力筑牢安全工作思想防线和设施防线，全面建设人防、物防、技防相结合的安全防控工作体系，安全保卫工作能力和水平得到进一步提高。

（张智慧）

【启动“平安奥运行动”】 一是全面动员部署。2月27日，北京市地方税务局印发《北京地税系统“平安奥运行动”工作方案》。3月3日，召开系统“平安奥运行动”动员大会，对“平安奥运行动”作出全面部署，第一时间将北京市委、市政府和北京市地方税务局党组对“平安奥运行动”的指示和要求传达到基层。二是签订责任书。北京市地方税务局成立“平安奥运行动”领导小组，与区县分局“一把手”签订奥运安保责任书。区县分局与科所、科所与干部职工，逐级签订“建平安地税、保平安奥运”责任书。全系统从上到下，建立起纵向到底、横向到边、严密细致的安全责任体系。三是建立规章制度。及时制定下发《北京市地方税务局“平安奥运行动”协调领导小组会议制度》《北京市地方税务系统“平安奥运行动”督查考核办法》《北京市地方税务系统“平安奥运行动”情况信息报告规定》。各单位结合实际，查漏补缺，建立健全相关制度规定。丰台区、石景山区地税局、第一稽查局等单位还将有关安全工作规章制度汇编成册，发到每个干部职工，形成了依靠制度管人、依靠制度干事的良好局面，确保了“平安奥运行动”的制度化和规范化。

（张智慧）

【实施“平安奥运行动”】 一是调查摸排，消除各种安全隐患。奥运会前，全系统开展深入细致的调查摸排工作。一方面查找思想隐患，摸清干部职工的思想动态，做好有针对性的防范工作，确保单位内部纯洁巩固。另一方面查找设施隐患，堵塞安全漏洞。通过摸排，解决一批长期存在的“老大难”问题，据不完全统计，各单位奥运期间发现解决各类隐患70多处。二是突出重点，全面加强安全管理。奥运会前，系统各单位对重点人员、重点部位进行分析和梳理，建立了联系走访制度，落实了帮教转化人员，明确帮教转化责任。5月，根据全市统一部署，全系统按照不漏一人、一屋的标准，对外地来京人员和出租房屋的情况进行了彻底清查。对921名外地来京人员及65间出租房屋，逐个登记造册，达到了情况清、底数明的目标。三是完善预案，切实加强演练。保卫处对北京市地方税务局机关原有应急预案进行了完善和充实，将应急预案汇编成册，下发到北京市地方税务局机关全体人员和区县局税务所。各区县分局以奥运会为契机，加强应急队伍建设，完善了局机关和独立办公税务所的应急预案，初步建立起全面覆盖、不留死角的应急预案体系。7月15日，北京市地方税务局在马甸办公楼组织200余名干部职工参加以消防灭火和自救逃生为主题的应急演练。东城区、海淀区、丰台区、崇文区、密云县、房山区、门头沟区、开发区地税局等结合实际开展有针对性的灭火、疏散应急演习，收到很好的效果。

（张智慧）

【检查“平安奥运行动”】 强化“平安奥运行动”检查监督，确保各项工作落实。奥运会前，保卫处以奥运场馆周边和远郊区县为重点，开展以四查四看为主要内容的安全大检查，通过查思想看领导和所属人员是否重视、查制度看安全制度是否完善、查责任看安全责任是否落实、查措施看安全措施是否严密，督促各单位发现问题及时整改，确保不留隐患。进入7月后，又会同宣教处、奥税办组成联合检查组，兵分三路，对重点单位逐个进行检查，确保各单位工作落实、整改到位。为做到心中有数，海淀、房山区等局还邀请区公安局内保科、消防支队进行现场指导，顺义区等局请专业消防检测机构对消防设施进行检查，确保万无一失。

（张智慧）

【参与社会安全防控】 系统各单位积极响应北京市委、市政府的号召，全力支持和参与社会面安全防控，支援社区，共保社会面安全稳定。东城区地税局承担了核心地区地下通道的守护任务，组织干部职工轮流值班守护；崇文区地税局组织巡逻小分队，在民警的带领下每天上街值勤；朝阳区地税局选派35名干部先后六次参加奥运会和残奥会开闭幕式外围安保工作，协助民警疏导观众。各单位还组织党员、干部，利用业余时间深入社区、走上街头，维护社会面安全稳定。

（张智慧）

【安全保障重大活动】 严密组织，确保重大活动顺利进行。2008年，北京市地方税务局先后在梅兰芳大剧院举办慰问纳税人联欢晚会，在太庙举办了第四套印花税票发行仪式，在普渡寺举办“走进历史、传承文化”税收宣传活动，在故宫建福宫举办向北京奥组委赠送《北京印花税票全册》新闻发布会，保卫处精心筹划、严密组织，确保了各项活动安全顺利进行。

（张智慧）

昌平干部培训中心

【综述】北京市地方税务局干部培训中心（下称中心）原由北京市财政局于1990年投资兴建，为北京市财政局干部培训中心，1994年8月开始试运营，1996年1月整建制划入北京市地方税务局，为北京市地方税务局所属处级事业单位，并列为北京市政府会议定点采购单位。培训中心地处十三陵风景区、十三陵水库东侧，中心占地35亩，建筑面积24183平方米。设有各类客房144套，床位280张；设有400人同时就餐的大餐厅，20—30人就餐的中餐厅及雅间；设有400人会议的大报告厅一处，100—150人会议的中会议室两处，30人会议的小会议室10处，50人标准的计算机教室一处。另外，还设置了多种康乐设施，其中包括室内网球馆、游泳馆、保龄球馆、旱地沙壶馆、射箭馆、台球厅、乒乓球室、卡拉OK厅、茶艺馆、美容美发室、清潭苑洗浴中心等。中心的服务宗旨是："宾客至上，优质服务，开拓创新，追求卓越"。培训中心的主要任务是："承接系统内外各类会议接待及干部教育培训工作"。

（刘建华）

【接待服务】培训中心进一步拓宽服务领域，加大宣传力度，完善网站建设，有效地发挥了网络销售和酒店管理系统的作用，留住老客户，开辟新客源，保持会议、接待、培训的良好势头。2008年，中心安排各类会议、培训和接待共计711批次，其中会议151批次；培训114批次；接待446批次；其中内部会议、接待、培训占总量的47.68%，接待21669人次；营业总额为1212万元。就餐84290人次；客房使用14381间次；使用率为29.1%。2008年，接待的会议培训同往年相比有所增加，首先是北京市地方税务局加大了各类培训的力度，如北京市地方税务局处级干部培训班、北京市地方税务局办公室计算机培训班、公务员培训班等，其次是在充分保证北京市地方税务局会议的前提下，承接了更多外部会议。如北京市政府有关局委办培训班、北京市经管站、昌平区经管站、总装司令部、青海地税培训班等。

（刘建华）

【加强规范管理】从制度着手，逐

步实现规范化、制度化管理模式。中心制定了《临时工工资管理规定》《部门费用独立核算办法》《星级服务员评定办法》《客饭定餐标准和工作程序》《内部接待工作程序和标准》《廉政风险防范管理措施》《职工医疗报销管理办法》，同时完善了《主任办公会制度》《财务管理制度》《车辆管理制度》《员工手册》等十几个制度。

（刘建华）

【加强财务管理】 有效控制资金的使用。针对审计部门对中心的审计报告及提出的整改意见，制定《财务管理整改方案》，完善财务管理规定，加强了固定资产的管理，从制度、程序、手续等各个环节入手，积极整改，认真落实。实行部门独立核算。首次对餐饮部、客房部、康乐部等部门实行独立核算，有效控制物品采购途径、人员费用、接待费用等各项费用的支出，增强了成本核算意识。

（刘建华）

【加强采购和库房管理】 整合康乐、客房、设备等库房，逐步实现统一计划、统一采购、统一管理、统一调配使用的一体化管理方式。规范项目费用标准和程序。培训中心制定30万元以上项目采取招投标，5万—30万元的项目由主任办公会研究决策，采取邀标方式，5万元以下采取部门提出意见，培训中心领导审批的大额资金使用管理规定，同时，对新建、房屋装修改造、设备更新、固定资产购置等单个项目费用5万元以上的，采取报北京市地方税务局主管局长审批的方式，严加廉政风险防范管理，有效控制各方面资金的使用。

（刘建华）

【信息化支持管理运行】 培训中心建立酒店管理系统，对相关操作人员多次进行集中培训，掌握了操作技能，一方面及时掌握部门的经营明细情况；另一方面有效提高工作效率，使中心向科学化、现代化的经营模式迈进一步。整合改造设备设施，发挥实用功能。针对部分设备设施老化、损坏严重、闲置的具体情况，及时采取维护、维修、整合、改造、撤销等方法，逐步提高中心设备设施的使用率和安全性，降低运营成本。

（刘建华）

【领导班子建设】 打造学习型、服务型、效能型、法治型和廉洁型领导班子。提倡“相互补台，相互合作”的精神，严格按照“集体领导、民主集中、个别酝酿、会议决定”的原则，规范建立健全议事和决策程序，增强工作透明度，提高办事效率，在“深入学习实践科学发展观活动”中，中心班子率先垂范，先后采取集中学习、讨论、座谈、交流、征求意见等多种形式，组织党员认真学习、提高认识、统一思想，深刻剖析并认真查找工作中存在的问题，按照轻重缓急，由易到难的原则逐步研究解决群众关心的焦点问题，使工作上水平，群众得实惠。

（刘建华）

【党员队伍建设】积极开展群众性的谈心和帮教活动。开展党员与群众1+1>2的活动，充分发挥党员干部的模范先锋作用。提出“多理解，多支持，多干事，克服本位主义，正确处理好集体利益和个人利益的关系，为实现中心共同愿景而努力奋斗”的工作要求，搞好传帮带，以点带面，壮大党员队伍，促进了党员队伍建设。在5·12汶川地震中，中心全体党员、团员、群众为灾区捐款共计36172元，其中特殊党费25700元，并编织9件爱心衣,为灾区奉献一份爱心，以实际行动践行了党员的义务和责任。

（刘建华）

【加强培训】抓培训，评先进，强化职工素质水平。为规范服务标准，提升中心的服务质量，中心举办了为期一周的全员范围的服务礼仪培训，通过专家对现代服务礼仪、仪表仪态的讲解及指导，使职工增长礼仪知识，在实际工作中，服务技能、服务质量得到了明显改善。为充分调动干部职工的积极性，中心开展“星级服务员”的评定工作，有考核、有标准、有奖励，共有47名职工荣登光荣榜，促进中心服务水平的进一步提高。

（刘建华）

【发挥工会组织作用】关心职工生活，关爱职工健康。职工的身心健康是服务工作的保障，因此，培训中心非常注重职工体检工作，坚持每年一次健康体检、妇女体检和防疫体检，为56名编内在职和退休职工补办了医疗保险并拟办补充医疗保险，尽最大努力解决职工的后顾之忧，为职工办实事。

（刘建华）

【安全保障】培训中心把宾客安全、职工安全放在首位，安全工作常抓不懈，警钟常鸣。一是加强消防安全、交通安全、食品安全等各方面安全的教育，逢会必说，逢节必讲，强化安全意识。二是成立各项安全领导小组，责权并重，做到有检查，有报告，发现问题及时整改，排除安全隐患。三是层层签订安全责任书，责任到人，落实到位。特别是奥运期间，由于培训中心临近铁人三项赛区，特成立《平安奥运领导小组》，制定工作预案，对各项设备设施和制度进行专项检查，组织全体党员及管理层多次聆听了“平安奥运”知识讲座，加强值班，明确责任，确保了奥运期间的安全。

（刘建华）

【领导班子成员】北京市地方税务局干部培训中心主任：苏茂华；副主任：魏正臣、曹志刚。

（刘建华）

老干部活动中心

【综述】2008年，是百年奥运之年，也是北京市地方税务局党组提出的“追求卓越年”。老干部活动中心在北京市地方税务局党组领导下，深入贯彻党的十七大精神，围绕“追求卓越”这一主题，全面贯彻落实科学发展观和建设和谐社会的要求，以服务好系统老干部及广大干部职工为根本，加强班子建设，提升服务接待水平。特别是围绕举办一届“有特色、高水平”奥运会要求，下大力做好奥运安保工作，积极参加“平安奥运行动”，确保中心的安全稳定，用实际行动为新北京、新奥运做出了不懈努力。2008年，中心共接待老干部及系统干部职工125批次、2985人次，较好地完成了服务保障任务。

（赵凤江）

【深入开展学习实践科学发展观教育活动】中心党支部从以下几个方面推进学习实践科学发展观教育活动的开展：一是突出党员队伍特别是党员领导干部的学习，着力提高党员、干部队伍的整体素质。二是认真开展调查研究，查找制约中心建设存在的问题。三是组织党员民主生活会，开展批评与自我批评。四是利用展板、宣传栏等形式大力宣传学习实践教育活动。五是坚持边学边改，使学习实践活动不断取得实效。通过学习实践科学发展观教育活动，中心党支部的凝聚力、战斗力进一步增强，党员队伍素质明显提升。

（赵凤江）

【做好服务接待工作】2008年，中心班子从加强员工管理和教育培训入手，提高员工队伍素质，提升中心服务接待水平。一是结合工作岗位开展业务培训，聘请旅游学校讲师到中心授课，进行员工礼仪培训和管理干部骨干培训。二是坚持开展岗位练兵，充分利用工余时间组织技术交流，提高员工岗位技能。三是定期组织员工进行职业道德教育，培养爱岗敬业、无私奉献、遵纪守法、诚实守信的职业道德，从思想上提高员工的职业道德素质。四是开展“文明服务标兵”评比活动，提高广大员工文明服务的自觉性。五是开展“假如我是来宾”主题座谈会，引导员工进行换位思考，启发员工文明服务意识，收到了较好的效果。

（赵凤江）

【全力做好奥运安保工作】 2008年是北京奥运决战之年，中心班子以“创建和谐中心、实现平安奥运”为工作目标，积极组织开展“平安奥运行动”，引导中心员工积极参与奥运、服务奥运、奉献奥运。一是中心成立了奥运安保领导小组，定期组织奥运安全预想活动，提出问题、查找漏洞、及时解决，努力将安全工作做在事前。二是班子成员按照责任分工，及时了解掌握员工思想情况，靠前解决员工思想问题，及时排查、化解内部矛盾。三是对重点目标、重点人员指定专人负责，实行奥运安保工作责任制。在此基础上，中心制定完善奥运安保工作制度，重新修订中心安全预案；成立奥运安保应急小分队，随时做好处置突发事件的准备；组织奥运安全督察小组，全天不定时地进行巡查，督促各部门严格落实奥运安保工作制度，控制无关人员随意进入中心，做好社会面防控工作；分别组织了消防演练和紧急疏散演练，提高干部员工防范意识。

（赵凤江）

【组织文体活动推进中心文化建设】 中心党支部、团支部、工会密切配合，积极筹划组织群众性文体活动，丰富员工生活，营造和谐的工作氛围。中心党、团支部及工会联合组织踢毽、跳绳、同舟共济、爬楼梯、登长城、扑克比赛等趣味比赛；每月组织员工生日聚会；特别是在北京奥运会期间，组织员工收看奥运比赛、进行遵纪守法和职业道德教育、组织员工进行日常英语学习和交谊舞学习等，积极营造健康向上的文化氛围。

（赵凤江）

【情系灾区】 5·12特大地震自然灾害发生后，中心干部职工和全体中国人民一道，全身心投入抗震救灾活动中。中心领导及时慰问四川籍员工，了解家庭情况、稳定思想；中心党员带头为灾区捐款，并积极缴纳特殊党费，累计15495元；三位新分配的大学生向中心党支部上交要求参加抗震救灾志愿者的请战书，字里行间充满了对灾区人民的深情厚谊和战胜自然灾害的坚强信念；中心党支部、工会积极组织员工为灾区儿童编织爱心毛衣；部分干部员工在中心捐款的同时还通过红十字会等方式向灾区人民献爱心。

（赵凤江）

【领导班子成员】 老干部活动中心主任：王瑞龙；副主任：柳昌荣、翟正义（女）。

（赵凤江）

基层工作

东城区地方税务局

【概况】 东城区位于北京市中心城区东北部，面积25.38 平方公里，常住户籍人口61万人，全区设东直门、建国门、北新桥、朝阳门、交道口、景山、和平里、东华门、东四、安定门 10 个街道办事处，以及北京站地区管理处、王府井建设管理办公室、东二环建设管理办公室和中关村科技园区雍和园管理委员会四个重点街区管理机构。2008年，东城区实现地区生产总值751.6亿元，同比增长11.6%；固定资产投资额完成198.7亿元，同比下降7.5%；全区社会消费品零售额完成324.8亿元，同比增长18.6%；财政收入完成69.7亿元，同比增长34.6%。

东城区地方税务局位于东城区安定门外西滨河路18号院首府大厦6座，设置12个职能科室，14个税务所，1个稽查局（含检查一科、检查二科、检查三科、立案科、审理科5个科），1个机关后勤服务中心。全局共有干部职工414人，其中硕士研究生4人，党校研究生9人，硕士本科生13人，大学本科学历283人，本科以下学历107人。全局共有中共党员273名，占全体干部职工人数的65.9%，共有共青团员52名，占全体干部职工人数的12.6%。截止到2008年年末，全局税务登记户数30230户，其中国有经济1648户，集体经济915户，联营经济37户，股份制经济1841户，私营经济10060 户，有限责任公司6149户，港澳台投资经济714户，外资企业1378户，个体工商户5127户，其他经济类型2361户。

【税收任务完成情况】 2008年，东城区地方税务局全年组织各项收入156.39亿元，同比增收21.28亿元，增长15.75%，完成市地税局年初下达计划153.6亿元的101.82%；其中，区级收入累计完成44.26亿元，同比增收7.36亿元，增长19.95%，完成区政府下达年度计划39.86亿元的111.04%。

【加强征管基础性工作】 针对2007年度纳税人满意度调查结果，制定六大类23项整改措施，并通过建立“服务成效跟踪”制度、完善监督考核机制、加强人员素质培训等方式落实整改。全年共清理登记逾期户、在途户、非正常户4477户，使登记率达到100%。通过征期内实时监控，征期后迅速催报催缴，使申报率和入库率分别提升至99.4%和99.8%，均超过北京市地方税务局指标近1个百分点。通过对零申报户实施大规模清理，在有效分析、评估、约谈和实地核查的基础上，以账务检查为突破口，结合国税比对信息，将零申报率控制在25%左右，将零申报确认率提升至95%。

【税政工作科学化精细化】 结合东城区建委、国土资源局、车辆管理部门、规划委等相关部门涉税信息，有效提升地方税税源监控水平，并做好税源数据综合分析工作，为完善税收政策和保证税款应收尽收提供数据支持。加强对土地增值税的清算及预征管理，使房地产开发企业按时申报纳税。组织税务干部和广大纳税人进行新《企业所得税法》及其实施条例培训，在网页中刊载新税法的重点变化及培训课件，保证新政策宣传、落实到位。自行印制4000张12万元自行申报宣传海报，累计自行申报35511人。

【开展三项清理检查规范执法】 一是开展对制发规范性文件和相关制度的清理检查工作，建立网上规范性文件动态管理系统，依托信息化手段实施文件的即时清理和维护。二是开展专项执法检查。对涉及征收管理、税务检查、纳税评估在内的十五项工作进行专项执法检查，有效地促进了执法水平的进一步提高。三是开展执法风险检查。邀请资深税务系统法律顾问进行预防和控制税收执法风险讲座，着重研讨执法一线涉及的法律及政策问题，结合工作实际，查找出执法风险点，提高法律服务的效能。

【税法宣传向纵深发展】 通过多种形式将税法宣传工作引向深入。3月25日，组织“紫檀杯”摄影书画比赛和展览，邀请纳税人参加，加强了税企的沟通交流。3月30日、7月18日，配合市地税局分别开展《北京印花税票之四——北京坛庙》及《北京印花税票全册》新闻发布会，向北京奥组委赠送500套《北京印花税票全册》。10月28日，会同东城区发改委、国税局、公安局等单位在王府井步行街联合举办以“整顿税收经济秩序 维护公众合法权益”为主题的发票宣传活动，向公众深入宣传发票相关知识，展示东城区打击发票违法犯罪活动的历程，并现场解答发票常见问题。

【成立东城地方税务学会】 4月11日，召开东城区地方税务学会成立大会，北京市地方税务学会、北京市国际税收研究会、东城区民政局、东城区企事业单位等相关领导及第一届学会理事出席大会。学会以促进首都经济发展为目标，服务于东城区地方税收事业，将对研究探讨税制改革，加强地方税收理论建设，增强中外税收领域学术交流，和谐征纳关系起到积极的推动作用。

【推行奥运税务服务十项举措】 4月25日，推行的奥运税务服务十项服务举措在“新北京、新奥运、新地税”启动仪式上推广。十项举措是：开辟涉奥纳税人专用通道；建立奥运税务应急服务机制；建立涉奥纳税人联系人制度；定期开展涉奥纳税人的服务评价征询；建立涉奥纳税人座谈会制度；实行定期走访服务制度；在纳税服务大厅增设“双语服务窗口”；利用电子邮箱和手机短信等手段与涉奥纳税人交流；建立奥运经济税源监控和分析体系；在地税网页上丰富奥运网页内容。

【开展六大志愿服务行动】5月4日，举办志愿者服务队成立暨服务奥运誓师大会，推行文明礼仪、平安奥运、扶残助残、窗口行业、城乡携手、服务奥运六大志愿服务行动，完善、丰富了税务机关奥运服务的范畴，充实了奥运服务参与人员的范围，推动了全社会参与奥运、奉献奥运良好氛围的形成。

【开展城市志愿服务】 一是在每个纳税服务大厅设立志愿者服务岗，一线税务干部争做奥运服务先锋。二是从青年党团员中抽调20余名城市志愿者参与奥运会和残奥会的志愿服务，成立志愿者服务队。三是在地坛公园西门设立城市志愿者服务站，提供信息咨询、应急救助、语言翻译等服务，形成奥运志愿者服务岗、志愿者服务队、志愿者服务站三级志愿服务网络，将奥运志愿服务融入每个角落。同时，结合区域特色，积极宣传奥运会、残奥会理念，介绍地坛历史文化常识。举办“绿色奥运我参与　爱心环保袋换回家”主题活动，向过往市民宣传环保知识，号召大家参与绿色奥运，奉献绿色奥运，创建绿色家园，北京电视台《七日》栏目对此给予了详细报道。

【进行全局机构人员调整】为适应税收形势发展需要，成立和平里税务所、第四税务所和第五税务所，对部分科所领导及干部进行工作轮岗交流，重新整合业务流程，提高干部的综合业务水平，为税收事业发展注入新的活力。

【提供涉奥个性化服务】 在奥运会期间为北京奥林匹克转播有限公司（BOB）、歌华特玛捷票务有限公司开展上门服务，就营业税、个人所得税等税收政策以及涉外税收征管规定进行辅导，并就合同协议中涉税条款的签订需注意的问题提出建议。针对BOB公司存在的需要尽快取得个人所得税完税证明的情况，迅速启动应急服务机制，召开工作研讨会、现场会，及时制订具体的解决方案。共为BOB公司临时来华专家开具个人所得税完税证明215份。

【支援灾区重建】 全体干部职工积极主动开展抗震救灾活动，共捐款21余万元。一名干部在书画界赈灾活动中捐献了专为抗震救灾连夜创作的中国画，是全国税务系统首次以书画作品的形式反映抗震救灾情怀。

【局机关办公楼迁址】 5月，东城区地方税务局机关办公大楼由和平里中街六区五号楼4号迁至安定门外西滨河路18号院首府大厦6座。

【召开企业座谈会及表彰会】一是在

奥运前夕召开房地产企业座谈会，及时掌握行业的税源状况和发展趋势。二是召开重点金融企业座谈会，点对点、面对面地为企业提供服务，以地税之“诚”换企业之“信”。三是邀请中国拍卖协会、四大拍卖公司代表，就拍卖业税收政策执行情况进行座谈，加强政策落实及反馈力度。四是召开12家奥运会定点酒店座谈会，向涉奥酒店发出倡议，共同营造“真诚服务、诚信纳税”的氛围。五是召开文化创意产业座谈会，与中关村科技园区雍和园管委会及辖区内文化创意企业研究税收服务新举措。六是领导班子集体上门走访奥运定点医院——北京协和医院，宣传奥运税收政策和诚信纳税理念。七是年底召开四次纳税人表彰会及座谈会，帮助企业解决纳税中遇到的问题。

【纳税评估工作实现新突破】 一是制定日常评估工作制度及纳税评估考核办法，重点考核预警核实率、日常评估、评估总户数、评估补税金额、评估疑点核实有问题率、评估报告文书规范性和质量等，切实达到督促激励的作用。二是在医疗机构等电子记账行业的专项评估中创新推广使用电子评估软件，准确有效地掌握企业财务状况和税款缴纳情况，大幅度提高疑点预警指标的有效性。三是创新开展科、所两级专项评估工作，有效节约税务所评估成本。

【打击涉税违法行为】 在全市开展的打击发票违法专项整治行动中，破获两起大要案，一起是本市专项整治活动中第一起倒卖假发票案件，另一起是迄今为止全市最大的倒卖真版发票案件。共抓获23名犯罪嫌疑人，收缴各类尚未使用的发票5万余份。中央电视台、《中国税务报》等多家媒体予以专题报道。

【开展城乡共建工作】 积极开展城乡共建工作，邀请平谷区挂甲峪村村民代表参观奥运建设成果，举办庆祝“六一”暨关心下一代文明共建系列活动启动仪式，向中小学生捐赠文化用品，拉开推行城乡共建“五项工程”（促进经济发展工程、倡导文明风尚工程、提升农民素质工程、推动文化建设工程、创建优美环境工程）的序幕。再次荣获首都“城乡携手迎奥运、共建文明京郊行”活动示范对子荣誉称号。

【税收信息化建设】 依托信息化建设提高税收工作科技含量。拓展税收管理员平台服务领域，推广“短信群发”模块，全年为12.6万户次纳税人发送27.4万条涉税提醒类、政策宣传类短信。开发“个体系统管理”模块，实现个体定额核定的计算机管理以及个体户、集贸市场的分类建账管理。推广自行研发的税务稽查查账系统，被北京市和东城区总工会评为“经济技术创新工程优秀成果”。

【岗位大练兵活动】 按照稽查、计统、税政、行政综合四个系列开展岗位大练兵活动，提高广大干部的税收征管效率、纳税服务水平、行政管理能力。不断完善“蓝色之韵——网上思想教育基地”

内容，开设“十七大学习讨论”“奥运文明礼仪”“志愿者服务”“抗震救灾”等多项专栏，将全局干部职工学习的热点、关注的焦点通过网络进行充分宣传。

【举办“清风颂　地税情”系列活动】 通过组织广大干部撰写征文、举办演讲比赛、制作动漫屏保、书画作品、创意廉政公益影视广告等活动，以“清风颂　地税情”廉政系列文化活动为载体，教育和帮助广大干部加强理想信念和品质作风等方面修养。并发动全局干部依据工作流程和工作环节查找风险点，加强廉政风险防范管理体系建设。

【先进表彰】 东城区地方税务局获得全国精神文明建设先进单位；东城区地方税务局景山税务所荣获全国妇联授予的“巾帼文明岗”光荣称号；东城区地方税务局被首都文明委授予全市十佳“城乡携手迎奥运、共建文明京郊行”活动示范对子荣誉称号；东城区地方税务局交道口税务所被北京市总工会授予“迎奥运，讲文明，树新风”争做首都文明职工活动优秀集体；东城区地方税务局开发的“税务稽查查账系统”被北京市总工会评为北京市经济技术创新工程优秀成果；东城区地方税务局第三税务所被评为北京市“三八”红旗集体。东城区地方税务局秦龙生被评为北京奥运会、残奥会志愿者工作先进个人；东城区地方税务局金小平被授予北京市“三八”红旗奖章；东城区地方税务局孙鹰被评为北京市经济技术创新标兵；东城区地方税务局李京燕、周艳梅分别被评为北京奥运会、残奥会志愿者先进个人。

【领导班子成员】 东城区地方税务局局长：秦龙生；副局长：王秋亭（女）、崔燕生、杨晓东、李森林；纪检组长：鲍秋苓（女，9月任）。

（胡　然）

西城区地方税务局

【概况】 西城区位于北京市中心城区的西北部，东以鼓楼外大街、人定湖北巷、旧鼓楼大街、地安门外大街、地安门内大街、景山东街、南长街、北长街、天安门广场西侧为界与东城区相连；北以南长河、西直门北大街、德胜门西大街、新街口外大街、北三环中路、裕民路为界与海淀区、朝阳区毗邻；西以三里河路为界，与海淀区接壤；南以前门西大街、宣武门东大街、宣武门西大街、莲花池东路为界与宣武区相望。总面积31.66平方千米。2008年年末，全区总人口966474人，同比增长10.1%。其中户籍人口783032人，同比增长1.2%；暂住人口183442人，同比增长75.6%。年内，地区生产总值实现1371.7亿元，同比增长11.3%；固定资产投资额全年累计完成230.2亿元，同比下降4.4%；全年实现社会消费品零售额293亿元，同比增长21.1%；完成地方财政收入154.5亿元，同比增长59.1%；全年居民人均可支配收入28059元，同比增长11.3%；居民人均消费性支出20528元，同比增长11.1%。

西城区地方税务局成立于1994年9月5日，位于西城区新街口珠八宝胡同23号。截至2008年12月31日，共有干部职工446人，其中大学专科以上学历421人，占全局总人数的97.2%；党员239人，占全局总人数的53.6%；团员39名，党、团员总数占全局总人数的62.3%；中层领导干部78人，占总人数的17.5%。全局设有12个科室，10个基层税务所，1个稽查局（下设5个科），内设机关后勤服务中心1个事业机构，工会1个社团组织，共计25个部门。此外，成立西城区地方税务学会。在西城区地方税务局机关设有办税服务大厅，在区经济服务大厅及房屋与土地管理局服务大厅设有地税局服务窗口，同时，设立二手房交易办税服务大厅。年末，共有正常税源户42968户，其中税源户36048户，市场内个体摊商6920户。

【组织收入】 2008年，西城区地方税务局各项收入累计完成220.2亿元，同比增收33.2亿元，增长17.8%，完成市局年度计划任务210亿元的104.8%。累计完成区级收入78亿元，同比增收9.9亿元，增长14.5%，完成区政府年度计划任务74.9亿元的104.1%。

【税收分析】 利用重点税源的监控数据，积极开展重点税源监控分析。进行重点税源企业问卷调查并定期发布结果，为了解企业经营状况奠定基础。实行税收分析模板化管理，提升税收分析的时效性。继续挖掘税收多维分析系统的深层次应用，建立重点税源户汇报制度，由相关科室与税务所分别就重点税源户的基本情况、经营模式以及运营现状在局务会进行汇报，深化税源分析。有效应用各类监控管理应用程序，通过对“收入预测”“重点税源监控”、本期入库数据及“多维分析应用系统”数据的整合分析，达到对整体税源进行系统监控目的。

【税源监控】 健全税源管理统计分析制度，定期发布税源户增长情况信息。完善征管质量评价体系，在五率考核指标的基础上，将登记信息准确率及税务档案的完整率、准确率、归档率纳入考核评价体系。编写《税收管理员手册》，涉及各类具体工作事项120余项，为税收管理员日常工作提供方便的案头工具。提高税务档案工作质量和效率，完成2008年度税务档案归档工作，提前完成2004年度税务档案入馆工作。积极做好欠税试点工作，成立欠税管理试点工作小组，制定《欠税管理试点工作具体实施方案》，严密监控、严格审批，实施欠税企业分类管理和责任人制度，积极核销死欠，清理欠税数据。截至2008年12月31日，西城区地税局征管欠税账面余额为2.6亿元（不含稽查检查欠税），欠税户数为15户，当年无新增欠税。

【税务检查】 以“实施重点行业检查，优化稽查手段，加大震慑力”为主题，以全面推广《税务稽查案件管理系统》为契机，深入贯彻稽查执法与服务并重的理念，进一步发挥税务稽查的威慑作用。参与国家税务总局安排的对工商银行、平安保险和房地产关联企业的检查的专项检查，涉及税款近亿元。2008年组织查补收入6312.73万元，同比增幅47.82%；执行入库税款7105.75万元，入库率为112.56%。涉税举报中心受理举报案件62件，同比减少54.07%。

【残保金代征】 2008年，西城区地税局配合区残联共对20416户企业进行了残疾人就业保障金审核，审核金额11426.64万元，入库金额为10003.73万元，审核率达80%，在全市排名第三，在万户以上区县局中排名第一。

【法制工作】 完成废止和失效的规范性文件清理工作，共清理本局印发或转发的全文废止或失效的税收规范性文件100份、部分条款废止或失效的税收规范性文件47份。着力规范行政处罚案卷，规范税收执法行为。完成刘世香诉西城区地税局不履行法定职责案和举报人王清诉西城区地税局不履行法定职责案的结案工作。认真开展执法检查。积极落实税收执法责任制、过错责任追究的工作。进一步加强涉税证明开具管理工作。创新法制工作，编辑印制《行政复议、诉讼案例集》，采取多种形式开展法律沙龙活动。

【税政管理】 落实企业所得税汇算清缴，通过对2008年企业所得税入库数与2007年汇算清缴申报数进行对比，发现并堵塞了7000余万元的申报未入库税款漏洞。积极落实新《企业所得税法》工作，从税源管理、政策管理、制度管理和宣传培训等方面开展大量深入细致的工作，确保新税法实施工作落到实处。加强个人所得税明细申报管理，逐户排查，寻找工作主动点，处罚无理由不申报行为，申报率从年初的86.29%提高到11月的97.39%，申报准确率从95.95%提高到98.8%。顺利完成12万人自行申报工作，2008年共有58000余人进行了自行申报。切实执行税收优惠政策，2008年审批优惠政策减免税申请11户。将项目管理引入税政管理的具体环节，开展房土税税源清查、土地增值税清算、私车征收政策衔接等工作。

【发票管理】 开展打击制售假发票和非法代开发票的专项整治行动，会同西城区公安分局、西城区国税局，对西直门地区的发票制售窝点展开联合集中整治，共抓获票贩子3名，缴获作案用电脑和打印机各3台，自制公章、发票专用章和财务专用章496枚，收缴十多类发票共2.8万多份，整治工作取得重大进展。做好发票管理日常工作，新认定税控装置6430户，认购税控收款机、外挂税控装置共计7985台。积极配合公安局完成对假发票的鉴定工作，共为6个派出所鉴定发票0.5万份。

【纳税服务】 大力开展各种行之有效的纳税服务活动，规范服务行为，完善服务体制。印制14万张《税务所联系卡》，加强对12366远程坐席的管理，推广“AB角补位”制度，建立纳税服务绩效评价制度。加强服务场所整改，做细远程热线咨询工作，2008年共受理热线咨询15125件。进一步落实大户走访制度，全年局长走访23户重点企业，所长走访69户重点企业，召开纳税人座谈会22次。利用电子邮箱等网络工具，对纳税人网上直报等工作中存在问题进行解答。充分利用现代化信息技术，扩展服务渠道，扩充服务内容，建立“政策速递”业务：2008年通过网上告知、免费邮箱向纳税人发送通知及纳税宣传26件，接收纳税人提问并予以答复的20件；通过手机短信向3148户企业发送了催报通知及培训通知。通过对总局重点监控的158家企业提供手机申报、温馨提示服务，使重点税源网上直报迟申报率下降了12%。利用税务机关免费邮箱，每月给企业发送“已缴税款”告知服务，在确保企业明明白白纳税的同时，也大幅度降低填报错误率。借助各种媒体资源，就纳税人和媒体最关心的问题进行广泛深入的税收宣传，在各类新闻媒体上发表涉税稿件140余篇。向纳税人免费赠阅北京地税公告1.5万份，发放各种宣传材料2万余份。组织地税开放日、证券业发展与税收形势研讨会、以信件形式向辖区内纳税人告知其年度纳税总额和纳税排名等一系列活动。

【税收协作】 成立西城区国地税税收协作工作小组，确立了以联合办理涉税业务、交换涉税信息数据、召开联席会议为主的协作方式。2008年，召开4次联席会议，协作解决相关议题20余个。启用西城区政务网建立信息交换平台，进行两局税务登记类和纳税申报类数据的交换与比对。2008年，通过平台共批量交换数据三次，传输登记类数据6万余条、申报类数据28万余条。通过对企业所得税核定和缴纳情况进行摸底比对，发现2000余户纳税人未纳入两局监控范围，下一步将对其进行重新核定和重点监控，堵塞征管漏洞。

【身份证信息查询】 在经济服务大厅开业税务登记环节中，应用身份证号码信息查询系统对纳税人办理涉税事项所提供个人身份信息的真实性进行实时查询和比对，及时发现虚假登记和套购发票等不法行为，从源头建立“防护网”，提高税收风险防范能力。2008年，针对全局35797

户正常户，就税务登记中的法人身份证信息进行了查询比对，并通过变更税务登记、转非正常户等具体措施对核对信息不一致的729户企业进行了处理。

【涉奥工作】 建立应急服务工作机制，制定《奥运会、残奥会期间纳税服务工作方案》，认真贯彻落实奥运税务服务规范、涉奥重点纳税人联系服务制度、应急服务工作机制、十项服务措施，保证涉奥税收工作正常有序开展。建立5条绿色快速服务通道，开展“一对一”贴近式服务活动。代开奥运会、残奥会门票发票3.5万张，圆满完成北京奥运会、残奥会门票销售发票开具任务。采取丰富多彩的形式开展奥运税收宣传，深入基层，开展奥运税收调研。成立平安奥运工作领导小组，坚持每日局领导带班制度。完善安全工作“三个体系”，落实安全责任制，确保奥运期间安全稳定。在“两奥”筹备和举办过程中，西城区地税局干部、职工承担了城市志愿者、驾驶员志愿者、赛事观众和游园群众工作，直接参与各项涉奥活动累计达1000余人次，58名城市志愿者自7月1日起不间断的上岗服务，提供信息咨询、语言翻译、应急服务14000余人次、提供应急救助、协调解决突发事件50余次。共有4人获得市级以上涉奥表彰。

【抗震救灾】 积极组织抗震救灾捐款工作。5·12汶川大地震发生后，西城区地税局党组高度重视，号召全局干部职工为灾区人民捐款献爱心。广大干部职工积极响应，全局募集捐款59600元，党团员及部分群众自愿缴纳特殊党费、特殊团费共计93640元，是历年来捐款速度最快、人数最多、金额最高的一次。

【培训工作】 2008年有针对性地组织实施各类培训500课时，共计2220人次。先后组织两批共计721人次参加了新《企业所得税法》和公务员更新知识系列培训；组织稽查局等相关科室进行业务知识培训5次，共计389人次；组织全局干部认真学习国学《大智慧》讲座并开展讨论。达到了重点培训与全员培训相结合、业务培训与岗位培训相结合、更新知识与素质培训相结合的要求。

【廉政建设】 抓好党风廉政责任制的落实，坚持“一把手”负总责，认真研究制订2008年党风廉政建设责任制贯彻落实工作计划。抓好“一岗双责”“两权监督”，确定廉政风险点110个，严格按照组织程序对4名中层领导干部进行了任前廉政谈话，推荐副科级后备干部28名。加强党务公开和评选先进工作的监督力度。坚持典型引路，大力推进廉政文化建设，在全局开展“清风颂、地税情”系列活动，在北京市地税系统举行的演讲、廉政小品、廉政歌唱比赛中，荣获小品一等奖、演讲第二名、廉政歌曲演唱二等奖的好成绩。强化政风行风建设，充分发挥内外廉政监督员及纳税企业廉政反馈的监督作用。在西城区企业对政府部门的257条意见和建议中，针对涉及西城区地税局的意见建议及时分析研究，对未涉及但具有普遍性的意见建议，也进行了对照检查，采取四项措施加以整改。

【文化建设】本着“人人参加一项活动、人人具备一项特长”的宗旨，先后成立各类兴趣小组、运动队15个，全部利用业余时间开展活动。2008年职工参与活动469人次，参与面达90%以上。影音工作室自行创制的“西城地税之窗”影视栏目，截至2008年年底制作完成88期，播放时间达到1500分钟。举办“美在其中，乐在其中”四城区地税干部书画、摄影、手工作品邀请展，以地税文化促进局与局之间、税务干部之间的沟通与交流。

【后勤服务】 2008年两节期间开展以“扶贫济困解难事、温暖和谐进万家”为主题的送温暖慰问活动，走访慰问干部职工及其亲属21人。全面落实新的劳动合同法，积极组织局内合同工的政策宣传、合同签订、保险办理等事宜。积极推进干部职工住房补贴工作。完成局内大食堂油改气工程改造施工和试运行，完成第二税务所筹建和施工，完成局征管科档案室的搬迁工作，加紧实施什刹海税务所的改造工程。

【先进表彰】2006—2007年度，西城区地方税务局共获得7项国家和市区级荣誉。其中市级（不含系统内）以上的荣誉有：被首都精神文明建设委员会评为“首都文明单位标兵”集体；金融街税务所被授予全国“青年文明号”集体荣誉称号和“首都文明单位”荣誉称号；展览路税务所被授予北京市“青年文明号”集体荣誉称号和“首都文明单位”荣誉称号。

【领导班子成员】 西城区地方税务局局长：李玉庆；副局长：赵辉、赵宏（女）、何利民、常海龙；纪检组长：崔玉英（女，9月任）。

（黎　阳）

崇文区地方税务局（涉外分局）

【概况】崇文区位于北京市城区东南部，系北京中心城区之一，东望朝阳，西邻宣武，北与东城区接壤，南面毗临京郊丰台，全区总面积16.46 平方公里，行政区划设前门、崇文门外、东花市、体育馆路、龙潭、天坛和永定门外7个街道办事处。2008年，崇文区共实现区级生产总值147.57亿元，社会消费品零售额139.58亿元，同比增长21.04%。

崇文区地税局、涉外分局共有干部职工351人。其中处级干部23人，科级干部160人，一般干部151人，工人17人。大学本科以上毕业生284人，大学专科毕业生49人，中专以下毕业生18人。全局设有12个科、9个基层所、1个稽查局。截止到2008年年底全区共有税务登记户19181户，其中，国有企业、国家机关、政党机关、国有独资公司522户，集体企业462户，股份合作企业761户，其他有限责任公司2729户，股份有限公司113户，私营企业5547户，联营企业19户，中外合资企业、中外合作企业、外资独资企业、外商投资企业198户，港澳台合资经营企业、合作经营企业、独资经营企业、其他港、澳、台企业150户，个人独资企业216户，个体工商户7778户，个人合伙1户，事业单位384户，社会团体161户，其他组织140户。涉外分局共有税务登记户7566户。其中，外国常驻代表机构（港、澳、台常驻代表机构）7255户，承包商33户，外资银行65户，外国学校2户，外国保险公司4户，外国商会18户，新闻机构189户。

【组织收入】崇文区地方税务局（涉外分局）组织各类收入30.98亿元，同比增收3.36亿元，增长12.17 %，完成市局下达任务30亿元的103.3%。实现区级收入12.80亿元，同比增收1.22亿元，增长10.49%。

【税收征管】规范税收征管程序，集中组织骨干人员，对现有税收征管业务流程和各类文书进行梳理，优化征管流程117项，通过分析、整合、优化，制定统一、规范的业务流程。组织开展全员封闭式征管流程应用培训考核。着力抓好税源基础管理，税收征管“五率”考核指标均超过市局规定标准，其中登记率达到了100%，申报率为99.84%，入库率为99.93%，无税申报确认率为25%。继续加大清理欠税工作力度，经过两年努力，历史欠税由14000万元下降至3300万元。针对个人所得税明细申报存在问题，有的放矢地开展工作，个人所得税明细申报成为城八区第一个申报率、正确率均超99%的单位。圆满完成个人所得12万元以上自行申报工作，崇文、涉外两局均超额完成市局下达申报任务。进一步加大涉外税收征管工作力度，加强综合协调工作。初步建立与北京市出入境管理处的协作机制，互通信息、相互协作，为进一步加强对代表机构和外籍个人的税收管理打下基础；有效地处理了瑞士商会、阿联酋航空公司等机构的缴税问题。税收征管质量得到提高。

【纳税服务】以做好奥运服务保障工作为动力，完善各项服务措施。制订为涉奥企业服务的各项工作方案，圆满完成涉奥服务保障工作任务。改善服务大厅的办税环境，安装LED屏幕，加强纳税服务、办税流程的宣传和告知，方便纳税人办事；开通纳税人即时评价系统；对外网进行改版，网站所有栏目均以纳税人需求和政府信息公开条例要求为依据进行设置；新开发政策解释、案例宣传、纳税人邮箱搜索等10项功能模块，增加21个栏目，为纳税人和社会提供全方位、多功能、立体化的涉税服务。

【税收宣传】先后邀请90家企业代表参加地税开放日和两次税企联谊座谈会，向纳税人通报纳税人满意度情况和纳税服务改进措施，共同探讨诚信纳税课题；结合诚信纳税和奥运主题，开展税法进商城、进写字楼、进社区以及以“诚信纳税、共迎奥运”为主题的夏令营等多种类型的宣传活动，有效营造良好诚信的纳税氛围。

【财税库行联网】截至2008年年底，崇文、涉外两局联网方式缴纳税款企业已分别达到有税企业户数的98.8%和99.0%。以联网方式入库税款分别为28.7亿元和28.9亿元，占入库总额92.7%（剔除车船税、个体因素达到94%以上）和91.6%（剔除外资银行因素后可达94%以上）。

【纳税评估】把纳税评估工作作为连接征管和稽查的主要环节，积极发挥评估功能作用。在开展日常评估的同时，积极配合市局开展宾馆饭店业纳税评估综合分析模型测试。开展了宾馆饭店业、文化体育业、房地产业、建筑业、餐饮业和涉外代表处的专项评估工作。按照北京市地方税务局《关于开展打击制售假发票和非法代开发票专项整治行动工作》的要求，对260户次纳税人发票使用异常情况利用日常评估软件生成预警，与征管、稽查协同开展发票专项整治工作。以开展日常评估软件中预警指标在税务所的应用为基础，采取多种措施强化日常评估的税源监控作用。向企业发放《企业缴税情况通知书》，并结合对返回退信的二次发放核实退信原因，提醒企业及时更改系统中的基础信息，通过后续工作加强税源管理。

【A级企业评定】积极做好第二次国税、地税纳税信用A级企业联合评定工作。全年崇文区地税局、涉外税务分局共对 4861户企业实施了纳税评估，经核实发现有问题2077户，有问题率为42.73%。经评估补缴税款13232万元，加收滞纳金2083万元，处以罚款7万元，共计组织入库15322万元，同比增长41.31%。

【法制建设】进一步加强法制基础工作、加大培训力度，逐步提高一线干部的执法水平和规避风险的能力。成功地开发“涉税证明应用工具软件”，在减少文书填制错误、提高工作效率的同时，为基层税务所加强税源监控提供了有效的手段和条件。加大执法检查力度、规范执法行为，共抽查涉及窗口处罚、税务稽查及日常评估等方面的执法文书542件，案卷合格率较以前年度有较大提高。在受理的行政复议案件中，法制部门通过仔细分析案情、反复研究、调查取证，顺利完成复议工作，既维护了纳税人的合法权益，又保障了税务机关依法行使职权。

【执法检查】 年内共组建九个专案组对涉及金融保险、房地产和烟草等行业的12个大、要案进行了高质量、高效率地查办。配合公安机关出色地完成了“官涛”系列案件，和“4·09”特大虚开运输发票案协查等一系列政策性极强的取证工作。积极开展规范管理公寓及写字楼专项行动，加强对公寓、写字楼的依法税收管理。充分运用税收情报交换结果，严格执法，查补税款，堵塞征管漏洞。制定、落实《稽查局组织收入折子工程》，对大、要案进行跟踪监督、清理稽查欠税，进一步提高案件审理、入库效率。全年稽查局立案277件（含举报案件），受理情报交换案件7件，受理协查89件。累计查补金额2462.66万元（含举报案件），入库1874.63万元。查补、入库金额分别同比增长64.09%和19.27%。申请法院强制执行案件1起。

【涉外税收】 年内，结合涉外税收工作特点，采取有效措施加强管理。利用综合服务管理信息系统完善对纳税人的日常管理，采取多项举措推进年收入12万元以上自行纳税申报工作。涉外分局实现各项收入31.51亿元，同比增收 7.26亿元，增长29.91%，完成市局下达任务27亿元的116.71%。

【信息化建设】 组织开展全员二期平台系统应用培训和考核，提高运用管理平台的能力。结合实际业务，自主开发管理软件。构建完成税源监控（数据）管理平台，有效提高税收预测的准确率和数据应用服务水平；完成涉税证明开具软件的开发，使涉税证明的开具由需要近30分钟时间缩短到立等可取；完成点对点的崇税通设计；整合16项业务模块，实现现有各个计算机管理平台的单点登录，使各应用系统更加方便快捷，提高了税收管理员的工作效率。进一步加强对互联网访问、计算机涉密信息等各项安全管理，有效保障各应用系统安全运行。特别是确保了奥运期间的信息化安全，全局各项工作得以顺利开展。

【行政管理】 政务工作协调有序开展。信息、调研和宣传工作充分展示本局各项工作的成果。结合工作实际，创办奥运专刊、组织收入专刊等，及时反映全局工作动态和广大干部职工的精神风貌。设立《督查专刊》，全年共对39项重点工作进行督办检查，切实增强行政执行力和有效执行力。

【财务管理】 严格贯彻落实崇文地税局《加强财务管理的若干意见》，使各项开支更规范、合理，提高资金使用效益。按照统一口径、统一开支标准、统一审批手续，明确审批权限的原则，推进财务管理的精细化。对资产管理从预算、采购环节开始，到资产入库、调拨、转移、捐赠、报废等进行明确，以保证资产更加有效地为各项工作服务。

【奥运服务】 制订奥运服务保障工作方案，明确任务，落实责任，做到任务职责横向到边，纵向到底。全局上下积极参与奥运，服务奥运，奉献奥运，以高度的政治责任感和良好的精神状态投入奥运服务保障工作中，有7人直接参与奥运服务工作，有1620人次参与愿者、治安巡逻、观赛等涉奥服务安全保障工作。

【干部队伍建设】 下大力气建设学习型组织，逐步完善学习培训机制，注重提高学习效果，开展岗位大练兵活动。组织涉及税收征管、稽查检查、税政管理、税收执法、系统应用等各种集中学习培训和专项培训十余次，培训人员达948人次，全面促进全局干部综合素质的提高。按照《党政领导干部选拔任用工作条例》和《深化干部人事制度改革的意见》严格干部任用程序，5名副科级领导试用期满转正，提拔3名科级干部，2名正科级干部达到任职年龄转为主任科员。

【党风廉政建设】 组织全局干部开展以“清风颂、地税情”廉政文化系列活动为载体的廉政书、画、摄影作品创作活动。发挥特约社会监察员的监督作用，定期征求和听取特约监察员及纳税人的意见、建议。与崇文区检察院召开首次联席会议，共同签署《关于加强协调配合共同开展渎职侵权犯罪查办和预防工作意见书》。深入开展了廉政教育，发动全员依据岗位责任查找廉政风险点，制定防范廉政风险制度，建立了廉政学习教育培训台账、廉政风险防范管理工作台账、中层干部廉政档案等基础性资料，初步形成以岗位责任为核心的廉政风险防范管理网络，为有效预防廉政风险做出了积极的尝试。中纪委、北京市纪委、北京市地方税务局纪检和区纪检领导分别到崇文区地税局调研，检查指导廉政风险防范管理工作，对崇文区地税局廉政风险防范管理工作给予肯定，人民日报、纪检监察报社和中央台焦点访谈等媒体先后到崇文区地税局采访。廉政风险防范管理有效促进党风廉政责任制的落实。局党组坚持对重大事项、大额资金使用集体研究决定，固定资产更新购置、改造项目工程，按规定程序运作，并成立专门小组进行审计监督，廉政风险防范工作不断取得新进展。

【精神文明建设】 大力弘扬以“忠于职守、爱岗敬业；以人为本，真诚服务；艰苦奋斗，团结奉献；勇于开拓，追求卓越”为核心内容的崇文区地税文化。组织党团员和广大干部广泛参加局内和社会各项精神文明建设活动。

【献爱心活动】 党政工团以各种方式向灾区奉献爱心，局团委在青年团员中开展义卖活动。全局干部捐款2.4万余元，捐献衣被近400件，196名党员缴纳特殊党费9.5万余元。向革命老区河北省平山县蛟潭庄小学捐赠了价值近14000元的图书、教学软件、学习和体育用品。

【后勤保障】 局领导认真听取干部职工意见，力所能及地为群众办实事、办好事。严格落实饮食卫生管理条例，做好营养配餐，增加用餐费用，保证就餐质量。

做好全员体检和疗养工作。完成了办公大楼水、电、通风系统的工程改造。强化物业管理，为办公提供清新整洁的环境。

【先进表彰】 崇文区地方税务局被评为体育馆街道唯一一家“爱国卫生红旗单位”。2008年，被首都精神文明建设委员会提名为全国精神文明建设工作先进单位；被崇文区奥运会筹办和赛时保障工作领导小组评为奥运服务保障工作先进集体；被市妇联授予“三八”红旗集体；被北京市地方税务局评为奥运税务服务个性化服务先进集体；获市局、崇文区政府相关部门表彰的有33人，获集体性表彰6个。

【领导班子成员】 崇文区地方税务局（涉外分局）局长：刘春林；副局长：朱凤珍（女）、贾玲（女）、何培伦、杨肖东、孙文军、江聚祥、王东；纪检组长：沈全君（女）。

（岑　明）

宣武区地方税务局

【概况】 宣武区位于北京市中心城区的西南部，总面积19.04平方公里。东以前门大街、天桥南大街、永定门内大街为界，毗邻崇文区；西以马连道北路为界，与丰台区接壤；南以永定门西滨河路、右安门东城根、右安门西城根为界与丰台区相连；北以前门西大街、莲花池东路为界，与西城区、海淀区接壤。全区划分为大栅栏、天桥、椿树、陶然亭、广安门内、牛街、白纸坊、广安门外8个街道办事处，辖107个社区居委会。有街巷胡同576条。2008年年末，全区户籍人口总数53.1万人，同比增长1877人。全年户籍人口出生率为6.9‰，死亡率为4.4‰，自然增长率为2.5‰，计划生育率为97.2%。年末，全区常住人口为55.4万人，其中外来人口为11.4万人。全年实现财政收入42.3亿元，同比增长10.5%，完成全年预算的105.7%。全区地方财政支出49.1亿元，同比增长27.4%。全年完成全社会固定资产投资88.6亿元，同比下降10.1%。其中，城镇固定资产投资21.8亿元，同比下降30.7%；占全社会固定资产投资的24.6%；房地产开发投资66.8亿元，同比下降0.5%，占全社会固定资产投资的75.4%。

宣武区地方税务局在宣武区行政区域

内行使地方税收管辖权，主要职责是贯彻执行国家的各项经济、税收政策，组织辖区内地方税收入，维护和规范税收秩序。截至2008年12月31日，局机关内设13个职能科室：办公室、税政管理一科、税政管理二科、征收管理科、纳税评估科、计划统计科、政策法规科、信息化管理科、人事教育科、基层工作科、工会、监察科、财务管理科；6个税务所：第一税务所、个体集贸税务所、大栅栏税务所、天桥税务所、牛街税务所、广安门税务所；1个稽查局下设：立案科、审理科、执行科、检查一科、检查二科；1个机关后勤服务中心。年末现有干部职工341人，公务员323人，工人18人。现有局长1人，副局长4人，纪检组长1人，班子平均年龄49岁，副处级调研员5人。全局科级正职21人，科级副职41人。全局干部平均年龄38.9岁，大专以上学历占干部总数的98.8%，研究生6人。截至2008年年底，全区在册税务登记户21289户。其中，国有企业822户，集体企业657户，股份合作企业714户，其他有限责任公司3167户，私营有限责任公司7712户，个体工商户5886户，事业单位及社会团体791户，其他类型的公司1540户。

【组织收入】 截至2008年12月31日，宣武区地方税务局共计组织各项收入70.4亿元，同比增收6.2亿元，增长9.70%，完成市局年初下达计划任务70亿元的100.58%。其中区级收入完成27.2亿元，同比增收2.4亿元，增长9.86%，完成区级计划任务26.8亿元的101.72%。

【税收征管】 2008年，面临着加强改善民生、奥运举办、财政支出压力迅速加大、货币从紧、个人所得税税收政策调整等宏观经济税收减收形势；在微观上，宣武区经济亮点和增长点不多，税源结构过度集中，过分依赖于投资性增长，加上下半年区域经济增速放缓和2007年税收基数过大等因素影响，宣武区地方税务局税收任务形势严峻。由于受金融危机和国内宏观经济影响，进入三季度，宣武区地税局收入任务更是连续3个月出现负增长，各种客观因素使得宣武区地方税务局2008年税收任务完成面临巨大挑战。根据市、区对收入统一安排，宣武区地方税务局党组审时度势，向全局党员发出“抓服务　促发展　全面完成组织收入任务倡仪书”，号召全局积极行动起来，振奋精神，从实际出发，充分发挥占95%收入的1000家重点税源企业“大户集约管理平台”作用，强化组织收入机制、管理机制、数据分析结果利用反馈机制，狠抓税源管理广度深度和精度。制定收入工作应急措施，部署计统、征管、评估、稽查、税政、税务所联合管理协同跟踪，实施“收入异动通报制度”“重点税源征期入库监控制度”“重点税源转移通报制度”三项制度，加大组织和清欠力度，全力以赴确保收入完成。

【抗震救灾活动】 抗震救灾活动及

时有效。汶川特大地震发生后，宣武区地税局迅速部署“心系灾区、爱心奉献”活动，全局以人均 680元总计23万元的踊跃捐款，向灾区同胞送去关爱；干部自发地成立100余人的“抗震救灾志愿者服务队”，自动排班到广安门货运站，将成千上万吨救灾物资装车装运。针对部分个体管户家在灾区的情况，开展及时的联系走访调查慰问和扶持帮助活动，协调市场对家在灾区的个体户给予经营照顾，受到个体工商户广泛称赞。

【平安奥运服务保障】 以“平安奥运行动”为重点，制定涉奥重点纳税人特色服务制度，对涉奥企业提供高效便捷的税收服务。梳理了全局征收、管理、评估、检查程序，制定应对突发情况的《计算机信息系统安全保密管理规定》《奥运信息系统安全运行应急预案》等30多项奥运安全保密、征收申报、税政支持预案和应急服务制度，全力做好平安奥运保障。联合区交通队，启动“绿色出行迎奥运”主题活动，引导和带领全区机关公务员，以步行或拼车解决上下班问题，减少资源消耗，缓解交通压力，践行了“服务奥运、奉献奥运、平安奥运”承诺。此外，宣武区地方税务局干部也圆满完成奥运志愿者驾驶员、交通维护管理、义务观赛、啦啦队鼓劲等多项政治任务，在保障财力、促进市场经济良性运行、推动经济社会发展等各方面，努力发挥更大作用，为成功举办一届有特色、高水平的奥运会提供了一流的税收服务。

【落实“减负”工作】 为征纳双方实施“减负”。首先，充分为纳税人“减负”。加大了通办推广力度，扩展现有通办内容，为区域纳税人提供同一标准的规范化服务。充分发挥IC卡自动读卡功能，简化办税手续，优化办税流程，探索取消涉税资料纸质报送；针对一户企业进行各个税种综合分析评定，开展“一次告知”，避免多次下户不同税种多头评估；建立了良好的评估检查信息通道，规避多头向企业要数；统筹安排对纳税人的日常检查、行业普查、专项调查，实行一次下户调查办结，从征收、评估、检查三个环节入手为企业“减负”，创造推动事业发展的外部环境。其次，全力为征税人“减负”。针对征税人减轻综合负担，拓展简单重复工作外包业务范围，继续开展远程发票兑奖；提高数据利用率、减少不必要的会议、评比；划清管理与窗口服务职责，充实网管、分析、评估、稽查干部力量，从工作内容、心理状态、行政程序三个方面为税务干部“减负”，使干部能够聚精会神投入到更加重要的税收管理工作中，创造推动卓越发展的内部条件。工作目标是：尊重依法纳税和依法征税，积极引导遵从，努力促进征纳双方在互相尊重和谐双赢中共同发展，以征纳双方诚实守信推动整个社会优良秩序建立。

【税政综合管理】 有针对性地提高干部现代服务意识和服务水平，有序推进国标税控机具推广等特色服务工作，认真做好地方各税政策调整宣传落实以及房产税税源调查信息补登，以税制改革为契机夯实税基。开启向驻区纳税人《企业缴税情况通知书》送达工作，扩大个人所得税完税证明的发放范围，2008年完成3750家纳税单位190338份纳税人完税证明发放。做好年收入12万元的个人所得税申报工作，完成市局年度指标5070人的132%。评定55家代扣代缴先进单位和35名荣誉纳税人，做好绿色通道服务，个人所得税首次突破12.5亿元。做好企业所得税汇算清缴，推进个体集贸纳税管理，加强土地增值税、车船税、印花税税源管理，税政服务区域经济能力不断提高。

【评估检查】 年内，完善评估、立案、检查、审理、执行、反馈组织体系，开展对税务检查案卷评查、发票使用情况普查等七项执法检查。推进政务公开，着力提高执法水平和稽查效能，形成评估、稽查和征管互为支持的协同管理体系，协同管理效能不断得到强化。2008年与宣武区国税局、宣武区公安分局联合行动，破获了一处非法地下发票印制厂，抓获犯罪嫌疑人18名，收缴各类假发票百万余份，已刻制公章126枚，图章坯子640枚，计算机、雕刻机、汽车等作案工具20余台，手机15部，此次打击行动是北京市破获的最大一起制售贩卖假发票案，有力地打击了犯罪分子的嚣张气焰，维护了依法纳税、诚信纳税的税收发展环境，提高了纳税遵从度。5月27日，北京市地方税务局在宣武区地方税务局召开“打击制售假发票和非法代开发票专项整治行动成果汇报会”。

【党风廉政建设】 认真落实市、区党风廉政工作会议精神，局长与副局长、副局长与科所长、科所长与干部层层签订党风廉政建设责任书。创造性地开展党建工作“双向承诺”活动，强化党建承诺监督，确保党建工作富有实效。结合岗位实际，组织全局干部查找工作风险点，制定《宣武地税局廉政风险防范管理实施细则》《部门风险点防范措施》，采取自查、廉政风险防范管理工作小组检查、分析、限改等方法对各风险环节进行监控。“五一”前向每名干部及配偶制作发出《廉政公开信》，引导干部算好人生七笔账，大力开展“学廉、倡廉、崇廉、守廉”活动。对全局行风评议落实情况进行实地检查，促进干部作风建设。深入开展行政工作网上监控，为全局各项工作有序开展创造优良秩序。

【干部队伍建设】 树立“人本兴税”理念，建立图书室，采购各种管理服务、知识能力书籍，为干部提供广泛的读书空间和学习载体，拓宽干部视野，提高干部素质。认真组织新《企业所得税法》培训，深入开展干部能力异地学习，尽可能地为干部创造丰富自我提高能力的机会。加强与首都经贸大学密切协作，拓展教学研用项目合作范围，开展全局干部参加的“公务员通用能力培训”和“公务员更新知识培训”。

【思想政治建设】建立良好的合作是个人发展、事业进步、社会和谐的基础。培养内心和谐和外在合作的干部队伍是新经济环境对思想政治工作提出的要求。坚持以人为本，积极主动为群众办实事。组织出面，为干部子女解决入学和就业难题。在工作中，大家带着浓厚的感情，在政治上相互关怀、生活上相互关心，工作上相互关照，带出一支“工作着并快乐者”的优秀团队，不断推动着宣武区地税事业的持续、蓬勃发展。

【后勤保障】成立局医务室，解决看病排队难问题；购置立体车位，解决停车难问题；建立洗衣房、理发室，方便干部群众生活；丰富饮食结构，提高饭菜质量。

【文体活动】立足本局，以各种兴趣小组为载体，吸引干部，因地制宜开展多种全局性文体活动，在活动中，注重引导培养干部良好的政治品质、勤勉的工作操守、宝贵的容人之心、宽厚的扶持品德，树立扶持多赢和谐干事的发展观念，形成独特的宣武区地税快乐工作理念，“在自己成功的同时，尽其所能为别人的成功修路铺桥”已成为风尚和共识。

【争先创优】宣武区地方税务局2008年度被评为首都文明单位、北京市“三八”红旗集体、北京市党员电教示范播放点、北京市抗震救灾重建家园“工人先锋号”、北京市“城乡携手迎奥运　共建文明京郊行”活动示范对子、北京市奥运应急无偿献血志愿者队伍建设先进单位、北京市交通安全先进单位等。

【领导班子成员】宣武区地方税务局局长：邢军；副局长：刘桂森、袁平、冯强、庞黎静；纪检组长：王福利（9月任）。

（张朝晖）

朝阳区地方税务局

【概况】朝阳区位于北京市主城区的东部和东北部，介于北纬 39° 48′ 至 40° 09′ ，东经 116° 21′ 至 116° 42′ 之间。东与通州区接壤，西与海淀、西城、东城、崇文等区毗邻，南连丰台、大兴两区，北接顺义、昌平两区。朝阳区南北长 28 公里，东西宽 17公里，土地总面积 470.8 平方公里，人口308.3万人，是首都人口最多、面积最大的城区，行政区划设23个街道办事处、20个地区办事处。2008年，全区人民在区委、区政府的正确领导下，团结一致、奋发进取，在经济发展、城市建设和各项社会事业方面取得了显著成绩，人民生活质量进一步提高，实现经济和社会发展的各项预期目标。2008年全区实现国内生产总值1906.2亿元，同比增长12.3%；地方财政收入168.3亿元（口径为中央、市、区三级收入），同比增长18.9%；社会消费品零售额1272.7亿元，同比增长19.6%；固定资产投资完成729.6亿元，同比下降9.8%。

朝阳区地方税务局于1994年8月31日成立，受北京市地方税务局和朝阳区人民政府双重领导。在朝阳区行政区域内行使地方税收管辖权。局机关位于北京市朝阳区安苑东里3区1号。截至2008年年底，朝阳区地方税务局共有税务登记户数135579户，其中内资企业97530户（包括国有企业2188户，集体企业2382户，股份合作企业 3854户，联营企业76户，有限责任公司19624户，股份有限公司569户，私营企业66220户，其他企业 2617户）；港澳台商投资企业2304户；外商投资企业5813户；个体工商户29932户。截至2008年年底，朝阳区地方税务局有13个科室（含后勤服务中心），10个税务所，1个稽查局（下设检查科3个，立案科、审理科、执行科各1个）、1个税务学会。合计人数582人，其中干部558人，工人24人。男286人，女296人；中共党员270人，共青团员58人；大专以上文化程度553 人，大专以下文化程度29人；中层干部73人。

【组织收入】 2008年，朝阳区地方税务局组织各项收入336.2亿元，同比增收37.9亿元，增长12.7%，完成北京市地方税务局年初下达年度计划335亿元的100.37%，占全市的21.31%。区级收入完成108.8亿元，同比增收7.2亿元，同比增长7.07%，占朝阳区财政收入的64.62%，是区级财政收入的主体。全面启动组织收入机制，明确分项落实、按周汇报和按周通报三项组织收入制度，确定征管、评估、稽查、税政、政策法规、统计分析六个征收小组的工作任务，细化30条措施。

【依法治税】 年内，认真落实税收执法责任制，开展日常和专项执法检查工作，对执法行为的全过程监督；做好执法风险梳理工作，共梳理出具体风险点400余条，并印制成册，发送到干部手中。

【关注民生】 年内，认真落实下岗职工再就业、高新技术产业、文化产业等税收优惠政策，做好残保金征缴工作，入库金额2.44亿元。组织全体干部为地震灾区捐款捐物，向战斗在抗震救灾第一线的区局家属发去慰问信，表达全局干部对他们的慰问和敬意。

【奉献奥运】 朝阳区作为奥运主场馆所在地，朝阳区地税局担负着做好奥运服务和赛时保障的重要工作。在服务奥运方面：深化快速通道服务，设立“奥运服务窗口”和奥运门票代开发票窗口，延伸“一对一”“点对点”的贴近式服务。开具奥运专用发票3.6万张，金额528.6万元。在参与奥运方面：先后选派城市志愿者35名、拉拉队员60名、奥组委北京奥运会志愿者工作协调小组成员1名、奥运志愿司机5名、献血志愿者26名，全局212名党员参加社区志愿服务，展示朝阳区地税局的良好形象，其中4人获市级先进个人，1人获朝阳区奥运个人功勋金奖，4人获银奖，255人获贡献奖。在平安奥运方面：逐级签订《平安奥运责任书》，落实“三级值班制度”，成立由40人组成的应急小组，随时应对突发事件，每月开展安全检查，确保安全稳定。在保障奥运方面：做好志愿者后勤保障工作，确保车辆、用餐、物品的购买及配送，为奥运会和残奥会的成功举办做出了积极贡献。

【纳税服务】 年内，成立全市首个区县级纳税咨询集中受理平台——纳税咨询受理中心64933333，实现咨询工作专业化、集约化、规范化管理，咨询受理数量和质量显著提高，全年共受理咨询6万人次。通过短信提醒、网上办税、手机邮箱服务、税企互动平台等多种服务形式，使全体纳税人均能享受方便、快捷的服务。纳税人综合满意度逐年上升，从2004年的90.36%上升到2008年的93.27% 。开展“青少年税收教育基地”授牌仪式、纳税信用A级企业及荣誉纳税人座谈会、联合北京交通台“一路畅通”栏目开展“税收伴您同行”等税收宣传活动，使全社会依法诚信纳税意识得到提高。

【税政管理】 年内，发挥税政职能作用，加大税种管理力度，贯彻落实新《企业所得税法》、土地使用税和车船税两个条例，制定“朝阳区地税局营业税计税依据审核管理办法”；完善房地产税收“一体化”征收相关制度；做好货物运输业发票审核，通过年审的自开票纳税人为270户；完成个人所得税自行纳税申报9.2万份，超额完成市局下达的7万人计划的131.38%；个人所得税明细申报率达到96.84%，明细申报率和申报准确率均在北京市各个区县局中名列前茅。

【征收管理】 年内，加强房地产税收一体化征收管理，组建第二税务所，摸清辖区内房地产开发企业税收底数、基础信息和动态情况，时时监控收入进度，取得了明显效果。不断夯实征管基础，提高征管质量和水平，全年登记率达到99.5%，申报率达到99.17%，入库率达到99.7%，位列北京市地税系统前列。加强“以票控税”，为纳税人安装国标税控机2万余台。个人出租房屋委托代征工作成效显著，共代征税款1.59亿元，同比增收52%。

【纳税评估】 年内，强化日常评估和专项评估工作，对1.46万户企业进行了日常评估，评估补税3933万元，滞纳金230万元，罚款58万元。为全区7.13万户纳税人发放《企业缴税情况通知书》，告知纳税人其2008年度的纳税情况及在全区纳税排名，增强了纳税责任感和荣誉感，同时也对长期零申报的纳税人进行督促提醒。

【信息化建设】 年内，不断加强信息化力度，完善内网办公平台系统，开发朝阳区地税行政办公管理平台系统；开发设备综合管理系统，加强对物资管理和统计工作；开发税源地理信息系统，全面拓展税源户基础信息库的内容，信息化应用水平得到全面提升。

【税务稽查】 年内，建立健全稽查工作责任制，制定《税务行政执法廉政监督反馈制度》；严厉打击各种偷逃骗抗税行为，重点开展对建安行业、烟草行业、房地产行业等的专项检查工作，并根据国家税务总局工作安排重点对工商银行实施税收专项检查，积极开展各项日常检查工作，稽查检查141户，查补税款及滞罚4028万元，入库税款及滞罚3081万元。

【学习实践科学发展观活动】 年内，按照中央、北京市以及朝阳区委的要求在全体党员中开展深入学习实践科学发展观活动。按照实施方案的总体安排，完成学习调研、分析评议两个阶段的任务。一是精心组织。成立学习实践科学发展观活动领导小组，下发实施方案，建立责任体系，工作落实到岗，责任落实到人，形成“一把手”负总责、一级抓一级、层层抓落实的工作格局。二是领导带头。党员领导干部以这次动员会为契机，在学习调研阶段做到“三个带头”，即：带头开展学习，带头开展大讨论，带头深入调研。采取“走出去、请进来、沉下去”等多种方式征询各方面意见和建议283条。三是全员参与。活动开展以来，群众参与热情很高，在组织全体党员进行脱产集中学习的同时，应群众要求，积极组织团员、群众进行脱产集中学习，实现全员参与，使全局干部职工真正投入到税收事业发展中，投入到学习实践活动中。四是初见成效。通过学习调研，进一步深化对科学发展观的认识，增强贯彻落实的自觉性和坚定性；通过分析评议，在广泛征求意见、突出重点梳理意见、深入剖析意见的基础上，认真查找影响和制约本单位科学发展的10个方面突出问题，进一步理清发展思路，明确努力方向。

【队伍建设】 年内，开展学习型领导班子建设，大力加强学习型组织建设。积极开展岗位业务轮训，组织512名干部分四批赴四川大学参加为期一周的全员脱产培训，干部的业务知识和能力得到提升，干部队伍素质建设得到加强。强化责任意识，加大督查督办力度，折子工程所列的53项重点工作均按时完成。

【廉政建设】 年内，召开党风廉政工作会，加强党风廉政建设，开展党风廉政教育，连续三年举办全员的廉政教育培训，全局586名干部职工分三批参加脱产培训，进一步加深对自身岗位风险点的防范意识。梳理税收执法和行政管理各个环节的廉政风险点54个，健全和完善规章制度15项。

【领导班子成员】朝阳区地方税务局局长：陈合庄；副局长：郭文武、刘辉、郑志（女）、王京秋；纪检组长：张景存（9月任）。

（徐 铳）

海淀区地方税务局

【概况】海淀区位于北京市西北部，总面积430.77平方公里，分别与朝阳区、西城区、宣武区、丰台区、石景山区、门头沟区和昌平区接壤。海淀区是著名的风景旅游区，区内名胜古迹众多，园林风光宜人，旅游资源丰富，人居环境良好；海淀区作为全国著名的文教区，区内科研力量、科学仪器设备、图书情报信息、科研成果等均高度密集。区内驻有中央、市 属及区属科研单位219个，中国科学院41个研究所大部分在海淀，拥有各类专业技术人员37.8余万人， 生活和工作在海淀区的两院院士427人，占全国院士总数的36%；区内有中小学286所，每年考入高校的学生均在 5000人以上，占全市高考录取人数的1/4以上；海淀区还有北京大学、清华大学等39所高等院校、22所各类成人高等院校和众多民办院校。2008年海淀户籍人口 184.1 万人，常住人口约 300 万人。下辖22个街道办事处、2个乡政府、5个镇政府。2008年年末海淀区实现国内生产总值2070亿元，增幅13.2%；社会消费品零售额达到885.0亿元，增幅18.5%。全年共实现区财政收入136.22亿元，增幅17.8%。

海淀区地方税务局位于北京市海淀区西苑操场乙3号，机构共设1个稽查局、13个职能科室、16个税务所、1个后勤服务中心（事业单位）和1个税务学会（社会团体）。截至2008年年末，共有干部、职工616人。从学历结构来看，博士研究生1人，硕士研究生14人，在职硕士21人，党校研究生8人，本科400人，大专148人；从党团员结构来看，党员329人，团员37人。全年办理开业税务登记28693户，截至年底累计管户达到138817户，同比增加16050户。其中正常纳税户123381户，非正常纳税户4373户，登记状态纳税户11063户。全年办理开业税务登记28693户，截至年底累计管户达到138817户，比上年增加16050户。其中正常纳税户

123381户，非正常纳税户4373户，登记状态纳税户11063户。其中包含的经济类型主要有：国有企业4848户，集体企业1866户，股份合作企业7528户，股份有限公司1114户，有限责任公司90854户（其中私营有限责任公司69415户），私营独资、合伙企业4122户，个体工商户21241户，外商投资（含港澳台投资）企业4126户，其他3118户。

【税收任务完成情况】2008年，海淀区地方税务局累计实现各项收入298.90亿元(不含残保金)，同比增加45.27亿元，增长17.9%。在三大主体税种中，营业税入库125.22亿元，同比增长16.44亿元，增幅15.11%；个人所得税入库89.44亿元，同比增长17.57亿元，增幅24.44%；企业所得税入库25.47亿元，同比增长2.48亿元，增幅10.81%。

【税收征管】积极实践税源分类管理模式，严格落实"抓大、管中、不放小"的工作方针。2008年国内外经济环境发生剧烈震荡，为完成全年收入任务，海淀地税局对重点税源单位数据信息及时跟踪、定期汇总，制定了重大税源变化应急预案；对于问题行业及疑点企业，开展专项评估，不轻易实施稽查检查，给予纳税人自行改过补税的机会；累计实现评估补税7200万元；对长期零申报企业的真实性进行全面核实，对非正常企业做到当年认定当年清理，全年共清理非正常户4094户；对欠税企业加大清理力度，采取逐一下户走访，制订切实可行的还款计划，全年清理欠税1202万元。建立部门协作，利用区政务办公平台开展数据共享；与区税源建设领导小组成员单位定期召开联席会议；利用地方税税源监控管理平台进一步核实地方税税源登记信息；通过与科委联网，全年实现高新技术企业网上登记备案9500份，备案金额6亿元。2008年海淀地税局由数据管理科牵头完成4个数据专题分析项目：《无税申报情况分析》《纳税人个税和营业税申报与企业所得申报比较分析》《税务登记情况分析》《高新技术企业缴纳个人所得税款情况分析》，大大提高数据综合利用水平和税种管理水平，并且利用地方税税源监控管理平台，评估补缴地方税4045万元。

【纳税服务与税收宣传】将海税通、手机短信、12366咨询电话自动回拨等多种数据信息发布方式整合在同一平台上，向纳税人提供未申报、申报未入库、减免税审批、退税审批、优惠政策告知等服务内容，全年共计告知51576户次；对纳税信誉A级企业、涉奥企业实行上门服务、预约服务；在奥运期间各个办税大厅设立双语服务窗口；利用电视、广播、报纸等主流媒体向广大市民宣传税收政策，在海淀有线电视台制作播出的《地税之窗》栏目为海淀区居民提供贴近式的税收服务项目。多次邀请重点纳税人、涉奥企业参与诚信纳税座谈，搜集纳税人对地税工作的意见和建议，并据此认真剖析，制订整改方案。

【税务检查】 2008年，海淀区地税局以大要案查处和税收专项检查为重点，加大对涉税违法行为的打击力度，全年对290户企业实施了税务稽查，共查补收入6901万元。其中查补50万元以上重大案件19件，同比增长58.33%，全年税收违法案件移送公安机关14件，移送公安17人，同比增长92.86%。

【发票管理】 2008年，海淀区地税局集中开展打击制售假发票、非法代开发票的专项整治行动，会同公安部门制订详细行动方案，共查办案件数十起，打击发票倒卖团伙8个，其中捣毁犯罪窝点3个，收缴作案机器4台，查获私刻公章250个，赃车1部，作案身份证18张，发票16744份，抓捕犯罪嫌疑人17人。北京电视台等新闻媒体对发票整治行动进行宣传报道，有力打击发票违法分子的嚣张气焰，进一步巩固税收法制基础，并找出发票管理的薄弱环节。

【涉奥税收服务】 2008年，海淀区地税局全力以赴开展奥运税收工作，努力为奥运提供一流税收服务。积极开展“平安奥运行动”，确保奥运期间的安全稳定。加大力度抓教育、抓检查、抓整改，研究制订平安奥运工作方案，建立奥运期间各项应急机制，逐级层层签订责任书，尽可能地改造安防设备，并有效组织奥运安保综合演练，以增强应急处置能力。奥运期间，努力做到奥运税收工作和奥运志愿服务工作两不误、两促进，先后有200余人参与奥运志愿服务，50余人担任奥运安保志愿者，参与周边安全防控工作。海淀区地税局以学院路税务所作为主体，在奥运大厦前建立全市唯一的“青年文明号”志愿者服务站，从2007年8月开始建立以来一直坚持值守岗位，共计上岗200余天。服务站点受到20多家中外媒体和各级领导的多次关注。2008年8月，“青年文明号”奥运志愿者站点被授予“五星级站点”称号。

【干部队伍建设】 以“有利于组织收入、有利于税收征管、有利于纳税服务、有利于提高质效”为原则开展副科级领导职务竞争上岗。海淀区地税局首次委托第三方机构开展此项工作，在领导职位的选拔中注重干部年轻化、知识化、专业化，坚持优中选优，经过资格审查、笔试、面试、心理测试和民主测评，使14名德才兼备、实绩突出、群众公认的优秀干部脱颖而出。合理选拔任用领导干部，加强科所领导的交流轮岗。2008年以来，严格按照干部任免程序，共计任免22名科级领导干部，30名科级非领导职务，5名干部晋升处级非领导职务。

【党风廉政建设】 进一步建立职务犯罪查办和预防工作长效机制。作为市局和海淀区推广廉政风险防范管理工作的试点单位、市纪委的联系单位，海淀区地税局高度重视，把推广廉政风险防范管理工作作为2008年的重点工作来抓，强化“一把手”和班子成员的责任，广泛深入、自下而上地开展风险点查找工作，并结合业务工作流程划分风险等级，共计梳理工作流程67类，查找风险点163项，通过教育动员和廉政风险点的反复查找，使全体干部更加熟悉和掌握本单位各个岗位的廉政风险点以及防范措施，进一步强化对税收执法权和行政管理权的监督制约。海淀区地税局的做法得到区委、市纪委的充分肯定，并入选《北京市推进廉政风险防范管理工作资料汇编》。构建惩治和预防腐败体系，推动反腐败斗争深入开展。2008年海淀地税局积极与海淀区人民检察院密切协作，共同开展职务犯罪查办和预防工作。就联席会议、案件移送、信息交流、专业咨询、业务培训及预防对策研究等事项达成一致，建立长效机制，进一步加强地税的纪检监察队伍建设。

【先进表彰】 2008年，海淀区地税局学院路税务所荣获“国家级青年文明号”，科技园所、翠微路所、学院路所荣获“国家级巾帼文明岗”，信息化科、科技园所荣获“北京市青年文明号”，学院路所“‘三八’红旗集体”，海淀区地税局被奥组委交通部授予残奥会交通服务工作贡献奖，安全保卫工作继被授予“首都平安示范单位”后，2008年被市公安局授予“安全保卫集体嘉奖”，同时还获得“北京市2007年度残疾人就业保障金审核代征管理工作先进集体”“‘三五’普法先进单位”等荣誉称号。在全市地税系统大合唱比赛中荣获一等奖。

【领导班子成员】 海淀区地方税务局局长：杜军利；副局长：张克兵、武立煌、陆坤、康和凤（女）；纪检组长：孙雪英（女，9月任）。

（房　洁）

丰台区地方税务局

【概况】 丰台区位于北京市西南部，所辖面积305.87平方公里，在城八区占第三位，周边相邻8个区。东临朝阳区，北接崇文区、宣武区、海淀区和石景山区，西北为门头沟区，西南和东南为房山区和大兴区。全区呈东西狭长形，最西端王佐镇的千灵山至最东的南苑乡四道口村，东西相距35公里；南北最宽处14公里。截至2008年年底，全区现有常住人口175.3万人，其中居住半年以上外来人口48.9万人。常住人口密度为5731人/平方公里。全区人口中拥有全国56个民族中的45个民族，除汉族外，回、满族人口超过万人。全区辖16个街道（地区）办事处，268个社区居委会；2个镇政府、3个乡政府，66个行政村。属典型的城乡结合部，北京市对丰台区的定位是城市功能拓展区。丰台区交通便捷，京广线、京沪线、京九线、京原线、丰沙线与西客站、丰台站、丰台西站构成全国最大的铁路枢纽。京开、京石、京津塘高速公路起始于丰台区，市内二、三、四、五环路贯穿区内，形成了首都东、西、南方向的交通枢纽。南苑机场在市场经济和现代化物流业发展中，也发挥着重要作用。2008年，全区经济运行平稳，财政收支状况良好。工业生产较快增长，消费品市场保持活跃，城乡居民收入稳步提高。但房地产开发投资出现下滑，财政收入增幅有所回落。城乡居民收入不断提高，实现区国民生产总值510.3亿元，比上年增长10.2%。第一产业生产总值0.95亿元，增长5.5%；第二产业生产总值135.3亿元，增长10.8%；第三产业生产总值374.1亿元，增长9.9%。财政收入完成34.8亿元，完成年度预算34.8亿元的100%，比上年增收4.5亿元，增长15%。其中，税收收入完成32.1亿元，增长12.2%；非税收入完成2.7亿元，增长56.9%。全社会固定资产投资198.8亿元，增加4.4%。房地产开发投资115亿元，增幅-16.4%；城镇投资80.7亿元，增幅66.7%；农村投资3.0亿元，增幅-33.1%。

丰台区地方税务局位于丰台区泥洼路6号。2008年年末，丰台地税局共有干部职工407人，平均年龄40岁。其中干部377人，占全局总人数的92.6%；中层干部65人，占全局总人数的16.0%；工勤人员30人，占全局总人数的7.4%；大专以上学历381人，占全局总人数的93.6%；党员256人，占全局总人数的62.9%；团员44人，占全局总人数的10.8%。共29个内设机构，其中有12个职能科室，11个税务所（其中3个服务所，1个专业所，7个地区所），1个稽查局（内设5个科室），机关后勤服务中心。另外还设有税务学会和工会。截至2008年年末，共有税源户58964户（含非独立核算分支机构867户）。按经济类型划分：国有企业896户，占全区总户数的1.52%；集体企业1623户，占全区总户数的2.75%；有限责任公司7573户，占全区总户数的12.84%；私营企业26928户，占全区总户数的45.67%；外资企业663户，占全区总户数的1.12%；个体工商户15346户，占全区总户数的26.03%；国家机关、事业单位和社会团体等其他类型企业5935户，占全区总户数的10.07%。按产业类型划分：第一产业（农业，包括林业、牧业、渔业等）352户，占总户数的0.6%。第二产业（工业和建筑业）5223户，占总户数的8.86%；其中房地产开发经营企业284户，占总户数的0.48%。第三产业（流通部门和服务部门）53389户，占总户数的90.55%；其中社会服务业17719户占总户数的30.05%。

【税收收入完成情况】2008年，受经济形势变化影响，丰台区税收形势非常严峻。为此，丰台区地方税务局多次召开专题会议，采取有针对性的措施进一步加大组强收入力度，开展重点稽查，从重点环节入手加大力度，以及组织分类座谈会推进工作等措施，确保市区两级收入的圆满完成，全年累计完成各项税费收入643228万元，同比增收44635万元，增长7.46%；完成市局调整后任务64亿元的100.5%，超收3228万元。完成区政府最终任务23.9亿元的100.2%，超收428万元，圆满完成了市区两级收入任务。

【推进“四个服务”】按照北京市地方税务局“追求卓越年”的各项工作部署，丰台区地税局提出“四个服务”的工作思路，即领导为群众服务、机关为基层服务、税务干部为纳税人服务、全局上下为总体目标和愿景服务。一是坚持以人为本，领导为群众服务有新举措。对全局办公环境进行整体装饰，为干部及纳税人创造舒适的办公和纳税环境；关注干部身体健康、调整浴室开放时间、改善食堂伙食等，有效地缓解了干部工作压力，使干部能够身心愉悦地积极投入到税收工作之中。二是机关为基层服务有新进展，工作效率切实提高。强化科室人员的首问意识和责任意识，杜绝工作随意性；建立请示问题限时办结制度，切实加强机关对基层工作的指导和帮助；强化督查督办制度，从时间、质量、效果等方面确保各项决策和部署落到实处；建立科室工作联席会议制度，加强工作沟通，增强对基层工作的指导性和针对性，提升为基层服务的实效。三是税务干部为纳税人服务取得新突破，“两个减负”工作落到实处。第一，为纳税人服务工作取得“三突破”，即简并纳税人报送资料的突破，共清理出可减少的报表19种、各类复印件等资料67份；简化手续费退付工作的突破，在受理时限上对代征单位由原来的按年受理变为按季受理；在办理时限上由市局要求的90天提速为60个工作日；简化涉税证明开具工作的突破，统一取消纳税人需提供的缴款书复印件，并将市局要求的15个工作日提速到7个工作日。第二，创新服务形式实现“三统一”。东片办公区三个税务所打破所与所的界限，整合业务，形成纳税服务工作的“三统一”，即统一咨询与协调，统一提供大厅服务，统一规范并发放宣传资料，从而实现提升服务水平、缩短服务周期、简化工作流程。第三，结合实际开展特色服务。各税务所在全局统一开展服务工作的基础上，结合各自管户特点和区域特点，纷纷推出特色服务，所长接待日、“五提醒服务”、窗口“主、副岗接待”、党员挂牌等形式多样的服务。四是全局上下为建设一流的服务型政府机关共同努力，进一步探索和发展好纳税人和税务干部在新的历史条件下应获得的利益，营造和谐工作氛围，建设一流的服务型政府机关。

【加强税收法治建设】 一是合理设置征收点，增设征收窗口，确保车船税征期调整第一年的征收工作平稳运行。推行个人所得税12万元申报“自行申报绿色通道”服务。做好新《企业所得税法》《耕地占用税暂行条例》等税收政策培训，确保政策顺利过渡。严把减免退税政策关，增设初审和复审环节，完善内部审批流程。二是深入开展打击制售假发票和非法代开发票专项整治工作，与区公安局、国税局成立联合办案组，配合公安机关成功破获一起发票贩假窝点，拘留2名涉案人员，收缴假发票200多份。三是推行“依托核心征管系统、辅助调卷检查和实地核查措施”的综合检查方式，提高税收执法检查信息化和规范化水平。全面做好行政处罚自由裁量权执行标准意见征集反馈工作，保护纳税人合法权益。积极应对建局以来的第一次行政诉讼案件并胜诉，捍卫行政执法尊严。

【奥运服务和安保工作】 一是突出奥运服务工作，制定《丰台地税局奥运服务紧急预案》，为奥组委独立核算场馆团队提供奥运税收服务，发放绿色通道办税服务卡、开展联合上门辅导，建立快捷顺畅的联系沟通机制，为涉奥纳税人提供优质高效的服务。二是狠抓安全稳定工作。在抓好日常安全工作、健全安全责任制的基础上，成立“平安奥运行动”领导小组和安全工作办公室，制订实施方案及应急预案，层层签订安全责任书，并将安全工作纳入目标管理考核之中。同时，聘请公安、消防、交通、信息化等部门以及专业评估公司，对区局各项工作进行安全评估，对安全隐患进行全面排查整治，确保全年安全无事故。

【干部教育培训工作】 一是加强科级班子建设。结合形势任务的发展变化，合理调整科级领导班子，使基层单位的班子建设得到进一步加强。运用谈话、测评、评议、考察等形式，及时发现问题和不足，有针对性地及时教育整改，加强科级班子的凝聚力与战斗力。二是坚持“走出去，请进来”的办法加强干部教育培训。一方面认真组织全员更新知识培训，通过走出去的方式学习借鉴外省市税务部门的先进经验。另一方面坚持“请进来”，提出“借人、借地、借时”的思路，用一年时间，分七期对全局400余名干部开展“全员全年30天脱产轮训”，有效地促进了干部队伍整体素质的提升。全年每人用在培训上的时间达到41天。三是完成系统公务员培训班培训。选派荣获系统“税收管理岗位标兵”和“十佳岗位能手”称号共35人参加培训，干部素质和岗位技能明显提高。

【精神文明建设】 一是争创全国精神文明建设工作先进单位整体推进。把争创工作摆在突出位置，在连续三年荣获“首都文明单位标兵”称号的基础上，积极做好争创工作，通过全局上下的共同努力，取得突破性进展。二是开展形式多样的迎奥运活动。开展城乡携手迎奥运活动，组织20名城市志愿者开展奥运志愿服务，动员214名干部党员到居住社区协助奥运安全工作；组织60名干部职工积极参加奥运圣火在丰台区的传递仪式。三是围绕建党87周年开展系列主题活动。开展“党员献爱心”活动，为南宫中心小学三名贫困学生每学期捐助900元学费。积极组织为灾区人民捐款、捐物活动。组织38名干部职工利用休息日搬运赈灾物资，2名干部为灾区伤员义务献血。累计为地震灾区捐款52210元，捐特殊党费52000元。

【党风廉政建设】一是认真贯彻落实市局党风廉政建设工作会议精神。结合自实际，制定《丰台地税局廉政风险防范管理工作实施方案》，梳理工作制度及工作岗位、工作流程、工作职责中的风险点，研究建立廉政风险防范制度，认真落实领导干部廉洁自律五项重点，对照检查自身存在的问题。二是扎实开展反腐倡廉教育。通过深化理想信念、思想道德、法制纪律教育，增强税务干部拒腐防变能力。结合实际，积极参与市局组织开展的“清风颂，地税情”等系列廉政文化教育活动，组织演讲比赛，营造廉洁勤政的良好氛围。三是加强领导，健全制度，深入贯彻党风廉政建设责任制。做到各负其责，各司其职。将任务细化分解，具体落实到领导班子成员及全局各部门，确保全局党风廉政建设工作积极有序开展。四是积极开展效能监察工作。着力解决行政不作为等影响和制约税收发展环境、损害纳税人权益的突出问题，促进税收工作又好又快发展。

【先进表彰】丰台区地方税务局被评为全国精神文明建设工作先进单位、首都平安示范单位、首都维护国家安全先进小组、北京市2007年度残疾人就业保障金审核代征管理工作先进集体、北京市“城乡携手迎奥运　共建文明京郊行”先进单位，荣获北京市“奥运安保”集体三等功、北京市经济技术创新工作优秀成果奖；第一税务所、南苑税务所、花乡税务所、长辛店税务所被评为首都文明单位；第一税务所、园区涉外税务所被评为北京市青年文明号；第二税务所获得奥运立功北京工人先锋号；卢沟桥税务所、铁营税务所、园区涉外税务所被评为北京市2007年度残疾人就业保障金审核代理征管理工作先进集体。

【领导班子成员】丰台区地方税务局局长：许飞；副局长：冯守利、宗立元、谢锋、刘华（女）；纪检组长：安宝华（女）。

（王　雨）

石景山区地方税务局

【概况】石景山区位于北京西郊，东距天安门16公里。全区总面积约86平方公里，常住人口35万人，区内有40个少数民族，设有9个街道办事处。2008年，全区国民经济生产总值完成213.4亿元，财政收入完成15.1亿元，同比增长9.9%；社会消费品零售额完成151.5亿元，同比增长7.9%；居民可支配收入达到23804.7元，同比增长14.7%。

石景山区地方税务局隶属于北京市地方税务局，在石景山区行政区域内行使地方税收管辖权。负责营业税、企业所得税、个人所得税、契税、房产税等18种税费的税收征管工作，维护和规范税收秩序。共设12个科室、10个税务所、1个稽查局和1个后勤服务中心。现有干部职工273人，平均年龄40岁。其中处级领导职务6人，科级领导职务63人，大专以上学历（大专、大学、研究生）256人，占总人数的93.8%；研究生4人，占全局总人数的1.5%。设一个党总支，18个党支部，一个团总支。有党员199名，占总人数72.9%；团员8名，占总人数2.9%。截至12月31日，税务登记户数达到21816户，同比增加5871户，增长幅度为36.8%。从企业经济类型看，内资企业10183户、港澳台及外商投资企业204户、个体工商户11429户。从企业行业分类看，商业、餐饮业7947户，占税务登记户总数的36.4%；社会服务业10386户，占税务登记户总数的47.6%；制造业626户，占税务登记户总数的2.9%；科教文卫业1248户，占税务登记户总数的5.7%；建筑业441户，占税务登记户总数的2.0%；交通运输、仓储及邮电通信业636户，占税务登记户总数的2.9%；房地产业240户，占税务登记户总数的1.1%；其他行业292户，占税务登记户总数的1.4%。1—12月，新增税源户7571户，因吊销、注销及转出等原因造成的税源户减少共1679户，净增加5892户。年内，区地税局准确把握区域经济发展特点，继续坚持“精细深入，规范标准，和谐发展”的工作主线，探索实践“税务指导制”，围绕“着力打造一个协调凝聚的团队组织，着力建设一个规范有序的工作机制，着力营造一个和谐发展的税收环境”开展工作，取得了优异的成绩。

【税收收入】 市局两次下达计划指标，年初计划21亿元，年底调整计划力争指标33亿元、必保指标32.6亿元。截至12月31日，累计组织各项收入43.6亿元，同比增收19.1亿元，增长78.3%，完成年计划指标21亿元的207.4%。其中市级收入完成18.4亿元，同比增收8.1亿元，增长78.9%；区级收入完成10.3亿元，比上年同期增收1.3亿元，增长14.8%；中央级收入完成14.9亿元，同比增收9.7亿元，增长186.7%。年内，石景山区的经济产业结构正处于调整期，税源基础比较单薄，自然经济增长不高等因素都给组织收入带来较大困难。石景山区地税局积极采取有效措施精细税源管理，确保全年指标任务的完成，并为全市地税收入的完成做出突出贡献。精细化税源管理体现在五个方面：一是从把握地域税源结构入手，建立“首钢、房地产、建筑业、50万元以上大户”四个税源管理平台，掌控住收入的80%，力求把税源管理做精、做细。二是开展房地产、建筑业、宾馆、餐饮业的纳税评估，以评促管促收入。三是局、所、管理员三个层次齐抓共管组织收入。四是表彰纳税大户企业，鼓励诚信纳税，营造诚信环境。五是实施分析到户，及时监控和反映收入进度。

【服务奥运】 奥运期间兢兢业业履行职责，全力以赴实践服务奥运的承诺。一是健全组织机制、狠抓制度建设，为服务奥运做保证。成立“平安奥运行动协调领导小组”，制定和完善包括《平安奥运行动工作方案》《奥运安全应急预案》《奥运期间紧急情况三级处理预警方案》等在内的33个文件，实行制度保障，统一指挥，提高快速应对和处理涉奥涉税事项紧急情况的能力，为圆满完成各项平安奥运工作打下坚实的基础。二是狠抓干部职工服务奥运的教育活动，为奥运营造优良的软环境。开展奥运动员，激励干部以饱满的工作热情和求真务实的工作态度对待平安奥运工作；分解落实责任任务到部门、到人，形成人人讲安全，人人抓安全的良好局面；举行平安奥运承诺宣誓仪式，时刻警示干部奥运安全重于泰山；注重宣传，举办奥运形势、奥运知识、文明礼仪的培训和安全教育；建立三级责任体系，对奥运安全严防死守。三是认真落实涉奥联系人工作制度，多次举办以“奥运与税收”为主题的税法辅导宣传活动，有针对性地开展奥运税务服务工作；建立应急服务工作机制，组织、指挥、处置、决策全局应急的各项涉奥涉税事项；加大政务公开力度，畅通征纳双方交流、沟通的渠道；实行奥运期间科所长深入一线带班制；设立涉奥纳税人服务专门窗口，提供双语纳税服务和“一窗式”集中、便捷的服务；提供个性服务优化纳税环境，主动为首钢总公司、石景山华联商厦等企业上门配送《北京奥运会、残奥会门票销售定额专用发票》用实际行动践行奥运服务承诺，深受企业的赞许。四是奥运安保工作圆满完成。成立平安奥运信息安全保障组织机构，加强安全制度建设，查找安全隐患，开展计算机安全检查工作；积极投入奥运安保值勤工作，区地税局36名安保员在51天810人次的值班过程中，始终坚守在岗位上，在责任巡逻地域里未发生过任何问题。

【纳税服务】 年内，借鉴“行政指导”的理念，探索实施“税务指导制”。通过税务机关规范、标准的指导服务，帮助纳税人获知、掌握、遵守税收政策，解决纳税各环节中存在的问题，依法正确诚信履行纳税义务，实现税收环境和谐发展的全部税收工作。具体体现在四个方面：一是突出新办户集中指导，针对新办户缺乏办税知识，实行一定时间集中指导，再转为正常管理服务。二是开展有针对性的现场指导，对中国国际广播电台等大型企业进行现场税务指导，就税收政策、个人所得税、发票使用、CA认证等进行专题指导。三是集中对文化创意产业税收优惠政策进行指导。四是根据纳税申报、纳税评估等环节中存在的问题进行一对一指导。实践收到三方面的效果：在广大干部中，初步树立指导服务的理念，税务指导已被认知；进一步规范和深化纳税服务，具体反映在征管质量“八率”指标都呈现出稳定上升，均高于市局征管质量考核标准；开展指导必须有良好的税收业务做支撑，提升干部学习掌握业务知识的积极性。据统计，从税务指导制工作推广以来，从税务登记、纳税申报、发票管理、政策辅导等方面开展税务指导，具体包括在途户报到、发票比对不一致、个人所得税明细申报在内的29个项目，共开展指导27335次，指导纳税人32826人次，税务指导制工作效果明显。

【税收征管】 年内，以完善的制度、准确的数据为基础，以健全、合理、科学的量化指标考核体系为依托，以科学的管理、优质的服务为目标，做好征管各项工作。一是加强征管制度建设。先后制定印发了《对纳税人新办户实施税务指导式管理工作意见》《税务所长带户制度》两项日常征管工作文件制度，在制度规定上加强了对纳税人的分类管理。二是认真梳理征管各环节的工作内容。制定《实施税务指导操作规范》，对涉及征管的税务登记、纳税申报、税款征收、税源管理、发票管理、政策指导六大方面、二十一个工作环节进行梳理，达到明晰政策、清晰流程、和谐税企的目的。三是加强征管质量考核，通过量化的指标体系实现对税务所科学的税务指导。严把待登记户分户管理，确保分户准确并及时催办；严把待登记户核销关，确保登记率达到100%；严把注销户审核关，确保注销户资料完整；严抓在途户管理，确保新办户报到率达到100%；严抓解除非正常户，解除税务登记证件失效户管理，做到及时有效，提高申报率。四是强化户籍式管理，从狠抓基础征管数据工作入手，做到管住户，弄准数。完善对内的“垂直管理”体系，做好动态数据变化的实时监控工作。进一步加强对外的“横向协作”关系，加强同区工商局、质监局、国税局、银行等部门的联系合作，促进数据更新的及时、准确。五是加强个体征管。积极落实总局各项工作要求，做好市场内个体工商户税务登记证的核发工作。积极协调区国税局做好个体工商户的税务登记工作，努力做到信息共享，并做好资料交接工作，对待登记户及时进行核销工作。

【税收宣传】 通过主题宣传活动、上门指导服务、张贴海报、发放宣传册等多种形式将税法知识宣传给企业、广大纳税人，取得了较好的宣传效果。4月17日，在区地税局举办以“税收为创意护航、为企业搭台——暨石景山区文化创意产业税务指导承诺仪式”为主题的税法宣传活动，为文化创业产业的发展给予了税收上的支持。6月6日，通过播放《新北京、新奥运、新地税》专题片、向纳税人宣传了“诚信纳税”的理念，与纳税人进行一次有益的沟通。奥运期间举办以“携手发展、共迎奥运”为主题的宣传活动。多次走访国家体育总局射击射箭运动管理中心、老山自行车馆等涉奥单位，第一时间将各项奥运税收政策送达到纳税人手中。以成功承办《北京地税——我们的家园》杂志为契机，做好涉奥税收宣传。

【发挥税政职能作用】 年内，充分发挥税政职能作用，有效落实税收政策。（1）用足用好税收政策，支持企业发展。紧紧依靠市局的指导，把握好税收政策的优惠点，研究透政策的执行点，对主辅分离辅业改制中遇到的问题与市局、市国资委、首钢共同研究分析，确定108家批复企业中有86家符合政策主辅改制，22家实行注销改制。具体问题具体解决，一企一制。对首钢在区外企业单位实施属地管理，对三级以下单位进行了清理，先后解决了辅业认定、二级公司一带多改制问题、建筑总分承包问题等。支持首钢主辅分离改制29家，可享受减免税收6660万元，使近2万人重新上岗，运用税收政策有力地支持了企业的改制发展和社会的稳定。（2）规范税政管理基础，提高政策管理水平。建立健全减免、退税审批制度，实行分税种审批负责制；建立科、所定期联系制度，及时收集征管信息、掌握政策执行情况、反馈政策执行中的实际问题，促进基层工作的顺利开展；充分利用内网资源进行政策辅导、在线解答、提醒告知等；做好新《企业所得税法》和车船税奥运政策的宣传与辅导；全力以赴做好2007年企业所得税汇算清缴工作和个人所得税12万元申报管理工作。全年12万元的申报人数达到了4935名，提前10天完成北京市地税局下达的申报任务；积极做好残保金的代征工作，累计入库残保金2474万元。

【纳税评估】 年内，以努力提高纳税评估质量、效率为评估工作基础，共对988户纳税人履行纳税义务的情况进行了纳税评估，发现有问题450户；通过对纳税人实施税务函告、税务约谈和实地调查核实，提请纳税人改正一般性涉税问题，补缴税款、滞纳金和罚款共计625万元，入库率为100%；通过纳税评估，为税务稽查部门提供案源156户。此外，还通过开展“审计抽样评估法”试点，不断深化纳税评估。（1）研究制定了《纳税遵从度测评管理办法》《专项评估质量控制办法》和《纳税评估抽样测评标准》；（2）根据行业、税种和经济行为的特点分别确定不同的抽样规模和抽样方式，按此方法开展了房地产、建筑、教育培训、货运、典当等9个行业的专项抽样评估。形成了具有规范抽样指导价值的《行业评估手册》，应用审计抽样完成评估39户，发现问题25户，有问题率为64%，评估补税282万元，评估有问题率大幅度上升。

【强化税务稽查执法】 年内，坚持依法行政，不断强化税务稽查及税收执法责任制。（1）继续落实“阳光稽查”，提高办案透明度，坚持准入制度，杜绝执法随意性，发放纳税人联系卡，自觉接受群众监督。（2）通过稽查手段，打击涉税违法这种不诚信的行为，净化税收环境。（3）建立健全查后建议制度，要求在检查结束后，稽查人员对纳税人存在的涉税问题，及时提出改进建议，并做好跟踪回访服务，督促纳税人正确核算。全年共完成税务稽查64户；有问题46户，有问题率为72%；实现查补收入322.52万元。实施文化体育业、建筑业、邮电通信业、物业、餐饮业五项行业专项检查，同时开展市局督办的发票协查6户，核查税务师事务所2户。

【加强税收执法监督】 年内，继续落实税收执法责任制，加强税收执法监督。拓宽执法检查的效果评价机制，将执法检查的效果评价转移到“多少项工作得到规范，问题率下降多少”上。制定《执法检查工作规程及工作流程》，建立日常指导式检查工作机制和执法检查复查工作机制，既促进了具体行政行为的规范，又促进了抽象行政行为的规范。全年共对11个日常执法检查项目和15个专项执法检查项目进行检查，其中日常执法检查抽取案卷560卷，存在问题167卷，问题率为30%，专项执法检查抽取253卷，存在问题56卷，问题率为22%，通过执法检查向有关部门提出改进工作建议3条，并开展日常指导式检查3次。

【干部队伍建设】 狠抓干部教育培训，不断提高干部队伍综合素质。一是建立健全了三个制度体系，即建立科、所周业务工作会制度，建立新政策业务轮流辅导制和制定干部教育培训学分制管理办法；狠抓业务培训，开展新《企业所得税法》专题讲座、税务稽查岗开展专门业务培训、货物运输业征收管理培训、开展岗位知识竞赛、全局干部职工更新知识培训、全员会计培训等；开设“税务讲堂”，将学习作为个人全面发展的基础，使“学习是一种需求、培训是最大福利”成为全体干部的共识。二是多项举措开展地税文化，积极营造一个和谐快乐的工作氛围。发挥刊物《我们》的作用，大家写大家、读大家、教育大家，设立内网文化模块，开辟税收文化走廊，开展摄影展等多种文化平台，组织登山、瑜伽、篮球、足球、乒乓球、羽毛球等多项全民健身活动。开展每月读一本好书活动，倡导一种爱读书、读好书的好习惯，用知识丰富、陶冶干部，努力营造浓厚的学习氛围。

【党风廉政建设】 深化开展“廉洁服务每一天”主题教育。通过《勤政与廉政》专刊、“廉政网页”“廉政文化走廊”“廉政笔记本”四个平台建设，寓教于实际载体，起到“天天提示自己要做什么，天天提醒自己要怎么做，天天警示自己要自觉做好”的作用。开展典型教育、警示教育、征文、演讲等丰富多彩的廉政文化教育活动；开展廉政风险防范管理，查找出112个廉政风险点；坚持开展内部与外部监督相结合的“双向评价”制度。这些工作都在不断深化着“廉洁服务每一天”主题教育，强化了廉政建设。

【表彰奖励】 石景山区地方税务局获得“2008年度党风廉政建设先进集体”“奥运税务服务先进集体”“平安奥运先进集体”“石景山区2008年度依法行政工作先进单位”等荣誉。八宝山税务所荣获全国“巾帼文明岗”“北京市‘三八’红旗集体”。

【领导班子成员】 石景山区地方税务局局长：张兴明；副局长：毛学福、马强、徐涛、苏振军（4月任）；纪检组长：王阿鸣（女）。

（高文学）

门头沟区地方税务局

【概况】 门头沟区位于北京市西部偏南，总面积1455平方公里。东西长约62公里，南北宽约34公里。东部与海淀区、石景山区为邻，南部与房山区、丰台区相连，西部与河北省琢鹿县、涞水县交界，北部与昌平区、河北省怀来县接壤。地处华北平原向蒙古高原过渡的山地地带，属太行山余脉。全区以山地为主，山区面积占98.5%，地势由西北向东南倾斜。西部山区是北京西山的核心部分。境内有北京市的最高峰东灵山，海拔2303米；次高峰百花山，海拔1990米。境内的主要河流是永定河及其支流清水河，属于海河水系。全区辖9个镇，4个办事处。常住人口27万人，其中居住半年以上外来人口3万人。户籍人口总数11万户，总人口24万人，其中居民人口17.7万人，农业人口6.3万人。全年实现地区生产总值（GDP）56.6亿元，同比增长15.2%。其中第一产业实现增加值8449万元，同比增长16.3%；第二产业实现增加值29.4亿元，同比增长11%；第三产业实现增加值26.3亿元，同比增长20.1%。三类产业比重分别为1.5%、52%、46.5%。财政收入7亿元，同比下降3%。社会消费品零售额15.6亿元，同比增长7.9%。

门头沟区地方税务局位于门头沟区滨河路52号，共有干部职工244人。其中党员127人，团员24人，具有大专以上学历的212人。干部平均年龄36.6岁。内设12个科室，下设7个税务所，1个稽查局和1个机关后勤服务中心。现有局机关、石龙工业园区、稽查局、王平镇、斋堂镇五个办公区。作为北京市地方税务局的派出机构，门头沟区地方税务局承担着辖区内营业税、企业所得税、个人所得税等十余个地方税费的征收管理工作。截至2008年年底，门头沟区地税局2008年税务登记户数15251户，其中国有企业213，党政机关、社会团体、事业单位617户，集体企业616户，外资企业125户。私营企业8982户，个体户4698户。

【税收任务完成情况】 2008年，门头沟区地方税务局共组织各项税费收入14.5亿元，同比增收2.5亿元，增长21%，高于全市15.5%增幅，增幅在各区县排名第二。完成市局年初税收计划12亿元的121%，圆满完成年底北京市地税局调整追加的14.5亿元的收入任务。其中，中央级收入31658万元，同比增收6163万元，增长24%；市级收入58709万元，同比增收9830万元，增长20%；区级收入54881万元，同比增收9166万元，增长20%。

【规范征收管理】 与门头沟区工商局、区国税局、区建委、开发区管委会等部门建立横向涉税信息共享机制，强化税源监控。制定实施重点税源户动态管理办法，加强对税源大户的定期走访。建立局内“稽查、评估、税政、征管”联席会议制度，加强局内各部门之间的工作衔接和沟通协作。税务档案管理再上新台阶。经市局档案处对2007年度税务档案验收，抽查198卷档案，完整率、准确率均达到100%。2008年全年税源户增加2020户，增长13.2%，税务登记率、申报率、入库率均超过市局规定的标准。

【发挥税政职能】 全面落实新《企业所得税法》，实现新旧政策的平稳过渡。积极开展物业税的调研，做好试点前的准备工作。贯彻落实土地增值税的新清算管理办法，制定相应的工作规程。提前15天完成市局下达年所得12万元个人所得税自行申报任务。2008年，共组织残疾人就业保障金收入2212万元。

【加强评估稽查】 全年对房地产业、建筑业、运输业、广告业、服务业、制造业和零售业七个行业开展纳税评估，评估1636户，移交税务稽查130户，补税1416万元。充分发挥税务稽查的震慑作用。2008年，共对135 户纳税人进行了税务稽查，其中有问题户数119户，定性为偷税5起，共查补收入979.88万元（其中税款860.52万元、滞纳金44.08万元 、罚款75.28万元），移送公安机关2件。征管评查质量不断提高，纳税人对税法的遵从度得到加强，依法行政工作进一步规范。

【强化涉奥服务】 在办税服务大厅设立奥运税收双语服务窗口，配备专职服务人员，安装大屏幕液晶电视，并在奥运开始时免费向前来报税的纳税人赠送国旗和奥运会旗；主管局领导亲自带领干部走访涉奥企事业单位，宣传税收优惠政策，为纳税人提供涉奥纳税服务；为纳税人开具《北京奥运会、残奥会门票销售定额专用发票》554份，金额为50450元。局领导与干部分级签订“创建和谐地税，实现平安奥运”责任书；研究制定《奥运期间突发事件紧急预案》，并进行防火、急救及奥运安保形势的培训；在专业部门安全评估的基础上，对计算机主机房进行报警和消防改造，增加空调、温湿度、UPS等报警和气体灭火装置；动员、组织150余人，分别参加“城市志愿者”“首都治安志愿者”“奥组委驾驶员志愿者”“奥运应急无偿献血志愿者”“平安奥运特派员”、奥运开幕式前舞蹈表演等工作，同时还在双峪环岛建立奥运服务站点1个，圆满完成奥运期间的安全服务保障工作。

【优化纳税服务】 在基层一线推广“我当一天纳税人”和“我为纳税人办实事”活动。为重点税源户、纳税信用A级企业开辟了VIP服务专区，使服务更具针对性，更具人性化。进一步简化办税程序，在9项纳税人涉税事项中，减少报表和其他资料15件。坚持召开季度纳税人辅导例会并不断提高辅导质量，发放《纳税人满意度调查问卷》，收集纳税人的意见和建议，召开五次纳税人专题座谈会和一次纳税突出单位表彰会。在税法宣传月，联合区国税局，开展与A级企业共同种植“诚信纳税林”活动，加强与企业之间的沟通，融洽税企关系。坚持重点户走访制度，深入企业开展调研工作，为企业解决实际问题。制定《纳税服务质量检查考核办法》，每季度由征管、监察等部门联合对各税务所所属企业进行随机电话意见征询，同时对12366热线咨询电话安装全程录音系统，将热线咨询服务延伸到各管理所，使电话咨询服务更全面准确。为科所长、税务所内勤人员配备智能电话，为广大干部职工开通手机邮箱，进一步提高纳税服务的效率和质量。

【加强班子建设】把强化中心组理论学习，开好民主生活会作为加强班子建设的重要内容。坚持从实际出发，努力为干部职工解决实际问题。2008年，针对群众反映的热点问题，经过局党组认真研究，筹集资金，为33名干部解决遗留多年的房产证问题；对部分干部的房屋因年久失修、管道漏水问题进行了修缮；为40余名临时工补缴2004年以前的保险，解决干部的后顾之忧。

【开展教育培训】将教育培训与创建学习型机关相结合，制定并实施五年教育培训规划，坚持每月一培训，每季一考试。聘请高校教授、市局业务处室及区局的业务科室同志，对全局干部开展业务培训。结合2008年的形势和热点，开展拓展知识性培训，举办地税论坛12期。为提高中层干部的领导能力，对全局57名中层干部进行了体验式培训。利用网院，组织全体干部开展在线学习，在线考试。进一步充实图书室的书籍和音像资料，为干部提供良好的学习平台。为鼓励干部学以致用，在基层一线开展“管理标兵”“稽查标兵”和“服务标兵”的评选表彰活动，又增加“机关标兵”的评选，以此树立典型和标杆，促进各岗位人员比学赶拼超。

【廉政风险防范建设】2008年年初，召开党风廉政建设工作大会，层层签订党风廉政建设责任书。开展廉政风险防范管理工作，先后召开部门风险点专题研究会5次，最终确定廉政风险点97个，制定三级考核实施办法。2007年9月，区局与区人民检察院联合建立预防职务犯罪工作机制，在此基础上，2008年双方又签订补充协议，通过双方努力，加强预防职务犯罪工作。积极探索“一案双查”的工作机制，创办纪检监察网站，开展“清风颂，地税情”系列廉政文化活动，编写廉政建设八荣八耻歌，强化对干部税收执法权、行政管理权的监督检查，向全体党员发放《从政提醒——党员干部不能做的150件事》一书，进一步完善门头沟区地税局的惩防体系。

【献爱心活动】在5·12汶川大地震中，全局干部职工共计捐款16.89万元；在冬季寒冷到来之际，又为灾区捐赠了500床新棉被，充分发扬“一方有难、八方支援”的人道主义精神。积极响应区委、区政府的号召，努力支持新农村建设。除长年坚持扶贫和捐资助学之外，2008年，帮助台上村建立村民文化活动室，丰富了深山区村民的文化生活；帮助韭园村策划修复元代曲作家马致远故居，成为带动当地旅游业发展、帮助村民致富的一个亮点。

【后勤保障工作】对机关食堂、石龙报告厅舞台进行改造，更新报告厅内部的音响设备；完成局机关车库改造的审批手续及其地基施工；完成洗衣房的装修改造及设备安装，为洗衣房的正式投入使用做好前期准备工作；在石龙管理所办公楼露天楼梯加装玻璃幕墙，达到防滑、保温及安全防范的效果；对石龙办公区庭院环境进行绿化美化；为两个山区税务所更换越野车，配备小药箱；同时配合北京市地税局完成稽查局、斋堂税务所办公楼的改造装修工程，极大地改善了干部的办公和生活条件。通过开通班车、赠送干部生日蛋糕、营养配餐等举措，让干部体会到集体的温暖。

【先进表彰】 2008年，门头沟区地税局在保持一个国家级和二个市级青年文明号基础上，永定税务所被团市委评为市级青年文明号，第一税务所被市总工会评为北京市工人先锋号。奥运服务保障工作中，被奥组委交通部评为交通服务工作先进单位、被市公安局授予奥运安保“集体嘉奖”荣誉、被市总工会评为首都女职工迎奥运光彩集体、被市公民献血委员会评为奥运应急无偿献血志愿者队伍建设先进单位；杨键、胡薇2人受到市级表彰，20余人受到区级表彰。此外，还获得“北京市爱国卫生先进单位和绿化美化花园式单位”“扶贫济困春风行动先进单位”“首都文明单位标兵”首都“迎奥运、讲文明、树新风”活动先进集体等多项荣誉，被市残疾人工作委员会评为残疾人就业保障金审核代征先进集体。

【领导班子成员】 门头沟区地方税务局局长：吴鲁平；副局长：王忠悟、梁鑫、张争（女）、庄祁玮；纪检组长：张毅。

（齐　振）

通州区地方税务局

【概况】 通州区位于北京市东南部，京杭大运河北端。区域地理坐标北纬39° 36′ —40° 02′ ，东经116° 32′ —116° 56′ ，东西宽36.5公里，南北长48公里，面积907平方公里。西临朝阳区、大兴区，北与顺义区接壤，东隔潮白河与河北省三河市、大厂回族自治县、香河县相连，南和天津市武清县、河北省廊坊市交界。紧邻北京中央商务区（CBD），西距国贸中心13公里，北距首都机场16公里，东距塘沽港100公里，素有“一京二卫三通州”之称。通州区有人口68万人，全区辖10个镇，1个乡，4个街道办事处，61个居民委员会。2008年通州区地区生产总值实现213亿元，同比增长14%；税收总额实现74.5亿元，同比增长17.7%；地方财政一般预算收入实现20.42亿元，同比增长12.5%；全社会固定资产投资额实现143.2亿元，同比增长8%；社会消费品零售额实现145亿元，同比增长19%；外贸出口创汇额实现10亿美元，同比增长23.5%；城镇居民人均可支配收入达到20587元，同比增长9%；农民人均纯收入达到10025元，同比增长10%。

通州区地方税务局位于通州区玉桥中路136号，全局有干部职工356人，机构27个，包括12个科室、10个征收税务所、1个后勤服务中心、1个稽查局（科级单位下设4个科）。截至2008年年底，全局税务登记户39586户，其中私营以上内资企业25101户，外资企业531户，国家机关及事业单位440户，社会团体及基层群众自治组织539户，个体工商户12975户。通州区地税局主要负责征收通州区辖区内的营业税、企业所得税、个人所得税、城市维护建设税、房产税、印花税、土地使用税、土地增值税、车船税、耕地占用税、契税以及教育费附加、文化事业建设费、外商投资企业土地使用费。

【税收任务完成情况】2008年，通州区地方税务局组织各项收入34.9亿元，同比增加1.2万亿元，增长3.46%，完成市局年度计划的100.31%。其中税收收入为33亿元，同比增收1亿元，增长3.18%；其他收入1.9亿元，同比增收1504万元，增长8.60%。在全部税收收入中，营业税收入占37.83%，是通州区地方税务局的支柱税种；排在第二、第三位的是个人所得税收入占18.28%和企业所得税收入占14.79%。在非税收收入中，教育费附加所占比重最大，达到全部收入的3.60%。根据缴纳税款所属行业的区分，排在前三位的依次是房地产业占22.59%、工业占14.88%、建筑业占14.64%。区地税局2008年办理各项退税1405万元，其中营业税490万元，企业所得税503万元，个人所得税40万元，契税115万元，城市维护建设税89万元，其他税费合计168万元。

【全面推行智能评价系统】在全局所有办税服务大厅全面启用纳税人智能排队系统和纳税服务评价系统，以提高窗口人员的服务效率，量化纳税人满意度。智能排队系统的投入使用有效实现纳税人的合理分流，切实改善纳税人盲目排队、等候的现象，缓解征期当中办税大厅的拥挤状况。此次全面推行的纳税服务评价系统，为纳税人提供评价税务干部服务水平的有效途径，并在全市地税系统内首次开通所长短信报警功能，智能评价系统与政府网手机短信平台连接，纳税人一旦对税务干部作出不满意评价，服务终端将在30秒内以短信形式向所长报警，使所长能在第一时间到达现场处理问题，化解纠纷；同时智能系统还具备可查询性。纳税人可以通过智能评价系统对窗口服务人员的历史评价情况进行查询，通过查询了解智能窗口人员的服务情况，加强对纳税服务人员的监督。

【全面实行“平推式”服务】 为进一步改变税务机关的工作作风，有效推动纳税服务工作再上新台阶，通州区地税局全面实行“平推式”纳税服务方式。“平推式”服务根据“文明执法，优质服务”的指导思想，要求税务干部以平和的心态、平等的态度对待每一个纳税人；以温馨、贴心态度，规范化、贴近式、零距离地为纳税人提供便捷高效服务。严格执行税务人员服务用语，做到规范统一，接待纳税人态度热情，主动招呼，以双手将涉税材料平推给纳税人。采取税前、税中、税后全过程服务，建立“全程统顾式”服务模式，妥善处理纳税服务事项。“平推式”以规范化服务充分体现对纳税人的尊重，促进和谐征纳关系的健康发展，同时以此为契机，在“一窗式”和“全程代办”服务的基础上，进一步理顺工作流程，不断提高税务干部的纳税服务意识和自身业务素质，以最快的速度、最优的质量、最佳的服务为纳税人办理各项涉税事宜，全面提升地税局的服务质量和服务效能。

【实行“三员”服务方式】 为不断提升纳税服务工作水平，加快窗口人员方便、快捷地办理各项涉税事宜，通州区地税局在全局各窗口岗位实行纳税服务引导员、纳税服务咨询员和纳税辅导员服务方式。“三员”机制本着从纳税人需求出发，引导纳税人办理涉税事宜，指导纳税人使用触摸屏等服务设施，解答纳税人关于税收政策、办税流程等方面的咨询，辅导纳税人办理涉税业务，对分管纳税人进行有针对性的日常纳税辅导工作，根据日常征管、评估、稽查中发现的问题开展特色辅导，帮助企业健全财务制度，积极主动询问纳税人的意见建议，全面覆盖纳税人的各种涉税需求，提高办税效率、办税能力和纳税人的税法遵从度，节约纳税人办税成本，营造优质服务环境。

【全面实施“ABC岗”无缺位制度】 各办税服务厅全面实施“ABC岗”无缺位制度，即在窗口服务“AB岗”制度的基础上，在办税服务厅设置“C岗”责任人一名。“C岗”人员除能够受理办税服务厅各类业务，为纳税人办理全方位涉税事宜外，更主要地承担起分担岗位职责，实现全天候不间断服务，提高纳税人满意度的重要功能。“C岗”的设置将对税务人员自身素质提出更高要求，同时也要求基层单位通过内部培养复合型全能干部达到方便纳税人办理各类涉税事项，减少其纳税成本，杜绝脱岗、空岗现象，真正将纳税服务工作做到实处，为纳税人提供方便、快捷、优质的服务。

【开展税法宣传活动】 结合区域特色，大力创新税法宣传形式，拓展税法宣传渠道，举办以“携税企诚信之手、促民生和谐发展”为主题的一系列税法宣传活动，唱响“税收 · 发展 · 民生”主旋律。一是“税法宣传进农村”，举办“税官村官携手迎奥运　志愿服务深入新农村”

大型税法宣传活动暨大学生村官税收宣传志愿者活动启动仪式，向全市5000多名大学生村官和市地税系统青年税务工作者发出联合倡议，号召税官、村官在奥运之年全力开展志愿服务，汇聚在新农村，宣传普及税法知识，传播惠农政策，传递富农信息。二是“税法宣传进园区”，在于家务乡聚富园、西集工业园区、马驹桥金桥科技产业基地及物流园区，分别邀请内资、涉外、涉奥等企业开展行业税收政策交流和培训，现场回答纳税人提出的相关税收问题，并就新《企业所得税法》在实行过程中的疑难问题进行收集整理，就诚信纳税、税收援助、行政复议、政务公开等涉及纳税人权益的内容进行详细告知。三是“税法宣传进社区、进楼门”，在京艺天朗居民社区税收之家等社区、楼门全方位开展普法活动，向小区的楼门长赠送了税收宣传材料，聘请楼门长代表为社区税收宣传员，并与楼门长建立长期的互动关系，让广大社区居民真正明白“税收与发展和民生息息相关”，增强社区居民的依法诚信纳税意识，提高纳税遵从度。四是“稽查开放入人心”，举办全市地税系统首次“稽查开放日”活动，邀请区诚信纳税A级企业、重点税源企业和近年来接受检查的企业法人、财务负责人，以及社会廉政监察员和村官代表共百余人，以图文展板、幻灯片、税务稽查案卷、税收咨询台、纳税人座谈会五种形式，将税务稽查机构设置、发展历程、适用法律、履行程序、权利告知、执法服务、廉政监督等各项工作全方位的向纳税人、社会各界开放。同时，广泛听取纳税人的意见和建议，为进一步建立健全税务稽查工作机制提供面对面沟通交流的平台。

【加强无税申报企业管理】 一是坚持信息审核到位。为实时掌握“无税申报”企业基本信息情况，由税收管理员按户建立《企业“无税申报”清册》，按照行业进行划分，对清册上所列的纳税企业进行审查核对，并分区域逐户进行约谈或者走访了解，对发现与登记、申报信息等情况不符的，及时采取口头或书面形式通知企业限期改正，对改正结果定期进行复核，确保企业基础数据信息的真实可靠、核查不留死角。二是坚持核算辅导到位。选派税收管理员加强对账簿核算不健全企业进行辅导，将相关税收政策宣传材料发放给企业，面对面辅导企业准确掌握应税收入，同时责成专人收集纳税人反馈的涉税问题，向纳税人提供不间断的周期性辅导服务举措，为深化企业管理打下牢固的基础。三是坚持评估监控到位。利用日常开展的纳税评估工作，对疑点企业及时实施调查走访，密切关注长期无收入企业办理申请领购发票资格条件是否真实等经营情况，对“无税申报”企业有计划地开展纳税评估工作，实施有效的跟踪监控。

【强化小税种管理】 一是强化宣传。通过编发服务指南、逐户发放通知等方式有重点地加大对房产税、土地使用税、残疾人就业保障金、土地增值税等具体政策的宣传力度。二是强化学习。针对小税种管理薄弱环节，对具体政策、实施操作进行系统学习，积极探索小税种管理的规范化、精细化，认真落实管理员责任，集中控管具体税种。三是强化税源资料管理。对管理员平台中小税种鉴定进行修正，进一步规范代征代扣单位纳税期限，积极做好新办户税源数据采集登记，对税务登记内容发生变化的，及时通知纳税人办理变更。四是强化减免税后续管理。将减免税资料作为税源分析重要依据，集中对享受小税种减免政策的企业实行跟踪管理，抓好应缴税款的审核入库。五是强化征期催报催缴力度，避免产生税源流失现象，加强部门协作，积极汇总各部门信息，认真落实代扣代缴、委托代征、源泉控管等征管措施。

【加强个体工商户管理】一是把控税务登记环节，与工商、国税等部门进行信息交换，减少漏征漏管户。二是狠抓日常征管，通过改进和完善税源管理的具体措施，对重点区域、重点行业、重点大户进行监控，同时做好集贸市场分类管理和个体工商户建账管理工作。三是做好纳税服务工作。针对个体户群体特征，采取针对性强、效果明显的服务手段，将宣传与辅导、提醒与警示相结合，提升个体户群体的税法遵从度。2008年本区个体税源户总计12975户，年度新增7164户，累计入库税款达9208.03万元，同比增长110.24%。个体经济的活跃已成为通州区一个新的税收增长点。

【落实再就业税收优惠政策】2008年是再就业税收优惠政策执行的最后一年，自政策执行以来，区地税局本着为下岗失业人员排忧解难，营造和谐税收环境的宗旨，全局上下做到“五个到位”即：加强领导，认识到位；认真落实，宣传到位；强化管理，配合到位；增强意识，服务到位；完善机制，措施到位，使再就业税收优惠政策在全区得到具体的落实和实施。2002—2008年，通州区地税局共审批下岗失业人员再就业减免税申请1362份，扶持下岗失业人员1489人次，减免各项税款1821万元，减免工本费1.85万元。11月5日，通州区召开纳税突出贡献单位表彰大会，对通州区入选市2000家纳税信用突出贡献单位的56家企业进行表彰。

【烟草行业专项检查】稽查局自接到市局布置的烟草行业专项检查工作任务后，得到领导高度重视，成立专项检查工作组进行深入细致检查。经企业自查共补缴地方各税1331.56万元，滞纳金3.81万元，合计1335.37万元；经检查发现问题追缴地方各税共2.51万元，加收滞纳金0.28万元，合计2.79万元。

【加强纳税评估】以推进依法治税、规范征纳行为、优化税收环境为中心，全面开展纳税评估工作，促进整体税源管理水平的稳步提升和组织收入的和谐发展。

截至2008年12月31日，共对8085户纳税人履行纳税义务情况进行评估核实，同比增长17.92%，达到全局征管户数的20.42%，为税务稽查部门提供有效案源105户，通过对纳税人实施税务函告、约谈、实地调查核实和税收政策讲解，提请纳税人改正一般性涉税问题，全年纳税人自行补缴税款、滞纳金以及经转行政处罚加收罚款共计6166万元。为做好纳税评估后续服务，一是进行财务核算辅导。针对纳税人自身财务核算情况，依据纳税评估发现的问题，帮助完善财务核算，进行纳税辅导，提高其会计核算及纳税申报准确性。二是实行评估跟踪回访。建立纳税评估疑点台账，对评估补税的纳税人定期回访，查看其是否及时进行整改，是否有新问题需要解决。三是定期开展政策交流辅导。定期对评估问题进行汇总，及时召开政策辅导交流会，对纳税人开展政策辅导，提高纳税人的业务素质和法律意识，增进其对税法的了解度和纳税遵从度。

【加强纳税A级企业评定审核】 一是成立国税、地税纳税信用等级评定委员会，联合组织、协调企业信用等级评定管理工作，国税、地税合作进行信息共享，强化动态监控。二是召集区工商联、工艺品协会等行业协会中50家优秀成员企业的负责人参加税企座谈会，扩大诚信纳税宣传面，推动全区纳税信用等级评定工作开展。三是由各税务所对申请企业的税务登记、纳税申报、税款缴纳、账簿凭证管理、违法违规及相关奖励情况进行初步审核和打分，评估科对申请企业2007—2008年度纳税情况进行严格的全面评估。四是以协查函形式向工商、质监等部门了解申请企业的信用记录，对企业进行社会审核。

【建立六项机制加强惩防体系建设】 在认真学习《建立健全惩治和预防腐败体系2008—2012年工作规划》的基础上，根据本局实际，通过建立六项机制加强惩防体系建设。一是明确的责任机制。局党组对全局惩防教育工作全面负责，纪检监察部门积极配合，其他职能部门严格按照“一岗双责”的要求，切实履行职责，认真落实反腐倡廉各项工作。二是长效的教育机制。充分发挥教育部门的职能作用，提高教育的针对性、及时性，不断探索开展廉政文化教育的有效途径，创新教育理念，丰富教育内容，拓宽教育载体。三是严格的制度保证机制。将制度建设贯穿于惩治和预防腐败工作的各个环节，进一步完善和落实领导干部廉政责任分工、领导干部个人重大事项请示报告等制度，加强对制度执行情况的监督检查，及时发现和解决存在的问题。四是严密的监督制约机制。以领导干部和权力相对集中的执法人员为重点，形成以“两权”为中心的监督机制，关口前移、过程监控，充分发挥廉政风险防范机制在惩治和预防腐败工作中的关键作用。五是严厉的惩治机制。通过与检察院建立联席会议制度完善查办案件的部门协调配合机制，坚持查办案件与警示教育、廉政谈话相结合，做到惩防并举，有效遏制各类违法违纪案件的发生。六是科学的风险防范机制。认真开展廉政风险防范各阶段工作，通过查找风险点查漏补缺、建章立制，增强反腐败工作的预见性，实现自我提醒、自我提高。此外，举办反腐倡廉漫画展，将廉政文化寓于地税文化建设之中，以廉政文化的独特性推动地税文化的新发展。

【奥运期间安保工作】 一是加强组织领导。成立"平安奥运"行动协调领导小组，期间召开奥运安保工作专题会议5次，局领导与28个单位负责人签订责任书。二是加强制度建设。制定《通州区地方税务局突发事件总体应急预案》等8个紧急、应急预案，确保对突发事件的及时处理。三是加强安全教育。举办"迎奥运、保安全"国家安全知识教育，进一步提高全局干部职工平安奥运安全意识，组织《平安奥运人人有责》答题活动，收回答卷343份，通过以考促学，增强广大干部职工的平安奥运安全意识。四是加强安全检查。开展全局性安全普查2次、抽查10多次，联合信息化管理科共同对网络设备安全检查一次，确保重点部位的绝对安全。五是加强巡逻防控工作。奥运会期间参加巡逻防控执勤的干部共1200余人次，出动车辆180余台次。巡控期间，救护弃婴一名，帮助抢救心脏病人一名。夜间执勤期间，局领导坚持带班，多方面关心巡逻人员的自身安全，执勤的同志都能够自觉克服各种困难，以极大的热情投入到奥运安保工作中，精心完成了奥运安保巡控任务。六是加强值班工作。奥运期间局领导实行24小时带班，各单位都能够严格遵照值班规定值班，尽职尽责，机关值班室接听上级电话5个，纳税咨询电话48个，对接听的电话及时进行处置。七是强化责任追究。局党组对开展平安奥运行动不力造成影响的，工作不落实不到位，导致发生案件事故的，追究有关领导的责任，并严肃处理相关责任人。

【与青海海北州地税局举行友好单位签约仪式】 10月14日，通州区地税局与青海省海北州地税局友好单位签约仪式在局机关举行。交谈中，局长牛明奇和海北州地税局局长薛恒远分别就双方所处区位特点、税收管理、行政管理、队伍建设、信息化建设等基本情况进行了介绍。最后，双方进行了建立友好单位签字仪式，双方约定要加强两单位的优势互补和交流合作，共同促进地税事业的科学发展。

【领导班子成员】 通州区地方税务局局长：牛明奇；副局长：李宝顺、李强、张孟松、刘亚慧（女）；纪检组长：马杰。

（刘　冉）

顺义区地方税务局

【概况】顺义区位于北京市东北郊，城区距市中心30公里。东邻平谷，北连怀柔区、密云县，西接昌平、朝阳区，南界通州区、河北省三河市。区境东西长45公里，南北宽30公里，总面积1020平方公里。地处燕山南麓，华北平原北端，属潮白河冲积扇下段。平原面积占95.7%。地势北高南低，北部山地最高点海拔637米，平均海拔35米。境内有大小河流20余条，分属北运河、潮白河、蓟运河3个水系，河道总长232公里，径流总量1.7亿立方米。气候属暖温带半湿润大陆性季风性气候。全区共辖19个镇、6个街道办事处、424个行政村，境内有回、满、蒙古等25个少数民族，常住人口73.6万人。2008年，全区实现地区生产总值399.7亿元，同比增长12.6%；社会消费品零售额达到132.9亿元，同比增长22.8%；完成地方财政收入73.7亿元，同比增长67.3%。

顺义区地方税务局位于北京市顺义区新顺南大街35号，共有干部职工352人，平均年龄38.5岁，大专以上学历占88.07%。其中，中共党员274人，团员29人，分别占总人数的77.84%和8.24%。全局共设有12个职能科室、15个税务所、1个稽查局、1个机关后勤服务中心，并成立工会、地方税务学会。作为北京市地方税务局的派出机构，顺义区地方税务局承担着辖区内营业税、企业所得税、个人所得税等十余个地方税费的征收管理工作。截至2008年年底，全局共有税务登记户25994户，其中国有企业468户，集体企业940户，私营企业5381户，个体工商户12429户，联营企业12户，股份有限公司96户、股份合作企业和有限责任公司4298户，外资企业760户，其他企业1610户。

【税收任务完成情况】2008年，顺义区地方税务局组织各项税费收入66.89亿元，完成北京市地税局年度计划任务65.5亿元的102.1%，同比增收11.86亿元，增长21.6%，税收增幅已连续7年达到20%以上，税收收入保持了持续快速增长的势头。

【强化税收征管力度】建立协税护税组织，推进委托代征工作。为实现减轻基层工作压力与提高个体工商户及零散税源管理水平“双赢”的局面，积极筹备，多方协调，拟订《顺义区地方税务局协税护税管理办法》，先后在顺义区各乡镇成立了协税护税组织，并与17个乡镇和3个代征单位签订委托代征协议，初步构建起涉及10个税务所、覆盖全区19个乡镇的协税护税网络，为加强个体工商户和零散税源的管理奠定坚实的基础。加强欠税数据分析，细化欠税管理流程。对核心征管系统内的欠税数据进行全面的整理和分析，进一步摸清了全局的欠税底数。作为北京市地税局欠税管理试点单位，制定《顺义区地方税务局欠税管理试点实施方案》，促进欠税管理整体工作水平的提高，全年共清理入库欠税260万元。开展发票核查工作，加大发票管理力度。对3485户纳税人在2005年7月—2007年年底期间的发票和税控装置使用情况进行为期5个月的核查，强有力地规范了发票使用秩序，也促进全局整体征管工作质量的提升。

【提高纳税服务质量】 做好政府信息公开工作。截至2008年年底，已完成2003年1月1日以来形成的政府信息的收集、整理、确认、录入及公开工作，共确定主动公开政府信息208条，依申请公开信息220条。此外，还完成向区内有关单位的规范性文本移送工作，共移送规范性文件141份。为纳税人及时了解税收政策、正确履行纳税义务创造便利条件。建立“两大服务平台”。在内部，推出了服务全局的通用数据查询平台，满足不同业务部门的需求，提高了全局的数据使用效率。在外部，引入了短信服务平台，利用“短信群发”功能开展税法宣传、温馨提示、咨询辅导等工作，开辟了一条高效便捷的纳税服务渠道。深化VIP系统开发和网站建设。在VIP客户服务系统中添加业务报表模块，实现税务机关制表、纳税人填报、实时数据修改以及汇总统计等功能。对外网进行全面改版，运用全新的流媒体技术增加了图片、视频等多媒体内容，使得通州区地税局网站的涉税功能更加完善。

【创新纳税评估模式】 分三期组织开展全员评估工作。一是参与范围广。全体干部参与评估工作的全过程，全局先后共有823人次参与其中。二是工作形式新。充分发挥一线税收管理员的带动作用，由税务所与科室结成14个大组，71个小组，每月利用3—5天的时间对1—2户纳税人实施专项评估。三是整体效果好。在三期的全员评估工作中，共对198户货物运输业自开票纳税人进行了纳税评估和实地核查，发现问题的135户，有问题率为68%。其中责令限期变更税务登记的47户，建议取消自开票纳税人资格的18户，移交稽查立案查处的8户，经评估补税的78户。在全员评估工作的带动下，通州区地税局整体评估工作质效得到了明显的提高，全年共完成纳税评估6863户，经评估补缴税款、滞纳金、罚款共计4907万元。

【完善稽查工作制度】 针对稽查工作面临的新形势，重点强化制度对稽查工作的指导和约束作用。制定《税务稽查案件审理工作规范》，确保案件及案卷质量的提高；制定《关于开展打击制售假发票和非法代开发票专项整治行动工作方案》，开展发票专项整治工作；制定《非正常税务稽查案件认定工作制度》，加强对稽查案件的管理。全年共立案300件，组织实施检查256户，查补税款、滞纳金、罚款合计1141万元，入库1110万元，自成立稽查局以来，查补入库税款首次超过了1000万元。

【税政管理】 积极发挥税政管理职能提早着手，充分准备，圆满完成年所得12万元以上个人所得税自行纳税申报工作，共有7971人进行了申报，完成计划申报人数6100人的130.7%。全面贯彻落实新《企业所得税法》及其实施条例，加强对内培训辅导和对外政策宣传，全局累计召开辅导会24场，培训人员3000余人，发放宣传材料6000余份，保证新旧政策实现平稳过渡。对货运、货代行业税收政策进行了统一规范，保证了全局政策执行的准确性和一致性。强化了房产税、城镇土地使用税税源清查，进一步摸清全局税源底数。贯彻落实了土地增值税清算政策，加强对土地增值税电子台账使用和房地产开发企业申报的管理，全年共征收土地增值税3.14亿元，同比增收2.22亿元，增长239.1%。

【法制工作】 深入开展税收规范性文件审查监督工作，确保各类税收文件管理有序。贯彻落实税收政策执行情况反馈报告制度，保证政策执行情况收集反馈渠道的畅通。不断完善行政许可工作，加强了对取消部分税务行政许可事项的后续管理。先后制作四期供自由索取的税收规范性文件文本，增强了税收工作的透明度。进一步强化涉税证明的开具及管理，全年共为纳税人开具涉税证明41份。

【队伍建设】 提出“绿港金税”的地税品牌，并先后开展征集科训、所训、个人格言，创作局歌，举办青年辩论赛等文化建设活动。分别组织局领导、中层干部、一般干部开展学习型组织理论知识更新培训，将学习型顺义区地税创建工作引向深入。周密组织全员脱产会计培训，与北京国家会计学院联系，认真研讨教学方案，开设会计知识基础班和提高班，分四批组织全局330名干部进行脱产培训。在脱产会计培训结束后，又以全员评估和记账操作等形式为载体，开展系列成果转化活动，使广大学员所学知识得到充分的巩固和运用。继续推进业务技能大比拼活动，2008年，在全局范围内组织开展税收政策知识测试，比拼出税收政策业务能手，延续前期业务技能大比拼的良好态势。依据业务技能大比拼及市局税收管理员岗位能手评选活动的结果，将10名岗位明星及能手晋升为副主任科员职务，真正实现让有为者有位。稳步启动税收管理员和稽查岗位能级管理，制定岗位能级管理的暂行办法和实施方案，对能级管理的组织和领导、能级的设置和标准、考试和考核、晋升和降级等内容作出具体的规定。在第一阶段的稽查岗位能级考评中，采取考试与考核相结合的方式为22名稽查干部确定能级级次，并开始探索将能级作为聘任、提拔、选用干部的重要依据，为进一步推广岗位能级管理工作打下良好的基础。

【廉政建设】 先后两次开展了廉政风险点查找工作，全局共查找风险点125个，制定防范措施127项。开展“参观监所、警示人生”活动，用鲜活的实例教育广大干部珍惜岗位，把握人生。采取“寓教于行”的方式，积极参与北京市地税系统“清风颂，地税情”廉政文化系列活动、北京市“扬正气，促和谐”廉政公益广告创作展播活动以及顺义区“如何当好新时期的纪检监察干部”征文演讲活动，在取得优异成绩的同时，也教育广大干部职工筑牢廉政思想防线。另外，还与顺义区检察院联合签署了协议，明确有关预防和查办渎职犯罪的五项协调制度，切实强化了渎职侵权犯罪查办和预防工作的力度。

【奥运税收服务】 根据顺义区奥运赛事的需要，派出了71名城市志愿者、4名汽车驾驶志愿者以及1名赛会志愿者，积极开展各项服务工作。奥运期间，累计提供信息咨询135人次，语言翻译3人次，应急救护6人次，发放宣传资料324份，圆满完成了各项志愿服务任务，受到了中外友人的广泛赞许。制定突发事件应急预案、业务突发事件应急预案和业务应急操作流程，并进行全面的预演。组织全体驾驶员参加交通安全培训，并加强了车辆外出的管理。细化信息安全、治安巡逻和值班代班制度，并开展消防疏散演练。加强了信访排查和信息保密工作，避免矛盾激化和失泄密事件的出现。

【先进表彰】 顺义区地方税务局获得“全国精神文明建设工作先进单位”荣誉称号；第二税务所被评为“全国巾帼文明岗”；第一税务所荣获了北京市“三八”红旗集体称号；顺义地税局获得“顺义区政绩突出单位”“首都文明单位标兵”首都“迎奥运、讲文明、树新风”活动先进集体等29项荣誉。

【领导班子成员】 顺义区地方税务局局长：张天生；副局长：刘东升、王国强、王宝明、樊京虎；纪检组长：刘佩书（女）。

（王　静）

怀柔区地方税务局

【概况】 怀柔区地处燕山南麓北京市东北部，区域版图呈哑铃状，南北狭长，距市区50公里，全区面积2128.7平方公里，山区占88.7%。区辖12个镇2个乡2个街道办事处。2008年年末，全区户籍常住人口277080人。2008年怀柔区实现地区生产总值130.2亿元，同比增长7.2%。其中第一产业实现增加值6.3亿元，同比增长5.2%；第二产业实现增加值76.0亿元，同比增长4.5%；第三产业实现增加值47.8亿元，同比增长12.0%。全年完成地方财政收入14.8亿元，同比增长15.2%。其中税收收入为13.7亿元，同比增长16.2%，占全部地区财政收入的92.5%。税收收入中营业税、增值税和企业所得税这三大税种共完成10.5亿元，占全部税收收入的76%。全年地方财政支出40.9亿元，同比增长21.9%。在共计14项支出中，一般公共服务、工业商业金融等事务、教育、农林水事务四项支出达到26.4亿元，占全部财政支出的64.7%。全年共实现社会消费品（不含连锁）零售额430522万元，同比增长21.7%。

怀柔区地方税务局位于城区南端的南华大街17号。局机关设置12个职能科室、1个后勤服务中心，6个税务所，2个纳税服务所，1个稽查局。2008年年末共有干部职工261人，大专以上学历共238人，占92%，党员165人，占63%，团员17人，占6.5%。2008年年末所辖税务登记户21059户，其中国有经济202户、集体经济425户、私营经济5147户、其他有限责任经济3175户、股份有限公司45户、股份合作企业138户、联营经济8户、个体经济10897户、外商投资258户、港澳台商投资经济26户、其他738户。

【税收收入】 全年组织各项收入248390万元，同比增加19970万元，增长8.74%，超额完成市、区两级安排的收入计划，取得一定成绩，全局整体建设水平进一步提高。

【征收管理】 为进一步提高税收征管质量，怀柔区地税局创新开展“阳光行动”工程，其中，“阳光征管”，取得很大实效。通过实施“阳光征管”，达到“两提高、两解决”的实际效果。提高税收征管质量，提高干部服务和责任意识，解决考核不科学的问题；解决税收管理员行政处罚自由裁量权过大的问题。特别是在税收征管质量方面，各项征管指标始终保持在全系统前列。申报率和入库率分别比2007年年底提高1.6个和1.1个百分点，达到99%和99.6%；房产税、城镇土地使用税税源登记率达到96.5%，比实行“阳光征管”前提高39个百分点；房产税、城镇土地使用税、车船税的复核率达到99%；个人所得税全员全额申报率达到99.84%，正确率为99.4%；税收收入预测月初计划综合偏差率由2007年的同期14.03%下降到9.36%，下降4.67个百分点。在抓好“阳光征管”的同时，其他税收管理工作有了新的进步。一是抓好欠税管理试点，欠税管理取得新突破。二是进一步做好国标税控收款机推广和管理工作，全年新增988户。三是落实区政府要求，加强“两条沟”餐饮业征管工作，对餐饮户进行调查，建立举报有奖制度，“两条沟”餐饮业税收征管得到进一步加强。四是抓好注销审核，做到查清、查深、查透，防止税款流失。五是做好税务档案工作，完善税务档案管理制度。

【纳税服务】 实施“阳光服务”，在办税服务场所开辟奥运和老弱病残绿色通道，增设双语服务等专门窗口；推出电话预约等便民服务举措；制作服务事项告知卡、便民服务热线卡、服务质量反馈卡、友情提示牌，“三卡一牌”服务使纳税人感到地税机关的热情和亲切，纳税人以不同形式到地税局表示感谢，达200多人次。开展“千、百、十”征求意见活动。向1000个重点纳税户发送征求意见函，召开100家企业高管座谈会，对10个税收大户进行表彰。举办“走进地税，了解税收”开放日活动，邀请区政协企业界的委员和特邀监察员走进地税，对如何提升纳税服务水平进行了广泛深入的讨论。以争创工作为载体，做实、做优纳税服务。进一步完善了涉税事项告知信息服务平台，为纳税人发送涉税服务信息数万条。落实《中华人民共和国政府信息公开条例》，制定《政府信息公开办法》等8项制度，全年公布600多条信息。纳税服务热线12366远程坐席为纳税人咨询服务近万人次。对全局电话通信进行改造，增加25条外线，提高工作效率，方便纳税人。认真开展好第十七个税收宣传月活动，成立怀柔区龙山街道业余税法宣传队，使税收政策走进社区，做到活动经常、宣传深入、效果明显。

【税政管理】 一是认真贯彻新《企业所得税法》，建立追踪问效机制。深入调查研究，撰写《新税法执行对我区所得税收入影响》的调研报告，引起区政府领导的高度重视，为领导决策提供依据。二是认真做好年所得12万元以上纳税人自行申报工作。累计申报人数2298人，申报率为109.4%，超额完成市局下达的工作任务。三是认真做好2007年所得税汇算清缴工作。四是做好货运企业自开票纳税人的年审后续管理工作。五是创新建立税收政策执行情况核查制度，变事后检查为事前监督。六是进一步完善房产税、城镇土地使用税、车船税的税源登记工作。七是严格落实土地增值税清算政策，完善怀柔区地税局《土地增值税清算管理办法》，共入库土地增值税3.6亿元，同比增加1.9亿元。

【稽查检查】 实施"阳光稽查"，重视制度建设。完善《怀柔区地方税务局重大案件审理工作规程》等多项制度，进一步优化税务稽查工作流程，制度建设更加规范。建立有效的激励机制，进一步调动稽查人员的工作积极性。组织召开区公安局、国税局、地税局联合打击制售假发票和非法代开发票专项整治工作会，开展打击制售假发票和非法代开发票专项整治活动，有力地打击发票违法行为。2008年，稽查检查共135户，查补入库税款917.22万元。

【纳税评估】 扎实抓好纳税评估工作，纳税评估4008户，有问题率达到43%，评估补税2724.81万元。完成纳税信用等级评定工作，评出纳税信用A级企业88户。顺利通过了纳税评估项目ISO9000质量管理体系年审工作，创新建立纳税评估案件审理机制，增加了纳税评估审理环节，加强过程监控和风险防范，进一步增强了服务意识和工作的透明度，向纳税评估工作的科学运行、规范管理迈出坚实的一步。

【信息化建设】 创新研发行政处罚信息查询系统，明确处罚项目，统一处罚标准，规范税收管理员自由裁量权，有效地规避执法风险。设计了"领导要论"和"创建论坛"栏目，为干部学习和讨论提供信息化平台。加强信息系统的安全保障工作，在奥运会期间实行每天24小时值班制度，严防死守，确保了信息系统安全稳定运行。落实纳税人的意见和建议，对税收管理员平台、日常评估管理软件和二期等系统进行了优化，保证纳税人网上办税、浏览的速度。

【法制建设】 规范执法行为，提高执法质量。为防范和化解执法风险，按照"精、细、深、透"的执法检查要求，对日常评估等九个方面的执法情况进行了检查，组织召开问题分析会，责令有关单位及时整改，进一步提高大家依法治税意识。创新实行了"跟踪检查、复查追究"执法过错责任追究的方法，受到北京市地税局充分肯定，并在全系统法制工作会上作典型介绍。抓好普法教育，制定"五五"普法宣传规划，突出实效性、科学性、教育性、创新性、和谐性五大特点。

【党建工作】 切实抓好党建工作，重视二级、三级班子理论学习、组织建设和作风建设，落实党建工作、党组班子理论中心组学习等年度计划。坚持民主集中制等各项组织制度，注重班子团结，多次召开专题民主生活会，积极开展批评和自我批评。2008年新发展5名党员，党员总数达到176名。认真落实党课制度，开展以“为奥运奉献，为党旗增辉”为主题的党日活动，国防大学少将徐焰、党组书记韩松分别为全体党员上了党课。开展“创造诚信环境实现奥运梦想”等五次主题教育活动，丰富深刻，主题鲜明的教育活动，进一步打牢党员干部职工的思想基础，市局巡视组对怀柔区地税局班子建设和整体工作给予高度评价。

【党风廉政建设】 召开2008年度党风廉政建设工作会、廉政风险防范工作动员会和党风廉政建设座谈会。组织党员干部参观预防职务犯罪成果展览。以强化“两权”监督为落脚点，全面推进廉政风险的防范管理工作。建立与区检察院工作协调机制，为抓好党风廉政建设开辟新的途径。高度重视党风廉政建设，为怀柔区地税事业的健康发展提供强有力的政治保障。

【奥运服务】 落实奥运税收政策，做好奥运税收服务，搭建奥运税收服务平台，代开奥运门票发票844份。扎实抓好“平安奥运行动”工程，确保奥运期间一方平安。重视奥运志愿者工作，各类服务奥运志愿者105人，上岗近千人次。

【队伍建设】 创新干部培训的新方法。根据教育培训工作计划，于6月中旬至12月中旬历时半年时间，每周五全天组织开展会计基础知识培训，按照干部所学专业知识、岗位类别等条件，明确必须参加培训、考试的人员范围，全年授课约120课时，参训干部900余人次，先后组织了两次阶段性测试和一次综合性考试，及格率达到95%。

【财务后勤】 财务、后勤等服务保障能力进一步提高，完善《财务管理办法》，加强财务信息化建设，规范财务工作流程，提高服务效率和工作质量。开展固定资产清查工作，固定资产管理更加规范。投入120多万元，改善基层税务所工作、生活和学习条件。实行营养配餐，保障干部职工饮食安全。严格车辆管理，行驶40多万公里无事故，保证工作用车和交通安全。

【学习型机关】 扎实开展学习型机关创建活动。成立创建学习型机关工作领导小组，明确了以建设学习型领导班子为龙头，推动全局创建工作，通过广泛宣传、建章立制、丰富载体、征集愿景等活动，创造浓厚的学习氛围，提升了干部素质，提高了服务水平，转变了工作作风。怀柔区地税局的创建工作得到了怀柔区领导和区创建办的好评，相关媒体宣传报道了怀柔地税局的典型做法。12月10日，北京市建设学习型城市专家组到怀柔区地税局检查验收，对怀柔区地税局创建学习型机关给予了分肯定，为怀柔区创建学习型先进城区作出突出贡献。

【精神文明】 重视精神文明建设，开展抗震救灾献爱心捐款活动，全年捐款6次，捐款达15.4万元，捐赠衣物600多件，其中，全局缴纳“特殊党费”为72700元。

积极做好联乡帮村工作，帮助解决三道窝铺村群众吃水困难，将自来水管道铺设到家家户户。工会、共青团、妇联组织“迎奥运、强体质、展风采”登山比赛、“创建和谐家庭、增进亲情教育”纪念“六一”儿童节等有意义的文体活动。注重关心干部职工利益，组织干部体检，做了大量干部职工关心的实事、好事，全局干部职工的集体荣誉感和凝聚力进一步增强。

【先进表彰】 2008年怀柔区地税局获得荣誉：怀柔区先进基层党组织；市局第七届文艺汇演组织奖；市残疾人联合会评选的残保金代征工作先进单位；怀柔区文明办、总工会评选的北京奥运会、残奥会文明观众、拉拉队工作优秀组织单位；市局评选的服务北京奥运残奥会先进集体、平安奥运先进单位；被区平安奥运协调领导小组评选为奥运安保先进单位；区奥运会志愿者工作协调小组评选的奥运会、残奥会城市志愿者先进工作集体。第一税务所荣获全国青年文明号；第二税务所获得区巾帼文明示范岗称号。

【领导班子成员】 怀柔区地方税务局局长：韩松；副局长：丁锦宁、姜学东、史利军、王桂富；纪检组长：陈刚。

（张继颖）

平谷区地方税务局

【概况】 平谷区位于首都经济圈和环渤海经济区中，北与密云县、河北省兴隆县相邻，西与顺义区接壤，东、南与天津市蓟县、河北省三河市为邻，处在京、津、冀三省市的交会处，是全国最大的产桃基地，有“京东绿谷”的美誉。全区总面积950.13平方公里，其中山区面积占59.7%，耕地面积18.7万亩。全区总人口39.7万人（户籍人口），其中农业人口为21.0万人（户籍人口）；下辖14镇、2乡、2个街道办事处，272个村民委员会、30个居民委员会。2008年全区完成地区生产总值80亿元，同比增长11%；农林牧渔业总产值完成25.1亿元，同比增长15.4%；工业总产值（现价）完成137.5亿元，同比增长11.4%；社会消费品零售额完成27.7亿元，同比增长14.0%；完成财政收入9.0亿元，同比降低1.1%；农民人均纯收入9790元，同比增长11.9%。

平谷区地方税务局位于平谷区林荫北

街5号，机关内设12个科室、下设10个税务所（第一税务所、第二税务所和8个税源管理所），1个事业单位（机关后勤服务中心）、稽查局和工会。截至2008年年底，全局共有干部职工265人，其中公务员242人，工勤人员23人；专科以上学历人数为220人，占全局总人数的83.02%，其中研究生2人，本科169人，专科49人；党员173人，占全局总人数65.28%，团员35人，占全局总人数13.21%。全区注册税务登记户数（正常户）为 12486 户，内资企业 9587 户（其中，国有企业 171 户，集体企业 306户，股份制合作企业 461 户，联营企业 1 户，有限责任公司 7478 户，股份有限公司 51 户，私营企业 242 户，其他企业 877 户），个体工商户 2766 户，中外合资、中外合作和外商独资企业 96 户，港澳台合资、合作和独资企业 36 户，其他 1 户。

【税收任务完成情况】2008年，平谷区地税局完成各项税费收入17.5亿元，同比减收4720万元，下降2.63%，完成市局下达计划的101.15%。形成中央级收入3.6亿元，市级收入6.9亿元，区级收入7亿元，占区级财政收入的77.57%。受金融危机、国家宏观政策调整和举办奥运会城市管理的严格限制等因素的影响，平谷区主体行业、主体税种均呈下降趋势。面对严峻的组收形势，平谷区地税局及时向区政府、市局汇报，采取局领导走访重点纳税人、召开纳税人表彰会、加大评估稽查力度、加快土地增值税清算等措施，在形势极其不利的情况下，完成收入计划。

【加强征管基础工作】一是加强税务登记管理。完成辖区内三大市场319户个体工商户税务登记证件的核发工作，核发率为100%。将纳税人办理开业登记时提交的资料由15项减少为10项，避免了在不同部门重复提供相同资料问题。二是加强发票管理。落实发票管理制度，严格发票购领、自印审批，加强使用情况检查，严格货运发票审核对比。继续推广国标税控机，全年安装国标税控机1195台。三是落实信息共享制度。全年从工商、国税、建委、审计等部门采集涉税信息17.28万条。四是加强纳税申报管理。修订《无税（费）申报确认管理办法》，重新设计《无税（费）申报确认书》，减轻了税务所工作负担。五是加强欠税管理。追缴欠税318万元，2008年无新增欠税。2008年税务登记率达到100%，综合申报率、入库率、无税申报确认率均达到市局要求。

【强化税政管理】一是圆满完成年所得12万元以上个人所得税自行申报工作。自行申报1018人，完成申报任务的113%。二是以新办户管理为重点，继续推进个人所得税明细申报，2008年各月申报率均在95%以上，申报准确率居系统前列。三是企业所得税预征工作顺利实施。准确掌握企业所得税税源户基本信息，确保数据全面准确。扩大网上申报范围。认真做好核定征收工作，和总、分机构及小型微利企业备案工作。加强季度申报催缴。四是做好房产税、城镇土地使用税税源清查工作。五是积极推进房地产税收一体化管理，做好房地产有关税种的征收管理工作。六是残疾人就业保障金代征工作顺利实施，入库残保金1247万元。落实税收优惠政策，全年共减免税4242万元。

【推进评估稽查工作】 完成纳税评估3156户，有问题户数1008户，有问题率为31.94%。实现评估补税、滞纳金、罚款6395万元，评估后转入税务稽查260户。加强纳税信用体系建设，根据行业特点完善管理措施，实现对A级企业的实时和全面监控。继续推进阳光稽查。圆满完成打击制、售假发票和非法代开发票专项检查（整治）工作。以应用新税务稽查案件管理信息系统为契机，进一步规范各环节工作。2008年，共完成各类立案检查205户，有问题的174户。查补税款、滞纳金、罚款138万元。立案检查准确率、滞纳金加收率、处罚率均高于系统平均水平。在系统稽查案卷评查中得满分，排名并列第一。

【涉奥税收服务工作】 全力做好奥运会、残奥会服务工作。成立奥运税务服务协调小组，加强与涉奥纳税人联系沟通，及时提供税务服务。开设奥运发票专用窗口，做好奥运场馆门票发售工作。做好奥运税收宣传工作。积极参与城市志愿者活动，发放宣传材料、举办奥运知识竞赛、开展“我参与、我奉献、我快乐”奥运签名活动，3名同志参与火炬传递服务工作。深入开展平安奥运专项行动，落实奥运期间税收征管保障、信息系统安全、媒体应对和安全保卫等应急机制，局机关党员加入火炬传递路线保卫和社区日常巡逻队伍，5名平安奥运特派员深入乡村，协助村干部做好安全防范工作。驾驶员志愿者较好地完成服务任务。封存停驶公车14辆。奥运期间，全局有7个单位，26人次受到上级表彰。

【继续推进纳税服务】 为加强涉农服务，对224位“大学生村官”进行涉税服务需求调查。为解决山区纳税人购票、纳税难问题，7月起，税务人员在征期利用无线上网技术上门为山区纳税人办理购票、纳税事宜。为推进“一站式”服务，将税务登记、契税征收职能集中于区行政服务中心，成立了第二税务所，实现了真正的“一站式”服务。建立纳税告知制度，明确各类人员告知责任。完善工作流程，将纳税人办理开业登记时，由第二税务所收取银行开户许可证、录入信息，改为纳税人到主管税务所报到时，由主管税务所收取、补录，降低纳税人办税成本。发挥信息化优势，外网上传各类信息800余条，发布行政许可公告131条。开通新登记纳税人免费电子邮箱1411个，对155个非正常户及10739个证件失效户在网站进行曝光。向纳税人发送手机短信174次10万余条。为750余户纳税人开通手机邮箱业务。

【开展优化纳税服务软环境大讨论】积极参与优化发展软环境大讨论，为科学发展提供动力。活动中，全局人员认真查找对待工作、对待上级、对待同事、对待纳税人方面存在的差距和不足；局领导、各税务所和有关科室分别征求区、乡镇领导和有关部门的意见建议。整改中既注重具体事项整改，又注重建立长效机制，建立了3项新管理制度。

【组织参与各项社会活动】努力将地税工作融入区域经济社会发展大局。积极开展“城乡携手迎奥运，共建文明京郊行”活动，向东沟村捐赠电脑、数码相机等文化用品，并帮助解决打井等直接影响群众生活的问题，双方共同开展“和谐家庭”评选活动。积极开展为南方雨雪冰冻灾区和四川地震灾区募捐活动，全局干部职工捐赠棉衣被532件，捐款4.6万元，党员交纳特殊党费2.6万元。

【持续优化税收环境】加强法制建设。清理区局制发、转发的失效或废止规范性文件13份，保证抽象行政行为合法。严格落实规范性文件自由索取制度，定期更新规范性文件自由索取目录，及时在外网公开制发的规范性文件；发挥公告栏的作用，进行税法的宣传送达。开展日常执法检查4次，专项执法检查1次，对发现问题监督整改，有效规范了执法行为。加强税收宣传。提出“人人都是宣传员”的口号，引导大家积极参与税收宣传。税收宣传月期间，针对新《企业所得税法》实施初期，纳税人及社会各界人士急于掌握新法要点的需求，举办知识竞赛。表彰发票使用示范企业。积极参与12月4日全国法制宣传日活动。各税务所根据纳税人需求，多次开展进工厂、进社会、进学校等宣传活动。政府信息公开工作全面展开。将实施《政府信息公开条例》的准备工作纳入折子工程，制定实施相关制度。将《政府信息公开条例》列入2008年更新知识培训内容，180人接受系统培训；采取以会代培形式对各单位联系人进行重点培训，纠正对有关制度的理解偏差和工作中出现的问题。2008年，共公开主动公开类信息750条。

【廉政建设】设定“无违法违纪，无管理责任事故”综合管理基本目标，明确做人、做事、做官的底线。通过层层签订党风廉政建设责任书、社会治安综合治理责任书、信息安全责任书、交通安全责任书，完善有关制度，为综合管理工作提供有力的依托。以“清风颂，地税情”廉政系列文化活动作为载体，深入开展廉政教育；积极探索廉政风险防范管理，强化“两权”监督；与平谷区区检察院建立联席会制度，认真做好预防渎职犯罪工作；组织社会特约监察员开展政风行风检查评议活动，促进政风行风建设；对党员干部执行廉洁自律规定情况进行“集中回查”，提高党员干部的廉洁自律意识。2008年，市局监察部门和区行政投诉中心均未接到关于平谷区地税局的投诉。

【干部队伍建设】 落实干部管理制度。在科级后备干部选拔中，引入社会专业人才评价机构，保证选拔的公正性和科学性。加大干部培训力度，鼓励干部参加中高级职称考试，全年组织培训409人次，全局业务考试3次。

【党团建设】 为5个基层党支部配备专职书记，落实党务公开制度，拓展党员教育阵地，党员电教工作受到北京市委组织部表彰。加强机制建设。以2007年目标管理考核和绩效考核结果为依据，实行督察考核奖金的差额分配；修订目标管理考核办法和绩效考核办法，营造鼓励先进，鞭策后进的工作氛围。坚持纳税服务标兵、党员先锋岗评选活动，开展多种形式的争先创优活动。

【先进表彰】 2008年，平谷区地方税务局第一税务所被评为全国“巾帼文明岗”。平谷区地税局被评为首都文明单位标兵；平谷区地税局被评为北京市爱国卫生先进单位；区局团委在“奥运先锋——2008年度北京市共青团达标创优竞赛活动”中荣获“五四红旗团委”称号；第一税务所被评为市级“青年文明号”。平谷区地税局被评为2008年度信息工作先进单位；平谷区地税局在系统第七届文艺汇演中荣获B组二等奖，并获得组织奖；平谷区地税局被评为奥运税务服务个性化服务表彰单位；人事教育科、机关后勤服务中心被评为“平安奥运行动”先进集体；开发区税务所被评为奥运税务服务先进税务所；信息化管理科被评为“服务北京奥运会、残奥会先进集体”；金海湖税务所被评为党风廉政建设先进税务所；平谷区地方税务局“北京盛业房地产开发有限公司案件”专案组（稽查局检查二科王成、张冬云检查组）被评为 “依法治税、廉洁办案”稽查先进专案组。平谷区地税局被评为2008年度全面推进依法行政工作突出单位；平谷区地税局被评为区直“五个好”涉农部门；平谷区地税局被评为2008年交通安全管理先进单位；平谷区地税局团委被评为2008年度平谷区共青团信息工作先进单位；信息化管理科被评为平谷区“青年文明号”；第二税务所被评为综合行政服务中心优秀窗口；平谷区地税局第四团支部（由开发区所、新平所、城关所、个体所组成）被评为2008年度“五四红旗团支部”。

【领导班子成员】 平谷区地方税务局局长：张忠良；副局长：朱庆丰、张秀娟（女）、王一兵、牛皖军；纪检组长：杨连忠。

（胡岚峰）

房山区地方税务局

【概况】房山区位于北京西南，总面积2019平方公里，山区及丘陵面积占三分之二，区内经济以建筑、建材、化工、旅游业为主。房山旅游资源得天独厚、丰富多彩，房山区共有文化古迹302处，北京人的发祥地——周口店是闻名世界的古人类和古脊椎动物文化遗址，千年古刹、云居寺、溶洞王国——石花洞、青山野渡、百里画廊的风景名胜区十渡都在房山境内。房山区辖28个乡镇、办事处，462个村，常住人口90.5万人。区府所在地良乡是《北京市总体规划》中首都四个中心卫星城之一，距市中心20公里，区位优势突出。2008年全区地区生产总值223.1亿元。财政收入21亿元，同比下降9.4%。全区城镇居民人均可支配收入达到20328.9元，同比增长8.6%，农民人均纯收入达到10073元，同比增长12.2%，社会消费品零售额90.3亿元，同比增长19%。

房山区地方税务局地处房山区拱辰街道办事处。2008年年末，本局内设1个稽查局，14个职能科室，下设11个综合税务所、1个纳税服务所和1个后勤服务中心。2008年年末，全局共有干部职工259人，其中干部 230人，职工29人，本科以上173人，党员173人。2008年年末，全区地方税收纳税人在册税务登记正常户为27690户。其中，国有企业238户，集体企业1276户，私营企业10525户，个体工商户11758户，联营企业7户，股份制企业734户，有限责任公司2008 户，股份有限公司95户，外商投资企业99户，港澳投资企业46户，其他企业904户。

【税收收入完成情况】2008年，房山区地方税务局共组织各项收入24.1亿元，同比增收2.5亿元，增长11.71%。完成市局下达年度税收计划的104.8%，累计实现区级收入10亿元，同比增收1.2亿元，增长13.34%。市、区、所三级重点户实现税收18.7亿元，占总体税收的比重77.8%。其中，营业税累计完成11.3亿元，同比增收1.6亿元，增长17.06%；企业所得税完成3.6亿元，同比减收1.8亿元，降低33.07%；个人所得税累计完成2.8亿元，同比增收9498万元，增长51.69%；印花税完成3112万元，同比减收5298万元，降低

63%；土地增值税入库14351万元，同比增收8968万元，增长166.6%。收入特点：一是行业构成集中，主要收入集中在房地产、建筑、制造、居民服务和其他服务、交通运输、仓储及邮政、租赁和商务服务等七大行业中。二是级距构成集中，累计入库在100万元以上的纳税户共有229户，入库各项收入184831万元，占全局总收入的76.68%，同比增收30186万元，占总体税收增收额的119.24%，是总体税收增减的决定因素。三是各主要增减收因素影响年内各月税收走势。受车船税、土地增值税、企业所得税和城镇土地使用税等政策因素，查补、缓征等无可比一次性大额入库因素，以及奥运、经济形势等方面的影响，年内各月税收同比增幅走势呈现高开低走，并在7—12月的下半年6个月中出现持续负增长。

【为纳税人办好“五件新实事”】一是推出手机办税新举措。在巩固和完善网上办税、电话报税、移动办税的基础上，一季度，房山区地税局投入8万多元，完成了手机报税功能的研发工作。广泛采用手机短信提醒服务，降低纳税人的违规风险。全年为纳税人提供纳税申报提醒服务15000条次（含迟报催缴）。二是实施“VIP”服务新方式。2月组建“VIP”所，即开发区税务所，将开发区内的企业纳入“VIP”服务范围。各所也相继设立了“VIP”服务窗口，对全区580户市、区、所三级重点户全部实现了“VIP”服务。局机关和各所分别组织召开了高管人员座谈会2次，征求意见17条，对纳税大户提供预约189户次、提醒710户次、上门服务1520户次。三是为新办企业提供免费培训服务。制作了《新办企业培训简易教材》光盘，在税务登记窗口滚动播放。为纳税人编制《报到通知单》《所需材料清单》《减免税手册》等资料，供新办户参考学习。全年为新办户纳税人免费发放《材料清单》7864份。四是积极简化办税手续。按照行业分类。认真清理要求纳税人提供的各种报表，税务档案扫描系统已经上线。五是为支持新农村建设提供服务。十渡镇七渡村为区地税局帮扶村。为搞好帮扶工作，房山区地税局专门成立了共建帮扶办公室，责成专人到七渡村了解情况，制订帮扶计划。帮助村建立了“民俗公益网苑”，宣传民俗旅游资源，推动民俗旅游发展。

【召开建筑企业集体评估约谈会】为进一步强化税源管理，降低税收风险，减少税款流失，不断提高税收征管的质量和效率，于10月30日对所属的11家建筑企业召开了建筑业专项纳税评估集体约谈政策辅导会。此次集体约谈主要是对涉及相关的税收政策进行了讲解，引导企业严格按照税法规定进行纳税申报。同时针对其存在的共性问题，进行政策指导，要求企业自查自纠。通过此次培训，使财会人员对建筑业所涉及的有关税收政策有了更深层次的理解，参会企业会后认真自查，使由于对税收政策理解不到位而漏缴的国家税款得到纠正，及时入库。11户建筑企业经过集体约谈，补缴税款约600余万元。

【推出新办企业“6+1”套餐式纳税培训服务】 为提高新办企业正确履行纳税义务的能力，针对新办企业，房山区地税局推出“6+1”套餐式纳税培训服务，即一套办税服务提醒单、一张纳税人权利义务告知书、一张办税服务名片、一套纳税申报辅导手册、一份《地税公告》、一本减免税汇编，外加一次新办户集中辅导培训。全年共发放办税服务提醒单7864份，纳税人权利义务告知书10926份，《地税公告》20000余份。在此基础上，征管科组织编写并制定税务登记培训以及纳税人到税务所报到办理事项等内容，在投资服务中心滚动播放，满足纳税人新设立时的入门培训需要，制作了全局的涉及登记、购票、申报、审批和备案内容幻灯片培训课件，安装在税务所自助服务机和触摸屏上，用于自助培训和奥运断网期间的简单业务查询。为让新办户初步建立依法诚信正确履行纳税义务的意识，房山区地税局为新办户提供连续3个月的纳税申报提醒服务，全年共提供各类申报提醒服务15000户次。解决新办户培训辅导后，申报率、入库率大幅提高，申报率、入库率最高达到99.95%和99.93%。

【支持社会主义新农村建设】 按照房山区委政府的安排，结合“城乡携手迎奥运　共建文明京郊行”主题活动，围绕房山区“百村帮扶工程”及《2008年度十渡镇七渡村发展民俗旅游产业链条式系列工程》计划，年内，重点对“太阳升”、“狐狸险”两个景点工程进行二期开发，协调建成了两个街心花园。另外，为七渡村开发民俗村公益网苑，建立电脑室和网站，内容主要包括村容村貌、政务公开、景点介绍、特色农庄、网上办税等。同时，为规范村级两委班子建设，帮助七渡河村建立党团活动室，制定各项制度展板9块。为增加农民收入，提高农家乐接待、服务水平，邀请解放军66040部队中国烹饪名师、高级营养师、全军烹饪考评专家组成员边讲解边实际操作，对农家乐厨师进行了烹饪技术培训。

【实行税务稽查预警机制】 围绕“加大办案力度、建立预警机制、提高风险意识”三方面做强稽查。结合组织收入任务，加大案件清理力度，不断提高税务稽查工作效率。通过采取日常检查、专项检查、专案检查三种检查方式，截至12月31日，房山区地税局共对179户（含上年结转）纳税人进行税务检查，同比减少118户；有问题户数124户，同比减少66户；有问题率为69%；通过各种形式税务检查共组织收入581万元，同比减少1270万元（其中，查补税款519万元，同比减少1202万元，滞罚收入62万元，同比减少68万元），户均查补税款3.25万元，同比减少2.98万元，入库金额559万元，同比减少846万元，入库率为96%。

【行政管理系统上线运行】 为确保信

息系统安全稳定运行，继续夯实运维工作体系，房山区地税局自行研发了行政管理系统并在全局范围内运转。行政管理系统包括7大模块，71个功能项，367个子功能模块，涉及页面1200多个，初步实现了规范化管理。同时，搭建统一的内部办公平台，整合各种应用资源。实现了将内网、行政管理系统、执法考核系统登录信息的整合，实现了单点登录，在内网中设置与市局及其他各个应用系统的链接，方便干部自由切换，简化工作步骤，便于及时解决税收业务工作问题，有力地支撑了全局各项工作高效快捷、稳定有序的开展。

【全面实施科技控权以防范执法风险】 利用信息化技术，依托《税收管理及执法考核系统》，加强执法监督，深化科技控权，防范执法风险。全年累计监控发现涉税疑点14892件次，处理13128件次，追缴税款403.04万元。通过税收管理及执法考核系统自动对涉税问题核查、许可、审批等各环节的时限、文书送达、追缴税款及罚款滞纳金等执法情况自动进行监控，开展了执法考核，形成有效考核数据20050条，涉及25个指标，56项规则，16个单位，118人。

【全面开展廉政风险防范管理工作】 年内，房山区地税局被北京市地方税务局和房山区确定为廉政风险防范试点单位。房山区地税局坚持以人为点，以工作流程为线，以制度为面，从思想道德、制度机制、岗位职责三个方面，认真查找风险点。期间，成立了6个调研小组。即思想道德、制度机制、税务所、业务科室、稽查局、政工科室风险点查找小组。共查找三个方面、108个风险点，并归集为64个环节。其中已经纳入计算机监控的19个；准备纳入计算机监控的45个。根据房山区纪委的要求，将64个风险环节进行了细化，从局领导班子到各科所，从单位到个人，从业务岗位职责、党风廉政职责到思想道德风险、岗位职责风险、制度机制风险以及具体防控措施等方面都进行重新规范，制作了本局《廉政风险识别、防控一览表》。

【开展职务犯罪查办和预防工作】 为使检察机关和区地税局联系会议制度常态化、制度化，房山区地税局携手房山区检察院共同开展职务犯罪查办和预防工作，8月6日，双方签订工作意见书。双方通过《房山区人民检察院、房山区地方税务局关于共同开展职务犯罪查办和预防工作的意见》，共同签署《关于共同开展职务犯罪查办和预防工作协议书》，建立五项工作机制。12月23日，房山区地税局邀请房山区检察院反贪局局长王建明为全局干部进行预防职务犯罪专题讲座。全局干部重温廉政誓词，听取专题报告。

【执业资格培训】 以执业资格考试为依托，全面提升干部专业化水平。一是及时组织全员进行注册税务师报名，全局报考人数24名，其中科级干部14人，一般干部10人；报考注册会计师人员1名。二是制订培训工作计划，以参加市局注税培训人员讲课和模拟测试为主，结合个人自学实际进行。三是统一购买2008年注册税务师、注册会计师培训课件，挂在局内网上，实现全局共享。四是分三个阶段组织全局培训。第一阶段主要以听课件为主，系统学习掌握各学科知识；第二阶段由参加市局培训人员进行讲课，将报考的三个学课分解到人，由三名小教员分别讲解，解答疑问；第三阶段是模拟测试，统考前，组织进行模拟考试。五是进行培训统计和考勤。从3月8日开始，全局统一组织培训6次，分别进行了考勤记录；科所组织学习16次。六是组织参加全国统一的考试。6月20日—22日，组织15人在市里的三个考点参加了考试。全局五科全通过2人，通过三科1人，通过二科2人，通过一科1人，有效地提高三师的比率，储备税收专业人才。

【领导班子成员】 房山区地方税务局局长：万国喜；副局长：晋国常、谭巨科、王冠凯、邵明东；纪检组长：安永刚。

（张丽莉）

昌平区地方税务局

【概况】 昌平区位于北京市西北部，东临顺义区，南与朝阳、海淀区毗邻，西与门头沟区和河北省怀来县接壤，北与延庆县、怀柔区相连，位于太行山脉与燕山山脉交汇处，素有“京师之枕”的美誉。昌平辖区总面积1343.5平方公里，其中平原548.1平方公里，山区、半山区面积795.4平方公里，总耕地面积12143.3公顷。截至2008年年底，常住人口94.2万人，户籍人口51.2万人。区设15个镇政府、2个街道办事处、304个村民委员会、148个社区居委会。昌平交通畅通便利，四通八达，城市铁路、京包铁路、八达岭、京承高速公路、立汤快速路纵观南北，京通铁路、大秦铁路、六环路、顺沙公路横跨东西，形成了快速、便捷、经济的交通网络。区内自然条件优越，拥有绵延百里的山前暖带，土地肥沃，资源丰富，山清水秀，环境、空气质量好，明陵、居庸关闻名遐迩，是和谐宜人的北京郊区。昌平区2008年全区国内生产总值完成315.6亿元；实现消费品零售额114.8亿元；实现地方财政收入24.2亿元，同比增长13.7%。

昌平区地方税务局位于昌平区南环东路16号。截至2008年年底，全局共有干部职工337人，含公务员316人，工人21人。大专以上学历人数308人，其中，研究生11人，占总人数的3.2%；本科生223人，占总人数的66.2%；专科生74人，占总人数的22%。全局党员231人，机关党委1个，党支部19个；团员29名，团总支1个，团支部5个；工会小组19个。全局共设立29个科级单位，其中，12个科（室）、11个所、1个机关后勤服务中心、稽查局的5个科。截至2008年年底，昌平区地税局注册的正常税源户有40259家，按企业类型划分：国有376户、集体1034户、个体户22221户、其他16628户。

【税收任务完成情况】 2008年，昌平区地方税务局累计组织完成各项收入44.8亿元，同比增收3.7亿元，增长8.9%；完成地方留成15.4亿元，同比增收9519万元，增长6.6%。

【全面加强税收征管稽查】 2008年，昌平区地税局各项工作紧密围绕“做细征收、做精管理、做强稽查、做实税政、做优服务”的“五做”目标，不断提高税收征管稽查质量，确保纳税人正确履行纳税义务。坚持重点企业定期走访制度和三级税源监控制度。税收专管员直接分户管理。区内重点税源户由局领导班子亲自负责分片走访。分别召开全区房地产建筑业、金融保险业、餐饮服务业、制造业四大行业重点纳税人座谈会。利用网络信息资源加强对重点行业的信息跟踪，提高了税源监控水平，加强了源头控管。全面规范各环节税收管理制度。2008年全区网上申报户达到了15737户，占非个体正常户的95%。在个人所得税全员全额明细申报工作中，开发了“个人所得税申报查询系统”软件，个人所得税全员全额明细申报率接近99%，全市排名位居前五名。严格发票许可、审批、领购、报数、授权、缴销环节管理。做好奥运会和残奥会门票开具发票工作。积极推进国标税控在昌平区的推广应用。积极开展打击制售假发票和非法代开发票专项整治行动，营造诚信纳税氛围。纳税检查工作逐步深化。2008年，在深入纳税评估的基础上共对369户纳税人进行了税务检查，有问题户数332户，立案检查准确率为90%；查补收入2246.83万元，其中，税款1726.1万元，加收滞纳金、罚款520.73万元，入库2321.99万元，入库率为104%。

【提高纳税服务水平】 从源头抓起，营造优质税收服务环境。积极做好招商引资重点企业的服务工作，实施“事前、事中、事后”全方位立体服务。对有意向入驻昌平区的企业，主动提供税收政策咨询；对刚入驻的企业由局党组班子领队，送服务，送温暖；对已经入驻的企业，定期走访，针对具体需求提供个性化服务。加大税收宣传力度，普及税法知识。以税收宣传月活动为主体，结合需要举办不同侧重点的税收宣传活动，加强对纳税人的培训和辅导，无偿提供帮助和指导，不断提高纳税人依法纳税的意识和水平，宣传活动内容充实、形式多样。其中，成立于2005年的“新农村税校”是北京市首个农村税法宣传基地，立足昌平实际，三年来坚持为农村纳税人提供个性化的专业服务，受到地方政府的好评。

【精神文明建设】 围绕“追求卓越”“参与奥运”两大主题，精神文明建设活动蓬勃开展。2008年年初，发出“同心谋发展，携手创卓越”倡议书，号召全局干部职工用行动实现从优秀到卓越的跨越。在思想意识方面，举办爱国主义教育、个人成长体验式培训活动、全员春季长走活动，“我为奥运建言献策”，工会组织第六届健康活力杯乒乓球比赛、大合唱、“我参与我快乐”健身等活动，为精神面貌的提升和团队凝聚力的增强起到重要作用。在服务能力方面，北京奥运会举办之际，把城市志愿者队伍与站点建设、每周英语活动、干部涉奥综合素质培训等作为重点活动开展，在11个税务所成立了奥运税收中英文双语服务站，设立奥运门票代开窗口，针对铁人三项项目推出“点对点、一对一”的个性化服务。在奥运安保方面，一是做好自身安全工作。二是认真积极完成上级指派的安保任务，顺利完成火炬传递和奥运自行车赛的外围保障工作。由昌平区地税局承担的昌平区北站城市志愿者服务站点志愿服务工作安全运行100天，累计工作5626小时，在全市550个站点中排名第三。昌平区委书记关成华、团市委书记刘剑等领导对昌平区地税局的奥运服务给予了高度评价。

【干部培训教育】 加强干部管理，做好考核、培训工作，加大学习型地税建设。借鉴高校学分制教育培训模式在局内试行学分制教育培训改革。与专门机构共同组织了思维拓展培训，拓宽干部视野，激发干部潜能，在局内引起广泛反响。2008年5月完成全员知识更新培训，受到干部普遍欢迎。从2008年7月开始对稽查岗位在每周一训的基础上举行了专项岗位培训，并对全体稽查人员组织了四次，共计147人次参加的专项测试，收到较好效果。除组织短期的集中培训，昌平区地税局还注重开展日常性的业务学习，每月业务练兵活动已经持续开展了4年。

【表彰先进】 2008年度，昌平区地方税务局继续保持全国精神文明工作建设先进单位荣誉；被昌平区委、区政府评为北京奥运会、残奥会先进集体；昌平区地税局志愿者服务队被北京志愿者协会评为北京志愿服务公益实践项目工作优秀服务团队；昌平区税务所继续保持全国巾帼文明岗荣誉；园区税务所被评为全国全国巾帼文明岗。

【领导班子成员】 昌平区地方税务局局长：姚敬国；副局长：曲建华、王竺（女）、康水利、郭海福；纪检组长：谷秀敏(女)。

（张　伟）

大兴区地方税务局

【概况】大兴区位于北京南郊，北距玉泉营环岛13.5公里，北连丰台、朝阳两区，南接河北省永清县、固安县、涿州市，西隔永定河与房山区相望，东接通州区，东南与河北省廊坊市相邻，全境为平原区，总面积1030平方公里。2008年全年地区生产总值完成218亿元，同比增长12%；财政收入完成19.3亿元，同比增长15%；社会消费品零售额完成110亿元，同比增长16%；城镇居民人均可支配收入达到20600元，同比增长15%；农民人均纯收入达到10050元，同比增长11%，全区经济保持健康协调发展的良好势头。

大兴区地方税务局原名大兴县地方税务局，于2001年4月30日大兴撤县升区后正式更名。原位于大兴区兴政街42号，于2002年10月1日迁入清源路11－1号。2005年8月25日机构进行改革，机关设12个科室；12个税务所；1个稽查局（科级），稽查局下设4个科；1个机关后勤服务中心（事业单位）。全局共有干部职工336人，其中党员245人，团员42人。具有大学本科及以上学历的256人，大学专科学历的59人，大专及以上学历人数占全局总人数的93.75%。2008年年末，全局共有税务登记户25879户，个体工商户16115户，联营企业21户，股份制企业1646户，股份合作企业1936户，涉外企业335户，其他企业770户。

【税收任务完成情况】2008年，大兴区地方税务局累计完成各项收入33.65亿元，同比增加4.65亿元，增长16%，完成北京市地税局年初下达计划任务31.5亿元的106.8%。其中区级收入完成12.8亿元，同比增加1.3亿元，增长11.7%。

【创新组收机制】初步形成了“一、二、四”的税源管理体系。一个平台：《税收收入监控管理工作平台》。两个网络：对内建立各科所共同参与的纵向网络。对外发挥社会各职能部门的辅助作用，形成了职能联动、齐抓共管、多角度、全方位的网络体系。四项制度：即税收分析例会制度、财税协调会制度、重点税源座谈会制度和重点税源局长走访联系制度。

【严格执行税收政策】全面贯彻企

业所得税法律法规及相关政策，加强宣传和辅导。重新鉴定核定征收企业1132户。处理企业所得税错误申报信息1192条，补缴税款688万元。积极做好跨省市总分机构企业所得税政策落实工作，及时掌控异地分支机构预缴情况。全面落实残疾人就业优惠政策，对48户新认证的残疾人就业企业进行了培训。加强个人所得税管理。年所得12万元以上自行申报工作取得显著成效，累计申报2806人，完成市局下达任务2000人的140.3%；个税申报率由原来的94%提高到98.5%；召开2007年度个人所得税代扣代缴先进单位及荣誉纳税人表彰座谈会，对17家先进单位和10名荣誉纳税人进行了表彰。积极进行房产税、土地使用税税源清查，两税税源登记率分别提高了29%和39%。做好车船税的政策宣传，调整车船税征收窗口46个。

【纳税评估工作】 纳税评估科积极创新，制定《纳税评估执法风险管理控制程序》，形成有效的风险控制体系。评估质量明显提升。2008年实现了对整体管户100%评估，评估收入5861万元，同比增长188.3%。向纳税人发送《年度纳税情况通知书》和《致力营造“诚信纳税”环境》的一封信，受到纳税人的一致好评。

【税务稽查工作】 落实发票专项整治工作。积极争取公安部门的密切配合，在稽查局、征管科等部门的共同努力下，查处案件4起，捣毁制假窝点两个，查获各类假发票1003份。形成了国税、地税、公安联合办案的工作机制。加强涉税举报案件管理，2008年共受理举报案件287件，已处理272件。对房地产业等行业开展了专项检查。2008年共实现查补收入1087万元，已入库889万元。

【政策法规工作】 签订《税收行政执法责任书》和《税收执法监督员责任书》。全年共开展5次执法检查，检查覆盖率达到100%。认真落实规范性文件合法性审核制度，加强对规范性文件的日常管理。按照大兴区地税局《对外合同合法性审核实施办法》，一年来共审核对外合同24份。政策法规科还组建了由局内具有法律专长的干部和局外法律界人士构成的法律支持服务核心小组，多层次提升预防税收执法风险的能力。

【政府信息公开工作】 在市局的指导下，认真组织干部学习相关文件和制度，及时准确理解政府信息公开的意义和要求，研究制定政府信息公开多项制度，召开全局工作会议部署相关工作，高质量地完成信息公开任务，并在市局和大兴区政府中排名前列。

【网上地税局建设情况】 改版外网网站，更新网站信息3000余条，回复网站咨询20余件。网站浏览量一直排名全市前列。办公室、信息科按照市局要求，积极推广内网二期办公系统，提高办公自动化水平。严格落实信息安全管理制度，签订计算机网络安全管理责任书。开展网络风险评估和安全自查，市局领导带队到大兴区地税局检查指导信息安全工作。信息科负责每月对网管监控系统的运行情况进行通报，确保网络畅通和安全。

【财务和后勤工作】规范财务基础工作，简化财务审批手续。扩大政府定点采购范围。财务科对局机关无障碍通道、税务所基础设施进行了维修改造。机关后勤服务中心以物业、食堂、车辆和干部培训中心为重点加强服务，为全局工作的顺利开展提供了有效的保障。大兴区地税局培训中心建成了大型拓展训练器械组合，为干部职工参与拓展训练提供了便利。

【征收管理工作】稳步落实税收管理员制度，积极推进税收管理员二期平台运行。提高考核标准，提升征管质量。2008年度登记率达到了99.5%，同比提高0.5个百分点；申报率平均每月达到了98.75%，同比提高0.56个百分点；入库率平均每月达到99.5%，欠税率不高于1%，零申报确认率不低于25%。坚持“以票控税”，增强发票和税控装置的综合管理。加强货物运输业管理，完成255户货运企业自开票纳税人年审工作，对79户自开票纳税人的认定进行全面检查。大力推行国标税控装置，共安装国标税控装置2196台。建立每月例会制度和数据交换制度，强化税控代理商售后服务的监督管理。开展发票库房巡查活动，对代开发票情况进行了抽查。开展发票使用示范企业评选活动，评选70家发票使用规范企业。

【人事教育管理工作】全面落实《公务员法》，贯彻执行干部任用条例。按照公平、公开、公正的原则，经过单位推荐、全局公示、测评考察、党组研究决定，最终确立副处级后备干部6人，科级后备干部27人。对试用期满的15名科级干部进行考核和任命，将符合规定的2名干部直接晋升为正科级非领导职务。按照职责定位要求，推广和应用职位说明书。落实新《劳动合同法》，重新规范合同工人员管理。

【精神文明建设】在基层科、工会等部门的努力下，大兴区地税局建成干部思想教育基地——“家园”；成立大兴区地税局合唱队，在北京市地税局文艺汇演中获得一等奖；开展乒乓球、篮球等文体活动，丰富业余文化生活；巩固巾帼文明岗创建成果，编辑《巾帼风采录》；深入开展“心系灾情　献出爱心”活动，全局干部职工累计向灾区捐款17万元，13名同志参加义务献血和志愿者活动。各基层单位的工作也开展得有声有色、卓有成效。如安定税务所开展学习、参观、讨论、竞赛等多种党团活动，提高队伍的凝聚力。

【党风廉政建设】全面开展廉政风险防范管理。成立廉政风险防范管理工作领导小组。按照北京市地税局总体部署，大兴区地税局与区检察院建立了联席会议等五项工作制度，牵头组织召开两次联席会议。邀请中国人民公安大学和大兴区检察院专家举办预防职务犯罪专题讲座，认真做好宣传、教育工作。确立了7个廉政风险点，提出102条防范措施。将廉政风险防范管理与ISO系列的职业健康安全管理体系结合起来，使廉政风险防范管理更加科学化、规范化。

【先进表彰】大兴区地方税务局第一税务所荣获“全国巾帼文明岗”称号、北京市“青年文明号”称号。开发区所（原兴政街税务所）荣获北京市“青年文明号”称号。

【领导班子成员】大兴区地税局局长：沈永奇；副局长：杨连波、赵百军、孔祥波、田凤霞（女，4月任）；纪检组长：孔军。

（蒋彦光）

密云县地方税务局

【概况】密云县位于北京市东北部，县城距北京市区65公里。北与河北省滦平县相邻，南与平谷县接壤，西与怀柔县交界，素有“京师销钥”之称。全县总面积2226平方公里，县境内的密云水库占全县总面积的十分之一，可储水平43亿立方米，是首都北京域内饮用水和工业用水的主要水源。全县共有17镇1乡、两个街道办事处，349个行政村，1172个自然村。2008年全县实现地区生产总值104.5亿元，同比增长10.4%。全年完成一般预算收入首次突破10亿元，达到10.21亿元，同比增长16.7%。全年财政一般预算支出35.71亿元，同比增长16.2%。全年完成税收总额33.2亿元，同比增长20.7%。其中国家税收完成14.1亿元，同比增长29.9%。全县居民人均可支配收入首次突破2万元，达20125元，同比增长12%。全县累计实现社会消费品零售额首次突破50亿元，达到50.5亿元，比上年增长12.3%。

密云县地方税务局位于密云县鼓楼东大街七号。截至2008年12月31日，共设12个科室，1个后勤服务中心，1个稽查局(内设5个职能科室)，9个税务所；全局干部职工256人（党员135人，团员33人），所辖正常户15958户。年末累计正常登记户15640户，其中，国有企业186户，集体企业311户，私营有限责任公司4222户，其他有限责任公司1232户，个人独资企业304户、个体工商户7695户，股份合作企业263户，股份有限公司50户，涉外企业193户，其他类型企业1184户。

【税收收入完成情况】2008年，密云县地税局累计组织各项收入19.1亿元，同比增收2.4亿元，增长14.64%。完成市局年初下达的16.8亿元任务的113.80%。完成县级收入7.19亿元，完成县政府收入指标7.12亿元的100.9%，同比增收0.61亿元，增长9.3%。

【组织收入措施】建立健全四项机制。一是完善责任机制，将计划指标分解到税务所，落实到人。班子成员带头积极走访纳税大户，全局共走访529户重点纳税人（其中局领导班子成员走访重点企业36户）。二是强化汇报机制，每季度汇报组织收入工作进展情况，反馈组收问题，监控税款入库。三是加强内部联动机制，计会、征管、评估、稽查、税政、税务所齐抓共管，通过开展欠税企业集体约谈、送达《追缴欠税事项告知书》、暂停发票、强制执行等措施大力清理欠税。增加20户重点企业进行纳税评估。四是建立外部协作机制。及时向密云县委、县政府汇报工作进展情况，召开重点纳税人座谈会、欠税企业法人座谈会，11户企业缴纳欠税5591万元，清欠税款额占全局欠税总额的50%。

【全员管户制度】推行“六字工作法”。即：以“评”促学，定期交流工作心得，互相学习；以“考”促效，加强对所长管户情况的考核和监督，并将考核的结果纳入领导干部提拔任用范畴；以“改”促优，修改和完善工作制度，优化征管流程；以“访”促深，走访纳税人、税务所长和干部，征询意见和建议，不断完善后续管理，积极稳妥、循序渐进；以“审”促廉，将所长管户情况列入离任审计的内容，加强监督；以“练”促强，开展业务培训，重点提高所长管理员平台使用熟练程度，检验学习成果，增强服务和管理的能力。

【税收协管员工作】税收协管员深入社区，调查出租房屋5466户，促使945户纳税人主动缴纳税款。个人出租房屋税款由2007年的16.3万元增长到2008年的175.8万元，增长了9.8倍。

【巩固纳税服务移动车成果】北京奥运会限行期间，上门为纳税人服务，解决部分纳税人出行难的问题。湖北省钟祥市、河南省洛阳市、内蒙古兴安盟、河北省曹妃甸市、涿州市地税局专程交流学习工作经验。

【做实税政工作】提前超额完成年所得达到12万元个人所得税申报工作。个人所得税明细申报率较2007提高了18个百分点。召开新《企业所得税法》宣传辅导培训会，对内培训与对外培训相结合，基础培训与专题培训相结合，讲解新法和实施条例的主要内容及相关的税收政策。

【深化少年税校工作】2008年4月3日，在全国税法宣传月之际，率先举行少年税校专用教材发行仪式。全套教材分《税收与生活》《少年税校综合实践读本》两册，包括三至六年级全部学习内容。北京市地税局有关领导、时任密云县县委书记夏强、县长刘福志、国家税务总局办公厅副主任郭晓林出席活动。少年税校工作经验被国家税务总局《税务简报》第53期以专刊的形式全文刊载。内蒙古兴安盟地税局专程观摩学习此项工作经验，并以少年税校教材为蓝本，编写了蒙语版教材。

【教育培训】根据干部需求，结合干部知识结构现状和岗位需求，分别组织四期五天初高级财务会计知识脱产培训班。三名干部参加市局组织的注册税务师培训，并通过考试。

【党风廉政建设】开展廉政风险防范管理工作。全局共形成风险点80条，防范措施87条。继续开展“亲情助廉”活动，邀请全局干部家属座谈，弥补八小时以外党风廉政教育和监督管理的缺口。

【奥运税收服务和奥运安保工作】开辟奥运门票代开发票专门窗口，增加双语服务岗，逐级签订《信息系统平安奥运安全责任书》。1名气象志愿者全程参与奥运气象服务，2名干部作为奥运会驾驶员志愿者进行赛会服务，40名社会志愿者走上街头开展为期35天的奥运会外围志愿服务，54名干部参加城市志愿者活动。一所副所长刘高扬光荣当选2008年奥运火炬手，局团委荣获密云县十大“优秀志愿服务集体”荣誉称号。

【先进表彰】2008年密云县地税局共获得4项市级以上荣誉称号：首都文明单位标兵、北京市第九届思想政治工作优秀单位、首都“迎奥运、讲文明、树新风”先进单位，太师屯税务所被评为北京市青年文明号。

【领导班子成员】密云县地方税务局局长：赵增科；副局长：黄健、张林头、高士山、王劲松；纪检组长：李连武。

（张晓芬）

延庆县地方税务局

【概况】延庆县位于北京市西北部，地处八达岭长城脚下，距市区73公里。东邻怀柔，南接昌平，西与河北省怀来县接壤，北与河北省赤城县相邻，辖域面积1992. 5平方公里，人口27.8万人。2008年全县共实现地区生产总值56亿元，同比增长9.6％；实现地方财政收入6亿元，地方总财力达到35亿元，同比增长7.8％；接待游客1020万人次，实现旅游综合收入13.6亿元；工业总产值40.2亿元，同比增长15.8%；完成社会消费品零售额35.7亿元，同比增长12%；城镇居民人均可支配收入19391元，同比增长8%；农民人均纯收入9142元，同比增长10%。

延庆县地方税务局位于延庆县庆园街4号，负责辖区内宣传、贯彻、实施有关地方税收工作的法律、法规及规章，负责编制辖区内地方税收计划，并组织实施；负责依法实施征管范围内各种税、费的征收和管理工作，并对各种涉税违法、违规行为进行行政处罚，实施本辖区内税收政策咨询和纳税服务工作。2008年年末有干部职工218人（干部193人，职工25人）。其中副处级以上干部9人，科级干部61人，主任科员、副主任科员63人。全局干部职工中，有党员90人，有团员36人；下设12个职能科室，12个税务所，1个稽查局，1个机关后勤服务中心。截至2008年12月31日，延庆县地税局正常税源户13740户，按经济性质划分，国有企业271户，集体企业404户，私营企业1409户，有限责任公司1279户，股份制企业250户，外资企业55户，个体工商户9273户，其他企业771户；按征管行业划分农林渔牧业621户，制造业715户，建筑业309户，交通运输仓储和邮政业322户，批发和零售业7047户，住宿和餐饮业1690户，金融业56户，房地产业148户，租赁和商业服务业361户，居民服务和其他服务业1707户。

【税收任务完成情况】2008年，延庆县地方税务局加大税源监控，加强税收分析、税务检查和清欠力度以及各种协调联系，按时完成了全年计划任务。全局组织各项税费收入10亿元，同比减少1.4亿元，下降12.5%，完成市局调整后年度指标9.9亿元的100.6%。县级收入累计完成4亿元，同比减少9608万元，下降19.4%，完成县人大调整后年度指标3.8亿元的103.8%。主要税种完成情况：营业税完成5.2亿元，同比下降33%；企业所得税完成1.1亿元，同比增加3102万元，增长40.8%；个人所得税完成1.8亿元，同比增加6905万元，增长60.3%。

【加强征管基础管理】在登记环节推行“税务登记辅导备案制度”，辅导新办企业，对其应纳税种进行初始核定告知，弥补了对纳税人核定告知程序的空缺；在申报环节，探索“无税申报”管理方法，制定《无税申报审核实施方案》，规范无税申报行为。大力推进了网上申报工作，网上申报率由2007年的46%上升到2008年的83%，个体银行扣款户比例由32%上升到40%；在管理环节，探索“全员管户”的工作方法，形成“齐抓共管”的局面。贯彻“管理以评估为中心”这一要求，实现了两个创新，开展了“纳税人自我评估”和有税申报户100%评估。发放纳税人自我评估报告表4156份，发现有问题228户，补缴税款160万元；组织有税申报户评估2443 户，发现问题1279户，移交稽查

276户，入库税款822万元，同比增长近3倍，堵塞漏征近千万元。

【强化税政管理】认真贯彻、实施新《企业所得税法》，做好企业所得税季度预征工作，企业所得税的季度申报率达到97%，同比提高29个百分点，入库率达到96%，同比提高3个百分点；建立“四级共管”体系，超额完成年所得12万元以上纳税人申报任务；“四个加强”的工作机制保证个人所得税全员全额扣缴申报率连续七个月排名第一，10月、11月、12月的申报率达到100%；开展税源清查工作、自主调查工作，累计修改基础信息3593条，补征房产税、城镇土地使用税、车船税、印花税税款共计 100万元，堵塞征管漏洞以契税征收为重点，建立交流、交换机制，推进房地产税收一体化工作。延庆县税务所结合自身特点，与建委、土地管理部门建立定期信息交换机制，对房地产、建筑企业实行源泉监控。

【规范执法行为】一是积极推进执法责任制，使执法人员熟知岗位职责，熟知行使职权的法律规定，熟知《税收执法检查规程》，积极推进行政执法责任制。二是组织开展税收规范性文件审核备案工作，组织学习税收规范性文件审核备案监督办法，确保制发文件合法有效。三是开展日常执法检查，对换发税务登记情况、窗口税务行政处罚案卷、二手房征收个人所得税、征收契税等10个项目进行检查，检查面达到100%。四是开展专项税收执法检查，对转发涉税文件、税收征管综合管理、税收政策执行情况、税务行政处罚案卷等32项（类）进行了检查，发现问题114卷，对发现的问题，及时进行整改。

【突出税务稽查作用】年内，针对滞纳金加收、处罚依据及举报奖励等事项，制作《查前告知事项》手册与《税务检查告知书》一同送达被检查人。履行告知事项，不但维护纳税人的知情权，而且从根本上转变了纳税人认为稽查执法随意性大的观念，解决了“人情税”的问题，为执行环节奠定了基础。2008年立案172件，实施税务稽查148户，结案140户，有问题户105户，有问题率为75%；查补税款822万元，加收滞纳金、罚款200万元，入库率为100%。

【提升纳税服务水平】依托12366服务热线，成立“纳税咨询服务中心”，整合咨询服务、投诉、举报和信访接待的职能。已受理各类咨询、举报120人次，确保纳税人与税务部门之间的沟通顺畅、有效；各税务所建立纳税大户服务登记簿，对纳税大户和A级企业提供上门宣传、业务辅导、办税预约、预警报警等服务，切实为纳税人提供方便；在香屯村开展“最优质的服务献给最美丽乡村”活动；联合多部门在龙庆峡召开现场办公会，为统一报废的100余辆黄标车办理退税手续；在山区乡、镇开展了电话预约服务，定期、定点送税下乡，受到偏远山区纳税人，特别是民俗旅游户的一致好评；建立纳税人

QQ群，提供个性化咨询服务。

【税收宣传突出区域特色】 成功举办答谢纳税人联谊会文艺演出，取得了良好的社会效应；在野鸭湖湿地建立“税收构筑绿色长城——未成年人税收教育基地”，做到“税收”与“民生”并举，“造势”与“实效”并重；召开优秀企业表彰大会，对分别荣获“纳税最高荣誉奖”“纳税突出成就奖”“纳税突出贡献奖”的41户企业进行了表彰，树立“纳税光荣”的先进典型，宣传了税收政策，营造了良好的社会氛围。部分税务所开展的特色宣传活动受到好评，第二税务所因地制宜，在建委综合服务大厅内发放各类税收政策宣传手册3000余份、张山营税务所利用举办“葡萄节”的机会宣传涉农税收政策；康庄税务所积极宣传个体户银行扣款优势，提升银行扣款户比例。

【强化内部行政管理】 发挥办公室的“龙头”作用，简化工作流程，减轻税务所负担。加大督查督办力度，确保各项决策的有效执行。坚持“行政联席会”制度，协调、简化内部工作流程，整合利用资源，提高行政运转效率，有效地减轻了基层单位负担。扎实推进政府信息公开工作，充分保障群众的知情权、参与权和监督权。主动公开各项办税制度，规范《局长接待日制度》《局长办公会制度》《周记工作汇报制度》等，提高工作效率。财务管理进一步规范。修订和补充原有财务制度，保证财务工作“有章可循”；深化预算管理，完成年度预（决）算；合理安排调度资金，梳理业务流程，严格内部操作程序，确保财务管理工作的规范、有序。强化后勤服务功能。形成后勤服务社会化保障体系，引进物业管理服务，成立了监督、检查机构，制定监督考核办法，全面改善办公环境，提高饭菜质量，完善安全保障；交通安全工作在县安委会组织的百分验收中获得满分的好成绩，并连续第13年获得市级交通安全先进单位称号。

【信息化建设】 在全员培训的基础上，提高“四网一库加安全”信息系统的应用能力。一是进一步完善用系统的各项功能；二是加强数据利用，通过分析、对比，促进征管和服务工作；三是提高系统管理水平，保证系统运行的安全有效；构建分层次、面向应用的三层网络体系，对外网实行物理隔离，设立上网阅览室，在确保安全可靠、大幅减小感染病毒几率的同时提升内部办公效率，满足工作需求；启动“手机信息服务平台”，建立“手机上的地税局”，发送涉税提示信息4000余条，丰富了服务手段。

【廉政建设】 认真贯彻落实党风廉政建设责任制，建立健全防腐惩防体系，与延庆县检察院建立“共防机制”，防范渎职；查找出90余项廉政风险点并提出防范措施；与首都经济贸易大学联合组织召开“税收执法风险对策研讨会”，增强干部的防风险意识；开展“预防职务犯罪及党纪政纪条规知识百题竞答”、参加“清风颂，地税情”文艺汇演、编辑发放《廉洁从政手册》等活动。

【领导班子建设】坚持党组会议制度，坚持执行党组政治理论学习制度、党课制度、民主生活会制度，认真落实市局党组的各项工作部署。紧密联系创新发展的实际，不断增强领导成员的政治意识、大局意识、责任意识和纪律意识，着力提高领导班子的决策能力和管理能力；发挥集体智慧，创新工作模式，提升工作理念。年初，在深入调查研究的基础上，局党组提出“三二五三”工作模式，指导并开创了延庆县地税科学发展的新局面；创造性地提出“君子不器”的核心价值观和营造“生态税园”的级次愿景，促进了各项工作的开展；加强民主建设，重大事项集体决策。“三重一大”事项由局党组会、局长办公会集体研究后决定，在全局范围内征集群众意见和建议4次，通过集体决策解决了干部职工的实际问题。

【发挥党团先锋模范作用】2008年，12名预备党员转为正式党员，接收团员1名。完善党建制度，保持党员先进性长效机制进一步健全；调整党、团支部，积极开展形式多样的活动。先后开展了“1+1＞2”主题活动，达到党员带动群众共同进步的目的，开展 “我是党员我为奥运做贡献”主题承诺活动，组织党员、团员参观、植树、志愿服务等，充分发挥党、团员在抗震救灾、支持奥运中战斗堡垒和先锋模范作用。5 · 12汶川特大震灾中机关党委是北京市地税系统和延庆县第一个缴纳特殊党费的党组织。全年累计捐款捐物达11.6万元，其中123名党员特殊党费4.68万元。推荐评选出“优秀党员”35名，“优秀团员”2名。

【开展业务培训】以“统筹兼顾，促进廉政建设”为原则，开展岗位轮换工作，科级和普通干部职工的轮换面分别达72%、35%。圆满完成全员计算机应用知识培训，提高干部职工计算机操作水平和能力；与首都经济贸易大学联合组织开展两批，为期一个月的更新知识培训，开阔干部职工的思路，学习了新知识，提高了综合素质；组织注册税务师、房地产估价师和税收执法资格的考试工作，加强对税收专业化人才的培养。

【精神文明建设】2008年，延庆县地税局被推选为“全国精神文明建设工作先进单位”候选单位，并顺利通过验收和国家级的公示。局党组高度重视此项工作，进行专题研究，成立领导小组，制订实施方案，各部门统一思想，细化分工，落实责任，狠抓细节，创新发展，保证创建活动取得实效。通过创建活动，提高干部思想道德素质和文明执法水平，拓展纳税服务渠道、方式，提升延庆县地税形象，为全市地税系统争创文明行业增添光彩。同时，青年文明号、文明单位、巾帼文明岗等创建活动也在同步进行。八达岭税务所争创全国青年文明号的过程中，制定《创建规划》《税务所大事记》，规范创建工作。第一税务所将创建与实际工作紧密结合，启用上门办理预案，缓解纳税人出门难问题。2008年，被县政府评为“年度先进单位”，连续14年获得此项荣誉。

【领导班子成员】 延庆县地方税务局局长：于欣杰；副局长：王仁丽（女）、王治国、吴永茂、张发伍；纪检组长：王乃君（女）。

（沈文涛）

北京市地方税务局燕山分局

【概况】 燕山地区位于北京市西南郊房山区境内，距离市中心52公里，辖区面积40平方公里，常住人口10万多人，所辖星城、迎风、向阳、东风四个街道。2008年燕山地区实现地区生产总值12159.1万元、实现财政收入25396万元，同比下降28.1%。社会消费品零售额为81822.5万元，同比下降0.7万元。

北京市地方税务局燕山分局是主管北京市燕山地区地方税收工作的行政机关，全局共设有14个科室所，1个机关后勤中心，1个稽查局，有干部职工86人，其中党员40人，研究生3人，本科学历58人，大专20人。截至2008年所有登记管辖户共计3749户，其中，国有企业33户，集体企业58户，国家机关49户，事业单位56户，股份合作企业116户，联营企业2户，有限责任公司158户，股份有限公司7户，港澳台投资企业3户，外商投资企业2户，个体工商户2411户，私营企业684户，其他170户。

【税收任务完成情况】 2008年，上半年国际原油价格持续走高，炼油出现大幅亏损，下半年化工产品严重滞销，燕化公司全年亏损较为严重。受此影响，分局全年税收的整体走势严峻。为此，燕山分局不断强化各项措施，积极应对困难形势，保障收入任务圆满完成。2008年，共组织收入4.2亿元，同比下降5.61%。其中，中央级收入完成4240万元，市级收入完成1.9亿元，区级收入完成1.9亿元，同比下降4.34%。营业税完成1.2亿元，同比增收2043万元，增幅19.6%；城市维护建设税收入为1.2亿元，同比减收2792万元，同比下降18.71%；教育费附加完成5199万元，同比下降18.71%；个人所得税入库5369万元，同比略有下降，减幅为2.56%。

【组织收入工作】一是层层分解任务，责任落实到科、所和税收管理员。2008年年初，分局结合本地区税源的分布特点，将年度计划指标落实到各个税务所，在管理员一级实施重点税源监控，及时掌握税源变动和税收进度，保证随时掌握第一手情况。二是做好分析预测工作，摸清税源变化情况。每月召开组织收入工作专题会，各业务科室对发现的征管情况进行讨论与交流，与各税务所共同分析每月的收入动态，把握税源变化规律，摸清税源变化趋势。着重做好对税务所的“重点税源网上直报系统”培训和对重点税源户办税人员的录入培训，保证对重点税源企业财务情况的及时掌握。三是税务所严格落实组织收入原则，保证税款应收尽收。各税务所严格落实“抓大、管中、不放小”的组织收入原则，进一步做好对纳税人的征管和服务措施，保证了税款及时、足额入库：燕化税务所多次深入燕化公司进行调研，及时掌握可能影响收入变化的动态因素；燕山税务所充分利用管理员平台功能，全面提升工作效率；个体集贸税务所通过开展预约、提醒等细心服务，拉近与纳税人的距离，保证零散税源的不丢不漏。四是加强与国税、工商等部门沟通，实现信息共享。与国税局建立定期数据交换制度，全年交接资料共981户次。并与国税、工商等部门多次召开联席会议，共同商讨在组织收入工作面临严峻形势时的应对方法。

【提高征管法制水平】扎实推进基础工作，征管质量有较大提高。继续扎实推进“五率”考核，在四季度，将年初制定的无税申报确认率考核标准由60%提高到80%。2008年，分局欠税率为0、零申报确认率达到100%、入库率达到99.9%、申报率为100%、登记率100为%；在个人所得税明细申报工作中，分局建立分级管理机制，每月在全局范围内对明细申报情况进行通报，并将数据反馈到税收管理员。申报率从年初的系统中间排名逐步上升到系统前2名；年所得12万元申报工作中，分局提前1个半月完成年所得12万元个人所得税自行申报任务，申报完成比例居全市首位。全年累计申报人数达到536人，超计划完成236人，完成计划任务的178.67%。2008年分局实行业务协调会制度，全年召开业务协调会13次，通报全局中心工作，学习各类业务文件30余个，并重点就委托代征单位退还手续费、退税过程中容易出现的问题进行了专门的探讨，有效提高工作质量。年初，主管局长与各部门签订《2008年行政执法责任书》，明确执法管理权限，确保落实到位、执行有力。2008年，市局法制处在每季度的目标管理考核中均对分局的日常执法监督工作给予较高评价。

【加强评估稽查】制定《燕山分局2008年纳税评估工作计划》等工作方案，布置、落实、分解评估工作任务。圆满完成对全局管户的100%评估工作任务，累计完成纳税评估1444户，同比增长42.97%，实现有问题率为25.62%，预警核实率为100%，共查补税款、滞纳金等合计226.94万元，户均补税金额0.61万元，创出历年最好成绩。认真组织开展燕山地区纳税信用企业的评定工作，评定燕山地区23家企业为纳税信用A级企业，并在网上进行公示，树立燕山地区诚信纳税企业的榜样。进一步发挥稽查工作的震慑作用，严厉打击地区违法涉税案件。全年共对50户纳税企业实施专项稽查，2008年入库查补收入金额282万元。认真开展“打击制售假发票和非法代开发票专项整治行动”，圆满完成工作。

【创新纳税服务手段】 一是开通电子测评系统，认真落实满意度测评工作。为了更好地为纳税人服务，确保纳税人满意度调查工作的顺利进行，分局2008年年初就制定了满意度调查工作方案。全年召开企业高管、办税人员、特邀监察员等不同层次、不同行业的纳税人座谈会8次，参加人数169人。并在办税服务大厅安放了一台电子测评仪，使纳税人能随时对分局每个人工作进行测评，全年统计达到满意的比率为77%。二是建立局长联系重点纳税人工作机制。分局结合地区税源、行业特点，选择辖区内，部分纳税单位的法人作为主要联系对象，由分局每位班子成员牵头，每季度组织活动，并通过座谈会、深入企业走访、电话、电子邮件、短信等沟通渠道与纳税人进行联系。全年共联系企业46户次。这一制度的落实，能够让企业的涉税意见直接反馈到分局领导层，更加有利于解决税企之间的沟通和加深税企双方的互信、合作。三是加强对国有大型企业的特色服务。对燕化公司开展上门税收政策辅导，特别是对纳税人较为关心的个人所得税明细申报等问题进行集中讲解。2008年进入大企业辅导宣传共达52户次，对20户大企业税控机维修实行重点服务，特色服务受到纳税人的广泛欢迎。四是为燕山地区企业高管送达《税务公报》。政策法规科将《税务公告》每月邮寄，使企业高管在第一时间阅读到最新税收政策，增强了企业高管对地税部门的了解和支持。五是税务所建立走访服务制度。税收管理员全年走访新办企业437户次；走访办税困难企业21户次；走访重点税源户120户次。加强与纳税人的良好沟通，进一步了解纳税人需求，构建更加和谐的征纳关系。

【奥运服务保障工作】 一是信息化建设提供安全保障。制定《燕山分局网络信息安全突发事件应急预案》等各项制度。对安全隐患进行彻底整改，加强奥运期间计算机病毒防范工作，进行全程监控。保证了在奥运时期系统平稳运行，工作正常开展。二是强化安全保卫工作，保障“平安奥运”行动开展。建立《“平安奥运”突发公共事件应急预案》，认真开展安全检查。在奥运期间重新修订了值班制度，加强值班检查，局领导坚持到岗值班，圆满完成了奥运期间的值班工作。通过开展平安奥运活动，促进安全保卫工作水平的全面提升。三是志愿者服务展现地税风采。奥运会、残奥会召开期间，分局干部积极投入到志愿者服务的队伍中去；奥运期间，分局每周对党员深入社区志愿服务情况进行统计报告，共计300多人次；团支部全体团员加入城市志愿者行列，参加4次广场志愿者服务，展示地税年轻人的风采；第一税务所设立双语服务岗位，细心服务涉奥税收。

【领导班子建设】 打造稳固的中坚力量。分局领导班子严格执行《中心组理论学习制度》。全年集中学习14次，撰写了多篇调研文章，增进了思想共识，形成了工作合力。坚持领导班子民主生活会和信访接待制度，在全局范围内征集各类意见20余条，并且采取措施有效解决，体现了分局领导深入群众，关心群众的民主作风。2008年选拔使用了6名正科级领导干部和1名副科级领导干部，增强了基层科所的综合管理能力。

【干部素质建设】 2008年，分局制定开展“五年培训计划”，以五年为一个周期，考试制度常态化，每季度开展全员参与的业务考试，全年业务考试平均成绩为85.5分。注重学习的成果转化，税务学会配合办公室整理各部门上报调研50篇，其中3篇调研被市局采用。

【制度建设】 为进一步规范内部管理，全面提高干部业务水平和岗位技能，分局制定《目标管理考核办法（试行）》，全局范围内量化考核效能；制定《“电子测评系统”管理办法》《岗位能手考核评选办法》等7个管理办法，完善分局的建章建制工作。在争创文明单位工作中，第一税务所被共青团北京市委员会和市局评定为北京市青年文明号，进一步调动广大青年干部职工投身税收事业的积极性和创造性。

【廉政建设】 在2008年的党风廉政工作中，分局制定下发《北京市地方税务局燕山分局2008年党风廉政建设和反腐败工作主要任务及分工》，层层签订《党风廉政责任书》，分解任务，责任到人，“一把手”切实履行第一责任人的政治责任。认真履行一岗双责，建立具有燕山特色的预防和惩治腐败体系。进一步落实首问责任制、限时服务等措施，在行政审批和行政许可等8项工作中实行第一责任人制，有效提高工作效率；认真做好政务公开工作，扩大公开范围，完善政务公开的领导体制和工作机制，提高监督的质量。

【文化建设】 2008年，分局开展形式多样的文体活动。5月30日，举办“税企话诚信，携手迎奥运”的主题演讲活动，燕山地区6家诚信纳税企业代表与燕山分局10名干部共同参与，多家媒体进行广泛报道。5·12汶川地震发生后，分局干部共捐款五次，总计45600元，奉献了燕山地税人的爱心。

【领导班子成员】 北京市地方税务

局燕山分局局长：董雪涛；副局长：缴荫龙、田贵远、杜新立、邢小虎；纪检组长：安庆宪。

（吴　凡）

北京市地方税务局北京西站分局

【概况】北京西站作为亚洲第一大站，一直以来担负着首都北京门户和交通大动脉枢纽的重要使命，每天过往的旅客平均达20万人次。北京西站的总体建设体现时代精神、古都风貌和民族特色，总建筑面积达70万平方米。西站工程于1993年1月开工，1995年年底基本建成，1996年1月21日开始运营。西站地区位于丰台区、海淀区、宣武区三区交界处，1996年成立之初处在边施工、边运营、边管理的“三边”状态，经过十几年的艰苦努力和大胆实践，在北京市委、市政府的正确领导下，边学、边干、边总结，逐渐形成地区管委会综合协调、职能部门各司其职、企事业单位积极参与的共抓共建共创的管理模式。地区的治安、交通、市容、环境逐步规范，地区社会稳定，经济持续发展。西站地区近10年来税收累计 359838万元。

北京市地方税务局北京西站分局于1996年1月20日正式成立，为北京市地方税务局派出机构，是依法在北京西站地区实施国家税收征收管理的行政执法机关。分局的主要职责是：在北京市地方税务局和北京西站地区管理委员会的领导下，负责辖区内宣传、贯彻、实施有关地方税收工作的法律、法规及规章；根据北京市地方税务局确定的预算收入计划，负责编制本辖区内地方税收计划并依法组织地方税收收入；负责监督检查本辖区内各纳税义务人依法履行纳税义务的情况，并对各种涉税违法、违规行为，依法进行行政处罚；负责向辖区内纳税人提供优质的纳税服务工作；承办市局交办的其他事项。自成立以来，西站分局始终认真贯彻市局、地区管委有关精神文明建设的指示要求，发扬“协作奉献、务实求新、文明服务、争先创优”的地区精神，逐步走出了一条“依法治税、从严治队、文明服务”的治局之路，取得了组织税收连年翻番，连续11年无违法违纪案件和一票否决事件，取得“首都文明单位标兵”“十连冠”的殊荣。截至2008年年末北京市地方税务局北京西站分局共有干部职工63人，其中公务员60人，本科以上52人，占 82%，研究生5名，占7%。截至2008年年底，西站分局辖区内共有正常户660户。按企业类型划分，国有企业47户，占7.12%；集体企业5户，占0.75%；私营有限责任公司209户，占31.66%；其他有限责任公司67户，占10.15%；个体工商户287户，占43.48%；国家机关、事业单位和社会团体共15户，占2.27%；私营独资企业4户，占0.61%；涉外企业4户，占0.61%；其他类型的企业22户，占3.33%。按行业划分，建筑业12户，占1.82%；交通运输、仓储及邮电通信业20户，占3.03%；批发和零售贸易、餐饮业422户，占63.93%；金融、保险业19户，占2.88%；房地产业17户，占2.58%；社会服务业 126户，占19.09%；科教文卫业31户，占4.69%；其他行业13户，占1.96%。

【税收任务完成情况】 2008年，北京西站各项税费收入计划指标2.3亿元，同比增收1217万元，增长5.6%。10月底，收入任务调至2.6亿元，追加3000万元。截至12月31日，分局组织各项税费收入2.4亿元，同比增收2821万元，增长13个百分点，完成年初计划2.3亿元的107%，完成追加任务后2.6亿元的92%。其中，营业税完成1.4亿元；企业所得税完成1095万元；个人所得税完成3777万元；其他税种完成4507万元。

【税收征管】 一是开展扁平化税源管理。为增强税源管理工作的针对性和有效性，大力推行户籍式管理工作模式，科学配置人力资源，提高行政效能和效率，切实解决“税收管理员少，企业动态信息掌握不及时”问题，实现管理的科学化、精细化。在2008年的工作中，经过认真调研，试行《西站分局“扁平化”税源管理办法》，分局保持现有征管流程不变，将科室的管理与服务职能前移，缩减管理层级，使科室人员及时准确把握政策贯彻落实情况，增强工作的针对性和有效性。通过开展工作，取得一定的效果。一是科室人员参与管户，使科室的管理职能前移。首先，参与人员能够深入到基层一线，了解税收管理员的日常工作和流程，站在基层的角度考虑工作的安排和布置，更好地换位思考。其次，通过下户等手段，科室人员能够掌握税源户的一手资料和信息，避免纸上谈兵现象的出现；最后，科室同志能够与管理员实现工作互补，有针对性地指导基层的工作。二是税务所的税源管理更有效率。科室同志的参与一方面充实了基层的工作力量，同时在共同的工作中，税务所能够及时了解业务部门的工作意图和想法，及时地反馈工作中出现的问题和困难，以得到科室的有效指导和帮助，提高工作的效率和实际效果。三是逐步健全评估方法。在完善纳税评估制度中，确定以服务业为主要突破口的工作思路，针对近两年内稽查、评估都未涉及的企业开展评估，加强与国税局的协作，取得增值税入库数据，完成日常评估模块的导入。与此同时，利用日常税源管理工作的信息，通过手工提请（指在日常工作中通过发票比对等措施发现的疑点户，通过手工录入相关项目比如计算机代码后，进行的评估）等手段，积极开展日常评估，经过实践摸索，形成了完整工作程序，制定《西站分局日常评估管理办法》。

【税政管理】落实12万元以上的纳税人网上申报工作。通过召开辖区内相关代扣代缴单位宣传辅导会，讲解个人所得税纳税人自行申报管理办法、演示代扣代缴单位纳税人自行申报软件操作，完成年收入在12万元以上的纳税人进行网上申报；扎实抓好企业所得税汇算清缴工作。组织学习企业所得税季度预缴相关政策及税收优惠衔接政策。结合分局纳税人实际情况，预测申报期内多发的咨询热点问题，明确工作的重点，为企业所得税新法实施以来第一个季度申报做好准备。根据市局有关要求，对企业所得税纳税人进行填表调查审核，确定符合小型微利企业条件的单位，指导税务所建立总分机构管理台账，制定定期更新的制度。

【税务检查】以查处税收违法案件和组织专项检查为重点，有针对性地提出完善税收征管的措施，推进以查促查、以查促管。全年立案26户，结案25户，实现检查补税66.58万元。其中税款58万元，滞纳金7万元，罚款1万元。在打击假发票专项工作中，分局与公安、国税等部门的通力合作，联合成立打击假发票专案组，于4月成功捣毁一个制售假发票的黑窝点，共计查获涉及10多个票种的地税发票18639张。专项行动在西站地区引起强大反响，下一步分局将主动沟通、协调地区有关职能部门，择机发起“发票打假”专项行动。

【纳税服务】一是完善落实六项纳税服务举措。结合前台纳税服务的工作实际，继续开展了提醒、预约、咨询、跟踪、政策、征询“六项纳税服务”举措。通过提醒服务，登记率和申报率一直保持100%；通过12366远程坐席和所内其他咨询电话继续落实好咨询服务；保证预约服务顺利进行，2008年共为纳税人送票上门5次，共计75000本。二是完善纳税申报制度。结合西站地区特点，不断充实《西站分局纳税服务指南》，年初提出了“即时受理 即时办结”服务事项，明确各项服务事项的责任人，有效落实申报制度，切实加强申报管理。三是落实告知制度。在做好申报制度的同时，分局及时制定《即时受理、即时办结服务指南》，针对上门办理申报类，登记类，发票类业务的纳税人（3大类共16项），进行一一告知，并承诺：只要资料齐全，窗口人员就可“即时受理、即时办结”。为深化实践成果，由分局领导牵头成立专题课题组，形成《税务机关告知制度初探》调研。

【信息安全保障】严格落实信息安全

制度规章，采取抽查和自查的方式，适时检查各部门执行《西站分局计算机病毒防范管理办法》《西站分局网络安全监控系统管理办法》《西站分局二期邮件服务系统管理办法》三个文件的整体情况，发挥网络安全监控系统的各项功能，保证在用计算机节点安装率达到100%，启用适合分局特点的安全管理策略。

【队伍建设和政风建设】 一是强化政治理论学习，在开展学习科学发展观实践教育活动过程中，紧密结合自身实际，狠抓工作落实，组织系列培训会，建立宣传阵地，召开系列座谈会，交流学习心得体会，撰写相关调研报告。确保学习实践科学发展观效果。二是深入抓好廉政建设，在制定《北京西站分局廉政风险防范管理的实施方案》的基础上，建立由“一把手”负总责，纪检监察部门组织实施，相关科室参与配合的廉政风险防范管理工作体系，为每名干部建立个人廉政手册。三是组织干部培训，分局举办两期公务员更新知识培训，对全体科以下干部进行了更新知识培训，完成《公务员法》规定的科级以下干部每年培训不少12天的指标任务，组织处级干部参加“十七大”精神专题培训；安排新提拔处级干部参加市局组织的任职培训，较好地完成全年学习培训任务。四是狠抓文明创建活动。2008年以来，分局按照“创建迈上新台阶，活动呈现新气象”的思路扎实开展工作。以参加地区“迎 讲 树”志愿服务行动为基础，以落实“平安奥运行动”为重点，组织落实分局奥运期间各项志愿服务和安全保卫工作。五是扎实组织税宣活动。立足北京西客站的宣传优势，着眼“首都西大门”流动媒体，牢牢把握“税收 · 发展 · 民生”主题精髓，组织发起多项税收宣传活动。

【先进表彰】 北京西站分局连续第九年被评为首都文明单位标兵；北京市地方税务局北京西站分局被北京市交通安全委员会授予北京市2008年度交通安全先进单位；第一税务所被授予北京市“三八”红旗集体；人事政工科被评为地税系统“平安奥运行动”先进集体；稽查局被评为依法治税廉洁办案先进专案组；第一税务所被评为党风廉政建设先进税务所；西站分局被评为地税系统奥运税务服务信息宣传先进单位；在地税系统第七届文艺汇演中西站分局获组织奖，合唱节目获C组三等奖；办公室在服务北京奥运会、残奥会活动中获先进集体；办公室荣获2008年度系统调研工作表彰单位。

【领导班子成员】 北京市地方税务局北京西站分局局长：刘义；副局长：何建忠、张燕萍（女）、李志刚；纪检组长：王英杰（女，4月任）。

（闫志红）

北京市地方税务局开发区分局

【概况】北京经济技术开发区于1991年8月15日开始筹建，是北京市唯一的国家级经济技术开发区，是同时享有国家级经济技术开发区和国家高新技术产业园区双重政策的经济区域。它位于北京城市总体规划的东部发展带上，在沿京津塘高速公路的五环路与六环路之间；总体规划面积46.8平方公里，由科学规划的产业区、高配置的商务区及高品质的生活区构成。2005年，中共北京市委第九届十次全会通过的《中共北京市委关于制定北京市国民经济和社会发展第十一个五年规划的建议》，明确提出开发区要着力推进开发区及周边地区发展，建设以高端产业和总部经济为依托，面向国际市场的高端产业园区，构筑东南部产业发展带。2008年，全区完成工业总产值（现价）2019.59亿元，同比下降4.35%，完成全年目标值的87.81%，其中高新技术产业完成工业总产值（现价）1630亿元，同比下降11.86%。完成销售（营业）收入2922.14亿元，同比增长1.95%，完成全年目标值的94.26%，其中高新技术产业完成销售（营业）收入2270亿元，同比下降6.84%，占全区销售（营业）收入的77.68%。进出口总额246亿美元，同比增长19.59%，其中出口总额127亿美元，同比增长6.21%。完成财政收入172.30亿元，同比增长28.98%，完成全年目标值的114.87%；完成预算收入158.10亿元，同比增长30.53%，其中地方预算收入56.21亿元，同比增长23.29%。完成固定资产投资101.97亿元，同比增长12.23%，完成全年目标值的101.97%，其中企业项目完成投资额91.80亿元（总公司完成投资3.58亿元），同比增长25.03%，管委会项目完成投资10.17亿元，同比下降41.69%。2008年，吸引投资总额（含增资）22.14亿美元，同比增长4.35%，完成全年目标值的94.86%。合同外资金额6.72亿美元，同比增长33.90%。外商实际投资5.36亿美元，同比增长40.72%。

开发区分局于1994年12月15日正式成立。到2008年年底，共有干部职工98人，其中干部93名、职工5名；党员61名，占总体人数的62%；团员18名，占总体人数的18.37%。干部中具有研究生以上学历的占9.33%、大专及本科学历的占93.6%。在内部机构设置上，有办公室、税政管理科、征收管理科、纳税评估科、计划统计科、政策法规科、人事政工科、监察科八个科室、第一税务所、隆庆街税务所、车船税管理税务所三个税务所以及一个稽查局（内设立案审理科、税务检查科两个科）。截至2008年年末，在开发区分局进行税务登记的正常纳税户共有3053户，其中国有企业35户，集体企业12户，股份制企业39户，有限责任公司948户，股份有限公司75户，私营企业1029户，港澳台商投资企业120户，外商投资企业465户，外国企业7户，个体经营279户，其他44户。

【税收任务完成情况】2008年，北京市地方税务局开发区分局组织各项收入25.62亿元，同比增长21.66%，完成全年任务的100.42%。一是税收分析更为科学及时。定期召开收入形势分析会，对影响税收收入的因素进行深入分析，及时研究组织收入的相应措施；加大对重点税源、主体税种的监控力度，全面掌握应征税款的规模与分布。二是征管基础得到进一步加强。根据总体税源的发展变化情况，重新确定分局2008年度市、区、所三级重点税源企业，确立服务工作的重点；强化对“五率”指标的考核与管理，做到源头控管，应收尽收。三是税政管理基础性作用有效发挥。进一步加大税政管理工作力度，在抓好相关税收政策落实的基础上，重点围绕明细申报、税源普查、货运自开票、残保金代征等项业务开展工作，使税政的基础性作用得到充分发挥。

【评估稽查】积极组织开展季度日常执法检查、年度专项执法检查，先后完成了涉及开发区分局十个部门的29个项目、内容的检查，并顺利通过市局年度专项检查。认真贯彻执行市局《纳税评估管理办法》，加大对日常评估和专项评估管理力度。2008年，共对967户企业开展了纳税评估，发现有问题企业351户。共补缴税款和滞纳金1071.3万元。进一步加大稽查检查工作力度，深入开展对房地产业、建筑安装业的指令性专项检查及对餐饮业的指导性专项检查，不断规范企业纳税行为。2008年度对区内27户企业进行了税务检查，查补入库税款553万元。

【纳税服务】 一是全方位开展税收宣传活动。先后采取与开发区诚信纳税A级企业一起共植“诚信纳税林”、送税法进社区、送税法进企业、地税开放日等活动，强化税收宣传覆盖面，进一步优化了开发区纳税环境。二是为纳税人提供个性化服务。建立开发区分局领导带队走访企业制度；制作《新办企业应办事项流程》，对新办企业财务人员进行点对点、面对面的一次性纳税事项告知服务；印制《北京地税纳税申报手册》，为纳税人正确履行纳税义务提供服务。三是落实纳税服务承诺制度。对外，及时将承诺内容公布在开发区分局外网，主动接受纳税人监督。对内，通过强化管理，实施检查，并充分利用信息化手段，将相关内容纳入电子台账管理，有效地保障了纳税承诺制度的落实。四是不断梳理和优化纳税流程。根据“两个减负”的要求，对2005年以来常用的110项业务流程进行了重新梳理，对相关环节及需要纳税人提供的资料按照合法、便捷的原则，进行最大限度的简化，使“两个减负”的要求得到了有效的落实。五是加大监督考核力度。对开发区分局咨询电话接听情况进行电话录音的基础上，定期进行回放，查找存在的不足与薄弱环节。

【队伍建设】一是有重点加强中层干部队伍建设。采取以会代训、专题培训、集中谈话等形式，重点强化对中层干部执行能力、管理能力和业务能力的培养。2008年，有4名正科级干部试用期满后按期转正；按照干部选拔任用程序，提拔任用4名副科级领导干部，充实了中层干部队伍。二是分层次开展教育培训。按照脱产培训12天的要求，分期分批地组织干部参加开发区分局和北京市地税局组织的集中培训和网院培训。三是全方位开展党团工会工作。开发区分局结合北京奥运会、改革开放30周年、建党87周年，邀请国务院发展研究中心专家讲授党课；组织开展了以“迎奥运、讲诚信，我为党旗添光彩”为主题的系列党日活动；连续第十年到河北阳原开展捐资助学，此项活动继被市直机关评为最佳党日活动后，又被开发区评为最佳社会公益活动。

【党风廉政建设】严格落实党风廉政建设责任制，层层签订了责任书；积极开展廉政风险防范管理工作，组织各部门认真查找廉政风险点，制定防范措施；组织开展“清风颂　地税情”廉政文化系列活动，营造廉政勤政氛围；与大兴区地税局、大兴区检察院建立联系机制。

【抗震救灾】积极参与抗震救灾活动。分局先后组织三次捐款和缴纳“特殊党费”活动，共捐款和缴纳“特殊党费”近10万元。开发区分局每名党员都缴纳了1000元以上的“特殊党费”。

【平安奥运活动】领导班子成员亲自带队参加开发区迎奥运圣火活动，亲自落实和检查安全保卫工作。积极响应市直机关工委号召，组织党员干部到所在社区参加社区志愿者活动，为成功举办“高水平　有特色”奥运会、残奥会贡献了自己的力量。开发区分局被评为开发区平安奥运突出贡献单位，另有多人获得平安奥运工作各类奖项。

【行政管理】一是当好参谋助手，扎实开展政务综合工作。认真做好新旧内网办公系统的推广、切换工作，努力抓好公文运转，确保北京市地税局、开发区分局的有关文件、通知及时传达到位，确保政令畅通。二是信息工作取得新成效。2008年，开发区分局共编发信息普刊29期。被北京市地税局采用51条，被北京市委、市政府采用15条，1条信息被北京市地税局领导批示，连续五年各季度考核始终居直属分局首位。三是政府信息公开工作全面展开。组织召开了分局政府信息公开工作培训会议，对相关人员进行了系统培训。按照上级有关要求，在各部门的积极配合下，2008年分局主动公开了89条信息，补录了以前年度信息200余条。

【后勤保障】 规范综合管理，全力做好后勤保障工作。坚持以人为本，从抓管理、抓规范、抓落实入手，积极稳妥、扎实有效地为分局干部职工谋福利。财务管理、固定资产管理、车辆管理、食堂管理、税务所筹备、平安奥运保障等项工作都取得了一定的成效，干部职工的工作生活环境得到不断改善。

【学习实践科学发展观活动】 根据北京市地税局的安排部署和要求，开发区分局先期开展学习实践科学发展观活动。结合开发区实际，提出了“以培训为载体，让党员真实受教育；以工作为载体，让税收工作科学发展上水平；以效果为载体，让干部群众得实惠”的工作思路，积极有效地推动此项工作的顺利开展。抓好学习教育、分析检查、整改落实等各阶段、各环节工作的同时，突出实践特色，保证日常工作的开展，做到“两不误、两促进”，较好地推动了税收工作的科学发展。在学习实践活动中，分三批组织开发区分局党员、群众进行脱产集中学习培训；通过召开座谈会、问卷调查、网上征求意见等形式，广泛听取意见和建议，确保学习调研工作的扎实开展；发动广大党员干部从纳税服务、征收管理、党风建设、机构改革、激励机制、干部管理、后勤保障7个方面，广泛开展了建言献策活动。共向市局提出16条建议，向分局提出92条建议；围绕北京市地税局提出的“五个着力于”以及领导牵头调研课题，进行了解放思想大讨论；组织召开领导班子民主生活会，重点查找班子和个人在落实科学发展观上是否还存在“不符合、不适应”的问题，对存在的问题进行了深度的剖析，认真撰写班子分析检查报告；按照刘淇书记“应改尽改，能改快改”的要求，对纳税人、干部职工提出的意见责成有关部门立即整改；在坚持边学边改、边查边改、边整边改的基础上，结合开发区分局实际，经过上下反复，认真研究制订了切实可行的整改落实方案，对分局今后一个时期贯彻落实科学发展观作出了安排部署，确保实现党员干部受长期教育、科学发展切实上水平、干部群众真正得实惠的目标。

【领导班子成员】 北京市地方税务局开发区分局局长：王炯宁；副局长：沈迪会、史宝华、徐京来、郭顺民（女）；纪检组长：刘凤彬。

（王　磊）

北京市地方税务局第一稽查局

【概况】 北京市地方税务局第一稽查局是北京市地方税务局的直属单位，负责对北京市行政区域内地方税务机关管辖的内资企事业单位和个人实施税务检查工作。办公地址位于朝阳区裕民路12号院C3座。全局内设15个科室；2008年年底共有干部职工137人，其中，干部128人；本科以上学历115人，占干部总数的84%；中共党员100人，占干部职工总数的73%；共青团员11人，占干部职工总数的8%。2008年，在北京市地方税务局党组的正确领导下，第一稽查局坚持用科学发展观统领税务稽查工作，广泛开展“比一比、看一看”活动，全面推广实施电子查账，充分发挥专业稽查局的职能作用，圆满完成各项工作任务，使稽查工作又有新的进步和发展。

【深入学习实践科学发展观】 科学发展观是经济社会发展的重要指导方针。对于学习实践科学发展观活动，第一稽查局党组高度重视，按照市局党组的统一部署，早学习、早动手、早计划、早动员，成立活动领导小组。结合稽查工作特点，更新发展观念、转变发展思路、破解发展难题、完善机制体制，及时制定《第一稽查局学习实践科学发展观活动实施方案》，并严格抓好落实。通过“五个结合”“五个着力”，采取集中授课和干部自学的方式，结合实地参观燕京啤酒厂和现代汽车等现代化大型企业，使干部职工对科学发展观的认识进一步提高。通过召开四个层次的座谈会和民主生活会，听取干部职工为稽查工作的发展建言献策，针对大家所提出涉及三个方面的八个问题，认真调研，制定整改措施，并努力抓好整改落实，使科学发展的理念真正融入到了税务稽查工作实际中，推动了第一稽查局整体工作再上新台阶。

【严肃查处各类涉税案件】 认真执行《局级执法管理规程》的各项规定，做到规范执法、文明执法、效率执法、廉洁执法。2008年，共立案稽查290件，审理定案178件，其中：定性为偷税3件，移送司法机关1件，查补千万元以上5件；案件有问题率为79%，同比提高13个百分点。查补总额5.06亿元，同比增加1.06亿元，增长26.5%。2008年，上级交办案件数量显著增加，达

50余件，办案难度大、稽查时间长、执法风险高是这类案件的显著特点。对此，局党组高度重视，做到组织到位、措施到位、协调到位，出色地完成上级交办大要案的查处工作，得到国家税务总局和上级主管部门的充分认可，其中，“6·07”专案组被北京市纪委、监察局授予集体三等功，参与案件检查的7名同志均立功授奖。

【全面推广实施电子查账】 电子查账是第一稽查局根据税务稽查现代化管理的客观要求，以稽查工作可持续发展为宗旨，适应时代发展的需要，超前谋划而作出的战略部署。几年来，按照总体规划，分步实施。首先，在机构组建、人员调整的基础上，建立起较为规范的工作程序、业务流程、软件开发、电子设备管理等规范性的基础建设工作，开辟电子查账从无到有、创新发展的新途径，试点工作开好局、起好步。它的实施标志着税务稽查工作向现代化管理迈出坚实的一步。第二，在试点的基础上，进一步扩大电子查账的工作成果，在全局范围内全面推广实施电子查账工作，使电子查账的工作成效得以充分显现。截止到2008年年底，共实施稽查56户，查补千万元以上案件7件，查补总额1.57亿元，案件有问题率为80%，各项数据相比手工查账均有较明显地提高。同时，电子查账使税收执法行为更加公开、公正和透明，北京市纪委、北京市地税局领导曾就电子查账的科技控权给予肯定。实践证明，全面实施电子查账，是税务稽查工作实现科学发展的唯一途径，引领税务稽查工作的发展方向。

【开展“比一比、看一看”活动】 为落实市局“追求卓越年”的各项工作要求，全面推进各项工作再上新台阶，第一稽查局在全局范围内开展“比一比、看一看”的争先创优活动。通过此项活动的开展，使优秀人才脱颖而出，全局干部综合素质显著提升，涌现出一批政治过硬、勇于创新、甘于奉献、勤奋廉洁的岗位能手，形成比、学、赶、帮、超的良好工作氛围，有效推动全局各项工作的深入开展。一是以点带面，文明争创活动取得新成效。发挥典型的模范作用，“女子稽查队”在2007年被评为全国“巾帼文明岗”之后，再接再厉，2008年又荣获全国“三八红旗集体”称号。由于典型抓得牢，模范作用发挥得好，整个一局范围内工作氛围非常好，干部工作积极性高，有热情、有干劲。在文明行业评比中，第一稽查局被评为“全国精神文明先进单位”，为北京市地税赢得荣誉。

【服务奥运】 树立干部良好形象。为确保奥运会的成功举办，落实平安奥运的各项要求，稽查局制定《平安奥运行动工作方案》《平安奥运安全保卫工作措施》和《处置突发事件应急预案》；值班局长带领检查组每天对人员、车辆、案卷、网络等情况例行检查；83名党员深入社区进行奥运志愿活动；10名干部积极参与城市志愿者行动。全局上下用自己的无私奉献参与奥运、服务奥运、支持奥运，涌现出很多感人事迹，在社会上树立起地税干部的良好形象。

【法制建设】依法行政水平进一步提高。严格执行《规程》和相关法律规定，促进法制遵从，强化法律支持。积极开展日常及专项税收执法检查工作，加大对检查案卷的审核力度，开展案卷互评互查，把检查结果进行通报，对所发现的问题及时纠正，有效降低执法工作的有问题率，未出现一件听证、复议、诉讼案件。

【干部队伍建设】强化能力，干部队伍的综合素质进一步提升。制订内容全面、有针对性的干部教育培训计划，并严格抓好落实。按照“三贴近”的原则，即：贴近稽查办案、贴近干部需要、贴近未来发展的要求，进行电子查账和公务员更新知识系统培训；组织开展“军民共铸辉煌业绩，姐妹同心构建和谐”“向雷锋同志学习、向航天英雄致敬”和“见证北京奥运盛典、铸就地税稽查辉煌”等主题活动。进一步激发出干部职工奉献税务稽查事业的工作热忱，打造出一支能打硬仗、敢打硬仗、善打硬仗的干部队伍。

【抗震救灾】无私奉献，挚爱的感人事迹层层涌现。5·12汶川特大地震发生后，党组高度重视，全局干部职工万分关注灾区同胞生活，身在北京，心系灾区，积极为灾区人民捐款、捐物，想灾区人民所想、急灾区人民所急，一颗赤诚的心与灾区人民紧密联系在一起。全局干部职工先后三次共为灾区捐款52405元，缴纳特殊党费87200元；多名女干部利用业余时间为灾区儿童编织爱心毛衣；还有多名干部职工通过其他途径向灾区捐款、捐物、献血，体现无私的奉献精神。

【廉政建设】深入贯彻落实中纪委二次全会、全国税务系统以及北京市地税局党风廉政建设工作会议精神，与税务稽查工作紧密结合，抓好党风廉政建设：深化教育，注重体现反腐倡廉教育的说服力。以开设“廉政教育大讲堂”为载体，邀请市检察院反渎职侵权局领导以案释法，进行预防职务犯罪专题教育。积极参与北京市地税局组织开展的“清风颂　地税情”廉政文化系列活动，把廉政教育学习引向了深入；寻求治本，注重体现反腐倡廉相关制度的约束力。层层签订党风廉政建设责任书，全体干部签订廉政自律书，保证了党风廉政建设责任制落到实处；关口前移，注重反腐倡廉有效监督的制衡力。拓宽监督渠道，坚持廉政回访制度，扩大了实地回访企业比例，形成横向、纵向互相联动的监督网。突出重点，注重廉政风险防范管理工作的开展。在全局各项工作中认真查找廉政风险点，并且把风险点及预防措施纳入《规程》之中，实现纪检监察制度和业务工作制度的有机融合。

【行政管理和后勤保障】不断提高信息报道力度，通过设置信息直报点，上级部门更加及时、全面、准确地掌握税务稽查工作动态，使信息沟通渠道更为畅通；为“女子稽查队”拍摄宣传片，进一步增强了典型示范作用的发挥；圆满完成对《我们的家园》和《稽查在线》杂志的承办工作，突出稽查特色，全面展示第一稽查局风采；认真落实《政府信息公开条例》，及时做好信息公开工作；在经费压缩、车辆停驶的情况下，本着保障一线办案、方便工作顺畅开展的原则，出台了相关的财务和车辆管理措施，为全局工作的有序开展起到坚实的保障作用。

【领导班子成员】第一稽查局局长：朱元广；副局长：汪沛、隋庆梅（女，9月任）、李怀成；纪检组长：张松岭。

（石　斌）

北京市地方税务局第二稽查局

【概况】北京市地方税务局第二稽查局负责北京区域范围内外商投资企业、外国企业和个人税务检查工作，以及北京市涉税大要案及北京市地方税务局交办案件的查处工作。具有独立的执法主体资格。内设办公室、人事政工科、监察科、案件管理科、业务科、审理科、执行科，第一至第四税务稽查科。对外英文全称“The Second Audit Bureau of Beijing Local Taxation Bureau”。全局共有干部职工134名，其中：公务员125名，工勤人员7名，合同制工人2名。具有本科以上学历的有112名，占全局总人数的84%；研究生6名，占全局总人数的4%。党员92人，占全局总人数的69%。

【专项检查】2008年，第二稽查局按照市局的专项检查，先后安排对房地产开发业、餐饮业、娱乐业、建筑安装业、证券业、房地产经纪业等行业的专项检查。全年共查办案件296件，查补税款、滞纳金、罚款合计3.13亿元，入库1.98亿元，人均查补406万元；加收滞纳金2905万元，滞纳金加收率为12%；罚款3192万元，处罚率13%。查办百万元以上案件26件，其中千万元以上案件8件，在查办的案件中移送司法机关案件5件，为历年之最。

【重大案件查处】加大对重大案件的查处力度，有力发挥稽查职能作用。对上级交办案件全部实行重点管理，成立专案组，精心组织，合理安排，查办47件国家税务总局、北京市纪委、市监察局、审计署和公安部门交办的重大案件。包括中国银行股份有限公司案件、东海富京国际建设有限公司案件、北京国电中兴广告有限公司案件、北京海天房地产开发有限公司案件、中大恒基房地产经纪公司偷税案、中联国际文化发展有限公司偷税案、“6·07”案件等一批有较大社会影响的案件。其中“6·07”专案组得到北京市纪委、市监察局的表彰，专案组荣立集体三等功，主办人员荣立个人三等功。严肃查办这些重大案件，极大地震慑了涉税违法犯罪行为，为国家挽回巨额经济损失，为营造和谐、公平、正义的税收环境起到积极作用。

【完善稽查管理模式】 切实发挥会议管理效能，提高稽查办案水平。在稽查办案工作中，完善稽查管理模式，探索案件管理的方式方法，发挥审定会、审议会、审理会的作用，加强环节管理，发挥管理效能。全年共组织召开审议会15次，审议案件52件次，加强对重大案件查办工作的监督指导，保证重大案件得到及时有效查处；组织召开审理会25次，审理案件61件次，加强对重大案件的管理，确保重大案件处理合法准确；组织召开审定会30次，审定案件116件次，强化对实施环节的监管力度，提高专项检查案件质量。加强案件督办工作，采取日常督查督办管理和督办会相结合的方式，保证稽查工作计划的落实。运用审理工作底稿，规范审理工作，实行案件审理程序化管理；加强复核和复审，提高案件审理质量；进一步完善和规范稽查调查取证工作。

【加大执行力度】 在144件转入执行的案件中，除实施环节移送司法机关的案件以外，其余都执行入库或结案，入库率达到98.97%；对48件案件进行重大案件的报告，对13件重大涉税违法案件进行政务公开。采取一系列有效措施，积极清缴历史欠税，清理欠税2324万元。做好案件行政执法检查及税收政策支持，提高整体执法水平。认真贯彻落实税收执法责任制，规范执法行为，对28户处罚案卷进行执法检查，对纳税评估情况进行自查，及时发现问题,督促整改，提高稽查二局整体执法水平。加大税收政策支持力度，及时答复解决办案中的各类税政问题，为办案提供有效的政策指导；完成《2007年税政问题实录》的汇总编纂工作，为稽查人员提供实际的参考帮助。

【行政复议和行政诉讼】 认真做好行政复议、行政诉讼案件的应诉工作，进一步推进依法治税。共接到2件行政诉讼案件，1件行政复议案件以及1件听证案件。经认真准备答辩书，整理相关证据资料，积极协调市局，1件行政诉讼案件原告撤诉，1件行政诉讼案件法院裁定驳回起诉，复议案件的申请人撤回复议申请，听证案件维持原处理决定。

【制度建设】 制度体系进一步健全，提高科学化、精细化管理水平。为适应新形势对稽查工作提出的新要求，建立科学有效的稽查管理工作机制，在科学发展观的指导下，稽查二局以编写《工作手册》第二版为契机，以制度创新、机制创新为着眼点，对稽查工作体系进行认真梳理和进一步完善。在制度方面，为满足稽查管理的需要，实现制度创新，按照工作性质不同将制度分为行政人事管理类、稽查业务类和信息化类三类，共修订各类制度61项，形成了较为完整的管理制度体系。在管理机制方面，为贯彻管理思路，提高稽查整体工作效能，将全局工作按照部门职责划分为工作事项，共计240余项，对每个事项都做到明确工作内容，优化工作流程，规范工作标准。通过加强以上基础工作，各项制度体系更为完备、健全，各项管理更为清晰、顺畅，各项工作要求更为全面、具体，促进稽查工作科学化、精细化管理水平的提高。

【数字化稽查局】 依托数字化稽查局，促使稽查各项工作协调发展。按照国家税务总局和市局以信息化统领、覆盖、支撑各项工作的总体要求，积极实践“数字化稽查局”的目标要求，经过前两年的建设，相继开发完成并投入使用案件管理信息系统、电子账务稽查系统和远程移动办公系统，较好地解决了案件的动态管理、动态跟踪、稽查四环节标准化沟通，以及电子账务稽查和异地办案等难点问题，达到有效规范执法行为、防范执法风险、提高办案能力和工作效率的目的。2008年，重点开发、应用行政人事办公系统。至此，“数字化稽查局”建设目标初步实现，四大系统协同运作，内容涵盖了稽查工作的方方面面，为稽查局的全面、协调、可持续发展奠定了基础。

【科技控权】 实施科技控权，党风廉政建设得到加强。利用信息化手段对权力进行有效监控、对廉政风险进行科学防范，力争实现从源头预防腐败的目标。实行廉政风险防范管理以来，结合风险管理理论确定的44个风险点，逐步形成以程序化管理为核心，会议管理和项目管理为补充，执法检查和行政监察多种手段并用的立体式、全方位权力监督和风险防范管理机制。在探索运用信息化手段防范廉政风险的过程中，通过“税务稽查案件管理信息系统”和“电子账务稽查系统”等软件的应用，合理分解和配置执法权力，办案过程公开、透明，执法程序达到规范、统一，行政执法风险得到有效监督。分局实施科技控权廉政防风险工作得到了国家税务总局、北京市纪委和市局有关领导的充分肯定。在廉政文化建设方面，开展了内容丰富、形式多样的“清风颂　地税情”活动，组织了征文、摄影、书法、漫画比赛，寓教于乐，营造了浓厚的廉政氛围。

【稽查服务指南】 设计制作《稽查服务指南》，充分保障纳税人权利，真诚接受纳税人监督，为进一步提高稽查服务水平打下基础。通过纳税人座谈会和廉政回访显示的结果来看，近年来，纳税人对税务稽查满意度一直保持在95%以上，没有出现对稽查服务的投诉，也未发生违法违纪现象。

【学习实践科学发展观活动】深入开展学习实践科学发展观活动，促进各项工作全面提升。按照市局党组的总体部署，深入扎实开展学习实践科学发展观活动。认真组织学习培训，积极开展解放思想大讨论，广泛征求意见，领导班子召开专题民主生活会。在学习活动中，发布学习简报45期，形成六篇质量较高的调研报告。找出不适应、不符合科学发展的8个问题，认真分析问题成因，制订整改方案，明确整改项目、措施、目标和时限。

【队伍建设】加强领导班子建设，认真落实党组理论中心组学习制度，坚持民主集中制原则，切实发挥班子核心作用。加强能力建设，提高人员素质。组织开展“电子账务稽查系统软件”使用培训、审理工作管理办法和证据管理办法培训、公务员法律法规知识培训和公务员岗位培训，选送一名干部参加市局组织的高级人才培训，为稽查工作的长远发展储备人才。

【党团活动】努力抓好党、团支部建设和党、团员教育工作，引导大家把科学发展的工作理念，带入实际工作中。结合开展为汶川地震灾区捐款、献血以及为贫困地区捐资助学等活动，使全局干部进一步坚定政治信念，牢固树立正确的人生观、世界观、价值观。积极参与文艺汇演、演讲等文体活动。工会切实关心干部生活，把温暖带给每一名同志。

【奥运服务】认真落实市局开展平安奥运行动的要求，为奥运成功举办发挥积极作用。制订“平安奥运行动”方案，完善应急预案，注重检查督促，确保稽查二局安全稳定，精心组织“喜迎奥运、展稽查风采”系列活动。干部踊跃报名参与服务奥运，其中有5人成为驾驶员志愿者、9人成为城市志愿者，71人作为社会治安服务志愿者参与奥运服务。

【行政管理】提高行政综合管理效能，为中心工作提供保障。强化督查督办力度，推动会议决议有效执行，有序安排组织局长办公会49次，党组会6次；规范公文工作，保证公文正常运转。加强财务和固定资产管理，为第二稽查局工作提供财力保障；加强车辆安全管理，全年安排业务用车18000余次，安全行驶45余万公里。行政管理工作的规范运作，为稽查办案中心工作顺利开展提供了有力的服务保障。

【信息调研和宣传】信息工作水平大幅度提升。各部门共报送信息555篇，采用403篇，编发普刊134期，专报125期，被市局刊物采用44篇，其中1篇作为北京地税专报信息上报国家税务总局。由于各类专报信息紧密结合稽查实际，并提出切实可行的建议，为上级部门完善相关的税收政策提供有价值的参考。调研取得丰硕成果。全年共完成调研稿件26篇，编发调研刊物17期，被市局采用5篇，完成稿件数量和实现成果转化数量均为历年之最，形成多篇具有理论深度和实践意义的调研报告。调研内容丰富，涵盖房地产业、餐饮娱乐业、证券业、物业管理业、体育健身业在内的多种行业，如对于证券业，既有行业稽查调研，又有行业评估调研，对税务稽查和税收征管工作都具有很好的借鉴意义。对外宣传成效显著。先后在中国税网、广播电台、《中国税务报》《中国税务稽查年鉴》上刊登发表税收宣传文章及图片，为服务稽查营造了良好的舆论氛围。组织编写《我们的家园》第23期，广泛宣传本局取得的突出成果，展现稽查人员的工作风采。

【先进表彰】在平安奥运工作中，第二稽查局被市局评为“服务北京奥运会、残奥会先进集体”。奥运志愿者中有1人荣获市级“三八红旗奖章”，1人被评为市直机关服务奥运先进个人，1人被评为区级先进个人，14人被评为北京地税服务奥运先进个人。

【领导班子成员】第二稽查局局长：郭筑明；副局长：陈侠（女）、安增运、李龙江、王宝军；纪检组长：秦德海（9月任）。

（何志军）

社会团体

北京市国际税收研究会

【概况】 北京市国际税收研究会办公地点设在朝阳区安苑东里三区1号，主要负责北京市国际税收学术研究工作，是经北京市社会团体登记管理机关核准登记的民间、群众性学术团体。本会现有理事132人，常务理事49人，团体会员102个，个人会员100个。本会下设理论调研部、宣传培训部、咨询发展部、对外联络部、信息资料中心、秘书处。2008年年末驻会工作人员19人，其中在职人员5人（包括1名处级干部、1名科级干部和3名司机），税务系统离退休人员9人，外聘人员5人。2008年，研究会认真学习实践科学发展观，按照党的十七大关于“深化财税体制改革，完善宏观调控体系”的精神，根据研究会年初确定的工作部署，围绕北京市地方税务局“追求卓越年”的总体要求，坚持扎实有效地开展理论调研，按计划开展交流，认真做好税法宣传培训、税务咨询、刊物出版等项工作。积极筹备换届选举，撰写理事会工作报告，提出修订章程意见，完成了《关于调整增补理事、常务理事说明》《关于审议接纳个人及团体新会员建议》。

（唐乃清）

【开展理论调研】 一是参加中国国际税收研究会组织的全国性课题。研究会与第一课题组东城区地税局和首都经贸大学带领小组成员集中力量，对中外税收负担问题进行比较研究，撰写论文《对税收负担问题的分析和建议》，与第四课题组平谷区地税局和中国人民大学带领小组成员进行研究，撰写论文《建立“绿化”税制体系，促进节能减排》，分别在专业研讨会和年会上作了发言交流。二是完成群众性课题。进行《关于企业跨境并购与重组的税收问题研究》和《关于完善税源管理的国际借鉴研究》调研，收到交流文章130篇。研究会报送的《理顺规范税收管辖权的几点意见》和《改革统一社保费收缴环节》被编入中国国际税收研究会论文集，其中论文的观点被编入课题综述中。论文《改革统一社保费收缴环节》全文刊登在《研究要报》和北京市《专家顾问团简报》上。中国国际税收研究会对四年的调研成果印制出版11本论文集，《落实税收科学发展观的几个问题》《规范鼓励对外投资企业的发展》等12篇论文被编入文集。

（唐乃清）

【编发《国际税收参考》】 2008年《国际税收参考》共编辑12期，翻译各类税讯420篇，约22万字。此外，《国际税收参考》还编辑出版2007年的《分类目录》，便于读者对信息进行查阅。《国际税收参考》自2007年下半年在北京市地税局内网正式开通以后，每期的电子版都发给市局，刊登在“电子期刊”的栏目里，供北京市地税系统的干部职工阅读，进一步发挥刊物的作用。同时，利用电子邮箱，通过税务中介界别组向40多家会员单位定期发放电子版刊物。研究会保持和中国国际税收研究会、四川、广东、深圳、无锡、辽宁、大连等兄弟省市刊物的定期交流。中国国际税收研究会刊物《世界税收信息》每月刊登研究会《国际税收参考》的目录，其网站刊登《国际税收参考》全文电子版，进一步扩大刊物的知名度和利用率。

（唐乃清）

【税法宣传与培训】 研究会借助各种渠道和机会，广泛向纳税人、办税人员做宣传，介绍国内外开展此项工作的先进经验和成功办法，争取更多的纳税人、办税人员参加培训。将培训范围扩大到首都经贸大学等五所大专和职高学校的财税专业课程上，使大学生在校期间就能学以致用，为其进一步了解掌握税收工作知识奠定了基础。同时，加大网上培训的力度，全年培训办税人员3000余人。为加强行政机关公务员队伍建设，研究会受西城区地税局等局委托，成功举办了五个区局502位公务员参加的公务员在职专业培训试点班。邀请财政部、国家税务总局等单位的专家、学者及市局有关处室的主要领导，分别就新会计准则、市场经济下的纳税服务、“两税合并”后的税收工作重点、个人所得税的征收管理、税务稽查职能的发挥及风险防范等内容进行详尽的讲解。

【对外交流】 受世界纳税人协会相应国的邀请，研究会先后组织会员单位代表六批179人次参加的以“和谐征纳关系与和谐社会”为主题的对外交流学习活动。参团人员撰写32篇学习考察报告及心得体会，借鉴国外先进经验，结合自身工作实际，提出许多改进征管工作的具体意见和建议，研究会对此编印了《“和谐征纳关系与和谐社会”赴外交流考察专集》。4月17日，中国台湾道南文教基金会教授徐伟初一行三人来京，与研究会共同探讨互访事宜。4月22日—27日，研究会应邀参加在美国亚特兰大召开的世界纳税人协会和亚太地区纳税人协会年会，会议就“如何监督政府，花好纳税人的钱”为主题进行交流、沟通、信息传递。会上，研究会代表向各国与会者介绍中国改革开放三十年来取得的辉煌成就，交流了研究会开展工作的经验，加深各国友人对中国外交政策和形势的了解，取得民间外交效果，对北京市民间组织走出去进行了有益的探索，受到上级有关部门的表扬与肯定。

（唐乃清）

【搭建税企沟通交流平台】 建立税务中介会员界别组，在成立大会上选举通过京都会计师事务所等五个具有一定规模、实力，对税收研究有一定能力的事务所为核心成员，并制订界别组全年详细活动计划，开展丰富多彩的活动。一是理论调研活动。界别组结合注税行业在快速发展中存在的问题及工作需求，完成《加强注册税务师执业风险控制，促进行业健康发展》和《健全税务师事务所规范化管理》两篇调研文章。二是与税务机关的业务交流活动。界别组确定以土地增值税征收管理这个热点、难点问题为主要内容进行业务交流。在市局地方税处大力支持下，召开土地增值税清算及有关税收问题专场交流会，地方税处的领导和主管干部对大家事先汇总提出的十二个方面的25个疑难问题一一做了解释。70余名中介会员和房地产企业会员参加会议。三是专题培训活动。界别组召开专题培训会。德勤会计师事务所三位高级经理分别就税务复核、国际税收筹划及国际税收协定、德勤税务质量风险控制等方面进行详细的介绍与交流。60余名会员单位人员参加培训。界别组的活动经验两次被中国税务报刊登。

（唐乃清）

【组织参加学习实践科学发展观活动】 根据《北京市地方税务局深入学习实践科学发展观活动实施方案》的精神，研究会认真部署并组织学习实践科学发展观活动。一是组织党员集中学习。组织收看中央党校肖勤福教授“关于深入学习实践科学发展观的若干问题”，学习《中共中央办公厅关于转发中央深入学习实践科学发展观活动试点工作领导小组〈深入学习实践科学发展观活动试点工作总结报告〉的通知》等文件和规定书目。二是进行调研，梳理存在问题。研究会分别召开税务系统会员单位代表、税务中介会员单位代表和企业会员单位代表座谈会。与会人员分别就研究会如何更好地发挥税企之间桥梁纽带作用，如何做好理论调研、办税人员培训、公务员培训等项工作提出意见和建议，为北京市地税事业发展建言献策。

（唐乃清）

【领导班子成员】 北京市国际税收研究会会长：孙振刚；副会长：张富珍、金兴、米建国、安体富、郝如玉、王庆雯；监事长：左金玲（女）；秘书长：金宝福。

（唐乃清）

北京市地方税务学会

【概况】 北京市地方税务学会（Beijing Local Taxation Institute，BLTI），是由北京市地方税务局、企事业单位和财税工作者自愿联合发起成立，经北京市民政局核准登记的非营利性社会团体法人。本会现有理事124人，常务理事47人，团体会员52名，个人会员75名。本会下设秘书处、调研部、业务部。2008年年末驻会工作人员12人。办公地点设在朝阳区裕民路12号院C3座。学会宗旨：认真学习马克思列宁主义、毛泽东思想、邓小平理论和江泽民"三个代表"重要思想，坚持党的四项基本原则和改革开放的路线、方针、政策，自觉遵守国家宪法、法律、法规，遵守社会道德风尚，以促进首都经济建设为目标，服务于北京市地方税收事业，研究探讨税制改革，加强地方税收理论建设，增进中外税收领域学术交流，为推进首都经济持续稳定健康发展，充分发挥学会作为税务部门与纳税人之间的桥梁和纽带作用。

（侯燕玲）

【召开学会第一届二次全体会员大会】 4月，学会召开第一届四次全体会员大会。大会总结了2007年度工作，肯定了成绩，查找了存在问题，制订了2008年工作计划。通过了有关副秘书长改选事宜。

（侯燕玲）

【纳税人政策服务工作】 积极配合市地税局纳税服务中心开展税收政策服务工作。学会按照市地税局的要求，每月对新发布的税收政策以及与新政策有关的法规、制度进行要点综述，对新政策的演变过程进行点评，让纳税人更好地理解新的税收政策。2008年已经累计完成新政策综述41期，累计有234073人次访问，平均月访问量为6885人次，得到了纳税人的欢迎。

（侯燕玲）

【调查研究工作】 一是一季度对2007年各区县报来181篇调研报告，进行了评选。组织成立了以中财院教授、市局研究室领导及学会领导和各部门成员参与的评审委员会。对上报的181篇调研报告进行评析，评出一等奖10名，二等奖15名，三等奖20名。评选4名优秀调研员。召开了全体理论调研员参加的2007年度优秀调研报告总结表彰大会，对获得一、二、三等奖的单位和四名优秀调研员进行表彰。并将45篇获奖调研报告进行修改整理，编辑成册。二是积极组织开展广泛群众性调研。组织各区县调研员开展调研工作是调研组的一项重要工作，年初，就如何开展2008年调研工作进行动员并提出要求。各区县调研员按照工作要求报送本年度调研课题，各基层单位的领导非常支持和重视理论调研工作，不仅亲自组织调研会议，还在百忙中抽出时间撰写论文，带动课题组和理论调研员工作的开展。为写出有较高水平和较强工作指导意义的优秀调研成果，年初各区调研员报送调研计划，学会平时注意与调研员随时沟通、交流，促进稿件的报送和提高稿件的质量。各单位调研员积极组织调研材料，到2008年年底共报送调研报告85篇。

（侯燕玲）

【加强市内外学会（研究会）之间的交流合作】 年末，市地税系统已成立15个学会（研究会）组织，全国也有部分省市成立了地方税务学会（研究会），这些学术团体各具特色，在开展活动方面都非常活跃，为广大纳税人和地方税务系统做了大量工作，对于提高地税系统理论研究水平和宣传普及税收政策法规起到了很大的推动作用。税务学会采取“走出去，请进来”的方式，联系内蒙古地方税务学会，加强与其的交流与合作，取长补短，共同推进学会（研究会）组织的建设水平。2008年学会根据税制改革、企业改制和会员单位的需要，举办一次所得税年终汇算培训活动，为会员们的年终汇算工作提供理论帮助。

（侯燕玲）

【编辑行业税法知识辅导丛书及会刊】 根据领导对“房地产业地方税收政策汇编”一书的修改意见，进行编辑、修改。为2009年“房地产业地方税收政策汇编”新政策的编入做好准备。学会继续完成学会会刊每季的发行工作，会刊保持北京特色、地税特色，涵括信息、热点问题、理论研论、专业知识、会员园地等内容，会刊的质量进一步提高。

（侯燕玲）

【完成年检审查工作】 根据北京市社会团体管理办公室年检规定，学会于4月按照要求向北京市社团办提交了各项年检报告、资料以及学会依法开展各项活动的情况，顺利通过2007年年度审验。

（侯燕玲）

【领导班子成员】 北京市地方税务学会会长：徐志宏；副会长：范云军、罗春凤、刘毅、王天麟、刘桓、路俊霞（女）；秘书长：徐滨；副秘书长：苏茂华；监事长：杨玉杰。

（侯燕玲）

大事记

北京市地方税务局大事记（2008年）

1月

1月1日 自本日起，执行《中华人民共和国企业所得税法》和《中华人民共和国企业所得税实施条例》。市局通过组织领导、制度保障、部门协调、宣传服务和完善计算机系统等措施，实现了新老税法平稳过渡。

1月1日 税务稽查案件管理系统在全局范围内推广使用。该系统能够减轻一线稽查人员的工作量，并可以对所有稽查案件进行跟踪管理。

1月1日 自本日起，分别在北京电视台黄金时段、北京人民广播电台和北广传媒播出年收入12万元以上个人自行纳税申报工作公益广告片。

1月8日 北京市地方税务局召开2007年税收收入新闻发布会，向媒体通报北京市地方税务局2007年税收收入情况，《北京日报》《中国税务报》、北京电视台等30多家媒体进行了报道。

1月8日 税收评估管理系统试点工作在西城区地税局正式启动。

1月9日 北京市地方税务局召开2008年计划分配会。

1月9日—10日 北京市地方税务局召开2008年工作会议。北京市委常委、常务副市长吉林出席会议；北京市地方税务局局领导，各区县局、分局局长，北京市地方税务局各处室、直属单位主要负责人参加会议；北京市财政局、各区县政府、燕山办事处、开发区管委会、西站地区管委会主管领导，各区县财政局、燕山办事处、开发区和西站管委会财政（财务）部门领导及北京市地方税务局部分特约监察员应邀出席。工作报告题为《抓住机遇，乘势而上，以十七大精神引领地税事业走向卓越》。吉林就北京市地税工作做重要指示。

1月10日 北京市地方税务局选派20名“巾帼文明岗”和“巾帼建功”标兵代表参加全国妇女“巾帼建功”活动领导小组第十七次会议。

1月12日 北京市地方税务局与专家指导组成员就2008年北京市地税学习型领导班子建设进行研讨。

1月14日 北京市门头沟、通州区地方税务局两名干部在北京市“巾帼建功”活动协调小组和北京市妇联举办的“迎奥运盛会，展巾帼风采”演讲大赛中荣获三等奖，北京市地方税务局获优秀组织奖。

1月15日 北京市地方税务局召开安全稳定工作紧急电视电话会议。

1月17日 北京市地方税务局副局长任军参加市纠风办、信息办召开的北京市政府网站考评工作总结大会。会上通报了2007年度政府网站考核评价结果，北京市地税网站再次被评为优秀政府网站，其中网上办税服务被评为优秀服务。

1月17日—18日 北京市地方税务局召开2008年纳税评估工作会议。

1月21日 北京市通州区地方税务局稽查局于2004年向公安机关移送的北京市陆裕通运输有限公司虚开联运发票案，在北京市第二中级人民法院一审宣判。该案是北京地税局涉税移送后司法机关判处刑罚最重的案件。

1月25日 北京市地方税务局印发《北京市地方税务局关于贯彻落实2008年北京市流动人口服务和管理工作的通知》（京地税征〔2008〕19号）。贯彻落实京流管委〔2007〕11号文件，进一步加强个人出租房屋的税收征管。

1月28日—29日 北京市地方税务局召开2008年地方税工作会议。北京市地方税务局副局长王京华到会并讲话。各区县局、分局主管地方税工作的局领导、科室负责人参加会议。

1月30日 北京市地方税务局稽查部门联合北京市国税局稽查局、北京市公安局经侦处成立专案组，查处了关涛、关毅等虚假注册公司骗购发票并利用群发短信息非法倒卖发票的犯罪团伙，并移交检察院审理。

1月31日 北京市地方税务局机关举办春节联欢会。

2月

2月1日 北京市地方税务局印发《北京市地方税务局、北京市国家税务局转发国家税务总局、中国人民银行关于银行代收费业务使用税务发票有关问题的通知》（京地税票〔2008〕16号），对全市范围内启用银行代收费业务专用发票作出政策规定。

2月1日 北京市地方税务局按照国家税务总局关于加强普通发票防伪专用品管理的通知要求，对发票承印企业进行专项检查，并将防伪专用品的日常管理及检查情况上报总局。

2月11日 北京市地方税务局印发《北京市地方税务局转发〈财政部、国家税务总局关于土地使用权转让契税计税依据的批复〉的通知》（京地税地〔2008〕30号），明确土地使用者将土地使用权及所附建筑物、构筑物等（包括在建的房屋、其他建筑物、构筑物和其他附着物）转让给他人的，应按照转让的总价款计征契税。

2月18日 北京市地方税务局召开2008年营业税工作会议。

2月19日 北京市地方税务局在梅兰芳大剧院举办“迎奥运树新风，奉献和谐发展”答谢纳税人新春联谊会。国家税务总局有关部门、各委办局有关领导，四百余名纳税千强企业、纳税信誉A级企业代表，特约监察员，媒体记者，以及北京市地税局领导和税务干部近千人观看了演出。

2月20日 北京市地方税务局副巡视员王勇生参加2008年度首都文明行业创建工作汇报会并做典型发言。

2月20日—21日 北京市地方税务局召开2008年党风廉政建设工作会议。北京市纪委、监察局领导，国家税务总局监察局领导，部分特约监察员应邀出席。北京市地税局局领导，各区县局、分局领导班子全体成员、监察科正副科长，北京市地税局各处室、直属单位正副职领导参加了会议。

2月21日 北京市地方税务局组织开展“走进场馆、分享奥运”主题活动。北京市地方税务局局领导，各区县局、分局奥运税务服务协调工作主管局领导、科室负责人，各处室、直属单位主要负责人等百余名人员在“水立方”观看了国际泳联跳水世界杯赛（奥运会测试赛）。

2月21日 北京市东城区地方税务局稽查局按照中纪委提供的线索，查处北京天信佳投资管理有限公司设置账外账隐匿股票投资应税收入涉嫌偷税的重大案件，并移交公安部二局进一步追究涉案人员刑事责任。该案是北京市地税局成立以来查处的首例股票投资偷税移送案件。

2月26日 北京市地方税务局印发《北京市地方税务局非紧急救助服务工作管理办法》（京地税纳〔2008〕39号），建立和完善非紧急救助服务系统，进一步规范非紧急救助服务工作。

2月27日 北京市地方税务局印发《北京地税系统“平安奥运行动”工作方案》（京地税保〔2008〕40号），全面加强对这项活动的组织领导。

2月27日 2008年有奖发票布奖方案在原布奖奖项的基础上，增设5元奖项，取消1000元和5万元奖项的布奖。年度布奖资金为8000万元，95%的布奖资金布入50元以下奖项，年度综合布奖率由1.4%提升到7%。

2月27日—28日 北京市地方税务局召开2008年信息化工作会议。

2月28日—29日 北京市地方税务局召开2008年征管系统工作会议。

2月29日 第一稽查局女子稽查队、朝阳区地税局酒仙桥税务所被授予“全国三八红旗集体”荣誉称号。北京市地方税务局奥税办主任钱剑兰、女子稽查队队长葛海清代表北京市荣获全国“三八”红旗手和“全国三八红旗集体”的个人和集体，参加纪念“三八”国际劳动妇女节98周年暨表彰大会。

2月29日 北京市地方税务局召开新

《企业所得税法》学习辅导会。北京市地方税务局副局长王京华、副巡视员刘宝忠参加了辅导会。国务院法制办、财政部科研所等有关专家应邀授课，各区县局、分局主管局领导、科室负责人，北京市地税局相关处室负责人及部分业务骨干近300人参加面授。

3 月

3月1日 自本日起，执行第五次修正的《中华人民共和国个人所得税法》。个人所得税工资、薪金所得减除费用标准从每月1600元提高到每月2000元。

3月1日 自本日起，执行《财政部 国家税务总局关于调整个体工商户、个人独资企业和合伙企业个人所得税税前扣除标准有关问题的通知》（财税〔2008〕65号）。对个体工商户业主、个人独资企业和合伙企业投资者的生产经营所得依法计征个人所得税时，个体工商户业主、个人独资企业和合伙企业投资者本人的费用扣除标准统一确定为24000元/年（2000元/月）。

3月1日 自本日起，按照《北京市地方税务局关于调整出租汽车驾驶员个人所得税的通知》（京地税个〔2008〕80号）的要求，本市出租车驾驶员采取单车承包或承租方式运营取得的收入，按每月单车应纳税额60元的标准缴纳工资、薪金所得项目个人所得税。

3月3日 北京市地方税务局召开“平安奥运行动”动员部署大会。北京市地方税务局领导班子成员出席会议。各区县局、分局，北京市地方税务局各处室、直属单位签订“建平安地税、保平安奥运”责任书。

3月3日—4月17日 北京市地方税务局总经济师卜祥来参加北京市委组织部举办的北京市第59期区县局级干部进修一班。

3月5日 北京市地方税务局机关团委组织机关部分团员青年到石景山玉泉路小学对在京务工人员子女进行慰问。

3月5日—6日 北京市地方税务局召开2008年企业所得税工作会议。北京市地税局副局长王京华到会并讲话。各区县局、分局主管企业所得税工作的局领导、科室负责人参加会议。

3月6日 北京市地方税务局召开2008年四部门联席工作会议。各区县局、分局主管基层工作的局领导，基层工作处、老干部处、保卫处和工会的有关负责同志参加会议。

3月6日 北京市地方税务局召开纪念“三八”国际劳动妇女节座谈会。北京市地税局局领导王京华、王勇生、刘宝忠等出席会议。100多名干部职工参加座谈。

3月6日 北京市地方税务局印发《北京市地方税务局转发国家税务总局关于纳税人善意取得虚开增值税专用发票已抵扣税款加收滞纳金问题的批复的通知》（京

地税征〔2008〕44号），明确纳税人善意取得虚开的增值税专用发票，如能重新取得合法、有效的专用发票，准许其抵扣进项税款。

3月7日 自本日起，执行《北京市财政局、北京市地方税务局转发财政部、国家税务总局关于生育津贴和生育医疗费有关个人所得税政策的通知》（京财税〔2008〕557号）。本市生育妇女按照《北京市企业职工生育保险规定》取得的生育津贴、生育医疗费或其他属于生育保险性质的津贴、补贴，免征个人所得税。

3月7日 北京市地方税务局组织全系统处级女干部80余人参观中华老字号国家级非物质文化遗产、南中轴线和永定门城楼、天坛祈年殿。北京市地税局局领导王京华、王勇生、刘宝忠等，北京市地方税务学会顾问杨春萍参加活动。

3月10日 北京市地方税务局印发《北京市地方税务局关于做好“好运北京”系列赛事延期缴纳税款工作的通知》（京地税奥〔2008〕46号），妥善解决了“好运北京”测试赛延期缴纳税款及办理相关手续等税收问题。

3月10日 北京市地方税务局与北京城市管理广播联合推出税务局长做客直播间节目，现场回答纳税人关心的税收问题。

3月11日—12日 北京市地方税务局召开2008年办公室工作会议。

3月12日 中国国际税收研究会会长郝昭成一行4人到北京市国际税收研究会进行工作研讨。会长孙振刚主持研讨会。

3月12日 北京市地方税务局在2008年全市信息化工作会议上被评为“2007年度市信息化工作先进单位”。

3月12日—4月3日 北京市地方税务局举办处级干部学习贯彻党的十七大精神轮训班。培训共分4期，每期3天，全系统323名处级干部参加培训。

3月12日—6月3日 北京市地方税务局对13个区县局的网络与信息安全管理、安全技术和奥运信息安全保障等进行全面检查，为保障奥运期间信息安全做好准备。

3月13日—14日 北京市地方税务局召开2008年税务稽查工作会议。

3月19日 北京市地方税务局印发《北京市地方税务局转发国家税务总局关于2008年北京奥运会和残奥会门票销售开具发票有关问题的通知》（京地税票〔2008〕61号），明确了北京奥运会和残奥会门票销售开具发票工作的要求和措施。

3月19日 国家税务总局副局长王力、所得税司副司长刘丽坚等领导到朝阳区地税局检查指导北京市年所得12万元以上个人自行纳税申报工作。王力对北京地税自行纳税申报工作予以充分肯定。

3月21日 北京市地方税务局成立专项整治工作领导小组，统领、指导全系统在全市范围内开展打击假发票和非法代开发票整治专项行动。

3月24日 北京市地方税务局召开西片货运税收专题工作会。北京市地税局副巡视员刘宝忠到会并讲话。11个区县局、分局的税政一科相关人员参加会议。

3月24日—25日 北京市地方税务局举办房地产税收国际研讨会。加拿大、美国和中国香港财产税专家应邀参加会议，并就本国或本地区财产税政策、房地产批量评估方法和财产税征收管理情况做主题演讲。国家税务总局地方税司副司长周茵、财政部税政司有关人员，北京市地税局局领导王京华等出席研讨会。

3月25日 北京市地方税务局下发《北京市地方税务局关于印发〈检举制售假发票和非法代开发票违法案件奖励办法〉的通知》（京地税检〔2008〕47号），规定凡公民署名举报涉及本市地方税务机关征管范围内的有关非法制售、骗购、贩卖、代开发票等违法犯罪行为等涉税违法案件，一经地方税务机关立案查实或移送公安机关立案以及联合办理，检举人均可得到相应的奖励。

3月26日 北京市地方税务局举办第31期地税论坛。信息化专家研究员曲成义应邀做“2006—2020年国家信息化发展战略”和“国民经济和社会发展信息化‘十一五’规划”专题讲座。市局领导参加，市局机关全体干部听取了讲座。

3月26日 北京市地方税务局召开2008年度第一次机关党委会议。机关党委书记王勇生到会并讲话。北京市地税局机关党委委员和纪委委员参加会议。

3月27日 北京市地方税务局印发《北京市地方税务局转发国家税务总局关于普通发票行政审批取消和调整后有关税收管理问题的通知》（京地税票〔2008〕64号），就国家税务总局取消五项行政审批事项后的后续管理工作制定了相关措施。

3月29日 北京市地方税务局奥税办参加由北京奥运经济研究会、德国阿德纳基金会等单位共同主办的“2008奥运会：世界聚焦中国——经济增长，可持续发展，社会凝聚力”高峰论坛，提供现场宣传与咨询服务。

3月30日 北京市地方税务局在孔庙举行《北京印花税票之四——北京坛庙》新闻发布会暨向国家博物馆、首都博物馆捐赠仪式。国家税务总局，国家博物馆，首都博物馆，东城区委、区政府等单位的领导和著名古建专家，以及北京市地税局领导，各区县局、分局局长，各处室、直属单位主要负责人出席仪式。

3月31日 北京市地方税务局举办2008年涉奥纳税人企业所得税法及申报辅导会、2008年涉奥涉外扣缴义务人税收政策培训会。奥组委及“好运北京”测试赛运行团队，奥运会的赞助商、特许商，场馆建设单位的财务主管和办税人员共60人参加了培训。

3月31日 北京市2007年度年所得12万元以上个人自行纳税申报工作圆满结

束。在申报期内全市共有34.1万人进行了申报，同比增幅达34%，位居全国各大城市首位。

3月 北京市地方税务局编写并由中国税务出版社出版了《北京奥运与税收环境》一书，首次系统研究了奥运经济的税收问题。北京市地方税务局还联合北京市国家税务局出版了《北京奥运税收政策解读》。

4 月

4月1日 《北京印花税票之四——北京坛庙》正式发行，全系统各纳税服务窗口向公众发售。

4月1日 北京市地方税务局接待加拿大哥伦比亚大学尚德商学院史瑞德先生一行4人来访，双方就继续在加拿大进行培训的项目进行了座谈。

4月1日 北京市地方税务局统一制作的全国税务系统办税服务厅标识首先在东城、崇文、宣武、朝阳、丰台、石景山区地税局机关办税服务厅使用。

4月2日 北京市地方税务局召开打击制售假发票和非法代开发票专项整治行动新闻发布会，中央电视台、北京电视台、《法制日报》等30多家媒体的记者到场采访。

4月2日 北京市地方税务局安保运维中心与8家负责北京市地方税务局系统运营维护的服务商签订《平安奥运安全责任书》。

4月2日—3日 北京市地方税务局副局长任军及有关处室、直属单位负责人参加了国家税务总局召开的全国纳税服务工作研讨会。

4月3日 北京市地方税务局机关团委与北京市顺义区地税局组织机关团员青年近百人，开展主题为“青春奉献税收，志愿服务奥运”的义务植树活动。北京市地税局局领导任军、王勇生等参加了活动。

4月3日 北京市密云县地方税务局举行青少年税收教育基地授牌暨少年税校教材发行仪式。国家税务总局办公厅，密云县委、县政府领导，以及北京市地方税务局局领导王京华、刘宝忠等出席了活动。

4月8日 北京市通州区地方税务局举行“税官村官携手迎奥运，志愿服务深入新农村”大型税收宣传活动暨大学生村官税收宣传志愿者活动启动仪式。北京市人事局、法制办、司法局，团市委，通州区委、区政府等相关领导，以及北京市地方税务局局领导王勇生等出席活动。

4月9日 北京市地方税务局召开2008年计会工作会暨一季度收入分析会。

4月9日 北京市地方税务局召开2008年财务工作会议。

4月9日—5月8日 北京市地方税务局奥税办、票证中心，东城、海淀区地税局联合对奥组委和BOB公司开展奥运专用发票及税控使用情况进行调查。

4月10日 国家税务总局地方税司司长陈杰、副司长周茵、何志明到海淀区地税局视察地方税税源管理平台试点工作情况。北京市地方税务局副局长王京华陪同视察。

4月11日 北京市地方税务局召开2008年调研工作会议。

4月14日 北京市地方税务局举办第一期学习型地税建设辅导员培训班。14个区县局、分局共26名干部参加了为期四天的培训。北京市管理科学院梁冶萍教授应邀授课。

4月14日 北京税务博物馆被东城区委、区政府正式命名为东城区爱国主义教育基地。

4月15日 北京市地方税务学会召开第一届四次全体会员大会。106名会员出席会议，大会通过了有关副秘书长改选等事宜。

4月16日 由北京市地方税务局主办、大兴区地方税务局承办、东城区地方税务局协办的“走进历史传承文化”大型税收历史文化宣传活动在北京税务博物馆举行。国家税务总局副局长钱冠林，东城区委书记王学勤，大兴区代区长李长友，以及北京市地方税务局局领导王京华、任军等出席活动。

4月17日 北京市地方税务局召开2008年第一季度税政管理部门联席工作会。北京市地税局副局长王京华到会并讲话。税政五个部门和相关处室主要负责人及有关干部参加会议。

4月17日—18日 北京市地方税务局召开2008年度残保金代征工作会议。北京市地税局副局长王京华到会讲话。各区县局、分局主管残保金代征工作的局领导、科室负责人和业务人员参加了会议。

4月18日 北京市地方税务局召开2008年度纳税信用A级企业及荣誉纳税人座谈会，来自房地产业的30位企业代表及5名纳税人参加了座谈。北京市地税局局领导郝硕博、卜祥来等出席座谈会。

4月18日 北京市地方税务局按照《北京市地方税务局转发国家税务总局关于2008年北京奥运会和残奥会门票销售开具发票有关问题的通知》（京地税票〔2008〕61号）安排，完成了为区县局代开《奥运门票销售定额专用发票》的印制和供应任务。

4月21日 北京市地方税务局举办第一期稽查人员培训班。各区县局、分局稽查局，第一、二稽查局的业务骨干119人参加了为期一周的培训。国家税务总局和扬州税务学院有关人员应邀授课。

4月21日 北京市地方税务局举办第二期学习型地税建设辅导员培训班。9个区县局、分局共24名干部参加了为期四天的培训。市管理科学院教授梁冶萍应邀授课。

4月22日 北京市地方税务局印发《北京市地方税务局关于建立和运行奥运会、残奥会涉及地方税收事项应急服务工作机制的通知》（京地税奥〔2008〕93

号），为应对和处理涉奥涉税紧急事项提供机制保障。

4月23日 北京市地方税务局下发《北京市地方税务局关于印发〈房地产开发企业土地增值税清算管理办法〉的通知》（京地税地〔2008〕92号），取消了原有的转入评估和稽查审核的流程，并对审核程序、法律文书、中介报告等进行了规范。

4月23日 北京市地方税务局与北京市投资促进局和北京外商投资企业协会共同举办"携手发展，共迎奥运"税收政策交流说明会。北京市地税局部分处室以及涉外分局的相关负责人参加会议，并现场解答了与会企业代表提出的业务问题。

4月24日 北京市地方税务局召开"平安奥运信息安全保障"工作部署会，全面部署奥运期间信息系统安全保障工作。

4月24日 北京市地方税务局副局长王京华接待了香港理工大学院士彭赞荣先生和林肯土地政策研究院资深研究员满燕云女士的来访，双方就本市税收收入发展情况、税收政策等进行了座谈。

4月24日 北京市机构编制委员会办公室下发《关于调整市地税局机关部分内设机构的函》（京编办行〔2008〕41号），同意北京市地方税务局机关增设科技信息处和宣传教育处。

4月25日 北京市地方税务局举行"新北京、新奥运、新地税"服务奥运启动仪式。11家奥运会合作伙伴和参与者代表应邀参加会议。国家税务总局、北京奥组委有关部门，北京市审计局等单位有关领导和北京市地方税务局局领导出席了会议。启动仪式上宣布了《全力以赴做好涉奥税务服务十项措施》，为各区县局、分局统一配置"奥运税收宣传角"及"服务奥运窗口"标牌，并向全市地税系统干部发出为涉奥企业服务的倡议，进行了志愿者宣誓。

4月28日 北京市地方税务局召开2008年人事工作会议。

4月28日 在全国妇联、北京奥组委召开的"迎奥运百城千岗"表彰电视电话会议上，东城区地税局景山税务所、朝阳区地税局第一税务所、海淀区地税局翠微路税务所、昌平区地税局园区税务所、顺义区地税局第二税务所获"全国巾帼文明岗"称号。

4月29日 北京市地方税务局举办第32期地税论坛。北京市纪委常委兼审理室主任李振奇应邀作"执法风险与党风廉政建设"专题讲座。北京市地税局局领导出席，北京市地税局机关全体干部听取了讲座。

4月29日 北京市地方税务局印发《北京市地方税务局关于印发北京市地方税务局政府信息公开系列文件的通知》（京地税办〔2008〕102号），下发包括政府信息公开工作办法、主动公开工作办法、依申请公开工作办法、保密审查办法、虚假或不完整信息澄清工作办法、政府信息公开工作考核办法、目录编制规范和政府信息公开指南等8个配套文件，用于规范和指导全系统政府信息公开工作。

4月30日 北京市地方税务局政府信息公开筹备工作圆满完成。清理了2003年至2008年4月的政府信息，编制了政府信息公开目录，制作了政府信息公开指南，制定了政府信息公开配套文件，移送了主动公开政府信息纸质文本，开设了政府信息公开专栏和依申请公开邮箱，开辟了政府信息公开查阅专区等。

4月30日 北京市地方税务局与北京奥运会志愿者工作协调小组办公室联合召开奥运会志愿者工作部署推进大会暨奥运会城市志愿者“五一”集中服务活动启动仪式。协调小组办公室主任、团市委书记、北京奥组委志愿者部部长刘剑，协调小组办公室副主任、团市委副书记姜泽廷，以及北京市地税局局领导王勇生等出席仪式。

4月30日 北京市地方税务局与北京市国税局共同研究，并向国家税务总局请示，申请将奥运会期间三个月的征期延长到每月18日。

5 月

5月1日 《中华人民共和国政府信息公开条例》正式施行。北京市地方税务局制作或获取的主动公开类信息自本日起按规定时限进行发布，受理的政府信息公开申请按规定时限予以答复。政府信息公开专栏和政府信息公开专区向公众开放，政府信息公开咨询专线开通，依申请政府信息邮箱开始启用。

5月1日—7月1日 北京市地方税务局根据《国家税务总局办公厅关于推广应用税务系统司处级干部培训管理软件的通知》（国税办发〔2008〕41号）的要求，对系统局、处级干部的人员基础信息以及2003年1月1日以来所有的培训信息进行初始化补录，完成了国家税务总局培训管理软件的推广工作。

5月4日 北京市地方税务局机关团委组织机关部分团员青年召开纪念“五四”青年节座谈会。北京市地税局副巡视员王勇生参加会议并与青年代表交谈。

5月4日—30日 北京市地方税务局和青海地税局联合举办培训班，青海省地税系统领导干部共计50人参加了培训。

5月5日 北京市地方税务局机关团委组织机关优秀团员青年、优秀团干部和全系统团委书记近40人赴江西井冈山革命教育基地开展“继承革命传统，争做有志青年”主题教育活动。北京市地税局副巡视员王勇生参加活动并讲话。

5月7日 在奥运会倒计时100天来临前夕，北京市地方税务局奥税办编印了中英文对照版《奥运税收宣传手册》和告知服务宣传品。

5月7日 北京市地方税务局统一配置

了“服务奥运窗口”标牌，将奥运服务快速通道、办税特区引入服务奥运窗口，以方便纳税人办理代开奥运会门票等涉税事宜。

5月8日—22日 按照北京市财政局有关文件规定，北京市地方税务局完成了有奖发票兑奖经费项目和发票、税收票证印制费用项目的绩效考评并获得优秀成绩。

5月9日 北京市地方税务局印发《北京市地方税务局关于加强契税拆迁货币补偿协议核实工作的通知》（京地税地〔2008〕112号），对个人拆迁购买住房减免契税采取即时审核方式，不再进行程序审核。同时，上网公布拆迁核查结果，避免同一拆迁项目因被拆迁人不同而发生多次核实问题。

5月11日 北京市地方税务局举办2008年赴境外培训人员出国前强化英语培训班。通过推荐、审核、测评等程序选拔出来的全系统29名税务干部开始为期两个月的强化英语培训。

5月12日—22日 应捷克和匈牙利相关部门的邀请，经北京市政府批准，北京市地方税务局副局长任军等6人赴捷克、匈牙利执行税收征收管理工作等方面的考察任务。

5月13日 北京市地方税务局印发《北京市地方税务局关于印发“平安奥运行动”三项制度的通知》（京地税保〔2008〕118号），包括《北京市地方税务局“平安奥运行动”协调领导小组会议制度》《北京市地方税务系统“平安奥运行动”督查考核办法》《北京市地方税务系统“平安奥运行动”情况信息报告工作规定》，全面加强“平安奥运行动”的制度化和规范化管理。

5月13日 北京市地方税务局印发《北京市地方税务局关于成立科技信息处的通知》（京地税人〔2008〕122号）。原信息中心正式更名为科技信息处。

5月14日 北京地税合唱团成立，15个区县局和北京市地方税务局机关的40名同志参加了成立大会。北京市地税局副巡视员王勇生到会并讲话。

5月15日 北京市地方税务局下发《北京市地方税务局关于印发〈北京地方税务综合服务管理信息系统平安奥运信息安全保障方案〉的通知》（京地税安〔2008〕110号），全力做好奥运期间的信息系统安全保障工作。

5月15日 北京市地方税务局召开2008年宣传教育工作会议。会上宣布宣传教育处正式成立。

5月15日 北京市地方税务局举办第33期地税论坛，北京奥组委特聘专家、北京奥运经济研究会执行会长研究员陈剑应邀作“奥运经济与后奥运经济形势分析”专题讲座。北京市地税局局领导参加，北京市地税局机关全体干部听取了讲座。

5月15日 副巡视员刘宝忠带领北京市地方税务局营业税处、后勤服务中心和宣武地税局部分领导干部到宣南文化博物馆和北京戏剧博物馆开展“走近历史民俗，传承宣南文化”活动。国家税务总局流转税司有关人员、北京市地方税务学会会长徐志宏应邀参加。

5月15日—16日　北京市地方税务局召开进一步加强发票管理工作座谈会。

5月19日　北京市地方税务局就个人向汶川地震灾区捐款有关个人所得税税前扣除问题召开新闻发布会。

5月19日　北京市地方税务局召开税收评估管理员平台专题汇报会。北京市地税局副局长郝硕博到会并讲话。北京市地税局有关处室和西城区地税局主要负责人参加会议。

5月19日　北京市地方税务局组织机关全体干部职工向在汶川大地震中遇难同胞默哀。北京市地税局局领导及机关干部自发向灾区捐款。

5月21日—6月12日　北京市地方税务局委托北京信息安全测评中心对核心征管系统、个人所得税系统、发票税控系统、Tax861网站系统进行安全测评，据此编写《北京地方税务综合服务管理信息系统平安奥运安全保障风险分析报告》，制订了19个整改方案。

5月22日　北京市地方税务局与加拿大哥伦比亚大学尚德商学院院长和加拿大2000教育交流有限公司代表，签订了新一轮赴加拿大的五年培训计划合作协议书。

5月23日　北京市海淀区地方税务局学院路税务所和怀柔区地税局第一税务所被授予“全国青年文明号”荣誉称号。

5月24日　按照国家税务总局关于组织2008年全国税务人员执法资格统一考试有关问题的通知要求，北京市地方税务局组织了2007年参加国家税务总局执法资格统一考试未通过和未参加考试的121名干部进行了考试。经过评阅，及格率达到百分之百。

5月25日　北京市地方税务局和北京奥运经济研究会共同举办平安奥运高峰论坛暨《2007北京奥运经济报告》首发式。北京奥运经济研究会名誉会长魏纪中，北京奥运经济研究会执行会长陈剑、副会长杜巍，北京市政府、奥组委有关部门领导以及部分专家和媒体参加会议。北京市地税局副局长王京华做主题演讲。

5月26日　北京市地方税务局、北京市财政局、北京市国土资源局联合转发《国家税务总局、财政部、国土资源部关于进一步加强土地税收管理工作的通知》（京地税地〔2008〕86号），明确了办理土地登记和办理建设用地批准手续时的有关问题，并提出地税、财政和国土资源部门要继续加强信息交换与共享工作。

5月26日　个人所得税完税证明全市通开系统及纳税个人信息查询系统正式上线使用。纳税人可以通过网络查询个人所得税缴纳情况，打破了税务管理行政区划的限制。持有二代身份证的纳税人可以在全市任何一个税务所开具其全市范围内缴纳的个人所得税完税证明。

5月27日　北京市崇文区地方税务局

第二涉外税务所、丰台区地税局第一税务所、通州区地税局第一税务所、平谷区地税局第一税务所、第二稽查局第一稽查科、燕山区分局第一税务所、北京西站分局第一税务所被评为“北京市青年文明号”。

5月28日 北京市地方税务局召开“迎奥运、讲诚信、我纳税、我光荣”2007年度个人所得税代扣代缴先进单位和荣誉纳税人专题座谈会。15家代扣代缴先进单位代表和16位荣誉纳税人应邀参加。北京市政府副秘书长王晓明和市局局领导卜祥来等参加座谈。

5月28日 北京市地方税务局与北京市国税局、宣武公安局联合召开“4·18制售、贩卖假发票案”新闻发布会，此案件是近年来北京市破获的最大一起制售贩卖假发票案。

5月29日 北京市地方税务局与8家运维服务商签订《保密协议》，并要求各运维服务商与参与市地税项目的员工签订《保密协议》，进一步加强对员工的管理。

5月30日 北京市地方税务局开通系统技术支持服务电话，共设12个技术热线坐席，解答纳税人登录核心征管系统、个人所得税系统、发票真伪查询系统时遇到的操作技术问题。

5月 北京市地方税务局机关1085名干部职工共向汶川大地震灾区捐款23万元，711名党员缴纳“特殊党费”共计77万元。

5月 北京地税网站获得国家税务总局组织的2008年度省级税务机关互联网站评比第一名。

5月 根据全市统一部署，全系统开展外地来京人员和出租房屋清查工作，查清了921名外地来京人员及65间出租房屋的基本情况，建立了管理台账，落实了管理责任。

5月—7月 北京市地方税务局在厦门国家会计学院举办了三期财务会计及新《企业所得税法》培训。累计培训业务骨干300余人。北京市地税局副局长王京华参加了第一期培训开班仪式并提出要求，北京市地税局总经济师卜祥来参加了结束仪式并进行了总结。

6月

6月3日 北京市地方税务局印发《北京市地方税务局关于调整北京市地方税务局局领导分工及联系单位的通知》（京地税办〔2008〕138号），公布经调整的局领导分工及联系单位。

6月6日 北京市地方税务局举行“诚信纳税，共迎奥运”北京地税2008年主题开放日活动。此次活动以丰台为主会场，首次采用纳税人网上公开报名的方式，邀请纳税人走进各区县局、分局了解税收。百余名纳税人参与活动。

6月10日—7月4日 北京市国际税收

研究会举办了由5个区局参加的共五期公务员在职专业培训试点班，共502名公务员参加。邀请了财政部、国家税务总局等单位的专家、学者及北京市地方税务局有关处室的主要领导，分别就新会计准则、市场经济下的纳税服务、“两税合并”后的税收工作重点、个人所得税的征收管理、税务稽查职能的发挥及风险防范等内容进行了详尽的讲解。

6月12日—13日　北京市地方税务局召开2008年半年工作会议。北京市地税局局领导，各区县局、分局局长、办公室主任，北京市地税局各处室、直属单位主要负责人参加会议。

6月15日—21日　北京市地方税务局在长春税务学院举办计会业务知识培训。各区县局、分局从事税收计会工作人员，北京市地税局计会处有关人员共45人参加了培训。

6月17日　北京市直机关工委副书记王玉忠一行4人到市地税局慰问8名奥运会驾驶员志愿者。北京市地方税务局副巡视员王勇生参加了慰问座谈。

6月17日　北京市地方税务局举办北京奥运会对外宣传工作的形势与任务专题报告会，清华大学新闻与传播学院常务副院长教授李希光应邀就奥运会所面临的国际舆论环境、政府部门涉奥对外宣传工作的形势与任务进行专题讲座。北京市地税局领导参加，北京市地税局机关全体干部听取了讲座。

6月18日　北京市地方税务局印发《北京市地方税务局转发国家税务总局关于全资子公司承受母公司资产有关契税政策的通知》（京地税地〔2008〕150号），规定对公司制企业在重组过程中，以名下土地、房屋权属对其全资子公司进行增资，属同一投资主体内部资产划转，对全资子公司承受母公司土地、房屋权属的行为，不征收契税。

6月18日　北京市地方税务局印发《北京市地方税务局转发国家税务总局关于无效产权转移征收契税的批复的通知》（京地税地〔2008〕152号），按照现行契税政策规定，对经法院判决的无效产权转移行为不征收契税。法院判决撤销房屋所有权证后，已纳契税款应予退还。

6月19日　北京市地方税务局印发《关于调整征管质量欠税考核记分标准的通知》（征便函〔2008〕5号），自2008年第二季度起，依照新的征管质量欠税考核记分标准对各区县局、分局的欠税管理工作实施考核。

6月20日　北京市地方税务局对全市103户涉奥重点纳税人开展奥运税务服务评价与征询，发放服务评价与征询表102份，并全部收回。涉奥重点纳税人对地税部门的奥运税务服务工作给予充分肯定，征询满意度达100%。

6月20日　北京市东城区、海淀区地方税务局完成奥组委及BOB公司在奥运举办期（7月1日—9月30日）网上“实时申报、缴税、划款”系统功能需求确认、修改、测试工作。

6月22日—28日 北京市地方税务局举办税收科学化精细化管理培训班。北京市地税局副局长郝硕博出席开班仪式并讲话。各区县局、分局征管部门业务骨干参加了培训。

6月25日 北京市地方税务局和北京市检察院举行第一次联席会议。双方签署了《关于加强协调配合共同开展渎职侵权犯罪查办和预防工作的意见》，北京市检察院、各区县检察院有关负责同志，北京市地税局局领导，各区县局、分局局长和纪检组长，北京市地税局有关处室主要负责人参加了会议。

6月26日 北京市地方税务局举行“迎奥运，我为党旗添光彩”活动启动仪式暨地税系统奥运城市志愿者誓师大会。市直机关工委委员王福太，市委组织部和团市委有关部门领导，以及北京市地税局领导班子成员出席了誓师活动。

6月26日—27日 北京市地方税务局副巡视员刘宝忠和北京市地方税务学会会长徐志宏带领有关人员，赴怀柔县喇叭沟门满族乡开展“迎奥运，我为党旗添光彩”主题党日活动。

6月27日 北京市地方税务局奥税办等四部门共同举行“为奥运奉献，为党旗增辉”党日活动，为奥运村运动员服务。

6月30日 北京市地方税务局机关党委召开纪念建党八十七周年暨“七一”表彰大会。北京市地税局局领导出席，直属机关全体党员参加。会上新党员宣誓，老党员重温入党誓词。表彰了先进党支部和优秀共产党员，进行了优秀共产党员先进事迹交流。

6月30日 北京市地方税务局档案馆提前半年完成全年的接收任务，共接收2004年非登记类税务档案6229箱盒84700卷，并超计划提前接收2005年非登记类档案1084箱盒14517卷。档案馆馆藏量达到737947箱盒2692242卷。

6月30日—7月3日 北京市地方税务局举办第二期稽查人员培训班。各区县局、分局稽查局，第一、第二稽查局的业务骨干共105人参加培训。国家税务总局和首都经济贸易大学有关人员应邀授课。

7月

7月1日 北京市地方税务局发布《关于2008年北京奥运会残奥会期间停驶机动车减征车船税的通告》（京地税地〔2008〕169号），凡2008年9月20日（含）之前在本市车辆管理部门办理登记手续并且在7月1日—9月20日期间停驶的机动车均属于减征范围。所有停驶车辆均减征2008年度7、8、9三个月的应税税额。

7月1日 北京市委宣传部组织市地税局、市交通委联合召开2008年奥运会残奥会交通保障新闻发布会。北京市地方税务局副局长王京华宣布了北京奥运会残奥会期间停使机动车减征车船税的通告。

7月1日—9月30日 对北京奥组委、北京奥林匹克转播有限公司延长并全部开放征期，同时实现网上申报、划款、缴税。

7月3日 北京市地方税务局召开房地产税收一体化工作领导小组会议。北京市地税局副局长王京华讲话。北京市地税局副局长任军、总经济师卜祥来和领导小组各成员单位的有关领导参加会议。

7月3日—4日 北京市地方税务局副局长王京华参加国奥村综合测试活动。

7月10日 北京市地方税务局举办第34期地税论坛。北京奥组委安全保障研究和培训负责人孙志明应邀作“当前国际形势与奥运安全”专题讲座。北京市地税局局领导参加，北京市地税局机关全体干部听取了讲座。

7月10日 北京市地方税务局召开2008年三季度奥运税务服务工作例会。北京市地税局副局长王京华到会并讲话，各区县局、分局负责奥运税务服务协调工作的主管局领导及牵头科室负责人参加会议。

7月11日 北京市地方税务局印发《北京市地方税务局转发国家税务总局关于加强奥运会、残奥会期间纳税服务工作的通知》（京地税纳〔2008〕183号），制定了加强奥运会、残奥会期间纳税服务工作的各项措施。

7月11日 北京市地方税务局组织奥运安保社会面控制突发事件处置工作培训。各区县局、分局主管安全工作的局领导、科室负责人和保卫干部60多人参加培训。

7月11日 北京市地方税务局召集市税收协调工作组会议，研究解决奥运赛时阶段税收问题。奥组委财务部、北京市财政局和北京市国税局有关人员参加会议。

7月15日 北京市地方税务局举行向北京奥组委赠送《北京印花税票全册》暨向国家博物馆、首都博物馆捐赠仪式。国家税务总局副局长钱冠林、北京奥组委执行副主席蒋效愚、古建筑专家罗哲文等参加仪式。北京市地税局局领导，各区县局、分局局长，各处室、直属单位主要负责人，以及新闻媒体记者参加。

7月16日—9月20日 北京市地方税务局部署实施《北京市地方税务局奥运期间互联网访问方案》，在奥运期间关闭部分用户对互联网的访问。

7月18日 北京市地方税务局召开市局机关驾驶员迎奥运誓师动员会。北京市地税局副局长郝硕博、副巡视员刘宝忠、北京市地税局平安奥运行动协调领导小组成员，以及北京市地税局各处室、直属单位的驾驶员67人参加会议。

7月20日 北京市地方税务局组织实施综合服务管理信息系统平安奥运安全保障专项升级改造项目，对系统实施升级加固，确保奥运期间北京市地税局信息系统安全稳定运行。

7月22日—8月7日 北京市地方税务

局奥税办等三部门联合开展对各区县局、分局为期两周的奥运服务、宣传、保卫工作检查。

7月29日—31日 北京市地方税务局举行系统正处级领导干部“建设承诺型组织，服务型地税”领航营活动。市管理科学院梁冶萍教授应邀授课，55名领导干部参加了学习培训。

7月30日 北京市地方税务局召开奥运会和残奥会期间进一步加强纳税服务五项措施新闻发布会，强调在奥运期间市地税系统各级机关和基层税务所将严格执行正常的作息时间和规定的征收期限。

7月 根据《财政部、国家税务总局关于2007年全国税收调查工作的通报》（财税〔2008〕74号），北京市地方税务局被评为2007年税收调查工作地税系统先进单位。

7月 经北京市总工会批准，宣武区地税局志愿者服务队被授予北京市“抗震救灾重建家园‘工人先锋号’”的荣誉称号。

8月

8月4日 北京市地方税务局召开以“税企联谊话发展”为主题的金融业、房地产业经济形势座谈会。

8月4日 北京市地方税务局印发《北京市地方税务局转发国家税务总局关于改变国有土地使用权出让方式征收契税的批复的通知》（京地税地〔2008〕203号），规定对纳税人因改变土地用途而签订土地使用权出让合同变更协议或者重新签订土地使用权出让合同的应征收契税，计税依据为因改变土地用途应补缴的土地收益金及应补缴政府的其他费用。

8月5日 北京市地方税务局下发《北京市地方税务局关于印发〈北京市地方税务局突发事件总体应急预案〉的通知》（京地税保〔2008〕199号），将北京市地方税务局机关有关应急预案汇编成册，发到市局机关全体人员和区县局、分局基层科所。

8月6日 按照北京市政府8月8日放假一天的紧急通知要求，北京市地方税务局下发《2008年8月征期延长的紧急通知》，将8月征期延长到8月13日。

8月7日 北京市地方税务局召开欠税管理专职岗位试点工作动员布置会，正式启动试点工作。北京市地税局副局长任军到会并讲话。各区县局、分局主管征管工作的局领导、科室负责人，北京市地税局有关处室主要负责人参加会议。

8月19日 北京市地方税务局印发《北京市地方税务局关于房改带危改项目有关税收问题的通知》（京地税地〔2008〕216号），对本市房改带危改项目涉及的营业税、土地增值税、城镇土地使用税进行了明确。

8月27日 北京市委组织部有关同志到北京市地方税务局听取对本市各区县局正职和新一轮5年大规模培训干部的意见

和建议。

8月28日 北京市地方税务局召开税收评估管理员平台推广动员会。

9月

9月2日—15日 北京市地方税务局派出两个工作组分别完成京外奥运场馆库存专用发票的统计、缴销工作。

9月5日 北京市地方税务局局长办公会议决定在《北京市服务业、娱乐业、文化体育业专用发票》和《北京市交通运输业、建筑业、销售不动产和转让无形资产专用发票》两类普通发票中，增加单张最高开票金额为壹万元和壹拾万元两个版面，共计16种普通发票的工作方案。

9月8日—26日 北京市地方税务局举办两期北京市地方税务局处室、直属单位科级以下（含科级）公务员更新知识培训班，共89名公务员参加了脱产培训。

9月10日 北京市地方税务局印发《北京市地方税务局转发国家税务总局关于经法院调解的房屋权属转移征收契税的批复的通知》（京地税地〔2008〕227号），规定居民个人根据国家房改政策购买的公有住房，并取得房改房产权证后，将名下的房屋产权转移给其子女，属于契税法规规定的赠与行为，应征收契税。

9月11日 北京市地方税务局下发《北京市地方税务局关于印发〈北京市地方税务局欠税管理专职岗位试点工作实施方案〉的通知》（京地税函〔2008〕122号），为在西城、朝阳、顺义、怀柔区地税局启动欠税管理专职岗位试点工作提供制度保障。

9月13日 北京市地方税务局与丰台区地税局、丰台区残联围绕"走进残奥会，牵手残疾人"主题，联合举办了为残疾人"点对点"服务活动启动仪式。北京市地税局残保金处、丰台区地税局、丰台区残联有关领导和人员参加。

9月19日—30日 应南非布莱德市政府及肯尼亚国家工商业议会的邀请，经市政府批准，北京市地方税务局组团赴南非、肯尼亚执行公共财政管理考察任务。

9月21日—12月18日 应加拿大哥伦比亚大学的邀请，经市政府批准，市地税局第六期25名同志赴该大学接受相关专业知识培训。

9月22日—24日 根据国家税务总局对十二省市部分行业营业税调研工作的部署，北京市地方税务局召开营业税调研工作会议。国家税务总局货物和劳务税司副司长龙岳辉出席并讲话，副巡视员刘宝忠致词。

9月22日—26日 北京市地方税务局与中国人民大学、北京市管理科学院合作，举办2008年处级干部更新知识培训班，全系统共37人参加了培训。

9月25日 北京市地方税务局印发《北京市地方税务局关于进一步加强办税服务厅规范化建设的意见》（京地税纳〔2008〕232号），在领导机制、管理机制、突发事件应急处理机制和绩效考核机制等方面建立长效发展机制。

9月25日 北京市地方税务局副局长王京华在北京市2007年度残疾人就业保障金征缴工作总结表彰暨2008年征缴工作启动会上做2007年代征工作总结。北京市财政系统、北京市地税系统和北京市残联系统的300余名工作人员参加会议。地税系统95个单位、486名个人分别被授予先进集体和先进个人荣誉称号。

9月26日—12月6日 应澳大利亚维多利亚州税务局的邀请，经北京市政府批准，北京市地税局4名同志赴该局执行高级税务管理研修任务。

9月28日 北京市地方税务局印发《北京市地方税务局转发国家税务总局关于个人通过网络买卖虚拟货币取得收入征收个人所得税问题的批复的通知》（京地税个〔2008〕245号），明确个人通过网络收购玩家的虚拟货币，加价后向他人出售取得的收入，属于个人所得税应税所得，应按照“财产转让所得”项目计算缴纳个人所得税。

9月 北京市地方税务局奥税办获得北京市委、市政府、奥组委颁发的“北京奥运会残奥会先进集体”奖牌。

10月

10月6日—12月6日 北京市地方税务局副局长任军参加市委组织部举办的北京市第5期区县局级干部培训一班。

10月8日 北京市地方税务局和北京市国税局、北京市公安局联合举办的“打击发票违法犯罪，整顿规范税收秩序”成果展在民族文化宫开幕。国家税务总局副局长谢学智、总经济师董树奎、稽查局局长马毅民和北京市公安局、北京市国税局有关领导，以及北京市地方税务局局领导郝硕博、刘宝忠等出席开幕式。

10月9日 自本日起，执行《北京市地方税务局转发国家税务总局关于做好证券市场个人投资者证券交易结算资金利息所得免征个人所得税工作的通知》（京地税个〔2008〕276号），对证券市场个人投资者取得的证券交易结算资金利息所得，暂免征收个人所得税。

10月9日—19日 应英国毕马威会计师事务所及瑞士瑞华交流中心的邀请，经北京市政府批准，副巡视员刘宝忠等6人赴英国、瑞士执行税收管理、税源监控等方面的考察任务。

10月13日—31日 北京市地方税务局举办三期北京市地方税务局机关、直属单位科级以下（含科级）公务员更新知识培训班，共159名公务员参加了脱产培训。

10月14日 北京市地方税务局召开2008年组织收入工作会议，落实常务副市长吉林关于做好财税工作的指示精神。

10月14日 北京市地方税务局印发《北京市地方税务局关于表彰奥运税务服务先进单位及先进个人的通报》（京地税

奥〔2008〕238号），对系统奥运税务服务先进集体及个人进行表彰。

10月15日 北京市地方税务局印发《北京市地方税务局关于个人出租房屋税收管理工作的补充通知》（京地税征〔2008〕237号），调整个人出租房屋有关政策，将综合征收率的适用范围调整为个人出租住房的行为，并对纳税期限等进行了进一步明确。

10月15日、16日和21日 北京市地方税务局针对中国人民银行总行TIPS系统先后两次出现故障，致使全市各家联网商业银行均无法受理纳税人查询缴纳业务，部分纳税人无法进行网上申报实时缴税的情况，先后三次下发通知，统一规范了全市10月征期申报征收工作。

10月17日 北京市地方税务局与中国保监会北京监管局联合发布《北京市地方税务局、中国保险监督管理委员会北京监管局关于开展保险机构代收代缴2008年度个人机动车车船税试点工作的通告》（京地税地〔2008〕240号），决定自2008年11月1日起，在本市开展保险机构代收代缴个人机动车车船税试点工作。

10月18日 北京市地方税务局召开个人所得税荣誉纳税人表彰会，对100位荣誉纳税人代表进行了表彰。

10月20日 北京市地方税务局召开北京地税系统服务奥运会残奥会先进集体、个人表彰会，表彰了9个奥运服务先进集体和201个奥运服务先进个人。朝阳区和海淀区地税局做经验交流。

10月21日 北京市地方税务局召开深入学习实践科学发展观活动动员大会。北京市委指导检查组长孙长泰做重要讲话，会议传达了胡锦涛总书记和市委书记刘淇关于深入学习实践科学发展观活动讲话精神。北京市地税局局领导，各区县局、燕山分局局长，北京西站分局、开发区分局，第一、第二稽查局全体班子成员，北京市地税局各处室、直属单位负责人，以及机关全体党员参加。

10月21日—31日 应英国格林威治大学和爱尔兰税务局委员办公厅的邀请，经市政府批准，北京市地方税务局副局长王京华等6人赴英国、爱尔兰执行保障性住房税收征管工作等方面的考察任务。

10月22日 韩国京畿道南阳州市税务代表团李仁教先生一行17人访问北京市地方税务局，双方就北京市税收及税外收入种类、税收征管政策等进行了座谈。

10月22日 北京市地方税务局学习实践活动领导小组办公室共收到全系统57个单位的558条建议意见。

10月22日—24日 第九届全国友好城市地税局长高峰会议在北京召开，由北京市地方税务局承办。来自成都、广州、杭州、济南、南京、武汉六个友好城市地税局和北京市地方税务局的领导等共26人参加会议。这次会议的主题是：学习实践科学发展观，创诚信税收环境，建现代化公共管理部门。会议取得圆满成功，组织工作受到与会各方高度评价。

10月22日—25日 北京市地方税务局举办局级和正处级领导干部深入学习实践科学发展观培训班，全系统共54人参加培训。

10月24日—26日 北京地税核心征管系统灾备数据库成功升级。

10月27日 北京市地方税务局机关举行“巧手编织‘爱心衣’向灾区儿童献爱心”捐赠仪式。

10月28日 北京市地方税务局法制处在市政府召开的北京市奥运会残奥会政府法制保障工作总结大会上，被评为北京市奥运会残奥会法制保障工作先进集体。

10月28日—30日 北京市地方税务局举办处级干部深入学习实践科学发展观培训班，全系统共114人参加培训。

10月29日 北京市地方税务局印发《关于房地产交易环节税收政策调整后有关征管问题的通知》（京地税地〔2008〕250号），自2008年11月1日起办理房地产交易手续的均按财税〔2008〕137号文件规定的税收优惠政策执行，同时对土地增值税、契税、印花税具体征管工作进行了明确。

10月31日 北京市地方税务局奥税办参加了由北京市发改委等单位组织的2008年奥运经济市场推介会，并提供现场宣传与咨询服务。

11月

11月3日—12日 北京市地方税务局举办内网二期系统培训班。全面介绍内网二期主要功能的操作使用，分别举办了系统管理、公文管理、文书档案管理、信息管理、调研管理、会议及通知管理、督查督办管理等七期培训，为内网二期能够顺利上线打下重要基础。办公室系统相关人员，北京市地税局处室内勤和内网管理员共600余人次参加培训。

11月4日 北京市地方税务局召开学习实践科学发展观活动工作汇报会。39个党支部书记和18个区县局负责政工工作的局领导参加会议。

11月5日 国家税务总局纳税服务司领导陪同国际货币基金组织专家到北京市地税局考察纳税服务工作情况，实地参观了12366热线工作场所。

11月6日 北京市委第七指导检查组在北京市地方税务局召开成员单位学习实践科学发展观活动第二次联席会。市工商局、统计局、国税局、地税局、审计局、旅游局和信息办7个成员单位参加会议，组长孙长泰主持并提出要求。

11月10日 北京市地方税务局召开1—11月税收收入新闻发布会，并就新华社、中央电视台等多家媒体和公众普遍关注的个人买卖虚拟货币所得征收个人所得税的有关问题及第三季度地税收入情况，组织新闻通稿公开答复。

11月10日—12月5日 北京市地方税务局举办青海省地税局业务骨干培训班。青海地税系统业务骨干共50人参加培训。

国际关系学院和首都经济贸易大学的专家学者应邀授课。

11月11日 北京市地方税务局召开学习实践科学发展观活动税务所长（东片）座谈会。相关处室负责人和9个区县局的部分基层税务所长参加会议。

11月12日 北京市委印发《中共北京市委关于王晓明、王纪平职务变动的通知》（京委〔2008〕403号）：市委决定，王晓明任中共北京市地方税务局党组书记，免去王纪平中共北京市地方税务局党组书记职务。市委建议，王晓明任北京市地方税务局局长，免去王纪平北京市地方税务局局长职务。

11月12日 北京市地方税务局学习实践活动领导小组办公室召开研究解放思想大讨论主题会议。

11月13日 首都精神文明办公室舒小峰主任一行7人到北京市地方税务局就信息化建设、纳税服务等工作情况进行调研。北京市地税局副局长郝硕博陪同调研

11月13日—14日 北京市国际税收研究会承办了2008年中国国际税收研究会国际税收信息资料工作会议。北京、辽宁、四川、广东、广西、青岛、深圳等省市国际税收研究会的领导和负责信息资料和工作人员共30人参加。中国国际税收研究会会长郝昭成做重要讲话，中国国际税收研究会副会长权兆运做会议总结。

11月14日 北京市政府第16次常务会议决定：王晓明任北京市地方税务局局长，免去王纪平北京市地方税务局局长职务。

11月14日—16日 北京地税核心征管系统实现交易查询分离。昌平灾备中心从原来以提供数据回放服务为主变成可以提供应用级的数据查询、统计分析服务。

11月17日 北京市地方税务局召开学习实践活动领导小组办公室例会。

11月18日 北京市委第七指导检查组在市国税局召开成员单位学习实践科学发展观活动第三次联席会。北京市工商局、统计局、国税局、地税局、审计局、旅游局及信息办及国家统计局北京市调查总队8个成员单位参加会议。组长孙长泰传达书记刘淇、部长吕锡文在市委学习实践活动领导小组第三次会议上的讲话精神。

11月18日—19日 北京市地方税务局召开以“落实科学发展观，更好地为纳税人服务”为主题的纳税人座谈会和工作研讨会。

11月18日—27日 应印度创新软件科技公司和新加坡中新培训机构的邀请，经市政府批准，北京市地方税务学会顾问杨春萍等6人赴印度、新加坡执行人力资源数据库建设及在管理中的应用的考察任务。

11月19日 北京市地方税务局学习实践活动领导小组办公室召开征求意见情况专题汇报会。巡视一组、二组对征集到的意见和建议进行了汇报。

11月20日 北京地税系统第七届文艺

汇演暨“高歌赞地税、卓越铸辉煌”合唱比赛落下帷幕。全系统1300多名干部职工参加了比赛。海淀、西城、石景山、大兴区地税局和燕山分局分别获得A、B、C组的一等奖。

11月24日　北京市地方税务局与北京市财政局等部门联合印发《北京市财政局、北京市国家税务局、北京市地方税务局转发财政部、国家税务总局关于第29届奥运会、第13届残奥会和好运北京体育赛事有关税收政策问题的补充通知》（京财税〔2008〕2433号），对北京奥组委、好运北京赛事组委会，第29届奥运会、第13届残奥会和“好运北京”体育赛事参与方补充税收优惠政策，对补充的税收优惠政策出台之前已征税款予以退还或允许抵扣以后税款。

11月24日　北京市科委、市财政局、市国税局、市地税局转发科技部、财政部、国家税务总局《关于印发〈高新技术企业认定管理办法〉的通知》和《关于印发〈高新技术企业认定管理工作指引〉的通知》，并印发《北京市高新技术企业认定管理工作实施方案》的通知（京科高发〔2008〕434号），对《中华人民共和国企业所得税法》及其实施条例中有关高新技术企业优惠政策的实施规定了具体操作办法，确保高新技术企业优惠政策在本市的全面落实。

11月24日—12月12日　北京市地税系统97名新录用大学毕业生参加了为期15天的脱产培训。

11月27日　北京市地方税务局下发《北京市地方税务局关于全面应用内网办公系统的通知》（京地税办〔2008〕274号），定于2008年12月1日将现有内网一期系统与新建成的内网二期系统全面整合，形成统一的内网办公系统并在全系统范围内全面开始应用。同时逐步关闭现有Notes系统。

11月27日　北京市地方税务局下发《北京市地方税务局关于印发〈北京市地方税务局内网办公系统管理办法〉的通知》（京地税办〔2008〕275号）。明确了内网办公系统管理维护职责。

11月27日—12月6日　应土耳其伊斯坦布尔市政厅及埃及财政税务局的邀请，经北京市政府批准，副局长郝硕博等6人赴土耳其、埃及执行信息化管理等方面的考察任务。

11月27日—12月6日　应西班牙阿尔本达斯市税务部及希腊巴巴古市政府的邀请，经北京市政府批准，北京市地方税务局组团赴西班牙、希腊执行行政监察方面的考察任务。

11月　巡视一组在学习实践科学发展观活动第一阶段，深入北京市地方税务局处室、直属分局等不同类型单位实地了解情况，组织召开处级领导、机关党员、税务所长和纳税人代表参加的不同类型的座谈会4个，征求近90人次意见。

12 月

12月4日 北京市委、市政府在北京市地方税务局召开主要领导调整会议。北京市委常委、市委组织部部长吕锡文宣布王晓明任北京市地方税务局党组书记、局长，王纪平不再担任北京市地方税务局党组书记、局长职务。北京市委常委、常务副市长吉林在会上做重要讲话。北京市委第七指导检查组组长孙长泰，北京市地方税务局局领导，各区县局、分局、北京市地方税务局各处室、直属单位主要负责人参加会议。

12月5日—8日 北京市地方税务局党组书记、局长王晓明分别听取局领导班子成员和主要处室“一把手”关于2008年工作完成情况和2009年重点工作的汇报。

12月8日 北京市地方税务局党组书记、局长王晓明主持召开党组扩大会议，听取关于2008年税收预计完成情况及2009年计划建议、学习实践科学发展观活动进展情况的汇报，研究筹备务虚会工作。局长王晓明在讲话中表示，做好工作，一要有一个好的领导班子，二要有一支好的干部队伍。作为“一把手”，今后将注重加强领导班子思想作风建设，坚持民主集中制，确保班子议事的民主、科学、规范。要做到“四个坚持”：一要坚持学习，提高自身修养；二要坚持向同志们学习；三要坚持向实践学习；四要坚持搞好团结。要增强“两个意识”：一要广泛宣传，提高纳税人依法纳税的意识；二要增强税务机关为纳税人服务、为基层服务的意识。要努力实现“两个和谐”：纳税人与税务机关的和谐，税务机关人与人的和谐。地税工作要自觉服务、服从于首都经济社会发展大局，努力完成北京市委、市政府交给的各项任务。

12月9日 北京市地方税务局召开学习实践活动领导小组办公室会议。北京市地税局党组书记、局长王晓明出席会议并讲话。

12月9日 北京市地方税务局召开学习实践活动领导小组办公室会议，传达12月8日在北京市审计局召开的北京市委第七指导检查组第四次联席会精神。

12月10日—19日 应巴西里约热内卢商业协会及阿根廷南美洲对东亚商会的邀请，经北京市政府批准，副巡视员王勇生等6人赴巴西、阿根廷执行绩效考核管理等方面的考察任务。

12月11日 北京市地方税务局党组书记、局长王晓明主持召开党组扩大会议，研究讨论《北京市地方税务局党组学习实践科学发展观分析检查报告》、2009年公务员招录、2008年税收收入情况等事项。

12月14日 北京市地方税务局党组书记、局长王晓明主持召开党组扩大会议，研究学习贯彻中央经济工作会议精神等事项。

12月15日 北京市地方税务局党组书记、局长王晓明主持召开北京地税系统领导干部会议，学习贯彻中央经济工作会议精神。北京市地税局副局长郝硕博、王京华分别宣读了胡锦涛总书记的重要讲话、温家宝总理所作的工作报告和总结讲话。北京市地方税务局局长王晓明就全系统贯彻落实会议精神提出明确要求。

12月15日 北京市地方税务局局长王晓明到北京市东城区地税局第二税务所进行调研，并与该所的干部代表进行座谈。

12月15日 北京市地方税务局印发《北京市地方税务局关于加强房地产开发企业异地经营税收征管有关问题的通知》（京地税征〔2008〕287号）。针对房地产开发企业异地缴纳税款引发的纳税人投诉和区县局之间的争议，就有关规定进行重申和进一步明确。

12月16日 北京市地方税务局党组书记、局长王晓明主持召开领导班子民主生活会，深入开展自我分析检查。北京市委第七指导检查组组长孙长泰出席会议并讲话。王晓明做了《深入学习实践科学发展观，推动全市地税工作再上新台阶》的发言，客观总结了地税系统取得的成绩，分析了存在的主要问题及原因，初步提出了2009年工作思路。2009年，全市地税系统要坚持“三大理念”，以最好的精神状态、最高的工作标准，强化管理，健全机制，创新思路，转变作风，全力服务首都经济社会发展大局、全心服务纳税人、全面强化机关建设，着力构建学习型、服务型、效能型、法治型和廉洁型机关，努力实现上级机关满意、纳税人满意、税务工作者满意。北京市委第七指导检查组和市委组织部经干处有关同志、北京市地税局局领导参加会议。

12月16日 北京市地方税务局局长王晓明主持召开局长办公会议，研究信息系统运行维护有关问题。

12月16日 北京市直机关工委举办市直机关改革三十周年书画作品展，北京市地方税务局选送的参展作品分获一、二、三等奖。

12月18日—20日 北京市地方税务局党组书记、局长王晓明主持召开2009年工作务虚会。会议集中听取各区县局、分局、北京市地税局各处室、直属单位关于2008年工作情况、存在问题和2009年重点工作的汇报，北京市地税局局领导对分管工作进行评述，北京市地税局局长王晓明做重要指示。通过此次务虚会，新一届北京市地方税务局党组基本实现了三个目的：一是体现了从群众中来到群众中去，调动一切可以调动的积极因素，全面了解各单位工作；二是民主集中制得到充分发挥，局领导班子集中听取各单位汇报，并有针对性地给予了指导；三是体现了理论联系实际，把中央及北京市委、市政府的部署要求与北京地税实际密切结合。

12月19日 北京市地方税务局党组书记、局长王晓明主持召开党组扩大会议，研究传达贯彻市政府常务会议精神、领导班子民主生活会分析检查报告、学习实践科学发展观活动分析检查报告群众评议方案、迎接2008年党风廉政责任制专项检查方案等事项。

12月19日 北京市地方税务局与中国保监会北京监管局联合印发《北京市地方税务局、中国保险监督管理委员会北京监管局关于印发〈保险机构代收代缴个人机动车车船税工作管理规定〉的通知》（京地税地〔2008〕288号），规定本市自2009年1月1日起实行保险机构代收代缴车船税工作。

12月19日 北京市地方税务局印发《北京市地方税务局关于征收2009年度个人机动车车船税的通告》（京地税地〔2008〕290号），就北京市2009年度征收个人机动车车船税政策向全市通告。

12月19日 北京市地方税务局印发《北京市地方税务局关于做好2009年度个人机动车车船税征收工作的通知》（京地税地〔2008〕291号），明确了车船税征收工作涉及的申报纳税期限、申报纳税手续等相关事项。

12月19日 北京市信息化工作办公室召开的政务网络和信息安全奥运保障暨2009年工作研讨会上，北京奥组委和北京市信息办联合授予市地税局奥运政务信息安全保障先进单位称号。

12月22日 北京市地方税务局在市依法行政联席会议办公室组织的2008年度全市行政处罚案卷评查中，获得总分并列第一，连续第八次被评为案卷评查优秀单位。

12月23日 北京市地方税务局局长王晓明主持召开局长办公会议，研究贯彻落实中央经济工作会议精神具体措施、基层税收管理平台项目完善整合、汇总纳税企业所得税信息交换系统建设等事项。

12月23日 北京市地方税务局举行保险机构代收代缴车船税新闻发布会暨开发区分局车船税管理税务所成立揭牌仪式。国家税务总局财产与行为税司副巡视员曹聪、中国保监会相关部门领导以及40余家新闻媒体参加了活动。北京市地税局副局长王京华与有关领导一同为车船税管理所揭牌。

12月25日 北京市地方税务局组织参加全国税务工作会议。北京市地税局局长王晓明到主会场参会。北京市地税局全体局领导，各区县局、分局科所正职以上领导干部，北京市地税局各处室、直属单位处以上干部在办公所在地电视电话会议室收看视频会议。

12月25日 北京市地方税务局印发《北京市地方税务局关于纳税人改变主管税务机关后续管理工作的通知》（京地税征〔2008〕310号），进一步规范税务登记管理。

12月26日 北京市委常委、常务副市长吉林带领市委第六检查组到北京市地方税务局对党风廉政建设责任制落实情况进行检查。吉林做重要指示，第六检查组组长周毓秋提出要求。全系统230名干部参加了问卷测评，第一、第二稽查局接受了检查组的实地检查。第六检查组副组长边学愚、第七指导检查组组长孙长泰、副组长黄杨及其他检查组成员，北京市地税局领导班子成员、北京市地税局相关处室负责人和部分区县局、分局负责人参加。

12月29日 北京市地方税务局召开学习实践科学发展观分析检查报告评议座谈会。北京市地税局党组书记、局长王晓明做情况汇报。国家税务总局、首都文明行业考评组、北京市委第七指导检查组有关领导，市区两级党代表、人大代表、政协委员，特约监察员和纳税人代表，北京市地税局局领导，各区县局、分局和北京市地税局各处室、直属单位的部分领导，以及北京市地税系统老同志代表和基层部分干部代表共100人参加座谈。

12月30日 北京市地方税务局贯彻北京市委、市政府关于大学生到村镇锻炼的要求，接收100名大学生充实到远郊区县地税局，35名大学生充实到所属事业单位。圆满完成军转安置任务，60名军转干部走上工作岗位。

12月30日 北京市地方税务局组织召开“三税两费”政策座谈会，研究贯彻落实营业税新条例、实施细则过程中亟待解决的涉税问题。副巡视员刘宝忠到会并讲话。

12月30日 北京市地方税务局对63户欠税户在《北京日报》上再次予以公告，公告税款合计5.98亿元。欠税户包括截至11月30日累计欠缴地方税收800万元以上的企业或单位、累计欠缴地方税收40万元以上的个体工商户以及走逃、失踪或经其主管税务机关查无下落的欠缴税款纳税人。

12月31日 北京市委副书记、市长郭金龙，市委常委、常务副市长吉林一行到北京市地方税务局，深入到机关处室慰问地税干部，并听取了北京市地方税务局局长王晓明关于2008年工作完成情况和2009年工作设想的汇报。郭金龙对北京市地方税务局工作给予肯定，并对今后工作的开展做出重要指示。北京市地方税务局局领导，各区县局、分局局长，北京市地税局各处室、直属单位主要负责人参加汇报会。

12月31日 北京市地方税务局党组书记、局长王晓明主持召开党组扩大会议，研究传达北京市委十届五次全会和全国税务工作会议精神、2009年北京市地税系统工作会报告等事项。会议指出，2009年工作务虚会分为两个阶段，进展顺利。第一阶段，局领导班子抽出3天时间，集中听取各区县局、分局、北京市地税局各处室和直属单位关于2008年工作情况、存在问题和2009年重点工作的汇报。目前进入第二阶段，在前一阶段工作的基础上，进一步总结全局2008年工作，查找问题，研究确定2009年工作目标、任务、措施及要求。会议强调，工作报告要充分体现胡锦涛总书记在改革开放三十周年大会上的重要讲话、中央经济工作会议、北京市委十届五次全会和全国税务工作会议精神，围绕促发展、调结构、保收入、打基础、抓服务，进一步统一思想、明确方向，突出重点、真抓实干，团结队伍、鼓舞士气。

12月31日 北京市地方税务局印发《北京市地方税务局关于进一步加强区县局自行开发应用软件管理工作的通知》（京地税科〔2008〕289号），对区县局自行开发软件的管理从报备改为审批，进一步加强全系统信息化工作的统筹规划和统一管理。

12月31日 全年共对12万户纳税人履行纳税义务的情况进行纳税评估，补缴税款、滞纳金和罚款共计9.6亿元，同比增长17%。共向全市34.1万户正常缴税纳税人发送了《企业缴税情况通知书》。

12月31日 全市累计90430户新办税务登记纳税人购置使用100118台国标税控收款机，领购国标税控发票共10706万份。

12月31日 在奥运经济的带动下，北京市年内新增各类涉外代表机构1093家，国际知名企业居多，总部聚集效应明显，实现地方税收22.6亿元。全市涉外代表机构达7256家，其中港、澳、台代表机构1548家。

12月31日 自5月1日《中华人民共和国政府信息公开条例》实施之日起，全市地税系统通过政府信息公开专栏主动公开政府信息8059条，受理政府信息公开申请6件。

12月31日 北京税务博物馆全年共接待游客5092人，发放各类宣传制品1740册。

12月31日 北京市地方税务局269位局处级领导完成了2008年度北京市委组织部要求的北京干部教育网40学时的在线学习工作。

12月31日 全市地税系统全年完成各项收入1578亿元，同比增收211.9亿元，增长15.5%。其中完成地方一般预算收入1206.9亿元，同比增收139.7亿元，增长13.1%。

统计资料

北京市地方税务局税费收入完成情况表（2008 年）

单位：万元

项目	年度计划	12 月	同月	比上年		本期	同期	占年度计划（%）	比上年	
				增减额	增减（%）				增减额	增减（%）
各项税费收入合计	15250000	1161320	994588	166732	16.8	15780184	13661405	103.5	2118779	15.5
其中：地方一般预算收入		883852	820062	63790	7.8	12068834	10671554		1397280	13.1
1. 营业税	7000000	458280	489793	-31513	-6.4	6517768	6010580	93.1	507188	8.4
2. 企业所得税	1100000	112024	5348	106677	1994.7	1610560	1506398	146.4	104162	6.9
其中：中央级		66414	3651	62764	1719.3	970470	904280		66190	7.3
3. 个人所得税	3630000	290882	260833	30050	11.5	4096178	3082353	112.8	1013825	32.9
其中：中央级		174529	156500	18029	11.5	2457707	1849412		608295	32.9
4. 资源税	3000	682	290	392	135.0	3624	3146	120.8	478	15.2
5. 固定资产投资方向调节税	0	0	0			253	3		250	9285.8
6. 城市维护建设税	655000	53774	52216	1558	3.0	639470	566324	97.6	73147	12.9
7. 房产税	580000	14651	8200	6450	78.7	638422	517529	110.1	120893	23.4
8. 印花税	205000	37681	26184	11497	43.9	237773	177724	116.0	60049	33.8
9. 土地使用税	160000	1889	559	1330	237.7	154399	146499	96.5	7901	5.4
10. 土地增值税	300000	40517	10994	29522	268.5	346672	243401	115.6	103272	42.4
11. 车船税	100000	6268	25439	-19171	-75.4	102317	81650	102.3	20666	25.3
12. 耕地占用税	52000	2683	717	1966	274.3	13541	13044	26.0	497	3.8
13. 契税	900000	80658	74629	6029	8.1	829678	802950	92.2	26728	3.3
14. 教育费附加	302000	24487	24071	416	1.7	293762	260553	97.3	33208	12.7
15. 文化事业建设费	130000	12878	10719	2159	20.1	156291	117528	120.2	38763	33.0
其中：中央级		6370	6146	224	3.6	76316	55958		20358	36.4
16. 税务部门其他罚没收入		211	152	58	38.4	1454	1737		-283	-16.3
17. 外商投资企业土地使用费	13000	109	791	-682	-86.2	13478	13233	103.7	245	1.8
其中：中央级		1	2	-1	-30.9	2337	1910		427	22.4
18. 残疾人就业保障金	120000	23645	3655	19990	547.0	124545	116721	103.8	7823	6.7
19. 其他收入		0	-2	2	-100.0	0	33		-33	-100.0

北京市地方税务局各项税费收入分行业分季度完成情况表（2008 年）

单位：亿元

项目	全年完成情况				各季度税收增幅（%）			
	本期	同期	增减额	增减（%）	一季度	二季度	三季度	四季度
各项税费收入合计	1578.0	1366.1	211.9	15.5	35.2	26.9	1.0	1.2
一、第一产业	2.0	1.7	0.4	23.1	46.8	3.4	13.5	36.7
二、第二产业	216.0	183.8	32.2	17.5	25.9	23.3	−0.3	19.6
其中：制造业	94.9	74.5	20.3	27.3	27.8	31.4	1.1	42.2
建筑业	97.2	93.5	3.7	4.0	17.0	13.3	−11.1	−3.1
三、第三产业	1360.0	1180.6	179.3	15.2	36.7	27.5	1.2	−1.8
其中：交通运输、仓储及邮政业	45.9	37.8	8.1	21.5	20.9	14.2	12.3	38.6
批发和零售业	85.2	66.8	18.4	27.5	43.8	47.1	10.5	8.2
金融业	211.1	142.2	69.0	48.5	88.7	64.1	33.5	15.6
信息传输、计算机服务和软件业	82.0	64.6	17.4	26.9	41.8	36.2	15.2	17.1
住宿和饮食业	50.4	42.9	7.5	17.5	20.4	27.7	20.3	5.6
文化体育和娱乐业	51.7	41.6	10.1	24.2	22.3	27.9	32.5	16.0
租赁和商务服务业	157.2	122.9	34.3	27.9	32.9	37.6	23.1	18.5
房地产业	282.3	317.2	−34.9	−11.0	21.6	9.4	−37.3	−30.8
居民服务和其他服务业	177.4	157.6	19.8	12.6	33.9	19.0	9.0	−6.7

北京市地方税务局各项税费收入分税种分季度完成情况表（2008 年）

单位：亿元

项目	全年				各季度税收增幅（%）			
	本期	同期	增减额	增减（%）	一季度	二季度	三季度	四季度
各项税费收入合计	1578.0	1366.1	211.9	15.5	35.2	26.9	1.0	1.2
1. 营业税	651.8	601.1	50.7	8.4	23.8	19.9	–2.0	–5.0
2. 企业所得税	161.1	150.6	10.4	6.9	20.3	19.3	–28.4	13.3
3. 个人所得税	409.6	308.2	101.4	32.9	54.6	37.4	22.8	14.3
4. 资源税	0.4	0.3	0.0	15.2	–0.5	8.7	8.2	42.2
5. 固定资产投资方向调节税				9285.8			–100.0	–100.0
6. 城市维护建设税	63.9	56.6	7.3	12.9	29.4	20.9	4.7	–0.9
7. 房产税	63.8	51.8	12.1	23.4	–2.5	22.0	11.8	28.7
8. 印花税	23.8	17.8	6.0	33.8	51.4	20.8	16.7	36.6
9. 土地使用税	15.4	14.6	0.8	5.4	180.7	7697.4	282.8	–61.8
10. 土地增值税	34.7	24.3	10.3	42.4	179.1	75.9	–14.5	17.3
11. 车船税	10.2	8.2	2.1	25.3	39672.3	24738.1	9451.5	–58.8
12. 耕地占用税	1.4	1.3	0.0	3.8	–78.2	–66.7	–31.9	278.8
13. 契税	83.0	80.3	2.7	3.3	21.9	5.4	1.3	–13.1
14. 教育费附加	29.4	26.1	3.3	12.7	28.7	20.8	5.8	–1.9
15. 文化事业建设费	15.6	11.8	3.9	33.0	28.9	36.1	48.1	20.9
16. 税务部门其他罚没收入	0.1	0.2	0.0	–16.3	–35.2	–18.1	–11.5	3.3
17. 外商投资企业土地使用费	1.3	1.3	0.0	1.8	215.2	192.2	–87.2	–2.6
18. 残疾人就业保障金	12.5	11.7	0.8	6.7	–59.7	–41.3	–98.4	46.7

北京市地方税务局各项税费收入分单位完成情况表（2008年）

单位：万元

序号	项目	各项税费收入总计						
		年度计划	本期	同期	增减额	增减（%）	比重（%）	完成计划
1	合计	15250000	15780184	13661405	2118779	15.5	100.0	103.5
2	东城区	1536000	1563913	1351068	212845	15.8	9.9	101.8
3	西城区	2100000	2201623	1869530	332093	17.8	14.0	104.8
4	崇文区	300000	309996	276146	33850	12.3	2.0	103.3
5	宣武区	700000	704040	641785	62255	9.7	4.5	100.6
6	朝阳区	3350000	3362461	2983543	378918	12.7	21.3	100.4
7	海淀区	2850000	3019220	2563437	455783	17.8	19.1	105.9
8	丰台区	640000	643228	598593	44635	7.5	4.1	100.5
9	石景山区	210000	435555	244304	191251	78.3	2.8	207.4
10	门头沟区	120000	145248	120089	25159	21.0	0.9	121.0
11	燕山	42000	42331	44848	–2517	–5.6	0.3	100.8
12	昌平区	445000	447674	410921	36753	8.9	2.8	100.6
13	通州区	348000	349072	337390	11682	3.5	2.2	100.3
14	顺义区	655000	668933	550322	118611	21.6	4.2	102.1
15	大兴区	315000	336467	289996	46471	16.0	2.1	106.8
16	房山区	230000	241032	215716	25316	11.7	1.5	104.8
17	怀柔区	247000	248390	228419	19971	8.7	1.6	100.6
18	密云县	168000	191190	166769	24421	14.6	1.2	113.8
19	平谷区	173000	174981	179701	–4720	–2.6	1.1	101.1
20	延庆县	99000	99559	113839	–14280	–12.5	0.6	100.6
21	开发区	240000	256265	210639	45626	21.7	1.6	106.8
22	西站	23000	23824	21783	2041	9.4	0.2	103.6
23	涉外	270000	315182	242567	72615	29.9	2.0	116.7

北京市地方税务局税务登记户数（2008年）

（一）税务登记户各区县及地域分布情况

排名次	区县局	税务登记户数（户）	占全市总户数比重（%）
1	海淀区	139067	18.00
2	朝阳区	135579	17.55
3	丰台区	67153	8.69
4	大兴区	49130	6.36
5	通州区	43939	5.69
6	西城区	42982	5.56
7	昌平区	42180	5.46
8	东城区	32757	4.24
9	房山区	31019	4.01
10	顺义区	27313	3.53
11	宣武区	23166	3.00
12	怀柔区	22336	2.89
13	石景山区	21973	2.84
14	崇文区	19314	2.50
15	密云县	16628	2.15
16	门头沟区	15681	2.03
17	延庆县	13740	1.78
18	平谷区	13252	1.72
19	涉外	7575	0.98
20	燕山	3836	0.50
21	开发区	3392	0.44
22	西站	676	0.09
合　计		772688	100.00

（二）税务登记户的产业、行业结构情况

产业结构	征管行业	户数（户）	比重（%）
第一产业	农林渔牧业	14169	1.83
第二产业	采掘业	570	0.07
	制造业	46717	6.05
	电力、煤气及水的生产和供应业	902	0.12
	建筑业	20861	2.70
第二产业合计		69050	8.94
第三产业	地质勘察业、水利管理业	1473	0.19
	交通运输、仓储及邮电通信业	28663	3.71
	批发和零售贸易、餐饮业	341205	44.16
	金融、保险业	4465	0.58
	房地产业	15996	2.07
	社会服务业	199878	25.87
	科教文卫业	90813	11.75
	其他行业	6976	0.90
第三产业合计		689469	89.23
总　计		772688	100.00

（三）税务登记户的经济类型情况

户数／经济类型	本年度		上年度		增减情况	
	户数	比例（%）	户数	比例（%）	增减额	增减百分点（%）
私营企业	309743	40.09	278984	43.64	30759	11.03
个体工商户	246166	31.86	152616	23.87	93550	61.30
有限责任公司	101301	13.11	92218	14.43	9083	9.85
股份合作企业	27997	3.62	29923	4.68	–1926	–6.44
外资企业	28910	3.74	26470	4.14	2,40	9.22
其他经济	23916	3.10	22761	3.56	1155	5.07
集体企业	16432	2.13	17506	2.74	–1074	–6.14
国有企业	13919	1.80	14764	2.31	–845	–5.72
股份有限公司	3812	0.49	3463	0.54	349	10.08
联营企业	492	0.06	539	0.08	–47	–8.72
合计	772688	100.00	639244	100.00	133444	20.88

北京市地方税务局局领导名单

党组书记、局长	王晓明（11月任）
党组书记、局长	王纪平（11月免）
党组副书记、副局长	苏文权
党组成员、副局长	郝硕博
党组成员、副局长	王京华（女）
党组成员、副局长	任　军
党组成员、纪检组长	解　煜
总经济师	卜祥来
党组成员、副巡视员	王勇生
副巡视员	任依娜（女）
副巡视员	刘宝忠

北京市地方税务局各处室、直属事业单位、区县局、分局、社会团体、群众团体主要负责人名单

市局各处室

办公室主任	杨文俊
法制处处长	王　炜
研究室主任	高学江
营业税管理处处长	范力军
企业所得税管理处处长	孙长海
个人所得税管理处处长	刘安乐
地方税管理处处长	刘玉洁（女）
残保金管理处处长	李海燕
征收管理处处长	吕兴渭
计划会计处处长	金燕齐（女）
税务检查处（税务违法案件举报中心）处长	朱兴有
纳税评估处处长	姜松霞（女）
档案处处长	刁艳芬（女）
科技信息处处长	杨　涛（4月任）
计划财务处处长	杨玉杰
宣传教育处处长	舒　涵（女，4月任）
基层工作处（机关党委办公室）处长	金志雄
人事处副处长	李宗定　何小燕（女）
保卫处处长	李建十
老干部管理处处长	刘传玲
中共北京市纪委驻北京市地方税务局纪检组副组长	吕新利

北京市监察局驻北京市地方税务局监察处处长	
奥运税务办公室主任	钱剑兰（女）
北京税务博物馆筹备处处长	张　康
北京市地方税务局巡视一组组长	商　尚
北京市地方税务局巡视二组组长	苏建英（女）

直属事业单位

票证管理中心主任	刁维列
纳税服务中心主任	肖慧宗
信息中心 （信息系统安全保障中心　信息系统运营维护中心）	高丽英（女，主持工作，4月任）
《北京地方税务公报》编辑部主任	宋榜捷
机关后勤服务中心主任	矫卫建
老干部活动中心主任	王瑞龙
干部培训中心主任	苏茂华

各区县局、分局

东城区地方税务局局长	秦龙生
西城区地方税务局局长	李玉庆
崇文区地方税务局局长	刘春林
宣武区地方税务局局长	邢　军
朝阳区地方税务局局长	陈合庄
海淀区地方税务局局长	杜军利
丰台区地方税务局局长	许　飞
石景山区地方税务局局长	张兴明
门头沟区地方税务局局长	吴鲁平
通州区地方税务局局长	牛明奇
顺义区地方税务局局	张天生
怀柔区地方税务局局长	韩　松
平谷区地方税务局局长	张忠良

房山区地方税务局局长	万国喜
昌平区地方税务局局长	姚敬国
大兴区地方税务局局长	沈永奇
密云县地方税务局局长	赵增科
延庆县地方税务局局长	于欣杰
北京市地方税务局燕山分局局长	董雪涛
北京市地方税务局涉外税务分局局长	刘春林（兼）
北京市地方税务局北京西站分局局长	刘 义
北京市地方税务局开发区分局局长	王炯宁
北京市地方税务局第一稽查局局长	朱元广
北京市地方税务局第二稽查局局长	郭筑明

社会团体

北京市国际税收研究会会长	孙振刚
北京市地方税收学会会长	杨春萍（女）

群众团体

北京市地方税务局直属机关工会主席	王勇生
北京市地方税务局直属机关工会副主席（专职）	朱剪云（女）

北京市地方税务局机构和人员统计情况

北京市地方税务系统机构统计表

（2008年）

单位：个

项目 / 类别	合计	市局机关处室	区、县局	直属分局	事业单位	税务所	稽查局
	300	25	18	7	9	220	21
说明	1. 本表各项统计数截止到2008年12月31日。 2. 直属分局包括：涉外税务分局、第一稽查局、第二稽查局、开发区分局、西站分局、燕山分局、农税分局。 3. 事业单位包括：信息中心（信息系统安全保障中心）、信息系统运营维护中心、票证管理中心、纳税服务中心、机关后勤服务中心、《北京地方税务公报》编辑部、干部培训中心、老干部活动中心、税务档案资料管理中心。 4. 市局机关处室变更情况：2008年4月24日，根据《关于调整市地税局部分内设机构的函》（京编办行〔2008〕41号），设立科技信息处和宣传教育处。						

北京市地方税务系统人员基本情况统计表

（2008年）

单位：人

项目 / 类别	实有人数合计	性别		民族		文化程度						政治面貌				年龄结构					
		男	女	汉	其他	研究生	大学	大专	中专	高中	初中	共产党员	共青团员	民主党派	群众	30岁以下	31岁至35岁	36岁至45岁	46岁至54岁	55岁至59岁	60岁以上
合计	7349	4074	3275	6981	368	275	5017	1526	189	252	90	4462	735	31	2121	1437	1182	3069	1531	128	2
干部	6844	3620	3224	6492	352	275	4954	1376	156	76	7	4324	727	31	1762	1417	1138	2843	1336	109	1
工人	505	454	51	489	16	0	63	150	33	176	83	138	8	0	359	20	44	226	195	19	1

北京市地方税务局税务（稽查）所分单位统计表
（2008 年）

单位：个

单 位	机关科室	税务所	稽查局	稽查局下设科	事业单位	小计
东城区地税局	12	14	1	5	1	33
西城区地税局	12	13	1	5	1	32
崇文区地税局（涉外分局）	12	9	1	6	1	29
宣武区地税局	12	7	1	5	1	26
朝阳区地税局	12	11	1	6	1	31
海淀区地税局	13	18	1	5	1	38
丰台区地税局	12	13	1	5	1	32
石景山区地税局	12	10	1	4	1	28
门头沟区地税局	12	10	1	4	1	28
通州区地税局	12	11	1	5	1	30
顺义区地税局	12	16	1	6	1	36
怀柔区地税局	12	8	1	5	1	27
平谷区地税局	12	10	1	5	1	29
房山区地税局	13	12	1	5	1	32
昌平区地税局	12	12	1	5	1	31
大兴区地税局	12	14	1	5	1	33
密云县地税局	12	9	1	5	1	28
延庆县地税局	12	12	1	5	1	31
燕山分局	9	4	1	2		16
开发区分局	8	5	1	2		16
西站分局	6	2	1	2		11
第一稽查局	15					15
第二稽查局	12					12
合 计	268	220	21	97	18	624

注：2008 年共为 15 个区县、分局批复成立基层税务所 22 个，增设科室 1 个。